Walter Lehmann
Die Bundesrepublik
und Franco-Spanien
in den 50er Jahren

Schriftenreihe der Vierteljahrshefte für Zeitgeschichte
Band 92

Im Auftrag des
Instituts für Zeitgeschichte München – Berlin
herausgegeben von
Karl Dietrich Bracher   Hans-Peter Schwarz
Horst Möller

Redaktion:
Johannes Hürter und Jürgen Zarusky

Die Bundesrepublik und Franco-Spanien in den 50er Jahren

NS-Vergangenheit als Bürde?

Von
Walter Lehmann

R. Oldenbourg Verlag München 2006

Bibliografische Information Der Deutschen Bibliothek

Die Deutsche Bibliothek verzeichnet diese Publikation in der
Deutschen Nationalbibliografie; detaillierte bibliografische Daten
sind im Internet über <http://dnb.ddb.de> abrufbar.

© 2006 Oldenbourg Wissenschaftsverlag GmbH, München
Rosenheimer Straße 145, D-81671 München
Internet: http://www.oldenbourg.de

Das Werk einschließlich aller Abbildungen ist urheberrechtlich
geschützt. Jede Verwertung außerhalb der Grenzen des Urheberrechts-
gesetzes ist ohne Zustimmung des Verlages unzulässig und strafbar.
Dies gilt insbesondere für Vervielfältigungen, Übersetzungen, Mikro-
verfilmungen und die Einspeicherung und Bearbeitung in elektroni-
schen Systemen.

Umschlaggestaltung:
Thomas Rein, München und Daniel von Johnson, Hamburg
Umschlagabbildung: Prinz Adalbert von Bayern bei seinem Antrittsbesuch
als deutscher Botschafter in Spanien bei Außenminister Alberto Martín Artajo
am 5. November 1952. (dpa Picture-Alliance)

Gedruckt auf säurefreiem, alterungsbeständigem Papier (chlorfrei gebleicht).

Druck und Bindung: R. Oldenbourg, Graph. Betriebe Druckerei GmbH,
85551 Kirchheim b. München

ISBN-13: 978-3-486-57987-1
ISBN-10: 3-486-57987-8
ISSN 0506-9408

Inhalt

Vorwort 7

Einleitung 9

I. Aufbau und Entwicklung der politischen Beziehungen 23
   1. Der mühsame Neubeginn – Die Aufnahme diplomatischer
      Beziehungen 1949–1952 23
   2. Die Enteignung deutschen Vermögens als Hypothek der
      Nachkriegsbeziehungen 38
      Vom Bittsteller zum Verhandlungspartner 40
      Der Botschafterwechsel – Bewegung im Eigentumskonflikt ... 49
      Bonn arrangiert sich mit Madrid 53
   3. Bonn als Fürsprecher Spaniens im europäischen Integrationsprozeß 59
   4. Die Idee des „christlichen Abendlandes" als Faktor
      deutsch-spanischer Gemeinsamkeit 65
   5. Kulturelle Beziehungen – Offizielle Kulturpolitik ohne Inhalt? ... 75
   6. Ein deutscher Pressekorrespondent in Spanien – Die „Berichtsfabrik"
      Heinz Barth 83

II. Wirtschaftliche Aspekte im deutsch-spanischen Verhältnis 91
   1. Die Entwicklung der Handelsbeziehungen 91
   2. Die Anfänge des westdeutschen Spanientourismus 111
   3. „Gastarbeiter" für die Bundesrepublik – Der Weg zum deutsch-
      spanischen Anwerbeabkommen 1960 116

III. Militärpolitische Beziehungen 125
   1. Spanische Rüstungslieferungen für Westdeutschland 125
   2. Deutsche Militärtechniker in Spanien: Ansätze und Projekte einer
      bilateralen Rüstungskooperation 128
   3. Die Aufnahme offizieller militärpolitischer Beziehungen:
      Ein deutscher Militärattaché an der Botschaft Madrid 137
   4. Die Bundesrepublik als Fürsprecher einer spanischen
      NATO-Mitgliedschaft 141
   5. Das Projekt deutscher Militärbasen in Spanien 1959/60 149
      Die Anfänge des Projekts 149
      Gespräche auf offizieller Ebene 153
      Irritation und Widerstände bei den wichtigsten NATO-Partnern ... 156
      Der Konflikt Norstad-Strauß 158
      Der Widerstand verschärft sich 162
      Deutsch-spanische Sondierungen in Madrid 164

Gezielte Indiskretion als Ausweg: Washington nutzt die Öffentlichkeit **165**
Bemühen um Schadensbegrenzung **166**
Das Nachspiel **170**

IV. Die jüngste deutsch-spanische Vergangenheit als Gegenstand der westdeutschen Politik **175**
1. Doppelte Anrechnung der Dienstzeit für die „Freiwilligen" der Legion Condor? **176**
2. Heikle Traditionspflege: Die Treffen der Veteranenverbände der Legion Condor und der Blauen Division **182**
3. Bundesdeutsche Kriegsopferversorgung für die Blaue Division **196**
4. Die ausgegrenzten Opfer – Humanitäre Hilfe und Wiedergutmachung für „Rotspanier"? **205**

Schlußbetrachtung **219**

Abkürzungsverzeichnis **227**
Quellen- und Literaturverzeichnis **231**
Personenregister **245**

Vorwort

Das vorliegende Buch stellt die überarbeitete und gekürzte Fassung meiner Dissertation dar, die im Februar 2004 vom Fachbereich Philosophie und Geschichtswissenschaft der Universität Hamburg angenommen wurde. Diese Studie hätte ohne die Hilfe vieler, die dem Verfasser bei der Forschung, Diskussion und kritischen Lektüre der Forschungsergebnisse mit Rat und Tat zur Seite gestanden haben, nicht geschrieben werden können. Allen zu danken ist hier nicht möglich. Besonders hervorheben möchte ich Prof. Dr. Axel Schildt, der spontan und engagiert für meinen unerwartet und viel zu früh verstorbenen Doktorvater, Prof. Dr. Arnold Sywottek, einsprang und die wissenschaftliche Betreuung übernahm. Darüber hinaus danke ich den Mitarbeiterinnen und Mitarbeitern der in- und ausländischen Archive, die mir bei der Suche nach einschlägigen Akten behilflich waren. Stellvertretend sei hier nur Dr. Ludwig Biewer vom Politischen Archiv des Auswärtigen Amtes genannt. Wertvolle Hinweise und Einblicke verdanke ich etlichen Zeitzeugen, die die „Spanienpolitik" der Bundesrepublik in den fünfziger Jahren beobachtet bzw. mitgestaltet haben. Unterstützung, Rat und Zuspruch, nicht zuletzt bei der kritischen Durchsicht des Manuskripts, gewährten Prof. Dr. Werner Bührer (München), Privatdozent Dr. Matthias Pape (Aachen) sowie mein Freund und Kollege Joachim Immisch-Wendt. Dies gilt auch in besonderer Weise für Andreas Bracher, der durch viele wertvolle Gespräche und seine nimmermüde Diskussionsbereitschaft viel zu diesem Buch beigetragen hat. Dem Redakteur der „Schriftenreihe der Vierteljahrshefte", Dr. Jürgen Zarusky, danke ich für die freundliche und sachkundige Betreuung im Rahmen der Drucklegung. Schließlich gebührt meiner Frau Birgit und unserer Familie besonderer Dank für Ansporn, Kritik und Verständnis.

Hamburg, im Oktober 2005   Walter Lehmann

8

Einleitung

„Sicherlich hängt es mit dem Spanischen Bürgerkrieg zusammen – Tatsache ist, daß uns die Spanier sehr gern haben."[1] (Erica Pappritz, langjährige stellvertretende Leiterin des Protokollreferats im Auswärtigen Amt in den 50er Jahren)

„Lassen Sie mich noch hinzufügen, daß die Bundesrepublik allen Grund hat, sich in Spanien ganz besonders zurückzuhalten. Man hat in der Welt noch nicht vergessen, daß Franco und sein Regime auch zur Erbschaft Hitlers gehören."[2] (Fritz Erler, stellvertretender SPD-Fraktionsvorsitzender im Bundestag 1960)

So verschiedenartig diese beiden Äußerungen auch sind, so sehr lassen sie doch Möglichkeiten und Grenzen westdeutscher Spanienpolitik in den 50er Jahren sichtbar werden: Einerseits das Beschwören und Empfinden einer weitgehend unkomplizierten Freundschaft und Sympathie, hier konstatiert als Haltung der Spanier, von der Regierung Adenauer und den sie tragenden Parteien aber ebenso geteilt; andererseits Aversionen und Mißtrauen gegen diese Beziehungen in anderen Ländern wie auch auf Seiten der sozialdemokratischen Opposition in der Bundesrepublik. Beides hatte mit derselben Vergangenheit zu tun, die jeweils aus zwei verschiedenen Blickwinkeln betrachtet wurde: dem Spanischen Bürgerkrieg 1936–1939[3], der als klassischer Militärputsch gegen die neu gewählte demokratisch legitimierte Regierung der Linksparteien begann und sich zu einem Konflikt mit internationaler Beteiligung ausweitete.

Die alte Auseinandersetzung der „zwei Spanien"[4] wurde zu einem ideologisch aufgeladenen Stellvertreterkrieg, geprägt von fundamentaler Feindschaft, die nur wenig Raum für Zwischentöne ließ. Beide Seiten benutzten das Bild des Kreuzzuges: Während die aufständischen Generäle sich als Verteidiger des christlichen Abendlands gegen den Kommunismus präsentierten, war für die Verteidiger der spanischen Republik und weite Teile der internationalen Öffentlichkeit der Bürgerkrieg am Rande Europas zugleich ein Symbol für den Kampf gegen den Faschismus. Vor allem für die deutschen Freiwilligen auf republikanischer Seite – zumeist Emigranten – war der Krieg gegen General Franco gleichzeitig ein Krieg gegen Hitler: „Die Niederlage Francos wird der Anfang vom Ende Hitlers sein!"[5] hieß es in einem u. a. von dem Schriftsteller Heinrich Mann, den Kommunisten Herbert Wehner und Willy Münzenberg sowie den Sozialdemokraten Rudolf Breitscheid

---

[1] Graudenz (unter Mitarbeit von Pappritz), Das Buch der Etikette, S. 470.
[2] Brief Fritz Erler an den Studenten Wolf Kerber, 8. 3. 1960, Nl. Erler, AdSD, Bd. 185.
[3] Zentral immer noch Thomas, The Spanish Civil War; vgl. Jackson, The Spanish Republic and the Civil War 1931–1939; Broué/Témime, Revolution und Krieg in Spanien; Tuñón de Lara u. a., Der Spanische Bürgerkrieg; Bernecker, Krieg in Spanien; zur Rolle NS-Deutschlands: Merkes, Die deutsche Politik im Spanischen Bürgerkrieg 1936–1939; Abendroth, Hitler in der spanischen Arena.
[4] Zum Bürgerkrieg als „Klassenkrieg" vgl. Bernecker, La Guerra Civil Española – una guerra social, S. 11–27. Vgl. Seidman, Republic of Egos; Graham, The Spanish Republic at War, 1936–1939.
[5] Vgl. zu den deutschen antifaschistischen Teilnehmern im Bürgerkrieg umfassend von zur Mühlen, Spanien war ihre Hoffnung, insbesondere S. 124 f. Ferner: Uhl, Mythos Spanien, S. 53–98.

oder Max Braun unterzeichneten Solidaritätsaufruf. Die westlichen Demokratien gaben indes ihre Appeasement-Haltung nicht auf und verharrten in einer Nichteinmischungspolitik[6].

Im nationalsozialistischen Deutschland löste der Bürgerkrieg in Spanien dagegen einen „Höhepunkt in der propagandistischen antisowjetischen Strategie des Dritten Reiches"[7] aus. Die Anhänger der Republik wurden von der NS-Propaganda ohne Unterschied als „Bolschewisten", „marxistische Mordbrenner und Banditen" oder als „bolschewistische Mordbanden" verteufelt, die Madrider Volksfront-Regierung nannte man „Sowjetmachthaber" und den Bürgerkrieg bezeichnete die NS-Propaganda insgesamt als „Sowjetrußlands Krieg"[8]. Er endete mit einer totalen Niederlage der Linken und dem Exil von Hunderttausenden. Die Republik war von der Sowjetunion zwar militärisch unterstützt worden, zugleich hatte deren stalinistische Politik aber die Uneinigkeit noch befördert. So nahm der politisch-ideologische Streit im antifranquistischen Lager jenseits aller Volksfront-Mythologie mitunter „Züge eines Bürgerkrieges im Bürgerkrieg an"[9].

Das siegreiche Regime Francos – gestützt vor allem von den alten gesellschaftlichen Eliten – verdankte seine Existenz nicht zuletzt der Geburtshilfe des nationalsozialistischen Deutschland und des faschistischen Italien, die beide schon bald nach dem gescheiterten Putsch mit Waffen und Soldaten eingegriffen hatten. Es war dieses Bündnis mit den „Achsenmächten" im Bürgerkrieg und die zumindest zeitweilige Nähe zu seinen „Wohltätern" im Zweiten Weltkrieg[10], die das franquistische Spanien in der unmittelbaren Nachkriegszeit zum international geächteten Außenseiter[11] machten.

Nach dem Untergang des faschistischen Staatensystems war die Hoffnung auf eine bessere Gesellschaft groß; Westeuropa entdeckte die Demokratie neu. Daher wirkte das noch

---

[6] Vgl. zu dem von Frankreich und Großbritannien initiierten Nichteinmischungsabkommen, das zwar von insgesamt 27 Ländern – unter ihnen auch Deutschland, Italien und die Sowjetunion – unterzeichnet wurde, sich aber letztlich als „vollständiger Fehlschlag" erwies; Bernecker, Krieg in Spanien, S. 102; vgl. Viñas, Der internationale Kontext, insbesondere S. 187–228.

[7] Vgl. Messerschmidt, Außenpolitik und Kriegsvorbereitung, S. 609 f.

[8] Vgl. Sywottek, Mobilmachung für den totalen Krieg, S. 107; in der gelenkten deutschen Presse wurden die Republikaner „undifferenziert als ‚böse' die Nationalen ebenso vereinfachend als ‚gut' dargestellt". Die „politischen Hintergründe" des Krieges wurden „aus dem nationalsozialistischen Weltbild" erklärt; vgl. Peter, Das Spanienbild in den Massenmedien des Dritten Reiches 1933–1945, S. 220; Bernecker, Das nationalsozialistische Spanienbild und Hitlers Eingreifen in den Spanischen Bürgerkrieg, S. 25–54.

[9] Mallmann, „Kreuzritter des antifaschistischen Mysteriums", S. 33; vgl. Gorkin, Stalins langer Arm; Radosh u. a. (Hrsg.), Spain Betrayed: The Soviet Union in the Spanish Civil War. Ferner: Schauff, Der verspielte Sieg.

[10] Vgl. aus unterschiedlicher Perspektive Ruhl, Spanien im Zweiten Weltkrieg; Beaulac, Franco. Silent Ally in World War II. Obwohl gerade das Verhältnis zu Deutschland nicht ohne Spannungen war, zeigt die Franco-Biographie von Paul Preston, wie sehr der „Caudillo" der Sache der „Achse" emotional verbunden gewesen ist, vgl. Preston, Franco, S. 323–531; zu einem spanischen Kriegseintritt kam es trotz zeitweisem deutschen Drängen allerdings nicht. Die Forschung relativiert inzwischen jedoch das in der Nachkriegszeit zur Selbstdarstellung gern genutzte Bild des geschickten Außenpolitikers Franco: „Die spanische Außenpolitik im Weltkrieg war zu einem nicht geringen Teil Reflex innenpolitischer Konstellationen, wirtschaftlicher Erfordernisse und außenpolitischer Zwänge." Vgl. Bernecker, Neutralität wider Willen, S. 177; Morales Lezcano, Historia de la no-beligerencia española durante la segunda guerra mundial; Ruiz Holst, Neutralität oder Kriegsbeteiligung? Die deutsch-spanischen Verhandlungen im Jahre 1940.

[11] Vgl. Wingeate Pike, Franco and the Axis Stigma, S. 369–408.

immer diktatorisch regierte Spanien – vom Sonderfall des Salazar-Regimes in Portugal[12] einmal abgesehen – wie ein störender Fremdkörper, der beseitigt werden sollte. Es wurde von der Marshallplan-Hilfe ausgeschlossen[13] und einer Aufnahme in die neuen internationalen Organisationen, allen voran die Vereinten Nationen, nicht für würdig befunden. Wie sehr die Völkergemeinschaft sich in den Anfängen nach dem Zweiten Weltkrieg aus ihrer Gegnerschaft gegen die „Achsenmächte" definierte, demonstrierte die Potsdamer Konferenz der „Großen Drei". Dort beschäftigten sich die USA, die Sowjetunion und Großbritannien auch mit Spanien als unerwünschtem Überbleibsel der faschistischen Ära. Der Vorschlag Stalins, alle Beziehungen zu Franco-Spanien abzubrechen, stieß zwar bei seinen Partnern auf keine Gegenliebe[14], immerhin hieß es aber in der Abschlußerklärung unmißverständlich, daß der gegenwärtigen spanischen Regierung angesichts „ihres Ursprungs, ihres Charakters, ihres Verhaltens in der Vergangenheit und ihrer engen Verbundenheit mit den Angreifermächten"[15] die Voraussetzungen fehlten, um Mitglied der UNO werden zu können.

Die Regierungen in Washington, London und Paris machten im März 1946 in einer gemeinsamen Erklärung jedoch die Grenzen ihrer Anti-Franco-Politik deutlich. Ein gewaltsamer Sturz des Regimes kam für sie nicht in Betracht[16]. Die drei Westmächte lehnten eine „Einmischung in die inneren Angelegenheiten Spaniens"[17] ab. Entscheidend für diese Haltung war die Furcht vor instabilen politischen Verhältnissen; erneute „Schrecknisse eines Bürgerkrieges" hoffte man Spanien ersparen zu können. Ungeachtet der „Unterdrückungsmaßnahmen" Francos sollte es der spanischen Bevölkerung allein überlassen werden, sich der Diktatur zu entledigen. Dagegen verstärkten die Vereinten Nationen den politischen Druck. Polen hatte den „Fall Spanien" in der UNO auf die Tagesordnung gesetzt. Damit wurde er zu einem Gradmesser politischer Gemeinsamkeit zwischen Ost und West: Am 12. Dezember 1946 verabschiedete die UNO-Generalversammlung mit großer Mehrheit eine Boykott-Resolution, in der den Mitgliedern empfohlen wurde, ihre diplomatischen Vertreter umgehend aus Madrid abzuberufen[18]. Nur Argentinien, Portu-

---

[12] Der autoritär-korporatistische „Estado Novo" Salazars konnte hingegen 1949 als einziger „eindeutig undemokratischer" Bündnispartner sogar Gründungsmitglied der NATO werden. Ein wichtiger Grund dafür mag gewesen sein, daß Portugal im Zweiten Weltkrieg trotz offizieller Neutralität Großbritannien und den USA Stützpunkte auf den Azoren eingeräumt hatte. Vgl. Heinemann, Vom Zusammenwachsen des Bündnisses, S. 165; vgl. zur Geschichte Portugals: Sänger, Portugals langer Weg nach „Europa"; vgl. als Überblick Bernecker/Pietschmann, Geschichte Portugals.
[13] Vgl. Viñas, El plan Marshall y Franco, S. 265–287.
[14] Vgl. Bauer/Le Tissier, Die Konferenz im Schloß Cecilienhof, S. 159; vgl. FRUS, Diplomatic Papers 1945, Bd. II: The Conference of Berlin, S. 122 ff.
[15] Abschlußkommuniqué der Konferenz von Potsdam, 2.8.1945, Punkt X, in: AdG, S. 344–347 F, hier S. 347.
[16] Frankreich hatte sich mit dem Gedanken, in Spanien unter Umständen militärisch einzugreifen, bei seinen Partnern nicht durchsetzen können. Vgl. Pollock, The Paradox of Spanish Foreign Policy. Spain's Intenational Relations from Franco to Democracy, S. 14. Zum Umgang westlicher Staaten mit Spanien in der Nachkriegszeit: Edwards, Anglo-American Relations and the Franco Question; Guirao, Spain and the Reconstruction of Western Europe. Zur französischen Spanienpolitik nach dem Zweiten Weltkrieg siehe: Dulphy, La politique de la France à l'egard de l'Espagne de 1945 à 1955.
[17] Dreimächteerklärung über Spanien, 5.3.1946, in: AdG, S. 668 f. F, hier S. 669.
[18] Vgl. Vollversammlung der Vereinten Nationen, 12.12.1946, in: AdG, S. 948 f. K. Die Empfehlung war mit 34 Ja-Stimmen – darunter Frankreich, Großbritannien, der Sowjetunion und den USA – gegen 6 Nein-Stimmen und 13 Enthaltungen angenommen worden. Vgl. zum Abstimmungsverhalten der Anti-Hitler-Koalition Preston, Franco, S. 562.

gal und der Vatikan hielten danach noch ihre diplomatischen Beziehungen zu Spanien aufrecht[19].

Unterdessen hatte Franco auf die veränderten weltpolitischen Verhältnisse reagiert. Der „Caudillo" entledigte sich bereits 1945 faschistischer Symbolik wie dem „römischen Gruß"[20] und gruppierte sein Machtkartell aus Militär, katholischer Kirche und faschistischer Falange um. Während die Falange weiter an Einfluß verlor, rückte der politische Katholizismus in den Vordergrund[21]. Franco ernannte Alberto Martín Artajo – den Vorsitzenden der Acción Católica – zum Außenminister[22] und erklärte Spanien zu einem „sozialen und katholischen Staat"[23]. Doch erst der aufkommende Ost-West-Konflikt ließ die Anti-Franco-Front bröckeln. Im Westen wuchs die Überzeugung, daß der Status quo einem möglichen Unruheherd vorzuziehen sei. Im November 1950 hoben die Vereinten Nationen ihren Boykott-Beschluß von 1946 auf[24]. Spanien war aus der politischen Quarantäne entlassen.

Vor dem Hintergrund dieser auch gemeinsamen Geschichte – schließlich saß das nationalsozialistische Deutschland nach dem Zweiten Weltkrieg stets mit auf der Anklagebank – betrat im September 1949 mit der Bundesrepublik ein noch weitgehend machtloser Akteur die internationale Bühne. Das „NS-infizierte […] Kind des kalten Krieges"[25] mußte, um im Bild zu bleiben, erst richtig laufen lernen, bevor es, von den westlichen Besatzungsmächten geschützt und kontrolliert zugleich, seinen Aktionsradius ausweiten konnte. Der neue westdeutsche Teilstaat, der in einem „nicht mehr rechtlosen, aber doch noch halbkolonialen Status ins Leben trat"[26], war angehalten, seine Politik vorsichtig und in kleinen Schritten zu gestalten. Dies konnte er zunächst nur gegenüber den drei westlichen Besatzungsmächten tun: „Im Anfang waren die Alliierten – und nicht Adenauer […]"[27] urteilt Helga Haftendorn zutreffend. Es war also zum einen die besondere Konstellation des Kalten Krieges, in der die Bundesrepublik die Chance erhielt, „Beschränkungen in Möglichkeiten umzuwandeln"[28]. Zum anderen mußte sie angesichts der Last der Vergangenheit erst mühsam um Vertrauen werben. Somit stand die Bundesregierung bei den westlichen Partnern gewissermaßen „unter Bewährungszwang"[29].

Die Gründung der Bundesrepublik erfolgte von vornherein unter der Prämisse ihrer Eingliederung in das sich herausbildende westeuropäisch-atlantische Verbundsystem. Das war ein Handeln auf Gegenseitigkeit. Die sukzessiven Souveränitätsgewinne, welche Westdeutschland von 1949 bis 1955 gegenüber den Besatzungsmächten erzielte, standen immer auch im Zusammenhang mit freiwilligen Souveränitätsabgaben an die neuen internationalen Organisationen: dies betraf zunächst vor allem die Eingliederung in die Sechser-

---

[19] Vgl. Bernecker, Spaniens Geschichte seit dem Bürgerkrieg, S. 86.
[20] Vgl. Fusi, Franco, S. 93 ff.
[21] Vgl. umfassend Tusell, Franco y los católicos, S. 84–93.
[22] Vgl. Preston, Franco, S. 533 f.
[23] Vgl. Bernecker, Der Streit um das Franco-Regime, S. 70.
[24] Die Vollversammlung der Vereinten Nationen hebt am 4.11.1950 die diplomatische Isolierung Spaniens auf, in: AdG, S. 483 B. Vgl. zusammenfassend Portero, Franco aislado.
[25] Vgl. Schildt, Ankunft im Westen, S. 22.
[26] Kielmansegg, Nach der Katastrophe, S. 134.
[27] Haftendorn, Deutsche Außenpolitik zwischen Selbstbeschränkung und Selbstbehauptung, S. 17.
[28] Ebenda, S. 14.
[29] Herbst, Stil und Handlungsspielräume westdeutscher Integrationspolitik, S. 6.

gemeinschaft der Montan-Union, die zur Keimzelle der zunehmenden Einigung Europas wurde. Nach dem gescheiterten Projekt einer Europäischen Verteidigungsgemeinschaft erfolgte schließlich 1955 der Beitritt zur NATO, der die westdeutsche Wiederbewaffnung eng in die übernationale Struktur der transatlantischen Militärorganisation einband. Mit der Gründung der Europäischen Wirtschaftsgemeinschaft (EWG) und der Europäischen Atomgemeinschaft (EURATOM) wurden 1957 weitere Integrationsschritte vollzogen. Diese Einbindung in die Strukturen einer westlichen Staatengemeinschaft war eine Grundvoraussetzung der Existenz der Bundesrepublik, welche ihr von den Westmächten vorgegeben worden war. Sie war zunächst ebenso ein Weg ohne wirkliche Alternative, wie sie auch den Überzeugungen und dem Wollen von Bundeskanzler Konrad Adenauer entsprach. Der Westen – insbesondere die amerikanische Hegemonialmacht – verfolgte angesichts der Konfrontation zwischen Ost und West eine Politik der doppelten Eindämmung[30], die mit der Formel „Sicherheit mit Deutschland und zugleich Sicherheit vor Deutschland" umrissen werden kann.

Ganz anders die Stellung Spaniens, das auch nach dem Ende der Boykottphase am Rand des internationalen Staatensystems stand und erst langsam ein gewisses Maß an Akzeptanz gewann. Ausschlaggebend für diesen allmählichen Wandel war neben der Rückendeckung, die Franco durch das 1953 vereinbarte Konkordat mit dem Vatikan[31] bekam, die geostrategische Bedeutung des Landes für die amerikanische Containment-Strategie gegen die Sowjetunion[32]. Nachdem Washington hatte feststellen müssen, daß ein spanischer NATO-Beitritt im Bündnis – vor allem gegen den anhaltenden Widerstand aus London und Paris – nicht durchsetzbar war[33], wurde Madrid statt dessen im September 1953 durch ein bilaterales Abkommen in die Verteidigung Westeuropas einbezogen. Die amerikanisch-spanische Vereinbarung sicherte den USA wichtige Stützpunkte im Mittelmeerraum, das Franco-Regime erhielt im Gegenzug dringend benötigte Militär- und Wirtschaftshilfe[34]. Diese Abkommen markierten den Beginn eines begrenzten internationalen Aufstiegs. Es wurde 1955 in die UNO aufgenommen, blieb jedoch im Westen weiterhin nur ein geduldeter Außenseiter, gegenüber dem man sehr genau auf Abgrenzung achtete. Der Kalte Krieg hatte das diktatorisch regierte Land zu einem „zweideutigen Verbündeten"[35] der „freien Welt" gemacht; gemieden wurde es dennoch von vielen. Eine Mitglied-

---

[30] Vgl. dazu umfassend Hanrieder, Deutschland, Europa, Amerika; vgl. zur amerikanischen Deutschlandpolitik Rupieper, Der besetzte Verbündete. Dazu auch Neuss, Geburtshelfer Europas?.
[31] Vgl. Preston, Franco, S. 621 ff.
[32] Vgl. dazu Brill, Spanien und die NATO, S. 41–66.
[33] Vgl. Heinemann, Vom Zusammenwachsen des Bündnisses, S. 127–159.
[34] Die USA hatten auch in Spanien – wie schon in anderen Ländern – auf einem Stützpunktabkommen bestanden, das ihnen in einem Krisen- oder Kriegsfall unbeschränkte Nutzungsrechte einräumte. Dies galt ebenso für die Stationierung oder den möglichen Einsatz von Atomwaffen. Spanien hatte zwar formell ein Mitspracherecht eingeräumt bekommen, tatsächlich bedeutete dies aber die Aufgabe spanischer Souveränität über die Basen. Der spanischen, wie der internationalen Öffentlichkeit blieb das in einem geheimen Zusatzabkommen verabredete weitgehende Entgegenkommen Francos lange verborgen. Vgl. Viñas, Los pactos secretos de Franco con Estados Unidos.
[35] Vgl. Mazower, Der dunkle Kontinent, S. 409. Spaniens außenpolitische Möglichkeiten waren durch sein undemokratisches Regime begrenzt: „For almost 50 years Spain had a severely limited role in international affairs. This was largely the result of the Spanish Civil War and the nature of the Franco regime. Even as late as the early 1970's, Franco's Spain was regarded as a pariah in a large part of the international community [...]." Maxwell, Spain – From Isolation to Influence, S. 3.

schaft im Nordatlantikpakt oder der Europäischen Wirtschaftsgemeinschaft blieb dem franquistischen Regime verwehrt.

Für die junge Bundesrepublik stand Spanien deshalb zunächst außerhalb des Spektrums jener Beziehungen, die von der Staatsräson gleichsam vorgegeben wurden. Politisch war Madrid ein Partner von minderer Bedeutung. Das Verhältnis war in einer Grauzone angesiedelt, für die die Bundesrepublik ihre Verhaltensregeln erst entwickeln mußte und in der nur ein begrenztes Maß an Eigenständigkeit möglich schien. Das franquistische Spanien nahm – ähnlich wie Portugal – in der westeuropäischen Staatengemeinschaft der Nachkriegszeit eine Sonderrolle ein. Aufgrund seiner Vergangenheit und politischen Gegenwart stand es ungeachtet seiner militärischen Eingliederung mit seinem politisch-ideologischen System und seiner bis 1959 verfolgten autarkistischen Wirtschaftspolitik im Abseits. Dagegen zählten Länder wie etwa Finnland, Österreich, Schweden und die Schweiz zum demokratischen „Westen", ohne aber den verschiedenen Integrationsgemeinschaften anzugehören. Franco schottete hingegen seinen „Neuen Staat" möglichst von den Einflüssen der pluralistisch verfaßten Gesellschaften ab und betonte die Eigenständigkeit der „katholische[n] und organische[n] Demokratie"[36] in Spanien gegenüber den säkularisierten und „dekadenten Demokratien"[37] in Westeuropa.

Der einerseits parallele und andererseits sehr verschiedene Wiederaufstieg Westdeutschlands und Spaniens in den 50er Jahren hatte seinen gemeinsamen Hintergrund in der weltpolitischen Gesamtlage: der vermeintlichen oder wirklichen Bedrohung der westlichen Welt durch den Kommunismus. Der entscheidende Auslöser für die militärische Integration Spaniens wie der Bundesrepublik war der Krieg in Korea, der im Juni 1950 durch den Einfall der nordkoreanischen Truppen in den Süden ausgelöst wurde und sich bis 1953 hinzog. So unzulänglich die spanische Rechts-Diktatur gemessen an westlichen Wertmaßstäben erschien, so zuverlässig war sie in ihrer Feindschaft gegen den Kommunismus.

Ebenso fest und sicher im antikommunistischen Lager verwurzelt war die Bundesrepublik mit ihrer spezifischen Frontstellung gegen die DDR. Eine der Konstanten im außenpolitischen Denken von Bundeskanzler Adenauer war die Überzeugung, daß die Sowjetunion, „die asiatische Diktatur"[38], wie er sie mitunter nannte, die Weltherrschaft anstrebe und Westeuropa bedrohe. In dieser gemeinsamen Gegnerschaft lag für die Bundesrepublik und Spanien auch die Möglichkeit zu einer unmittelbaren, fast bruchlosen Anknüpfung an die Zusammenarbeit, die es zwischen Franco und dem Deutschland Hitlers gegeben hatte. In der frühen Bonner Republik wirkte das „antikommunistische Leitbild"[39] angesichts der nationalsozialistischen Vergangenheit entlastend: „Der Antibolschewismus eignete sich dazu, die deutsche Schuld zu verdrängen oder zu relativieren, erlaubte es, das Hauptaugenmerk auf die gegenwärtigen Übel der Sowjets anstatt auf die vergangenen Greuel des Hitler-Regimes zu richten [...]."[40]

---

[36] Vgl. Fusi, Franco, S. 94 f.
[37] Vgl. Bernecker, Der Streit um das Franco-Regime, S. 83. Zum Wandel im Verhältnis von Spanien und Europa vgl. Bernecker, Spanien. Zwischen Isolation und Integration, S. 125–168.
[38] Zitiert nach Kielmansegg, Nach der Katastrophe, S. 134.
[39] Reichel, Zwischen Dämonisierung und Verharmlosung, S. 688.
[40] Hanrieder, Deutschland, Europa, Amerika, S. 175.

Die gern beschworene „traditionelle" deutsch-spanische Freundschaft[41] wurde nun durch die Vorstellung vom „Abendland"[42] und der Erinnerung an den gemeinsamen Herrscher Karl V.[43] neu akzentuiert. Das in katholisch-konservativen Kreisen der Bundesrepublik weitverbreitete „christliche" Ideal war ebenso von elitären, antiliberalen, antikommunistischen wie autoritären Denkmustern geprägt. Die Anhänger der „Abendland"-Idee sahen im katholischen Spanien und dem autoritären Regime Francos, das die „glorreiche" Vergangenheit unter den Katholischen Königen häufig als Rechtfertigung für seinen Sonderweg bemühte, ein hochwillkommenes, geradezu ideales Mitglied ihrer Bewegung.

Gewisse Realitäten des franquistischen Spanien blendeten sie dagegen großzügig aus. So bekundete etwa der „abendländisch" gesinnte CSU-Bundestags-Abgeordnete Richard Jaeger 1960 im Deutschen Bundestag beschönigend, daß Franco „weitgehend auf Tyrannei verzichten" könne. Schließlich sei es ja „auch die Diktatur in einem romanischen Volk; sie wird also weder mit preußischer Exaktheit noch mit deutscher Perfektion durchgeführt, sondern eben in der etwas leichteren Lebensart dieser Völker, die die Dinge gar nicht so schlimm erscheinen läßt [...]"[44]. Die Wirklichkeit sah für die Verlierer des Bürgerkriegs indes anders aus. Franco nahm „kälteste [...] Rache"[45]: Zwischen 1936 und 1944 kamen im Herrschaftsbereich der „Nationalen" schätzungsweise 150 000 bis 200 000 Menschen ums Leben[46]. Allein 370 000 Spanier und Spanierinnen befanden sich Ende 1939 aus politischen Gründen in Haft, Lagern oder sogenannten Arbeitsbataillonen[47].

Das ganze Ausmaß der Vergeltung der Sieger wird erst heute – 31 Jahre nach dem Tod des Diktators 1975 – sichtbar. Das Trauma des Bürgerkriegs führte in Spanien zu einem von allen politischen Parteien akzeptierten, ungeschriebenen Pakt des Schweigens, der einen versöhnlichen Übergang zur Demokratie sichern sollte[48]. Inzwischen drängt der lange tabuisierte Terror der Franco-Zeit zunehmend ins öffentliche Bewußtsein[49]. Neueste Untersuchungen spanischer Historiker belegen, daß nach dem Bürgerkriegsende zwischen 1939 und 1946 mindestens 50 000 Menschen hingerichtet wurden[50] und bis zu 150 soge-

---

[41] Der deutsche Außenminister Gustav Stresemann hatte schon im Mai 1925 vor dem Reichstag diesen offenbar zeitlosen Topos verwendet; vgl. Sepasgosarian, Eine ungetrübte Freundschaft?, S. 1.
[42] Zur „abendländischen Bewegung" in der Nachkriegszeit vgl. Schildt, Zwischen Abendland und Amerika, S. 99–117. Zur europäischen Dimension und Orientierung der Bewegung auch Müller/Plichta, Zwischen Rhein und Donau, S. 17–47.
[43] Das 400. Todesjahr Karls V. wurde 1959 in Madrid, Rom, Paris und Köln mit wissenschaftlichen Tagungen begangen. Vgl. Skalweit, Karl V. und die Nationen, S. 379–392.
[44] Deutscher Bundestag, 108. Sitzung, 6. 4. 1960, Stenographische Berichte, Bd. 45, S. 5910.
[45] Schwarz, Auf der Suche nach Legitimität: Francisco Franco, S. 191.
[46] Vgl. Jackson, Annäherung an Spanien 1898–1975, S. 129.
[47] Vgl. Tuñón de Lara, Versuch einer Gesamteinschätzung – Ein halbes Jahrhundert danach, S. 628.
[48] Siehe zum Umgang mit der Vergangenheit in postdiktatorialen Gesellschaften in vergleichender Perspektive das Schwerpunktthema: Diktaturbewältigung, Erinnerungspolitik und Geschichtskultur in Polen und Spanien, Troebst (Hrsg.), Jahrbuch für Europäische Geschichte (Bd. 4), S. 1–188.
[49] Im November 2002, genau 27 Jahre nach dem Tod Francos, verurteilte das Parlament in Madrid erstmals mit den Stimmen aller Parteien die Unterdrückung und Verfolgung unter der damaligen Diktatur. Vgl. FAZ, 21. 11. 2002. Themen wie das Schicksal der Republikaner im Exil oder die spektakuläre Suche nach Massengräbern aus der Zeit des Bürgerkrieges finden reges Interesse in der spanischen Öffentlichkeit. Vgl. „Späte Sezierung des Franquismus. Offene Wunden eines systematischen Terrors", in: NZZ, 4. 1. 2003. Zum Schicksal der im Bürgerkrieg „verschwundenen" Spanier siehe Silva/Macias, Las fosas de Franco.
[50] Vgl. El País, 8. 5. 2002.

nannte Konzentrationslager existierten, in denen bis 1942 nach Schätzungen insgesamt zwischen 367 000 und 500 000 Personen interniert waren[51]. Seit den 50er Jahren nahm zwar die Repression ab, gegängelt und unterdrückt wurde die Bevölkerung aber weiterhin. Demokratische Grundrechte wie das der freien Meinungsäußerung, Vereinigungs-, Versammlungs- und Demonstrationsfreiheit, eine freie Presse sowie Parteien neben der Falange blieben den Spaniern vorenthalten[52].

Eine eindeutige politikwissenschaftliche Klassifizierung des Franquismus erweist sich angesichts seiner langen Lebensdauer und seiner zahlreichen Häutungen als überaus schwierig. Während die Kategorien „faschistisch" oder „totalitär" für den Franco-Staat wissenschaftlich kaum noch verwendet werden, hat sich die Forschung inzwischen als kleinsten gemeinsamen Nenner auf den Begriff „autoritäres System" verständigt. Doch der „Streit um das Franco-Regime" werde anhalten, urteilt etwa Walther L. Bernecker[53]. Für die Belange dieser Studie ist eine solche kategoriale Einordnung jedoch nachrangig. Im Zentrum steht hier dagegen die Frage nach dem Bild, dem Image der spanischen Diktatur und ihres Herrschers in der Bundesrepublik.

Die vorliegende Arbeit möchte vor diesem Hintergrund die westdeutsche Spanienpolitik der Jahre 1949-1960 in allen wesentlichen Dimensionen darstellen. Nicht mit einbezogen wird dabei der damalige zweite deutsche Staat, der erst 1973 diplomatische Beziehungen mit Spanien aufnahm[54]. Die Untersuchung beschränkt sich nicht allein auf die Analyse des zwischenstaatlichen Verhältnisses: Neben den bilateralen politisch-diplomatischen Beziehungen, die ihr zunächst wichtigstes Thema in den schwierigen Verhandlungen um das nach 1945 enteignete deutsche Vermögen in Spanien hatten, werden die europäischen und atlantischen Verflechtungen der Bonner Außenpolitik berücksichtigt, von denen insbesondere die militärpolitischen Beziehungen zu Spanien entscheidend beeinflußt wurden. Mit der Darstellung der deutschen Initiative für einen spanischen NATO-Beitritt und der Auseinandersetzung zwischen Bonn und seinen wichtigsten Verbündeten um das Projekt deutscher Militärstützpunkte in Spanien soll die Arbeit auch einen Beitrag zur Binnengeschichte des atlantischen Bündnisses bilden.

Ebenso werden die Wechselwirkungen von Innen- und Außenpolitik angesprochen, besonders deutlich etwa in der Frage von Versorgungsansprüchen für die Angehörigen der „Legion Condor" und der „Blauen Division" wie auch der Entschädigung für spanische NS-Opfer, die sogenannten Rotspanier. Die Studie verfolgt zudem die Entwicklung der wirtschaftlichen Beziehungen zwischen beiden Ländern. Zur Sprache kommen dabei auch wirtschaftlich-politisch-kulturelle Aspekte wie die Anfänge des westdeutschen Spanientourismus oder die Anwerbung spanischer Arbeitskräfte.

---

[51] Vgl. El País, 22. 10. 2002. Ein umfassendes Bild der Repression in den Gefängnissen und Konzentrationslagern ab 1936 vermitteln Molinero/Sala/Sobrequés (Hrsg.), Una inmensa prisión.
[52] Vgl. Fusi, Franco, S. 95; vgl. Tamames, La república, S. 370-374.
[53] Vgl. Bernecker, Der Streit um das Franco-Regime, S. 84.
[54] Im Gegensatz zum damaligen Caetano-Regime in Portugal, das erst durch die „Nelkenrevolution" 1974 abgelöst wurde, war das Spanien Francos angesichts der allgemeinen Anerkennungswelle Anfang der 70er Jahre zur Aufnahme diplomatischer Beziehungen mit der DDR bereit. Für Ost-Berlin war dieser Schritt innen- wie außenpolitisch problematisch. Nicht nur in den Reihen der spanischen Exil-Kommunisten – die zum Teil in der DDR lebten – sondern auch in der SED selbst gab es Unmut. Vgl. Jacobsen (Hrsg.), Drei Jahrzehnte Außenpolitik der DDR, S. 531-533. Zur propagandistischen Bedeutung der ehemaligen Spanienkämpfer in der DDR siehe umfassend Uhl, Mythos Spanien.

Ferner richtet sich der Blick auch auf nicht-staatliche Akteure. Hier geht es insbesondere um eine wichtige „abendländische" Begegnungsstätte, das sogenannte Europäische Dokumentations- und Informationszentrum.

Den Interessen der spanischen wie der westdeutschen Politik wird nicht das gleiche Gewicht eingeräumt. Es geht um eine Darstellung der deutschen Seite dieser Beziehungen, in die von der spanischen Sicht nur so viel eingewoben wurde, wie es für ihr Verständnis notwendig schien. Sie endet mit dem Beginn der 60er Jahre; einer Phase der frühen Bundesrepublik, die im Hinblick auf den Umgang mit der NS-Vergangenheit und den Demokratisierungs- wie Modernisierungstendenzen als Zeit eines gesellschaftlichen Umbruchs gilt[55]. Die 50er Jahre waren für die westdeutsche Spanienpolitik eine von der Vergangenheit bestimmte Ära, die ihren Höhe- und Endpunkt in dem Versuch Bonns fand, in Spanien militärische Stützpunkte zu etablieren. Beide Staaten – insbesondere die Bundesrepublik – wurden dabei von ihrer Vergangenheit unliebsam eingeholt. Mit der nachlassenden Ost-West-Konfrontation veränderte sich gegen Ende der 50er Jahre die Bedeutung der bislang vor allem antikommunistisch definierten Partnerschaft zwischen Bonn und Madrid: Ökonomische Aspekte wurden durch das Ende der Autarkiephase und der wirtschaftlichen Öffnung Spaniens seit 1959 immer wichtiger. Neue Themen wie der in den 60er Jahren einsetzende Massentourismus und die Anwerbung spanischer Arbeitskräfte rückten in den Vordergrund – während der Topos vom „Abendland" allmählich seine Bedeutung verlor. All diese Veränderungen waren für die westdeutsche Spanienpolitik weit wichtiger als der Kanzlerwechsel des Jahres 1963.

Das besondere Erkenntnisinteresse dieser Studie richtet sich auf den Umgang mit der nationalsozialistischen Vergangenheit bzw. auf den fortwirkenden Einfluß dieser Vergangenheit in den 50er Jahren, zu deren Erbe auch die deutsch-spanische „Waffenbrüderschaft" und das Regime Francos gehörten. In der jungen Bundesrepublik war die Forderung nach der Abgrenzung vom „Dritten Reich" ein geradezu konstitutives Element der politischen Kultur. Für die Bonner Republik – wie für die DDR – war der Nationalsozialismus der „wohl wichtigste negative historische Bezugspunkt"[56]. Inwieweit wurde dieser Anspruch in der Politik gegenüber Spanien berücksichtigt? Wie sehr waren die Sicht- und Handlungsweisen der Regierung Adenauer von den Nachwirkungen der NS-Propaganda beeinflußt? Und wurde das deutsche Eingreifen in den Spanischen Bürgerkrieg auf der Folie des Kalten Kriegs überhaupt als Teil nationalsozialistischer Politik verstanden?

Dabei werden insbesondere drei Gruppen bzw. Politikfelder unterschieden: 1) die politischen und administrativen Eliten in der Bundesrepublik; ihre Motivationen und ihr Selbstverständnis. Was zeigt die Untersuchung der westdeutschen Spanienpolitik für ihr Verhältnis zur nationalsozialistischen Vergangenheit? 2) die internationale Umgebung, in der sich die Bonner Spanienpolitik abgespielt hat. Wie hat man die deutsch-spanischen Beziehungen vor diesem Hintergrund von außen betrachtet? Und inwieweit trafen hier unterschiedliche Geschichtsbilder aufeinander? 3) die westdeutsche Öffentlichkeit. Welche Unterschiede gab es in der Sicht auf das franquistische Spanien? In welchem Umfang konnte die Öffentlichkeit Einfluß auf das Handeln der Regierenden nehmen?

Diese Leitfragen sollen im folgenden thesenförmig umrissen werden.

---

[55] Vgl. Schildt, Vor der Revolte, S. 7–13.
[56] Faulenbach, Die doppelte „Vergangenheitsbewältigung", S. 112.

1) Die Neuformierung der Eliten nach dem Zweiten Weltkrieg in Westdeutschland zeigte eine charakteristische Entwicklung: Zunächst kamen im Zuge der von den Besatzungsmächten durchgesetzten Entnazifizierung Gruppen und Personen in den Vordergrund, die sich in irgendeiner Art und Weise im Widerstand oder Widerstreben gegen den Nationalsozialismus ausgezeichnet hatten. Mit der Gründung der Bundesrepublik 1949 verlor dieses Auswahlkriterium an Bedeutung; zugleich wurde das Ende der politischen Säuberungen eingeläutet[57]. Der Neuaufbau staatlicher Strukturen ließ das Bedürfnis nach geschultem Personal wachsen und dabei griff man naturgemäß vor allem auf „alte" Beamte und Funktionseliten[58] zurück, die mehr oder minder tief von der Mentalität des „Dritten Reichs" geprägt waren. In vielen Bereichen der Justiz, Politik, Wirtschaft und Verwaltung kam es daher zu großen personellen Kontinuitäten. Dies galt auch für die Anfänge im Auswärtigen Amt: Bundeskanzler Adenauer mußte 1952 nach öffentlicher Kritik im Deutschen Bundestag einräumen, daß etwa 66 Prozent aller leitenden Beamten ehemals der NSDAP angehört hatten[59].

Wesentlich für die deutsche Spanienpolitik der 50er Jahre waren neben den Diplomaten des Auswärtigen Amts die Sicherheitseliten, für die stellvertretend der damalige Militärattaché Achim Oster steht. Die besondere Bedeutung der militärischen Zusammenarbeit zwischen Bonn und Madrid erklärt sich nicht allein aus strategischen Überlegungen, sondern auch aus dem Umstand, daß auf dieser Ebene viele persönliche Beziehungen aus der Zeit vor 1945 bestanden, an die nun angeknüpft werden konnte. Die deutschen Militärs waren – auch aus generationsspezifischen Gründen – eine Gruppe, bei der Sympathie für das Regime Francos und seine autoritären Wertmaßstäbe unterstellt werden kann.

Die Arbeit will vor diesem Hintergrund der Frage nach dem Selbstverständnis außenpolitischer Entscheidungsträger nachgehen. Hat der Systemgegensatz Demokratie-Diktatur in ihrem Denken und Handeln überhaupt eine Rolle gespielt? Wie weit reichte der „antinationalsozialistische Gründungskonsens"[60] der Bonner Nachkriegsdemokratie? Ein solcher Konsens hätte zweifellos eine beträchtliche Distanz zum Spanien Francos und eine große Zurückhaltung der westdeutschen Spanienpolitik verlangt. Wurde die vergangene antibolschewistische „Waffenbrüderschaft" in den Zeiten des Kalten Krieges eher als Bürde oder eher als Chance empfunden?

2) Die Zusammenarbeit zwischen Franco-Spanien und NS-Deutschland erklärt das Mißtrauen, mit dem in der Nachkriegszeit eine deutsch-spanische Annäherung von außen betrachtet wurde. Es ist ein Ziel der vorliegenden Studie zu zeigen, wie sich diese Konstellation auf die beiderseitigen Beziehungen ausgewirkt hat. Den Höhepunkt dabei bildet die Affäre um die geplanten deutschen Militärbasen in Spanien 1959/1960, in der eine gewisse Unfähigkeit der Bundesregierung, ihre internationale Position richtig einzuschätzen, deutlich wird. Sie macht insbesondere die Grenzen sichtbar, die den deutsch-spanischen Beziehungen von der transatlantischen Gemeinschaft gesetzt wurden. Entscheidend dafür, welche Bedeutung Spanien für die Bundesrepublik innerhalb der Rahmenbedingungen der westdeutschen Außenpolitik nach 1949 überhaupt annehmen konnte, waren letztlich

---

[57] Vgl. Frei, Vergangenheitspolitik, S. 54–68.
[58] Vgl. dazu Frei (Hrsg.), Karrieren im Zwielicht.
[59] Vgl. Döscher, Verschworene Gesellschaft, S. 249.
[60] Frei, Vergangenheitspolitik, S. 14.

die Vorgaben der Westmächte. Es wird darum gehen nachzuzeichnen, wie diese Staaten ihre Haltungen artikulierten und wie die Bundesregierung diese Signale wahrgenommen hat. Insofern sind die deutsch-spanischen Beziehungen jener Zeit auch ein Beispiel für den Erziehungsprozeß, den die Bundesrepublik durchzumachen hatte und durch den sie lernte, sich im westlichen Lager angemessen innerhalb des ihr zugestandenen Freiraums zu bewegen.

3) Die in der westdeutschen Öffentlichkeit nach 1945 zunächst vorherrschende kritische und aufklärerische Haltung gegenüber dem Nationalsozialismus wurde im Verlauf des aufflammenden Ost-West-Konflikts von eher apologetischen oder zumindest verharmlosenden Tendenzen abgelöst. Ereignisse wie die Berlin-Blockade (1948), die Teilung Deutschlands und der Korea-Krieg (1950–1953) beförderten einen rigiden Antikommunismus, durch den das „Dritte Reich" nun milder betrachtet wurde. Zumindest der Krieg gegen die Sowjetunion erschien jetzt wieder in jenem Licht, in dem ihn die nationalsozialistische Propaganda zuletzt hatte darstellen wollen: nämlich als Abwehrkampf des Abendlands gegen die bolschewistische Barbarei. Ähnliches galt aber auch in hohem Maße für den Bürgerkrieg in Spanien insgesamt und vor allem für die deutsche Intervention. Eine antifaschistische Sichtweise des Spanischen Bürgerkriegs hatte deshalb in den 50er Jahren einen schweren Stand, zumal eben diese Sichtweise in der DDR als kanonisch gepflegt wurde. Jeder, der sie im Westen vertrat, setzte sich leicht dem Vorwurf aus, den Kommunismus begünstigen zu wollen.

Diese Arbeit möchte das öffentliche Klima jener Jahre wenigstens punktuell erfassen und in seiner Bedeutung für die westdeutsche Spanienpolitik darstellen. In einer Zeit, in der das Fernsehen als Massenmedium noch keine Rolle spielte[61], prägten insbesondere die Printmedien den öffentlichen Meinungsbildungsprozeß über Spanien. Hier kommen ihre Akteure, die Journalisten in den Blick: In den Anfangszeiten der Auslandsberichterstattung waren jeweils nur wenige Pressevertreter vor Ort. Dies galt gerade für ein damals noch fernes Land am Rande Europas wie Spanien, das auch politisch nur von untergeordnetem Interesse war. Als aufschlußreiches Beispiel für die Deutungsmacht eines einzelnen Journalisten kann daher Heinz Barth gelten, der als Korrespondent in den 50er Jahren fast ein Monopol für die Spanienberichterstattung deutscher Zeitungen besaß und darüber hinaus noch verschiedene Rundfunksender belieferte.

An einem anderen Ort politischer Auseinandersetzung, der die „kollektive Reflexion der (West-)Deutschen unmittelbar verkörpert"[62], nämlich im Deutschen Bundestag, artikulierte sich auch jene Öffentlichkeit, welche eine „andere", linke Erinnerung an den Bürgerkrieg pflegte. Hier ist zu prüfen, in welcher Weise und in welchem Maß eine solche – von SPD und Gewerkschaften – vertretene alternative Öffentlichkeit korrigierend auf die Spanienpolitik der Bundesregierung eingewirkt hat. Denn eine geteilte, gegensätzliche Erinnerung an das „Dritte Reich" und die deutsch-spanische „Waffenbrüderschaft" existierte nicht nur zwischen der Bundesrepublik und anderen Ländern[63], sondern auch

---

[61] Vgl. Schildt, Der Beginn des Fernsehzeitalters, S. 477–492.
[62] Vgl. Dubiel, Niemand ist frei von der Geschichte, S. 13.
[63] Vgl. zur Vergangenheitsperspektive der Westalliierten und den Konflikten mit der Regierung Adenauer: Brochhagen, Nach Nürnberg.

innerhalb Deutschlands: einerseits zwischen der Bundesrepublik und der DDR[64] und andererseits zwischen den Regierungsparteien in Bonn und der SPD-Opposition. Der Krieg in Spanien war ja auch ein deutscher Krieg gewesen, in dem auf beiden Seiten der Front Deutsche gekämpft hatten. Die ganze Komplexität des Geschehens machen vier Gruppen deutlich, die alle in den 50er Jahren in unterschiedlicher Weise in den Beziehungen präsent waren: Veteranen der militärischen Intervention des nationalsozialistischen Deutschland in den Bürgerkrieg, die Angehörigen der „Legion Condor"; Spanier, die im Krieg gegen die Sowjetunion von 1941-1943 auf deutscher Seite gekämpft hatten, die Angehörigen der „Blauen Division"; Deutsche, die als Antifaschisten in Spanien auf Seiten der Republik gekämpft hatten; und republikanische Spanier, die als Flüchtlinge seit 1940 in die Mühlen des NS-Regimes gerieten und zu KZ-Häftlingen oder Zwangsarbeitern wurden. Nicht zuletzt im Umgang mit dieser Hinterlassenschaft der nationalsozialistischen Ära, d. h. der Frage von Versorgungsansprüchen der „Legion Condor" und der „Blauen Division", der politischen Reaktion auf Anliegen ihrer Veteranenverbände und dem Verhalten von Politik und Justiz gegenüber den Entschädigungsansprüchen der spanischen NS-Verfolgten, wird die geteilte Erinnerung in der Bonner Republik sichtbar.

Die Forschungslage ist rasch umrissen: Während die deutsch-spanischen Beziehungen der Jahre 1936-1945 in der Geschichtswissenschaft seit den 60er Jahren auf großes Interesse stießen und als weitestgehend erforscht angesehen werden können, fand das Nachkriegsverhältnis zwischen beiden Ländern erst geringe Aufmerksamkeit. Ein knapper Abriß ist in der politikwissenschaftlichen Darstellung von Gerlinde Freia Niehus[65] zur franquistischen Außenpolitik enthalten. Die geschichtswissenschaftlichen Arbeiten sind an einer Hand abzulesen: Hervorzuheben ist die auf umfangreichem spanischem Archivmaterial fußende Studie von Petra-Maria Weber[66] zur Deutschlandpolitik Spaniens zwischen 1945 und 1958, in deren Mittelpunkt das „Europäische Dokumentations- und Informationszentrum" als franquistisches Propagandaforum und Ort „abendländischer" Begegnung deutscher und spanischer Politiker steht. In einer auf Presseberichten und spanischen Quellen beruhenden Untersuchung beschäftigt sich Carlos Collado Seidel[67] mit dem Versuch der Bundesrepublik, am Ende der 50er Jahre militärische Stützpunkte in Spanien zu etablieren; die entscheidende internationale Dimension bleibt dabei aber weitgehend ausgeblendet.

---

[64] Vgl. zum unterschiedlichen Umgang mit der NS-Diktatur: Die geteilte Vergangenheit; Herf, Zweierlei Erinnerung.
[65] Niehus, Außenpolitik im Wandel, S. 453-546. Allerdings räumt sie den Beziehungen Spaniens zur Bundesrepublik bis 1969 nur wenig Platz ein; vgl. dazu S. 453-466.
[66] Weber, Spanische Deutschlandpolitik 1945-1958.
[67] Collado Seidel, Die deutsch-spanischen Beziehungen in der Nachkriegszeit. Die Studie beschränkt sich allerdings nahezu ausschließlich auf Überlegungen einer engen militärischen Zusammenarbeit. Andere Arbeiten von Collado Seidel konzentrieren sich auf das spanisch-alliierte Verhältnis der ersten Nachkriegsjahre und das Interesse der Westalliierten, nach 1945 den vormals großen Einfluß NS-Deutschlands in Spanien möglichst auszuschalten. Vgl. ders., Zufluchtsstätte für Nationalsozialisten? Spanien, die Alliierten und die Behandlung deutscher Agenten 1944-1947. Vgl. ders., Angst vor dem „Vierten Reich". Im engeren Sinn endet die Darstellung 1951/1952 mit dem „Versanden" des allliierten Repatriierungsprogramms und der weitgehend abgeschlossenen Liquidation des privaten deutschen Vermögens. Insofern ist die Zäsur 1958 dem deutsch-spanischen Vermögensabkommen geschuldet, das damals einen Schlußpunkt unter die Enteignungsfrage setzte. Auch in dieser Darstellung wird weitestgehend auf die Einbeziehung deutscher Quellen verzichtet.

Als Bezugspunkt westdeutscher Außenpolitik ist das franquistische Spanien von der zeithistorischen Forschung lange übersehen worden, was damit zu tun haben mag, daß das damals politisch abseits stehende Land als ein nicht sonderlich interessanter Partner der Bundesrepublik erschien. Anders sieht es hingegen aus, wenn die Beziehungen zwischen Bonn und Madrid auch als Teil der Nachgeschichte des Nationalsozialismus betrachtet werden. Inzwischen liegt ein fundierter und materialreicher – auf deutsche und spanische Quellen gestützter – Überblick über die deutsch-spanischen Beziehungen in der Ära Adenauer von Birgit Aschmann[68] vor. Allerdings überschätzt Aschmann die Akzeptanz und den Spielraum beider Staaten im internationalen System, wenn sie von der Prämisse ausgeht, daß Spanien und die Bundesrepublik 1955 „quasi zeitgleich als ‚resozialisiert' aus dem Beobachterstatus minderen Rechts entlassen" wurden, „indem die Bundesrepublik (mit Einschränkungen) souverän und Mitglied der NATO wurde und Spanien in der UNO Einzug hielt"[69]. Überdies konzentriert sich die Autorin nahezu ausschließlich auf das bilaterale Beziehungsgeflecht und vernachlässigt dabei die besondere politisch-psychologische Konstellation der jungen Bundesrepublik in der Zeit des Kalten Krieges.

Die vorliegende Untersuchung beruht in erster Linie auf der Auswertung der Bonner Amtsakten, sowie auf privaten Nachlässen und Archivalien des Foreign Office aus dem Public Record Office in London. Im Politischen Archiv des Auswärtigen Amts wurden die Bestände der Personal- und Verwaltungsabteilung (Abt. 1), der Politischen (Abt. 2) und Länderabteilung (Abt. 3), der Handelspolitischen (Abt. 4) und Rechtsabteilung (Abt. 5) sowie die Akten der Kulturabteilung (Abt. 6) herangezogen. Der Quellenbestand der obersten Entscheidungsebene – Büro Staatssekretär – steht der Forschung größtenteils nach wie vor nicht zur Verfügung. Abgesehen von wenigen – auf Antrag des Verfassers – offengelegten Dokumenten, gilt dies auch für die Verschlußregistratur. Nach wie vor gesperrt bleiben somit auch die wesentlichen Akten zu den von Bonn geplanten Militärbasen in Spanien. Ohne Zugang zu unveröffentlichten britischen Quellen hätte dieser international für Irritationen sorgende Vorgang wie auch der von der Bundesregierung betriebene NATO-Beitritt Spaniens nicht weitestgehend erhellt werden können. Die Akten des Außenministeriums in London und die Berichte des britischen NATO-Botschafters vermitteln nicht nur die Sicht Großbritanniens auf die deutsch-spanischen Beziehungen, sondern geben darüber hinaus Aufschluß über die Haltung der USA und Frankreichs sowie die Position der Bundesrepublik im nordatlantischen Bündnis.

Für eine Rekonstruktion der Diskussions- und Entscheidungsprozesse innerhalb der Bundesregierung waren neben dem Bestand Militärattaché im Freiburger Bundesarchiv-Militärarchiv die Überlieferungen der Bundesministerien, vor allem die Bestände Kanzleramt, Innen-, Wirtschafts- und Arbeitsministerium im Bundesarchiv in Koblenz von zentraler Bedeutung. Dort wurden auch die Nachlässe der Bundesminister von Brentano, Lübke und wichtiger Entscheidungsträger wie Blankenhorn oder Hallstein eingesehen. Darüber hinaus konnten der Nachlaß Konrad Adenauers in Rhöndorf und weitere – überwiegend personenbezogene – Archivalien in den Parteiarchiven von CDU, SPD und FDP herangezogen werden. Der Bestand der Bank deutscher Länder im Historischen Archiv der Deutschen Bundesbank erwies sich für das Verständnis der Wirtschaftsbeziehungen

---

[68] Vgl. Aschmann, „Treue Freunde..."?
[69] Ebenda, S. 66.

als wertvoll. Aufschlüsse über Details rüstungswirtschaftlicher Zusammenarbeit vermittelten Unterlagen der Firma Heckler & Koch, die freundlicherweise von Walter Schmid (Oberndorf) zur Verfügung gestellt wurden. Wichtiges und reichhaltiges Material für das kollektive Spanienbild der Bonner Republik enthalten die von der Forschung häufig vernachlässigten Debatten des Deutschen Bundestages. Manches Neue an Einschätzungen und Motiven – über die meist atmosphärisch dichte Schilderung damaliger Ereignisse hinaus – war durch die Aussagen einer Reihe ehemaliger Diplomaten, Journalisten, Militärs und Politiker zu erfahren. Mündliche oder schriftliche Auskünfte gaben freundlicherweise: Botschafter a. D. Rupprecht von Keller, Botschafter a. D. Lothar Lahn, Botschafter a. D. Ulrich Sahm, Botschafter a. D. Guido Brunner, Botschafter a. D. Friedrich Karl von Plehwe, Botschafter a. D. Wilhelm Grewe, General a. D. Albert Schnez, General a. D. Gerd Schmückle, General a. D. Ulrich de Maizière, die Journalisten Max Schulze-Vorberg und Anton Dieterich, ferner Hans (Juan) Hoffmann sowie Richard Jaeger. Das Spanien-Bild in der deutschen Öffentlichkeit wurde schließlich durch die systematische Auswertung der im Hamburgischen Welt-Wirtschafts-Archiv und im „Spiegel"-Archiv gesammelten Tages- und Wochenzeitungen abgerundet.

Der Aufbau der Arbeit ist thematisch gegliedert. Innerhalb der einzelnen Schwerpunkte werden die Ereignisse und Entwicklungen chronologisch verfolgt. Am Anfang steht der Neubeginn der politisch-diplomatischen Beziehungen, der sich zunächst mühsam gestaltete. Die Vermögensfrage überschattete bis weit in die zweite Hälfte der 50er Jahre die übrigen Politikfelder, wie beispielsweise die kulturellen Beziehungen. Mehr oder minder abseits davon entwickelten sich informelle Kontakte „abendländischer" Kreise und die Arbeit deutscher Pressevertreter in Spanien. Gegen Ende des Jahrzehnts trat die selbstbewußter gewordene Bundesrepublik – wie im Fall der OEEC – zunehmend als Anwalt spanischer Integrationswünsche auf.

Darauf folgt eine Darstellung der wirtschaftlichen Beziehungen. Dazu gehören auch kleinere Kapitel über den Beginn des deutschen Spanientourismus und über das Anwerbeabkommen, durch das seit 1960 spanische „Gastarbeiter" in die Bundesrepublik geholt wurden.

Dem Kapitel über die militärpolitischen Beziehungen kommt eine besondere Bedeutung zu. Mehr noch als im rein politischen Verhältnis bündeln sich hier alle Probleme der deutschen Spanienpolitik in den 50er Jahren. Abschließend wird an einzelnen Problemfeldern der vergangenheitspolitische Umgang mit der Hinterlassenschaft des „Dritten Reichs" untersucht.

I. Aufbau und Entwicklung der politischen Beziehungen

1. Der mühsame Neubeginn – Die Aufnahme diplomatischer Beziehungen 1949-1952

Mit der Gründung der Bundesrepublik Deutschland im September 1949 war zwar eine Zäsur im Verhältnis der Deutschen zu den drei westlichen Siegermächten erfolgt, das Prinzip der alliierten Kontrolle galt jedoch weiterhin. Die Alliierte Hohe Kommission (AHK), das höchste Zivilorgan der Westalliierten, nahm auf der Basis des Besatzungsstatuts weitreichende Kontroll- und Vorbehaltsrechte wahr. Diese „versetzten die Westalliierten in die Lage, die außenpolitische und außenwirtschaftliche Orientierung der Bundesregierung vollständig zu steuern"[1]. Der neue westdeutsche Staat war also in seiner Souveränität zunächst noch beschränkt und de facto ein Protektorat, vor allem fehlte ihm die Kompetenz zur Wahrnehmung der auswärtigen Angelegenheiten. Andererseits war vor dem Hintergrund der globalen Ost-West-Konfrontation, ungeachtet mancher Zweifel der Alliierten an der Demokratiefähigkeit der Deutschen, das Ziel einer kontrollierten und schrittweisen Integration des Landes in das seit 1947/48 Konturen gewinnende westliche Bündnis unumstritten[2].

Das Petersberger Abkommen vom 22. November 1949[3] bedeutete in seiner Mischung aus Zugeständnissen und Forderungen an die deutsche Seite eine erste Etappe auf dem Weg zur vollen Souveränität Westdeutschlands. Da der Bundesrepublik die außenpolitische Befugnis noch fehlte, war vorläufig nur die Einrichtung konsularischer und wirtschaftlicher Vertretungen im Ausland erlaubt worden. Die Bundesregierung unter Konrad Adenauer konnte aber nunmehr in Absprache mit der Alliierten Hohen Kommission darangehen, erste Schritte zur Wiedergründung des Auswärtigen Dienstes vorzunehmen. Den Kern des künftigen außenpolitischen Apparates bildeten die „Verbindungsstelle zur Alliierten Hohen Kommission", die seit September 1949 unter Leitung von Herbert Blankenhorn im Bundeskanzleramt bestand, sowie das im November 1949 gebildete „Organisationsbüro für die konsularisch-wirtschaftlichen Vertretungen im Ausland" unter Wilhelm Haas[4]. Die

---

[1] Herbst, Stil und Handlungsspielräume westdeutscher Integrationspolitik, S. 5.
[2] Siehe hierzu Herbst (Hrsg.), Westdeutschland 1945-1955; zur amerikanischen Deutschlandpolitik vgl. Rupieper, Der besetzte Verbündete.
[3] Dazu ausführlich: Lademacher/Mühlhausen (Hrsg.), Sicherheit, Kontrolle, Souveränität.
[4] Das „Organisationsbüro" bildete nach seiner Erweiterung und Umbenennung zur „Dienststelle für Auswärtige Angelegenheiten" im Juni 1950 den Nukleus der Personal- bzw. Verwaltungsabteilung im späteren Auswärtigen Amt. Haas, der die Personalabteilung bis Ende Juli 1951 leitete, hat diese Anfangszeit eingehend geschildert; vgl. Haas, Beitrag zur Geschichte der Entstehung des Auswärtigen Dienstes der Bundesrepublik, S. 22 ff.; ders., Lebenserinnerungen, S. 210-231. Neben dieser offiziösen Darstellung siehe als erste behördengeschichtliche Untersuchung der Anfänge des neuen Auswärtigen Amts Döscher, Verschworene Gesellschaft. Vgl. Kroll, Deutschlands Weg nach Europa, S. 161-180. Atmosphärisch aufschlußreich die Erinnerungen von Diehl, Zwischen Presse und Politik; Sahm, „Diplomaten taugen nichts"; und von Herwarth, Von Adenauer zu Brandt.

Arbeit des „Organisationsbüros" orientierte sich an den Vorgaben des Petersberger Abkommens. Das Hauptaugenmerk galt daher zunächst der Planung von Konsulaten bzw. Handelsvertretungen ohne diplomatischen Status. Blankenhorn und Haas stellten dem Ausschuß für Politische Angelegenheiten der AHK bereits im Januar 1950 die ersten deutschen Überlegungen vor[5]. Danach sollten zunächst innerhalb eines Jahres 42 Konsulate in 34 Ländern eingerichtet werden, allen voran Vertretungen in den USA, Frankreich und Großbritannien, den drei westlichen Besatzungsmächten. Diesen würden dann weitere Missionen in den Ländern folgen, die ihrerseits Vertretungen in Deutschland eingerichtet hätten[6]. Die AHK stimmte den von Haas skizzierten Überlegungen im Grundsatz zu, wies aber einschränkend darauf hin, daß über die Auswahl weiterer Länder in diesem frühen Stadium noch nichts Endgültiges gesagt werden könne. Außerdem betonten die Vertreter der Besatzungsmächte, daß jeder Einzelfall zunächst von der Hohen Kommission zu prüfen sei.

Angesichts seiner traditionellen politischen und wirtschaftlichen Verbindungen zu Deutschland gehörte auch Spanien[7] zu den 34 Ländern, in denen die ersten Auslandsdienststellen etabliert werden sollten[8]. Neben der konsularischen Tätigkeit für die deutsche Kolonie wurde das Interesse an Spanien vom Bundeskanzleramt mit wirtschaftlichen Motiven, wie dem 1949 abgeschlossenen Handelsabkommen, Verkehrs- und Schiffahrtsfragen sowie der Frage des Auslandsvermögens begründet. Die Mission in Madrid wurde mit einem personellen Umfang von 35 Personen konzipiert und nahm damit in Relation zu den Vertretungen in New York mit 56 und Athen mit 29 Personen eine mittlere Stellung ein[9]. Die bereits im Oktober 1950 begonnenen organisatorischen Vorbereitungen werfen angesichts des zu diesem Zeitpunkt noch existierenden UNO-Boykotts gegen Spanien die Frage auf, inwieweit diese Entwürfe beeinflußt waren durch die wichtige Rolle Franco-Spaniens in der NS-Außenpolitik.

Denn ein Blick auf die internationalen Rahmenbedingungen zeigt, wie sehr gerade das Spanien Francos zu Beginn der 50er Jahre noch im politischen Abseits stand. Von den rechtsgerichteten Diktaturen in Europa war nach dem Ende des Zweiten Weltkrieges neben Portugal[10] nur das franquistische Spanien übriggeblieben. Die für Francos Sieg im Spanischen Bürgerkrieg maßgebliche Hilfe des nationalsozialistischen Deutschland und

---

[5] Das Gespräch fand am 23. Januar 1950 auf dem Petersberg, dem Sitz der AHK, statt; Aufzeichnung vom 24. Januar 1950, PA/AA, Abt. 2, Bd. 157.
[6] Ebenda. Die Vertreter der Besatzungsmächte übergaben Blankenhorn und Haas allerdings eine Liste von 10 weiteren Ländern, die aus ihrer Sicht als unproblematisch galten. Danach konnte die Bundesregierung – ohne den Einspruch der AHK befürchten zu müssen – Vertretungen in den Beneluxstaaten, Dänemark, Griechenland, Italien, Norwegen und der Türkei planen. Hinzu kamen in Übersee die Commonwealth-Länder Kanada und Australien. In Europa kamen hingegen die im Zweiten Weltkrieg neutralen Länder Schweiz, Schweden, Spanien und Portugal aufgrund der dort beschlagnahmten deutschen Vermögenswerte vorläufig nicht in Frage.
[7] Vgl. zu dem differenziert zu betrachtenden Beziehungsgeflecht: Corden, German policy toward neutral Spain 1914–1918; Sepasgosarian, Eine ungetrübte Freundschaft? Vgl. außerdem Volkmann, Politik und ökonomisches Interesse in den Beziehungen der Weimarer Republik zum Königreich Spanien, S. 41–76.
[8] Denkschrift über die Organisation der konsularisch-wirtschaftlichen Vertretungen im Ausland und den Aufbau einer zentralen Dienststelle im Bundeskanzleramt, o. D., PA/AA, Nl. Haas, Bd. 22.
[9] Ebenda.
[10] Vgl. zu Portugals Entwicklung bis 1945 von zur Mühlen, Fluchtweg Spanien-Portugal, S. 115–135.

des faschistischen Italien sowie Spaniens ideologische und politische Affinitäten zu den „Achsenmächten" während des Zweiten Weltkrieges[11] waren die wesentlichen Ursachen für die internationale Ächtung des Landes. Spanien galt nach der Zäsur des Jahres 1945 als das einzige „faschistische Relikt", das den Weltkrieg unbeschadet überlebt hatte. Das Stigma der Zusammenarbeit mit den „Achsenmächten" und das zeitweilig gegen die Anti-Hitler-Koalition gerichtete Handeln führte zu einer Isolierung des franquistischen Spaniens, die nach der auf der Potsdamer Konferenz im Juli 1945 ausgesprochenen Verurteilung 1946 in einer Empfehlung der UNO-Generalversammlung gipfelte, den iberischen Staat diplomatisch zu boykottieren[12].

Unter dem Eindruck der wachsenden Ost-West-Konfrontation schwanden jedoch bald die antifaschistisch motivierten Vorbehalte. Seine geostrategische Lage verlieh Spanien ein immer größeres Gewicht in den militärischen Überlegungen des Westens – insbesondere der USA. Aber erst der Ausbruch des Korea-Krieges im Juni 1950 machte den Einstellungswandel zugunsten Spaniens international möglich. Im November 1950 hob die UNO ihre Boykottresolution auf. Dies war jedoch nur ein erster Schritt, „salonfähig" war die Franco-Diktatur damit aber noch nicht geworden. So blieben ihr die Marshallplan-Hilfe und der Weg in die NATO – im Gegensatz zu Portugal – versperrt. Spanien war für die internationale Staatengemeinschaft nach wie vor ein „Stein des Anstoßes"[13].

Dies war die Konstellation, in der die Bundesregierung ihre Spanienpolitik entwickeln mußte. Über das Verhältnis des neuen westdeutschen Staates zu Spanien gab es in dieser Phase erster außenpolitischer Gehversuche lediglich ungefähre Vorstellungen. Daß aber die Regierung Adenauer von Beginn an auf das Franco-Regime als verläßlichen antikommunistischen Partner setzte, dokumentiert bereits das beredte Schweigen gegenüber einem Appell der spanischen Exilregierung in Paris, die im Oktober 1949 gefordert hatte, die „neue deutsche Demokratie" möge sich dem internationalen Druck auf die Franco-Diktatur anschließen[14]. Der Bonner Regierung ging es vielmehr darum, alsbald direkte Verbindungen zu dem isolierten Regime herzustellen. Dabei halfen Privatleute wie Jakob Kindt-Kiefer, der bereits seit 1948 von der Schweiz aus Adenauer mit europäischen Politikern christlich-demokratischer Parteien in Genf zusammengebracht hatte[15]. Mit Wissen

---

[11] Vgl. Ruhl, Spanien im Zweiten Weltkrieg.
[12] Vgl. zur internationalen Isolation des Franco-Regimes Portero, Franco aislado.
[13] So der Titel einer zeitgenössischen Studie von Duff, Spanien. Der Stein des Anstoßes.
[14] Die an die Bundesminister Erhard, Niklas und Wildermuth übermittelte Deklaration des Vize-Präsidenten der republikanischen Exilregierung in Paris, Fernando Valera, vom 30.9.1949 wurde an das Bundeskanzleramt zur Klärung weitergeleitet. Den Bundesministern erteilte man die Auskunft, es sei nicht beabsichtigt, auf die Schreiben einzugehen. Bundeskanzleramt an Wildermuth, 25.10.1949, BA, B 136, Bd. 6282. Auch bei anderer Gelegenheit, so im Jahre 1955, reagierten deutsche Diplomaten unter Hinweis auf die „freundschaftlichen Beziehungen der Bundesrepublik mit der legalen spanischen Regierung in Madrid" nicht auf Eingaben der Exilregierung in Paris. Botschaft Paris an Auswärtiges Amt, 13.4.1955, PA/AA, Ref. 206, Az. 82.00.
[15] Zur Person Jakob Kindt-Kiefers und seinem wechselhaften Verhältnis zu Adenauer vgl. Schwarz, Adenauer. Der Staatsmann, S. 229–231, sowie Der Spiegel, Nr. 46 (1959), S. 15f. Vgl. zu den informellen Gesprächen europäischer Politiker: Kaiser, Begegnungen christdemokratischer Politiker in der Nachkriegszeit, S. 150–152. Aus der Sicht des Zeitzeugen siehe Dörpinghaus, Die Genfer Sitzungen – Erste Zusammenkünfte führender christlich-demokratischer Politiker im Nachkriegseuropa, S. 538–565. Siehe zu Adenauers Bemühungen, die Verbindungen zum Ausland auch auf diesem Wege wiederherzustellen: Bosmans, Das Ringen um Europa, S. 123–148.

des Kanzlers trafen im September und November 1950 Kindt-Kiefer und der spanische Außenminister Martín Artajo in Madrid zu Informationsgesprächen über politische und wirtschaftliche Themen zusammen. Mitte November erläuterte der Außenminister den Standpunkt Francos, daß „die deutsch-spanischen Beziehungen jetzt nicht länger in Form von privaten Gesprächen behandelt werden sollten"[16]. Vielmehr sei es sein Wunsch, daß Deutschland unverzüglich einen Botschafter oder, falls dies nicht möglich sei, einen Generalkonsul ernenne. Kindt-Kiefer verwies auf den Widerstand der alliierten Hochkommissare. Nunmehr sei aber nach dem Ende des UNO-Boykotts eine neue Lage eingetreten, die er mit dem Bundeskanzler besprechen werde[17]. Tatsächlich suchte Adenauer nun die Dinge voranzutreiben, indem er bereits am 18. Januar 1951 der Alliierten Hohen Kommission den „Wunsch" der Bundesregierung kundtat, in Spanien ein Generalkonsulat zu eröffnen[18].

Schon beim Antrittsbesuch des spanischen Gesandten Antonio Aguirre im Bundeskanzleramt war im Oktober 1950 neben wirtschaftlichen Fragen vor allem der beiderseitige Wunsch nach einer deutschen Vertretung in Madrid erörtert worden[19]. Der Leiter der Länderabteilung in der „Dienststelle für Auswärtige Angelegenheiten", Theodor Kordt, mußte damals gegenüber seinem Gesprächspartner, wie er selbst später vermerkte, mit einem „gewissen Gefühl von Ohnmacht" einräumen, daß dafür jedoch die Zustimmung der Hohen Kommission erforderlich sei[20]. Offenbar traute Kordt aber ausgerechnet dem international stigmatisierten Franco-Regime zu, die westlichen Alliierten positiv beeinflussen zu können. So warb er bei Aguirre vorsichtig um eine Fürsprache Spaniens gegenüber der AHK. Angesichts der ausweichenden Reaktion Aguirres kommentierte Kordt jedoch ernüchtert: „Wir haben also offenbar von seiten der spanischen Regierung mit einer Unterstützung in dieser Hinsicht kaum zu rechnen, vermutlich, weil Spanien sich zu einem derartigen Hinweis auf dem Petersberg noch nicht stark genug fühlt."[21]

Auf dem Petersberg, dem Sitz der Hohen Kommissare, behandelte man die deutsche Anfrage zögerlich. Im April 1951 gab der Leiter der Politischen Abteilung im französischen Hohen Kommissariat, de Guiringaud, einen ersten Zwischenbescheid. Er ließ anklingen, daß es bei der Entscheidung „um eine schwierige politische Frage" gehe, die noch Zeit benötige[22]. Ob es dabei um Probleme ging, die mit der jeweiligen Spanienpolitik der Alliierten zu tun hatten, oder ob primär das durch die Assoziation Hitler-Franco belastete deutsch-spanische Verhältnis gemeint war, muß offenbleiben. Insbesondere Frankreich bremste das Ansinnen der Bundesregierung. Ein Grund für diese hinhaltende

---

[16] Aktennotiz Kindt-Kiefer über die Besprechung mit Artajo am 14. 11. 1950, BA, B 136, Bd. 6282.
[17] Ebenda.
[18] Gesuch von Adenauer an Kirkpatrick, 18. 1. 1951, PA/AA, Abt. 2, Bd. 158.
[19] In der britischen und amerikanischen Besatzungszone gab es bereits seit 1948 in Hamburg und Frankfurt spanische Konsulate. Die im Dezember 1949 von der AHK genehmigte Gesandtschaft wurde im Mai 1951 in eine Botschaft umgewandelt. Siehe hierzu ausführlich Weber, Spanische Deutschlandpolitik 1945–1958, S. 85–95.
[20] Vermerk über den Antrittsbesuch des spanischen Missionschefs Aguirre bei dem Leiter der Länderabteilung der Dienststelle für Auswärtige Angelegenheiten, Theodor Kordt, 20. 10. 1950, PA/AA, 210-03/70, Bd. 1.
[21] Ebenda.
[22] Aufzeichnung Dittmann für Staatssekretär, 16. 4. 1951, PA/AA, 210-01/70, Bd. 1.

Taktik könnte das zu Reparationszwecken herangezogene deutsche Vermögen in Spanien gewesen sein. Da Frankreich zu diesem Zeitpunkt über das alliierte Verbindungsbüro in Madrid die deutschen Interessen in Spanien vertrat, hätte eine Bonner Repräsentanz in der spanischen Hauptstadt unter Umständen störend gewirkt. Erst nachdem die Bundesrepublik einen zeitlichen Vorbehalt der Pariser Regierung akzeptiert hatte, wonach die deutsche Vertretung in Madrid nicht vor September oder Oktober 1951 errichtet werden sollte, fand das Zögern der Alliierten ein Ende. Die AHK genehmigte schließlich am 19. Juni 1951 ein deutsches Generalkonsulat in Spanien[23].

Nach der zweiten Revision des Besatzungsstatuts vom 6. März 1951 hatte das neue Auswärtige Amt bereits am 15. März seine Arbeit unter Außenminister Adenauer offiziell aufgenommen. Da der Bundesrepublik nun auch der Aufbau diplomatischer Missionen erlaubt war, konnte die deutsche Vertretung in Madrid als Botschaft geplant werden. Obwohl der Errichtung von alliierter Seite nichts mehr entgegenstand, tauchten jetzt auf deutscher Seite Schwierigkeiten auf. Bei der Einrichtung des Auswärtigen Dienstes gab es von Beginn an ein Spannungsverhältnis zwischen dem Entnazifizierungsinteresse der Alliierten und dem Bedarf an ausgebildeten Fachkräften. So wurde der für die personelle Besetzung der Auslandsdienststellen zuständige Organisationsstab unter Wilhelm Haas von der AHK zunächst darauf verpflichtet, „daß niemand, der mit der Nazibewegung in Verbindung gestanden habe, als Konsulatsbeamter oder leitender Wirtschaftsvertreter ins Ausland geschickt würde"[24]. Um dieses Prinzip zu gewährleisten, sollten der Hohen Kommission vor den Ernennungen die Namen der für den höheren Dienst vorgesehenen Bewerber mitgeteilt werden[25].

Im Bundeskanzleramt sorgte man sich indes um das Wohl der deutschen Diplomaten im Ausland. Wilhelm Haas befürchtete als Folge der NS-Diktatur politische Anfeindungen. Sein Verständnis für die besondere politisch-psychologische Konstellation zwischen Deutschen und Ausländern wenige Jahre nach Kriegsende blieb allerdings tradierten Feindbildern verhaftet. So warnte er vor der Gefahr, die den Angehörigen der Vertretungen drohe, „insbesondere von seiten der Linksparteien des Gastlandes, der deutschen Emigration und des ortsansässigen Judentums, das im Wirtschaftsleben des Auslands überall eine große Rolle spielt"[26]. Unabhängig davon, von welchen Kriterien man sich bei der Wiedereinstellung der Diplomaten leiten ließ, entscheidend war die Frage, wie die Bundesrepublik von außen wahrgenommen wurde. Insbesondere für die Missionen in Frankreich, Großbritannien und den USA kam es darauf an, politisch unbelastete Persönlichkeiten zu finden, die das „neue" Deutschland repräsentieren konnten. Daher lag es nahe, in diesen Fällen auf Berufsdiplomaten des alten Auswärtigen Amts in der Berliner „Wilhelmstraße" zu verzichten. Seiteneinsteiger wie der Kunsthistoriker Wilhelm Hausenstein, der CDU-Politiker Hans Schlange-Schöningen und der FDP-Politiker Heinz Krekeler sollten als Leiter der wichtigsten Missionen in Paris, London und New York zu einem veränderten

---

[23] Chronologie über den Stand der Errichtung einer Vertretung der Bundesrepublik, 4. 7. 1951, PA/AA, Ref. 110, Bd. 120.
[24] Aufzeichnung vom 24. 1. 1950, PA/AA, Abt. 2, Bd. 157.
[25] Ebenda.
[26] Personalbesetzung der Auslandsvertretungen, 8. 12. 1949, PA/AA, Nl. Haas, Bd. 36.

Deutschlandbild beitragen[27]. Diese diplomatischen Außenseiter, welche als Vertreter der jungen Bundesrepublik einen ersten „Goodwill" im Gastland schaffen sollten, waren allerdings selbst in diesen Anfangsjahren nur die Ausnahme. Qualifizierte berufsfremde Kräfte waren selten, so daß in der Regel auf die früheren Beamten des alten Auswärtigen Amts zurückgegriffen wurde.

Angesichts des raschen Ausbaus der Auslandsdienststellen[28] und des damit einhergehenden Personalbedarfs stieß die anti-nationalsozialistische Kontrollpolitik der drei Westmächte schon bald an ihre Grenzen. Auf deutsches Drängen – es wurde mit drohenden personellen Lücken in den Auslandsmissionen argumentiert – lockerte die AHK bereits im September 1950 ihre ursprünglichen Richtlinien, so daß nun auch frühere NSDAP-Mitglieder grundsätzlich als Diplomaten im Ausland tätig werden konnten[29]. Im Gegensatz zu den meisten Ländern rechnete der Organisationsstab unter Wilhelm Haas in Spanien nicht mit grundsätzlichen Vorbehalten gegenüber deutschen Diplomaten, dort seien „Angriffe gegen unsere Außenvertreter nicht zu befürchten"[30]. Für den Madrider Posten waren im Jahre 1951 mehrere Namen im Gespräch, unter ihnen der CSU- Bundestagsabgeordnete Fürst Fugger sowie Fürst Salm- Reifferscheidt[31].

Als aussichtsreichster Kandidat wurde in Bonn der bereits dem alten Auswärtigen Amt angehörende Karrierediplomat Peter Pfeiffer genannt. Die Idee, den seit Ende 1949 für die Ausbildung des diplomatischen Nachwuchses verantwortlichen Beamten nach Madrid zu entsenden, stieß allerdings bei der französischen Regierung auf heftigen Widerspruch. Der stellvertretende Hohe Kommissar Frankreichs, Armand Bérard, erläuterte Ministerialdirektor Blankenhorn im August 1951 die Bedenken gegen eine Verwendung Pfeiffers im Ausland. Wegen seines Wirkens als deutscher Generalkonsul in Algier während des Zweiten Weltkriegs war Pfeiffer in Paris zur unliebsamen Person geworden. Ihm wurde vorgehalten, er habe einer Politik gedient, die die „Auflösung Frankreichs" als Ziel verfolgt habe: „Eine solche Persönlichkeit sollte heute nicht deutsche Interessen auf einem Posten wie Madrid vertreten." Blankenhorn wiegelte ab und verwies darauf, daß eine Entschei-

---

[27] Daß bei der Ernennung von Außenseitern für Adenauer auch häufig innenpolitische Erwägungen den Ausschlag gaben, veranschaulicht nicht nur das Beispiel des CDU-Politikers und früheren Reichsministers für Ernährung und Landwirtschaft in der Weimarer Republik Schlange-Schöningen. Die Ernennungen von Friedrich Holzapfel (Bern 1952) und Leo Wohleb (Lissabon 1952) zeigen, daß diplomatische Posten als ein Mittel angesehen wurden, um sich mißliebiger Parteifreunde zu entledigen. Den herausgehobenen Stellenwert innenpolitischer Überlegungen in der Personalpolitik Adenauers bestätigt rückblickend auch Haas, Lebenserinnerungen, S. 220 f. Vgl. Kroll, Deutschlands Weg nach Europa, S. 161–180. Zu den Erfahrungen eines Kunsthistorikers und Schriftstellers im diplomatischen Dienst siehe: Hausenstein, Pariser Erinnerungen; Lappenküper, Wilhelm Hausenstein – Adenauers erster Missionschef in Paris, S. 635–678; Reuss, Die Mission Hausenstein (1950–1955).
[28] Außer den Vertretungen in Frankreich, Großbritannien und den Vereinigten Staaten genehmigte die AHK im Jahre 1950 weitere deutsche Missionen in Australien, Belgien, Dänemark, Griechenland, Italien, Kanada, Luxemburg, den Niederlanden, Norwegen, Schweden, der Schweiz, Südafrika und der Türkei, später in Brasilien, Chile, Ägypten, Indien, Indonesien, im Iran, Irland und Pakistan sowie in Kolumbien, Mexiko, Panama, Peru und Venezuela. Vgl. PA/AA, Abt. 2, Bd. 157.
[29] Aufzeichnung Haas vom 13. 9. 1950, PA/AA, Abt. 2, Bd. 157.
[30] Als unproblematische Länder wurden weiter die Türkei und mit Einschränkung auch Frankreich [sic!] genannt. Vgl. Aufzeichnung Haas, 8. 12. 1949, PA/AA, Nl. Haas, Bd. 36 (Anm. 26).
[31] Diese Namen finden sich ohne weitere Erklärungen in den persönlichen Aufzeichnungen von Staatssekretär Hallstein, 25. 4. 1951, BA, Nl. Hallstein, Bd. 121. Fürst Fugger wurde in der Öffentlichkeit zudem als Kandidat für den Botschafterposten beim Heiligen Stuhl genannt.

dung noch nicht getroffen sei. Außerdem werde nicht „ernsthaft" an eine Kandidatur Peter Pfeiffers gedacht[32].

Die unerwartete französische Intervention verzögerte die beabsichtigte Einrichtung der deutschen Botschaft. Da der Wunschkandidat nicht durchsetzbar schien, mußte das Auswärtige Amt notgedrungen nach Alternativen suchen. Bald zeigte sich, daß ein derartiges Personalproblem in der Frühzeit des Amtes nicht so rasch zu lösen war. Blankenhorn reagierte auf die von spanischer Seite gestellte Forderung nach der „dringenden" Entsendung eines deutschen Botschafters ratlos, indem er klagte: „Wenn wir nur eine geeignete Persönlichkeit wüssten."[33] Im deutsch-spanischen Verhältnis verschärfte sich angesichts des eingetretenen Stillstands die Tonlage. Am Rande der vorbereitenden Konferenz über die Bildung der Europäischen Verteidigungsgemeinschaft (EVG) Ende Oktober 1951 in Paris teilte der spanische Botschafter in Bonn, Aguirre, dem Mitglied der deutschen Delegation General a. D. Hans Speidel den „Unwillen" und die „Besorgnis" seiner Regierung mit, daß die Bundesrepublik noch keinen diplomatischen Vertreter nach Madrid entsandt habe. Daher erwäge die spanische Regierung zwar nicht seine Abberufung, aber seine baldige Zurückziehung[34].

Auch von anderer Seite erfolgte Kritik an der als hinhaltend empfundenen Politik des Auswärtigen Amtes. Die für das Spanienbild in der westdeutschen Öffentlichkeit maßgeblichen deutschen Pressekorrespondenten in Spanien meldeten sich mit kritischen Berichten über die Untätigkeit der Bundesregierung zu Wort und versuchten damit, Druck auszuüben[35]. Unzufriedenheit zeigte sich gleichfalls in Kreisen der bundesdeutschen Wirtschaft, die bereits seit Ende 1950 durch Eingaben an das Bundeskanzleramt bzw. das Bundeswirtschaftsministerium für eine deutsche Vertretung in Madrid geworben hatten. Es ging ihnen dabei um die generelle politische Unterstützung des Spanien-Geschäfts, den Ausbau der Handelsbeziehungen und das Problem des konfiszierten deutschen Vermögens. So wies der stellvertretende Präsident der Deutschen Handelskammer in Madrid, Victor Bucz, darauf hin, „daß die deutschen Interessen in weit größerem Maße gefördert werden könnten, wenn eine bundesstaatliche Vertretung in Madrid tätig wäre. Dies bezieht sich nicht nur auf die handelspolitischen Belange z. B. in der Durchführung des Handelsvertrages, sondern auch auf kulturpolitische, konsularische und sonstige Fragen"[36]. Am Spanienhandel interessierte Geschäftsleute wie Otto Wolff von Amerongen übermittelten der Bundesregierung die wachsende Empörung spanischer Regierungskreise. Als beispielhaft führte Wolff die Bemerkung von Außenhandelsminister Planell an: „Herr

---

[32] Gesprächsnotiz Blankenhorn, 9. 8. 1951 (dem Bundeskanzler vorzulegen), BA, Nl. Blankenhorn, Bd. 7a. Peter Pfeiffer gehörte dem Auswärtigen Amt seit 1926 an (Mitglied der NSDAP seit 1940). Pfeiffer war zwischen 1941 und 1942 Generalkonsul in Algier. Nach der Besetzung Algiers durch alliierte Streitkräfte geriet er in Gefangenschaft, aus der er 1944 entlassen wurde.
[33] Vermerk Blankenhorn über ein Gespräch mit dem spanischen Botschafter Aguirre, 17. 9. 1951, BA, Nl. Blankenhorn 351, Bd. 7a.
[34] Vermerk Speidel für Blank über ein Abendessen beim spanischen Militär-Attaché in Paris, 3. 11. 1951, BA-MA, Dienststelle Blank, BW 9, Bd. 3256.
[35] Dabei folgten die in Madrid akkreditierten Korrespondenten weitgehend der grundsätzlichen Linie der Franco-Regierung. Während bis Mai 1951 noch das Verständnis für die Zurückhaltung in Bonn überwog, wurde danach die Unzufriedenheit über das anhaltende Vakuum sehr viel deutlicher artikuliert. Vgl. u. a. SZ vom 26. Mai und 27. Oktober 1951.
[36] Bucz an Adenauer, 9. 11. 1951, PA/AA, Ref. 110, Bd. 12.

Franco habe sich von Herrn Hitler nicht alles gefallen lassen und werde sich daher auch von der Bundesregierung nicht alles gefallen lassen."[37]

Das Auswärtige Amt beantwortete derartige Interventionen meist mit dem stereotypen Hinweis auf die Vielzahl der neu einzurichtenden Auslandsmissionen und der daraus folgenden Personalknappheit. Inzwischen suchte selbst Madrid dem Bonner Personaldilemma beizukommen. Namen wie Herbert Blankenhorn oder der DP-Politiker Hans-Joachim von Merkatz wurden u. a. gegenüber Bundeskanzler Adenauer – allerdings ohne erkennbare Resonanz – in die Diskussion gebracht[38]. Um den als unhaltbar empfundenen Zustand zu beenden, entschloß sich das für die iberische Halbinsel zuständige Länderreferat im Februar 1952 zu einem dringlich formulierten Appell an die politische Führung des Auswärtigen Amtes. In einem gemeinsam mit anderen Abteilungen – Handel, Recht, Kultur – erstellten Papier wurde Staatssekretär Walter Hallstein gebeten, unverzüglich Entscheidungen im Hinblick auf die Wiedereinrichtung diplomatischer Vertretungen in Spanien und Portugal zu treffen[39].

Das Memorandum bündelte die zentralen politischen, wirtschaftlichen und völkerrechtlichen Interessen der Bundesrepublik an Spanien. Danach hätten sich die politischen Rahmenbedingungen grundlegend verändert. Die internationale Position des Franco-Regimes sei durch das Ende des UNO-Boykotts „wesentlich" gestärkt worden. Daher müsse das Fehlen der Bundesrepublik in Madrid um so mehr auffallen.

Eine fortdauernde Vakanz verschlechtere das zwischenstaatliche Verhältnis und führe außerdem dazu, daß in Spanien lebende Deutsche aus dem rechtsextremen Spektrum ungehindert zu einem Zerrbild Westdeutschlands beitragen: „Besonders in Spanien fehlt ein politisches Gegengewicht gegen das Auftreten der zahlreichen deutschen Nazis, die sich dort ständig oder vorübergehend aufhalten, von den offiziellen Kreisen auf Grund alter Beziehungen herzlich aufgenommen und vor allem über die Leistungen der Bundesregierung ungünstig und absprechend berichten werden."[40] Offenbar war aber die Sorge um das durch die Nazi-Aktivitäten in Spanien gefährdete Image der Bundesrepublik im westlichen Ausland für die Beamten im Auswärtigen Amt weniger wichtig. Entscheidend war für sie offenbar der drohende Ansehensverlust der Bonner Regierung in Madrid, da sie dem Einfluß nationalsozialistischer Aktivisten vor Ort nichts entgegensetzen konnte[41]. Für

---

[37] Aufzeichnung Böhm über ein Gespräch mit Otto Wolff von Amerongen, 28. 4. 1952 (dem Bundeskanzler vorzulegen), PA/AA, 210-02/70, Bd. 1.
[38] Aguirre an Adenauer, 17. 1. 1952, PA/AA, Büro Staatssekretär, Bd. 272. Die von Botschafter Aguirre an Adenauer übermittelte Vorschlagsliste führte außerdem den Wirtschaftsexperten und späteren Leiter der Handelspolitischen Abteilung im Auswärtigen Amt, Freiherr von Maltzan, den CDU-Bundestagsabgeordneten Carl Spiecker und den konservativen Publizisten Josef Winschuh auf. Ob es sich hierbei um eine Eigeninitiative der Franco-Regierung oder eine von Bonn gewünschte Hilfestellung handelte, konnte nicht geklärt werden.
[39] Etzdorf an Hallstein, Wiedereinrichtung diplomatischer Vertretungen in Spanien und Portugal, 18. 2. 1952, PA/AA, Abt. 2, Bd. 158. Schon im Mai 1951 hatte das Spanien-Referat Argumente für die Errichtung einer neuen deutschen Botschaft zusammengetragen. Vgl. 31. 5. 1951, PA/AA, 210-02/70, Bd. 1.
[40] Ebenda.
[41] Allerdings hat sich die Botschaft in Madrid später mit der NS-Vergangenheit der 1952 ca. 10 000 Personen zählenden deutschen Kolonie in Spanien nicht beschäftigt. Charakteristisch war im Verhältnis zwischen Botschaft und Kolonie, daß man über dieses tabuisierte Thema schwieg. Auch von der Zentrale selbst wurde die Vertretung anscheinend nicht dazu angehalten, darüber zu berichten. Abgesehen von möglichen einzelnen Einlassungen im Gesamtkontext des bilateralen Verhältnisses war es dem früheren

die Mahnung, den Propagandisten des „Dritten Reiches" nicht allein das Feld der politischen Meinungsbildung über Westdeutschland zu überlassen, gab es Anfang 1952 zwar keinen unmittelbaren Anlaß. Jedoch waren die Präsenz und die Aktivitäten der dort lebenden Nazis seit dem Ende des Zweiten Weltkrieges ein in der deutschen und ausländischen Presse immer wieder diskutiertes Problem, für das stellvertretend die Namen Léon Degrelle und Otto Skorzeny standen[42].

Der handelspolitische Teil der Aufzeichnung griff die Argumente der deutschen Wirtschaft auf und erinnerte an die „umfangreichen" Industrialisierungspläne der spanischen Regierung. Daher sei es für die deutsche Exportwirtschaft von „größter Bedeutung", sich in diese Vorhaben einzuschalten, wobei die errungene Marktposition deutscher Firmen in Spanien ohne eine amtliche Mission nicht zu halten wäre. Als ein weiterer Grund wurde das enteignete deutsche Vermögen genannt. Allein die bloße Anwesenheit eines deutschen Diplomaten könne auf die Haltung spanischer Stellen verändernd wirken. Die Länderabteilung spekulierte angesichts der weit fortgeschrittenen Liquidation des deutschen Vermögens über die Einflußmöglichkeiten eines „starken" Botschafters. Dieser könne, „vorausgesetzt, daß er sich persönlich eine gute Stellung bei den maßgebenden Persönlichkeiten an Ort und Stelle zu verschaffen weiß, die Aussicht bieten, wenigstens Teile der noch nicht liquidierten Werte vor der Verschleuderung zu bewahren"[43]. Insgesamt kam man zu dem Schluß, daß es nicht mehr tragbar sei, die Errichtung einer Botschaft in Madrid weiter hinauszuschieben.

Trotz dieses Anstoßes der Fachressorts dauerte es noch einige Zeit, bis Staatssekretär Hallstein und Bundeskanzler Adenauer der Iberischen Halbinsel ihre Aufmerksamkeit schenkten. In einer Gesamtschau westdeutscher Außenpolitik zählte sie zu den nachgeordneten Feldern. Denn zwischen 1951 und 1952 ging es in Gesprächen und Verhandlungen mit den westlichen Alliierten um den künftigen Standort der Bundesrepublik im internationalen System. Da Hallstein mit den Verhandlungen über den Deutschland- und EVG-Vertrag überlastet war, blieb im Auswärtigen Amt vieles liegen, was der Kanzler und Außenminister, der letztlich die Personalentscheidungen auf Botschafterebene traf, in einem Hintergrundgespräch mit Journalisten Ende Mai 1952 auch selbstkritisch einräum-

---

Botschaftsrat Rupprecht von Keller nicht mehr erinnerlich, daß die Botschaft zwischen 1954 und 1956 über die Problematik der in Spanien verbliebenen Nazis auch nur einen zusammenfassenden Gesamtbericht an das Auswärtige Amt gefertigt hätte. Vgl. die schriftliche Auskunft von Kellers an den Verfasser, 2. 1. 1991. Symptomatisch für dieses beredte Schweigen war die Haltung des ersten deutschen Botschafters Prinz Adalbert von Bayern, der sich während seiner Amtsführung vorgenommen hatte, sich nicht um die politische Einstellung seiner Landsleute zu kümmern. Vgl. Adalbert von Bayern, Erinnerungen, S. 557.
[42] Der in Abwesenheit zum Tode verurteilte belgische NS-Kollaborateur Degrelle hatte sich nach dem Ende des Zweiten Weltkriegs ebenso wie der sogenannte Mussolini-Befreier Skorzeny in die Obhut des franquistischen Spanien begeben. Vgl. hierzu die Diskussion zwischen Spanien und den westlichen Alliierten um die Auslieferung von Nationalsozialisten in den Jahren 1945–1948 bei Weber, Spanische Deutschlandpolitik 1945–1958, S. 47–60, die auf der Grundlage von spanischem Quellenmaterial diese bislang in der Literatur vernachlässigte Grauzone auszuleuchten sucht. Außerdem Collado Seidel, Zufluchtsstätte für Nationalsozialisten?, S. 131–157, und ders.: Angst vor dem „Vierten Reich", S. 25–147. Ebenso wie Petra-Maria Weber verweist Collado Seidel auf die vielfältige Protektion, die diese Personen durch das Franco-Regime erfahren haben.
[43] Wiedereinrichtung diplomatischer Vertretungen in Spanien und Portugal, 18. 2. 1952, PA/AA, Abt. 2, Bd. 158.

te⁴⁴. Angesprochen auf den zukünftigen Botschafter für Spanien, eine, so Adenauer, sehr eilige Sache, verwies er darauf, wie schwierig die Suche nach einer geeigneten Persönlichkeit für Madrid sei, und beschrieb die notwendigen Voraussetzungen des Kandidaten: „Natürlich muß er gut katholisch sein, zweitens darf er nicht zu weit links stehen, ferner darf er nicht zu weit rechts stehen, sonst schreien die Deutschen; also muß er mit großer Sorgfalt ausgesucht werden."⁴⁵ Die Personalabteilung des Auswärtigen Amtes schien in diesen Tagen bereits die passende Persönlichkeit gefunden zu haben. Ihr Favorit war der katholische Berufsdiplomat Peter Pfeiffer⁴⁶, der wenige Monate zuvor schon einmal als Botschafter für Madrid gehandelt worden war. Damals war seine Entsendung nach Spanien am Veto Frankreichs gescheitert. Es bleibt offen, ob die Personalabteilung die französischen Bedenken nun bewußt ignorieren wollte. In jedem Fall setzte sie sich aber mit ihrem Votum über ein schwebendes Untersuchungsverfahren hinweg.

Zu diesem Zeitpunkt war nämlich die Personalpolitik des Auswärtigen Amtes insgesamt Gegenstand öffentlicher Diskussionen im In- und Ausland. Ausgelöst durch eine Artikelserie der „Frankfurter Rundschau" vom September 1951 wurde die bisherige Personalauswahl beim Aufbau des Auswärtigen Dienstes scharf kritisiert. Im Kern ging es dabei um den Vorwurf einer personellen Restauration des alten Auswärtigen Amts aus der Berliner Wilhelmstraße durch die bevorzugte Wiederbeschäftigung von ehemaligen Karrierediplomaten mit nationalsozialistischer Vergangenheit⁴⁷. Ein schließlich auf Antrag der SPD-Fraktion eingesetzter Untersuchungsausschuß des Bundestages beschäftigte sich seit Oktober 1951 mit der NS-Vergangenheit der von der „Frankfurter Rundschau" inkriminierten 21 Diplomaten. Davon war namentlich auch Peter Pfeiffer betroffen, gegen den Vorwürfe erhoben wurden, die seine seit 1940 bestehende Mitgliedschaft in der NSDAP und ein von ihm mit „Sieg Heil Führer und Deutschland" unterzeichnetes Diensttelegramm aus dem Jahre 1942 zum Inhalt hatten. Der Untersuchungsausschuß kam im Juni 1952 zu dem Schluß, daß Pfeiffer zwar grundsätzlich für den Auswärtigen Dienst geeignet sei, empfahl aber einschränkend, für die Dauer eines Jahres von einer Auslandsverwendung abzusehen⁴⁸.

---

⁴⁴ Nach Unterzeichnung der Verträge am 26. bzw. am 27. Mai 1952 wies Adenauer auf deren Priorität hin: „Ich habe leider seit Wochen mich mit sozusagen nichts anderem beschäftigen können als mit diesem Vertragswerk. Dahinter mußte alles andere zurückstehen." Adenauer, Teegespräche 1950–1954, S. 286.
⁴⁵ Ebenda.
⁴⁶ Der Vorschlag der Personalabteilung erfolgte am 5. Mai 1952 ohne weitere Angabe von Gründen, so daß die Kriterien der Auswahl und die Frage der Affinität Peter Pfeiffers zu Spanien unbeantwortet bleiben müssen. Personalakte Peter Pfeiffer laut mündlicher Auskunft des Politischen Archivs im Auswärtigen Amt.
⁴⁷ Vgl. dazu Döscher, Verschworene Gesellschaft. Sein wohl insgesamt zutreffendes Fazit: „Bundeskanzler Adenauer hat sich der traditionellen Funktionseliten aus der Berliner ‚Wilhelmstraße' bedient, um nach 1949 einen baldmöglich funktionsfähigen Auswärtigen Dienst für die Bundesrepublik Deutschland aufzubauen. Dabei hat er die Ansprüche der Berufsdiplomaten auf Wiederverwendung im angestammten Beruf weitgehend berücksichtigt, zugleich aber hat er sie sich in Kenntnis ihrer nationalsozialistischen Vergangenheit zur Loyalität verpflichtet. Die ‚schwankenden Gestalten' hat Adenauer nicht nur hingenommen, weil er auf deren Professionalität angewiesen war, sondern auch integriert, um sich eine potentielle Opposition gegen seine Außenpolitik zu ersparen", vgl. S. 312. Bei Döscher ist die zwischen dem 1. und 6. September 1951 veröffentlichte fünfteilige Folge der FR über Mißstände im Auswärtigen Amt vollständig nachgedruckt, vgl. S. 156–165.
⁴⁸ Vgl. Bericht des Untersuchungsausschusses 47 vom 18. Juni 1952; abgedruckt bei Haas, Beitrag zur Geschichte der Entstehung des Auswärtigen Dienstes der Bundesrepublik, S. 282–339. Das Votum zu Peter Pfeiffer wird im einzelnen begründet S. 325–328. Seiner Karriere war dies nicht abträglich. Er wurde noch im selben Jahr zum Leiter der Personalabteilung im Auswärtigen Amt ernannt. Mit Pfeiffer gab es insge-

Nun mußten neue Überlegungen angestellt werden. Da die Zeit drängte, war das Auswärtige Amt für jedwede Anregung empfänglich, die einen Ausweg aus dem Personaldilemma weisen konnte. Zum ernsthaftesten Anwärter für den Madrider Posten wurde jetzt unverhofft Prinz Adalbert von Bayern, der wohl von den beiden CSU-Politikern Schäffer und Strauß gegenüber Adenauer ins Spiel gebracht worden war[49]. Seine engen verwandtschaftlichen Beziehungen zum spanischen Königshaus, die Kenntnis spanischer Kultur, Sprache und Geschichte ließen den Historiker und Schriftsteller[50] geeignet erscheinen, die Beziehungen zu diesem Lande als erster Botschafter nach dem Zweiten Weltkrieg wieder anzuknüpfen.

Nachdem die spanische Regierung Ende Juni 1952 trotz gewisser Vorbehalte – sie hätte gern einen Wirtschaftsfachmann in Madrid gesehen – ihr Einverständnis mit Prinz Adalbert signalisiert hatte, sollte Blankenhorn im Auftrag des Kanzlers sondieren, ob der bereits im Pensionsalter stehende Wittelsbacher bereit sei, die Aufgabe zu übernehmen. Abgesehen von der vornehmlich repräsentativen Funktion als Vorsitzender der Deutsch-Spanischen Gesellschaft, die seit 1950 in München bestand, führte Prinz Adalbert ein eher zurückgezogenes Leben als Privatgelehrter und Autor. Vermutlich hat das Engagement für die Deutsch-Spanische Gesellschaft in Bonn die Idee befördert, ihn für den Botschafterposten vorzusehen. Wie weit er dem Zeitgeschehen und den innenpolitischen Verhältnissen der Bundesrepublik entrückt war, zeigt seine verwunderte Reaktion auf den angekündigten Besuch von Blankenhorn: „Bis dahin wußte ich von der Bundesregierung nur, daß Heuss Präsident und Adenauer Kanzler waren."[51]

---

samt sieben Personen, bei denen man eine eingeschränkte Verwendung empfahl. In vier Fällen wurde die Eignung für den Auswärtigen Dienst der Bundesrepublik prinzipiell verneint. Ein wirkliches personalpolitisches Revirement blieb aus. Die Grenzen eines personellen Neubeginns wurden deutlich, als Bundeskanzler Adenauer in der anschließenden parlamentarischen Debatte im Oktober 1952 eingestand, daß ca. 66% der leitenden Beamten des Auswärtigen Amtes ehemals Mitglieder der NSDAP gewesen seien. Er war zwar nicht glücklich über die Einstellungspraxis, nahm sie aber um der Effizienz willen hin. Döscher, Verschworene Gesellschaft, S. 455. Ferner: Schwarz, Adenauer. Der Aufstieg, 1876–1952, S. 664; Köhler, Adenauer – Eine politische Biographie, S. 731–735. Auch die drei Besatzungsmächte schauten den Vorgängen im Auswärtigen Amt offenbar „eher unbeteiligt – bisweilen sogar verständnislos – zu". Vgl. Brochhagen, Nach Nürnberg, S. 195. Klaus-Dietmar Henke kommt allgemein zu dem triftigen Schluß, daß trotz der hohen moralischen und politischen Kosten die Integration der „Ehemaligen" angesichts „einer durch und durch nationalsozialistisch kontaminierten Gesellschaft wie der deutschen" nicht anders vorstellbar war „als ein mit Skandalen gepflasterter Prozeß der Amalgamierung". Henke, Die Trennung vom Nationalsozialismus – Selbstzerstörung, politische Säuberung, „Entnazifizierung", Strafverfolgung, S. 65.

[49] Einer Anekdote zufolge soll Adenauer im Gespräch mit Schäffer und Strauß die vielfältigen Verbindungen von Prinz Adalbert nach Spanien mit den Worten kommentiert haben: „Dann wäre er ja eigentlich ein prächtiger spanischer Botschafter für Bonn"; Gespräch des Verfassers mit Max Schulze-Vorberg am 11.4.1989 in Bonn. Schulze-Vorberg war zwischen 1948–1965 Korrespondent des Bayerischen Rundfunks in der Bundeshauptstadt.

[50] Adalberts Mutter, Maria de la Paz, war die Tochter der Königin Isabella II. von Spanien. Sein ältester Bruder, Ferdinand von Bayern und Infant von Spanien, lebte in Madrid. Der 1886 geborene Prinz Adalbert wurde, wie in der Familie üblich, zunächst bayerischer Offizier. Nach dem 1. Weltkrieg studierte er Geschichte und Kunstgeschichte. Seine Dissertation erweiterte er 1927 zu einer Monographie über das „Ende der Habsburger in Spanien".

[51] Adalbert von Bayern, Erinnerungen, S. 535. Die aus dem Nachlaß veröffentlichten Memoiren Prinz Adalberts erlauben einen weitgehend unverstellten Blick auf sein Denken, da das (nur) für die Familie bestimmte Manuskript ohne Bearbeitung des Verlags veröffentlicht wurde. Vgl. Schriftwechsel zwischen dem Verlag Langen Müller und Botschafter a.D. Rupprecht von Keller vom 19.3.1991, von dem Herr von Keller dem Verfasser freundlicherweise eine Kopie zur Verfügung stellte.

Ebenso erstaunt zeigte sich Prinz Adalbert über die ihm angetragene Position eines Botschafters der Bundesrepublik. Gegenüber Blankenhorn verwies er am 1. Juli darauf, daß er für eine derartige Tätigkeit nur wenige Voraussetzungen mitbringe und von Diplomatie nichts verstehe. Des weiteren führte der 66jährige Prinz sein fortgeschrittenes Alter abwehrend ins Feld, was Blankenhorn aber mit dem Hinweis auf den zehn Jahre älteren Regierungschef Adenauer nicht gelten lassen mochte.

Prinz Adalbert wollte seine endgültige Entscheidung in jedem Fall von der Zustimmung des Chefs des Hauses Wittelsbach, Kronprinz Rupprecht von Bayern, abhängig machen, da er ohne dessen Genehmigung ein solches Amt nicht übernehmen durfte[52]. Dieser kommentierte die Neuigkeit mit der sarkastischen Bemerkung, „die Bundesrepublik müsse wenig Auswahl an Botschaftern haben, wenn sie auf einen Prinzen verfalle"[53]. Nach seiner ersten Überraschung fühlte sich Prinz Adalbert augenscheinlich doch sehr umworben und war nach kurzem Zögern bereit, Adenauers Angebot anzunehmen. Kronprinz Rupprecht ging es dann nur noch darum, der Bundesregierung mitzuteilen, daß diese Genehmigung „in keiner Weise eine Anerkennung der republikanischen Staatsform in Bayern"[54] beinhalte. Nachdem dieser Vorbehalt zu Protokoll gegeben war, erfolgte schließlich das Agrément der spanischen Regierung für Prinz Adalbert von Bayern am 16. Juli 1952.

Es stellt sich die Frage, was Prinz Adalbert bewogen haben könnte, diese in seiner Lebensplanung nicht vorgesehene Position zu übernehmen. Er wußte nicht, daß er ein Verlegenheitskandidat war, und hatte wohl den Eindruck gewonnen, daß Bonn gerade ihn aufgrund seiner Herkunft und Bildung für das Amt wie niemanden sonst für berufen hielt. Das mußte ihm schmeicheln. In der Wahl seiner Person sah er gleichsam eine natürliche Lösung der Frage. Wer, wenn nicht er, hätte aufgrund seiner Vita in der Lage sein können, die seit 1945 unterbrochenen diplomatischen Verbindungen zwischen Deutschland und Spanien wieder in Gang zu bringen. Prinz Adalbert stand für eine Kontinuität der Beziehungen, die im Dynastischen wurzelte und von den gesellschaftspolitischen Umbrüchen des Jahrhunderts unberührt geblieben war. Er begriff sich selbst als Wegbereiter für andere, welche nachfolgen sollten, wenn das „Feld bestellt" sei. Hinzu kam für ihn – der in der Welt protokolarischer Feinheiten aufgewachsen war – ein gewisser Reiz am Absurden seiner mit der Botschafterrolle verbundenen gesellschaftlichen Position. In seinen Erinnerungen betonte er denn auch, „daß ich nämlich als Sohn der Infantin Paz eine Republik bei einer Monarchie vertrat, bei Franco akkreditiert, obwohl ich direkter Onkel des spanischen Kronprätendenten Don Juan bin"[55].

So nimmt es nicht wunder, daß Prinz Adalbert sich in seinem „neuen Beruf" primär als Botschafter sui generis verstand. Das demonstrierte er schon dadurch, daß er im Bundeskanzleramt vorstellig wurde, um für sich die Wiedereinführung einer Immediatberricht-

---

[52] Vgl. zum Gespräch Blankenhorn mit Prinz Adalbert von Bayern: BA, Nl. Blankenhorn 351, Bd. 13, 1.7.1952. Siehe außerdem: Adalbert von Bayern, Erinnerungen, S. 535–537.
[53] Ebenda, S. 537.
[54] Kronprinz Rupprecht von Bayern an Adenauer, 8.7.1952, BA, Nl. Blankenhorn 351, Bd. 13. Vgl. dazu auch: Der Spiegel, 16.7.1952 („Das Königshaus zuerst").
[55] Adalbert von Bayern, Erinnerungen, S. 536. Spanien war durch das Gesetz über die Nachfolge in der Staatsführung vom 26.7.1947 zur Monarchie erklärt worden. Das Königreich Spanien blieb jedoch bis zu Francos Tod im Jahre 1975 ohne Monarchen.

erstattung an den Regierungschef zu erreichen[56]. Ähnlich wie sein Freund Wilhelm Hausenstein, der seit 1950 die junge Bundesrepublik in Frankreich vertrat, sah sich Prinz Adalbert als Repräsentant des konservativen Kultur- und Geisteslebens. Von dem Staat, den er zukünftig in Spanien vertreten sollte, wußte er nicht viel. Erst bei der Vorbereitung auf seinen Madrider Posten lernte der gebildete, aber politikferne Aristokrat die Zahl und die Namen der Bundesländer kennen[57]. Auch Spanien, sein „zweites Heimatland", war ihm seit der Zweiten Republik zu Beginn der dreißiger Jahre mehr und mehr fremd geworden. Selbst den Bürgerkrieg zwischen 1936 und 1939 nahm Prinz Adalbert nur gleichsam am Rande wahr[58], so daß er im nachhinein vor allem die Arbeit in der Deutsch-Spanischen Gesellschaft als Vorbereitung seines Botschafteramts empfand, hatte er sich doch dadurch mit dem Spanien nach 1931 und dem ihm weitgehend unbekannten Regime Francos vertraut machen können[59]. Aus all dem verdichtet sich der Eindruck, daß Prinz Adalbert in einer schwierigen personalpolitischen Konstellation, die rasches Handeln erforderte, eher zufällig zum Botschafter wurde, dabei aber sozusagen als ideale Verlegenheitslösung galt. Es wäre verfehlt, die Entscheidung für den Wittelsbacher primär als Ausdruck einer bewußt zurückhaltenden Spanienpolitik der Bundesregierung zu begreifen.

Welche Erwartungen verband nun das Auswärtige Amt mit der Entsendung des ersten Nachkriegsbotschafters in das franquistische Spanien? Worin sah man die Schwerpunkte westdeutscher Spanienpolitik und an welche Traditionen knüpfte sie an?

Die untergeordnete Bedeutung, die dem Verhältnis zu Franco-Spanien in der Gesamtperspektive bundesdeutscher Außenpolitik vom Auswärtigen Amt zu diesem Zeitpunkt eingeräumt wurde, kommt auch in der Instruktion für den neuen deutschen Botschafter in Madrid zum Ausdruck. In einem nur sehr allgemein gehaltenen Schreiben vom Oktober 1952 an Prinz Adalbert formulierte Staatssekretär Hallstein die generelle Weisung: „Als Botschafter der deutschen Bundesrepublik in Spanien bitte ich Sie, Ihre Aufgabe vornehmlich darin zu erblicken, die Beziehungen der Bundesregierung zur Spanischen Regierung und zu den maßgebenden Kreisen in Spanien so freundschaftlich als möglich zu gestalten und für die deutschen Interessen nach besten Kräften einzutreten."[60] Im bilateralen Rahmen galt das besondere Augenmerk dem Problem des in Spanien enteigneten deutschen Vermögens, über das Adalbert „alsbald" nach seinem Eintreffen Verhandlun-

---

[56] Der ehemalige Diplomat Lothar Lahn berichtet in seinen Memoiren jedenfalls über einen derartigen Vorstoß Prinz Adalberts bei Staatssekretär Globke im Bundeskanzleramt. Globke lehnte ab und empfahl dem neuen Botschafter statt dessen: „Schauen Sie Durchlaucht, wenn Sie erreichen wollen, daß Ihre, Spanien betreffenden Ausführungen auch zur Kenntnis des ‚Alten' gelangen, gibt es nur einen sicheren Weg: Aus Madrid berichtet regelmäßig und gut der dortige Korrespondent der Neuen Zürcher Zeitung, Silvius Schädler. Sagen Sie ihm, was er schreiben soll, – und wenn er's tut, seien Sie sicher, daß Adenauer das liest. Er zieht die Neue Zürcher jedem diplomatischen Botschafter-Bericht vor." Lahn, Jedermann auf der Weltbühne, S. 114.
[57] Vgl. Adalbert von Bayern, Erinnerungen, S. 538.
[58] Jedenfalls fanden die Ereignisse in Spanien offenbar nur wenig Aufmerksamkeit bei Prinz Adalbert. Zwar spricht er in seinen Memoiren vom „Aufstand Francos", aber ein tiefergehendes Interesse an den dortigen politischen Vorgängen ist nicht zu erkennen. Ganz im Gegensatz zu seiner Mutter: „Sobald Francos Sender ‚Radio Verdad' eingerichtet war, lauschte ihm meine Mutter täglich beim Abendessen bis zum Sieg Francos." Ebenda, S. 377.
[59] Ebenda, S. 531.
[60] Hallstein an Adalbert, 10.10.1952 (Einleitendes Schreiben zur Instruktion für Prinz Adalbert von Bayern), PA/AA, 210-02/70, Bd. 1.

gen aufnehmen sollte[61]. Im übrigen hatte die Botschaft wie andernorts auch, die Aufgabe, die innenpolitische und wirtschaftliche Entwicklung in Spanien sowie das Verhältnis Spaniens zu anderen Staaten zu beobachten. Insgesamt kam die mit 110 Seiten voluminös ausgefallene Instruktion über weite Strecken aber eher einer Einführung in die spanische Landeskunde gleich.

Die Perzeption der zukünftigen politischen Beziehungen war einerseits geprägt von Zurückhaltung und Unsicherheit über die eigene außenpolitische Rolle in der europäischen Politik. Andererseits war dem Auswärtigen Amt aber daran gelegen, gegenüber Madrid die wachsende Bedeutung herauszustellen, die mit der „allmählichen Rückkehr Deutschlands" auf die europäische Bühne einherging. Deshalb verwies man darauf, daß der für Spaniens Außenpolitik noch unbekannte Faktor Bundesrepublik, „insbesondere im Hinblick auf den gemeinsamen französischen Nachbarn und auf die Fragen der europäischen Verteidigung in dem außenpolitischen System Spaniens eine wichtige Rolle spielen"[62] werde. Dem nur kurzen Blick in die Zukunft folgte ein etwas längerer Blick zurück in die Geschichte der seit langen Jahren „freundschaftlichen Beziehungen", an die man unverändert anknüpfen wollte.

In einem historischen Rückblick wurde, ausgehend von der Neutralität Spaniens im Ersten Weltkrieg, der Vorrat an politischen Gemeinsamkeiten bemüht. Da das nach dem Ende des internationalen Boykotts inzwischen wieder gefestigte Franco-Regime als zukünftiger Partner gesehen wurde, hielt es das Auswärtige Amt für zweckmäßig, die deutsche Waffenhilfe für Franco im Spanischen Bürgerkrieg herauszustreichen. Daß dies jedoch nicht allein auf taktischem Kalkül beruhte, sondern Ausdruck von Denkmustern war, welche die NS-Zeit überdauert hatten, zeigt die Wortwahl und undifferenzierte Interpretation der deutschen Intervention: „Bei Beginn des Spanischen Bürgerkrieges im Jahre 1936 waren es deutsche Transportflugzeuge, die Francos afrikanische Truppen auf das Festland gebracht und damit nicht weniger zum Gelingen der nationalen Erhebung beigetragen haben als die aus deutschen Freiwilligen zusammengestellte Legion Condor. Diese Waffenhilfe ist im spanischen Volke nicht vergessen."[63] Trotz der politischen Zäsur des Jahres 1945 war in der Gedankenwelt des Auswärtigen Amtes manches beim alten geblieben.

Vor dem Hintergrund des sich verschärfenden Ost-West-Gegensatzes sah man in der Franco-Diktatur einen bereits im Zweiten Weltkrieg bewährten Verbündeten im Kampf gegen den „Bolschewismus". Während die internationale Staatengemeinschaft noch wenige Jahre zuvor das „faschistische Relikt" Spanien infolge seiner ideologischen Nähe zum „Dritten Reich" und der ambivalenten Haltung in der Frage des Kriegseintritts geächtet hatte, suchte die deutsche Diplomatie vor allem an diese Bindungen anzuknüpfen. Nach Auffassung des Auswärtigen Amtes wurde das beiderseitige Verhältnis auch in Spanien nach wie vor im Lichte der sogenannten Waffenbrüderschaft gesehen, die für die leitenden spanischen Politiker und Militärs immer noch ein Vertrauenskapital bilde, von dem Deutschland zehren könnte. Es klingt sogar Bedauern über die damalige spanische Haltung an, wenn es hieß: „Die im Jahre 1940 mit der Spanischen Regierung geführten Ver-

---

[61] Vgl. ebenda. Daß diese Thematik als besonders wichtig angesehen wurde, zeigen auch die mit 19 Seiten recht umfangreich ausgefallenen Ausführungen innerhalb der Instruktion.
[62] Ebenda, S. 20.
[63] Ebenda, S. 20–20a.

handlungen wegen einer aktiven Beteiligung am Kriege auf Seiten der Achsenmächte scheiterten teils an den großen Forderungen, die die Spanische Regierung für ihre Beteiligung stellte, teils an der zögernden Haltung Francos. Immerhin stellte er die ‚Blaue Division' unter der Führung des jetzigen Kriegsministers, General Muñoz Grandes, zur Verfügung, die im Osten Schulter an Schulter mit den deutschen Divisionen kämpfte und erst gegen Kriegsende unter dem Druck der Alliierten wieder zurückgezogen wurde."[64]

Insgesamt bestimmte vor allem das alte und neue Feindbild Sowjetunion den Blick auf die durch ihren Antikommunismus legitimierte Franco-Diktatur. Eine Reflexion über das von der nationalsozialistischen Propaganda ideologisch eingefärbte Spanienbild der dreißiger und vierziger Jahre[65] erfolgte nicht. Der Neubeginn in den deutsch-spanischen Nachkriegsbeziehungen fand unter alten Vorzeichen statt.

Der mit diesem historischen Kapital versehene Prinz Adalbert reiste Ende Oktober nach Madrid, wo bereits am 8. Oktober die Kanzlei der Botschaft eröffnet worden war. Dem diplomatischen Novizen zur Seite gestellt war als Botschaftsrat Oskar Schlitter. Als Berufsdiplomat sollte er den Botschafter politisch beraten und die innere Organisation der deutschen Vertretung aufbauen.

Bei seinem Antrittsbesuch fühlte sich Prinz Adalbert vom spanischen Staatschef, General Franco, herzlich aufgenommen[66]. In dem von nostalgischer Rückschau dominierten Gespräch erinnerte Franco daran, daß Deutschland ihm zu Beginn des Bürgerkrieges mit der Lieferung von Flugzeugen das Übersetzen von Marokko nach Spanien überhaupt erst ermöglicht habe. Deshalb zeigte er sich erfreut, nun wieder einen offiziellen deutschen Vertreter begrüßen zu können, zumal ihn der „unglaublich" schnelle Wiederaufstieg der Bundesrepublik beeindrucke. Das Gespräch mit Franco bestätigte Prinz Adalbert nur das vom Auswärtigen Amt gezeichnete Bild der deutsch-spanischen Beziehungen und unterstrich die Bedeutung Deutschlands im Welt- und Geschichtsbild des Diktators.

Aber der neue Botschafter wurde auch mit den Schattenseiten konfrontiert, die den Vertreter eines besiegten Landes einholten. So kam dem an Repräsentanz gewohnten Aristokraten Prinz Adalbert von Bayern, der sich selbst als Überbleibsel einer „versunkenen Epoche"[67] empfand, die Unterbringung der Botschaft in einfachen und beengten Räumlichkeiten als eine Zumutung vor. Angesichts der äußeren Umstände räsonierte er larmoyant über den Machtverlust Deutschlands, welches von seinem politischen Gewicht her momentan mit einer „Bananenrepublik" gleichzusetzen sei: „Ich fand mein Fräulein Angermair in einem fensterlosen Raum mit zwei anderen Schreibkräften vor. Deutlicher hätte ich bei einem Vergleich mit den großen Botschaften nicht darauf gestoßen werden können, daß unser aus bedingungsloser Kapitulation hervorgegangenes halbes Deutschland seinen früheren Rang in der Welt nicht mehr einnahm. Wir konnten uns bestenfalls mit Honduras vergleichen, das im gleichen Haus über uns hauste."[68]

---

[64] Ebenda, S. 20a.
[65] Vgl. Bernecker, Das nationalsozialistische Spanienbild und Hitlers Eingreifen in den Spanischen Bürgerkrieg, S. 25–54.
[66] Bericht von Prinz Adalbert von Bayern an das Auswärtige Amt (Bundeskanzler Adenauer vorzulegen), 11.11.1952, PA/AA, 210-02/70, Bd. 1.
[67] Adalbert von Bayern, Erinnerungen, S. 565.
[68] Ebenda, S. 551.

2. Die Enteignung deutschen Vermögens als Hypothek der Nachkriegsbeziehungen

Das für die Bonner Regierung zunächst drängendste Problem in ihrem Verhältnis zum Franco-Regime war die Frage des enteigneten deutschen Vermögens in Spanien. Auf der Potsdamer Konferenz hatten Großbritannien, die UdSSR und die USA im August 1945 beschlossen, die deutschen Vermögenswerte im Ausland für Reparationszwecke zu verwenden[69]. Ein weiteres Motiv mag dabei auch der Strafgedanke gewesen sein. Die Enteignung sollte nicht nur das Reichseigentum sondern auch das Privateigentum wie auch das geistige Eigentum an Patenten, Marken- oder Warenzeichen betreffen. Anders als nach dem Ersten Weltkrieg wurde im Pariser Reparationsabkommen vom 14. Januar 1946 auch der deutsche Auslandsbesitz in den im Zweiten Weltkrieg neutral gebliebenen Staaten in den Reparationsanspruch der westlichen Siegermächte einbezogen. Daher begannen die Alliierten alsbald Verhandlungen mit der Schweiz, Schweden, Portugal[70] und Spanien[71], die im Fall Spanien am 10. Mai 1948 zum Abschluß des Madrider Abkommens führten.

Der singuläre Charakter dieser Übereinkunft lag darin, daß Spanien den Alliierten Kontrollrat – vertreten von den drei Westmächten – als rechtmäßige Regierung Deutschlands anerkannt hatte. Um Spanien gegen zukünftige deutsche Entschädigungsansprüche abzusichern, garantierte Artikel 15, daß die Alliierten jede künftige deutsche Regierung veranlassen würden, die getroffenen Vereinbarungen zu bestätigen. Ferner sah das Madrider Abkommen vor, daß Spanien am Liquidationserlös ein Anteil von 20 bis 30 Prozent als Ausgleich seiner Forderungen an Deutschland[72] überlassen wurde, während der restliche Betrag der „Interalliierten Reparationsagentur" (IARA) zur Verfügung gestellt werden sollte. Damit fand eine Entwicklung ihren vorläufigen Abschluß, die sich bereits in den Jahren zuvor abgezeichnet hatte. In einer Zeit, in der das Franco-Regime als Überbleibsel der faschistischen Ära um seine Zukunft fürchten mußte, lag es nahe, sich den Grundsätzen der alliierten Feindvermögenspolitik umgehend anzuschließen. Bereits seit dem 5. Mai

---

[69] Im Potsdamer Abkommen war die Verteilung der Reparationen zwischen den Westmächten einerseits und der Sowjetunion sowie Polen andererseits festgelegt worden. Demnach fielen die deutschen Vermögenswerte in Bulgarien, Finnland, Rumänien, Ungarn und dem östlichen Teil Österreichs der Sowjetunion zu, während den westlichen Alliierten die deutschen Vermögen in allen übrigen Staaten überlassen wurden; vgl. dazu Fisch, Reparationen nach dem Zweiten Weltkrieg, S. 69–80.

[70] Einen Überblick über die jeweilige Enteignungsregelung in den neutralen Ländern bietet die völkerrechtliche Studie von Benter, Deutsches Vermögen im neutralen Ausland.

[71] Zu den spanisch-alliierten Auseinandersetzungen um das deutsche Eigentum siehe Collado Seidel, Angst vor dem „Vierten Reich". Der Autor vernachlässigt allerdings die sich wandelnde Interessenlage der Westmächte sowie die eigenständige Politik der Bundesrepublik, die hier vor allem als „Störenfried" erscheint.

[72] Die Bundesrepublik hat die spanischen Ansprüche aus der Zeit bis 1945 stets bestritten. Nach Durchsicht der spanischen Akten kommt Petra-Maria Weber zu dem Schluß, daß diese Forderungen „frisiert" worden seien. Vgl. dazu Weber, Spanische Deutschlandpolitik 1945–1958, S. 72 f. Um das spanische Interesse an einer möglichst umfangreichen Liquidation zu befördern, hatten die Alliierten eine progressiv ansteigende Skala vorgeschlagen. Im Madrider Abkommen war festgelegt worden, daß Spanien von den ersten 100 Mio. Ptas 20% erhalten sollte, von den zweiten 22,5% usw. bis zu 30% bei einem Betrag über 400 Mio. Ptas.

1945 waren damit sämtliche Vermögenswerte der Achsenmächte, also auch die Deutschlands, blockiert. Schon vor dem formalen Abschluß des Madrider Abkommens war durch das spanische Gesetzesdekret über die „zwangsweise Enteignung" vom 23. April 1948, das die innerstaatliche Rechtsgrundlage für die Übereinkunft mit den westlichen Besatzungsmächten bildete, die Liquidation privater deutscher Vermögenswerte eingeleitet worden. Davon ausgenommen blieb allerdings das Privatvermögen der am Stichtag (6. Mai 1948) in Spanien ansässigen Deutschen[73].

An den Bestimmungen des spanisch-alliierten Abkommens von 1948 und vor allem der Enteignungspraxis entzündete sich zwischen der Bundesrepublik und Spanien eine jahrelange Kontroverse. Da der westdeutsche Staat außenpolitisch noch nicht handlungsfähig war und die westlichen Alliierten sich im Rahmen des Besatzungsstatuts ausdrücklich die Verfügungsgewalt über das deutsche Auslandsvermögen vorbehalten hatten, konnte das Problem erst nach einer Neuordnung des deutsch-alliierten Verhältnisses grundsätzlich geregelt werden. Vor diesem Hintergrund war es der Bundesregierung zunächst nur möglich, auf informellem Wege auszuloten, ob der betreffende Staat überhaupt die Bereitschaft zu zweiseitigen Gesprächen zeigte.

An das Verhalten der Franco-Regierung legte sie dabei besondere Maßstäbe an. Nur so wird die Enttäuschung über das als sehr rigoros empfundene spanische Vorgehen bei der Enteignung erklärbar. Bonn registrierte empört, daß der „traditionelle Freund Deutschlands" sich selbst sogar öffentlich rühmte, die deutschen Vermögenswerte besonders schnell liquidiert zu haben[74]. Bezeichnend ist die Kritik am spanischen Liquidationsverfahren durch den für das Auslandsvermögen zuständigen Referatsleiter in der Dienststelle für Auswärtige Angelegenheiten, Generalkonsul Schellert[75]. In einem Gespräch mit dem österreichischen Vertreter in Bonn, Generalkonsul Schöner, über die Situation des deutschen Eigentums im Ausland räsonierte Schellert im Februar 1951, daß die Lage in Spanien im Vergleich zu anderen Staaten am schlimmsten sei: „Herr Schellert geriet in sichtbare Erregung, als er schilderte, wie Spanien uneingedenk der einstigen ‚Waffenbrüderschaft' das deutsche Eigentum viel vollständiger liquidiert habe, als die meisten Feindstaaten. Deutsche Firmen seien um einen Peso Nominale verkauft worden und die Kor-

---

[73] Gleichzeitig wurde die Beschlagnahme aufgehoben. Dies galt jedoch nur für Personen, die keinen Ausweisungsbefehl erhalten hatten. Vgl. Weber, Spanische Deutschlandpolitik 1945–1958, S. 70.
[74] Die spanische Presse hatte am 26. Mai 1950 eine Meldung der amtlichen Nachrichtenagentur EFE verbreitet, in der die „Interalliierte Reparationsagentur" der spanischen Regierung ein ausdrückliches Lob für die rasche Liquidierung des deutschen Eigentums ausgesprochen hatte. Vgl. Aufzeichnung über das deutsche Vermögen in Spanien, 1. 3. 1952, PA/AA, Ref. 412, Bd. 91.
[75] Das Thema des deutschen Auslandsvermögens wurde anfänglich im Bundeskanzleramt, später in einem eigenen Referat (506 bzw. 507) in der Rechtsabteilung des Auswärtigen Amtes bearbeitet. Obwohl die Federführung zunächst beim Bundesfinanzministerium lag, beschränkte es sich in der Praxis auf die technische Seite der diplomatischen Kontakte. Nachdem die AHK Bonn für das Jahr 1954 einen größeren Verhandlungsspielraum in Aussicht gestellt hatte, übertrug Bundeskanzler Adenauer im Januar die Kompetenzen auf das Auswärtige Amt; vgl. PA/AA, Ref. 110, Bd. 39, 23. 2. 1954. Die Interessen der betroffenen Eigentümer vertrat seit 1948 die in Bremen ansässige „Studiengesellschaft für privatrechtliche Auslandsinteressen". Diese „pressure group" arbeitete eng mit der Bonner Ministerialbürokratie zusammen. Siehe dazu Kreikamp, Deutsches Vermögen in den Vereinigten Staaten, S. 44 ff. Detaillierten Aufschluß über die Aktivitäten der Interessengemeinschaft gibt ihr im Bundesarchiv Koblenz vorhandener Aktenbestand, BA, B 184.

ruption bei der Veräußerung einstigen deutschen Besitzes sei unvorstellbar."[76] Dieser Gestus hilfloser Entrüstung bestimmte zunächst die deutsche Sicht der Eigentumsproblematik.

Vom Bittsteller zum Verhandlungspartner

Auf der politischen Ebene ging es vorrangig darum, die weitere Liquidation von Vermögensobjekten zu verhindern. Die spanische Seite reagierte aber auf den deutschen Wunsch, das Thema bei den Handelsvertragsverhandlungen im April 1951 zu erörtern, ausweichend bis ablehnend. Der spanische Gesandte in Bonn, Aguirre, verwies Schellert im Februar auf die Vereinbarungen mit den Alliierten, an die man gebunden sei, worauf sein Gesprächspartner nur ins Felde führen konnte, das spanische Vorgehen habe angesichts „der traditionellen deutsch-spanischen Freundschaft besondere Bitterkeit in der deutschen Öffentlichkeit ausgelöst"[77]. Da die spanische Regierung, auf Wahrung ihres Vorteils bedacht, sich hier dem „Wert" solch historischer Reminiszenzen gegenüber wenig aufgeschlossen zeigte und an den realpolitischen Gegebenheiten orientiert blieb, konnte Bonn nur darauf setzen, den Emanzipationsprozeß von den Besatzungsmächten möglichst schnell voranzutreiben.

Bereits ein Jahr später konnten die Verhandlungen über die Ablösung des Besatzungsstatuts zwischen den westlichen Alliierten und der Bundesrepublik mit der Unterzeichnung des Deutschland- und EVG-Vertrages am 26. bzw. 27. Mai 1952 abgeschlossen werden. In dem Dreieck Bundesrepublik, Spanien, Alliierte hatten sich die Koordinaten damit zugunsten der Bundesrepublik verschoben. Der das Reparationsproblem behandelnde Überleitungsvertrag räumte ihr im Hinblick auf das deutsche Eigentum im Ausland erstmals gewisse Handlungsmöglichkeiten ein. Der Bundesrepublik war darin (Sechster Teil, Art. 4, Abs. 4) zugestanden worden, nach Absprache mit den Drei Mächten zweiseitige Verhandlungen über die Liquidation des deutschen Vermögens führen zu dürfen.

Gestärkt durch diesen Erfolg, konnte die Bundesregierung nun ihr Nahziel, Spanien zu einem Liquidationsstopp zu bewegen, mit größerem Nachdruck verfolgen. Bei den Handelsvertragsverhandlungen in Madrid nutzte die deutsche Delegation im Herbst 1952 die Gelegenheit zu einem entsprechenden Vorstoß. Dem war ein interner Klärungsprozeß der beteiligten Ressorts aus den Bundesministerien für Wirtschaft, Justiz und Finanzen sowie dem Auswärtigen Amt über Strategien und Ziele in der Eigentumsfrage vorausgegangen.

Nachdem sich in der Vergangenheit gezeigt hatte, daß die spanische Seite auf bevorstehende Handelsvertragsverhandlungen stets mit einer Verlangsamung ihrer Konfiskationen reagierte[78], sollten jetzt handelspolitische Zusagen als Druckmittel eingesetzt werden,

---

[76] Bericht Schöners über deutsches Eigentum im Ausland, 28. 2. 1951, Außenministerium Wien (AAW II-Pol 1951). Freundlicher Hinweis von Dr. Matthias Pape (Bonn). Schellert spielte auf den Umstand an, daß die ehemaligen deutschen Firmen in der Regel weit unter Preis verkauft wurden, aber eine „Zwischengebühr" an den „Nationalen Forschungsrat" Spaniens ging. Dadurch flossen Spanien neben dem anteiligen Kaufpreis noch weitere Gelder zu. Vgl. Denkschrift zu den deutsch-spanischen Vermögensabkommen, Bundesrat, Drucksache 294/1958, S. 21.
[77] Aufzeichnung Schellert, 23. 2. 1951, PA/AA, Ref. 506, Bd. 59. Zu diesem Zeitpunkt war es der Bundesregierung infolge des Besatzungsstatuts nicht möglich, offiziell an Spanien heranzutreten. Daher wies Schellert ausdrücklich darauf hin, dies sei ein nur inoffiziell zu verstehendes Gespräch gewesen.
[78] Vgl. Aufzeichnung Mosler, 10. 1. 1952, PA/AA, Ref. 506, Bd. 55. Prof. Hermann Mosler war zu diesem Zeitpunkt Leiter der Rechtsabteilung im Auswärtigen Amt.

um einen Beschlagnahme- und Liquidationsstopp herbeizuführen. Obwohl die eigene Position aufgrund der für Spanien „dringend notwendigen" Exporte von Zitrusfrüchten übereinstimmend als sehr günstig angesehen wurde[79], erschien aber ein direktes Junktim weder durchsetzbar noch wünschenswert.

Gleichwohl sollte, während die deutsche Spanienpolitik mit der Aufnahme voller diplomatischer Beziehungen ihr Instrumentarium gerade entscheidend erweiterte, vermieden werden, „das wirtschaftliche und politische Verhältnis zu Spanien in einer für die künftige Arbeit der Botschaft unerträglichen Weise zu belasten"[80]. Die angestrebten konservatorischen Maßnahmen[81] waren aber lediglich als ein erster Schritt zu künftigen Verhandlungen gedacht.

Als Fernziel wurde die Erwartung formuliert, daß der franquistische Staat bereit sein werde, über die wechselseitigen Forderungen aus der Zeit bis 1945 zu verhandeln. Nach Bonner Auffassung entbehrten nämlich die von den Alliierten akzeptierten spanischen Ansprüche an Deutschland jeder Grundlage, so daß auch die daraus abgeleiteten spanischen Anteile aus dem Liquidationserlös als unrechtmäßig angesehen wurden. Das Auswärtige Amt warf Spanien in einem internen Memorandum explizit vor, in doppelter Hinsicht Nutzen aus der Feindvermögenspolitik der Alliierten gezogen zu haben. So hätte die Franco-Regierung vor dem Hintergrund eines deutschen Aktivsaldos im Jahre 1945 und der wirtschaftlichen Unterstützung durch die NS-Diktatur im Spanischen Bürgerkrieg damit rechnen müssen, daß der Alliierte Kontrollrat als de-facto-Regierung Deutschlands diese Forderungen seinerseits gegenüber Spanien geltend machen könne[82]. Daher sei Spanien auf die Lösung verfallen, einerseits die deutschen Ansprüche ganz und gar zu bestreiten und andererseits fiktive Kriegsschadensansprüche gegen das ehemalige Deutsche Reich in Höhe von rund 200 Millionen Peseten anzumelden. Diese wurden von den Alliierten anerkannt und boten die Grundlage für die 20–30%ige Beteiligung Spaniens am Liquidationserlös deutscher Vermögenswerte, was im Auswärtigen

---

[79] Auszug aus der Niederschrift über die Sitzung des Handelspolitischen Ausschusses vom 9. 9. 1952 (Geheim), PA/AA, Ref. 203, Bd. 473. Nach einem Antrag des Verfassers auf Offenlegung der Spanien betreffenden Verschlußakten im Auswärtigen Amt wurden einige Schriftstücke herabgestuft und in dem vorgenannten Aktenband zusammengefaßt.
[80] Ebenda.
[81] Außerdem forderte Bonn von der spanischen Regierung Auskünfte über die bislang gegen das deutsche Eigentum gerichteten Schritte. Über diese Mindestwünsche hinaus sollte die Rückgabe der kulturellen und diplomatischen Objekte verlangt werden. Vermerk über die Frage des deutschen Vermögens im Rahmen der Handelsvertragsverhandlungen, 28. 8. 1952, BA, B 102, Bd. 24870.
[82] Im einzelnen begründete das Auswärtige Amt den deutschen Aktivsaldo vor allem mit den nach wie vor offenen Bürgerkriegsschulden Spaniens, über die es noch im Jahre 1944 zu Verhandlungen gekommen sei. Ohne sich vertraglich geeinigt zu haben, sei aber ein Vergleich in Höhe von 371,89 Mio. Reichsmark (RM) zustande gekommen. Ferner habe das Deutsche Reich Entschädigungsansprüche in Höhe von 45 Mio. RM sowie 21 Mio. RM an Zinsen geltend gemacht. Schließlich existiere aus der Verrechnung der gegenseitigen Forderungen für die „Legion Condor" und die „Blaue Division" noch ein deutsches Plus von 15 Mio. RM, was insgesamt einen Betrag von 452, 89 Mio. RM ergebe. Demgegenüber wurden die spanischen Zahlungen und Forderungen unter Einschluß des Clearingsaldos von 117,6 Mio. RM insgesamt mit nur 273,9 Mio. RM angegeben. Zum Zeitpunkt des „Zusammenbruchs" verbleibe also ein deutscher Aktivsaldo von etwa 180 Mio. RM. Vgl. dazu: Instruktion für Prinz Adalbert von Bayern, PA/AA, 210-02/70, Bd. 1, S. 53, und Anlage 3, S. 61 f. Auch Ruhl, Spanien im Zweiten Weltkrieg, gibt die Höhe der spanischen Bürgerkriegsschulden mit 372 Mio. RM an, vgl. S. 233.

Amt mit bitteren Worten kommentiert wurde: „Daß Spanien politisch nach dem Zusammenbruch der beiden Achsenmächte gezwungen war, mit allen erreichbaren Mitteln die Verbindung mit den Siegermächten herzustellen bzw. zu festigen, mag verständlich erscheinen. Jedoch kann sich Spanien weder mit seinen politischen Notwendigkeiten von 1945, geschweige denn mit der Art der Durchführung der Maßnahmen gegen das deutsche Vermögen, die bis heute praktiziert werden, entschuldigen. Spanien hat sich durch sein Verhalten ganz außerhalb der Reihe der Neutralen gestellt und durch seinen ‚Eifer‘ selbst alliierte Mächte in den Schatten gestellt. Es ist immer zu beachten, daß das spanische Interesse an der Liquidation des deutschen Vermögens außer an der Errechnung des Aktivsaldos für 1945 20-30 Prozent des Erlöses wert war."[83] Der nachhaltige Eindruck, vom ehemaligen Verbündeten Spanien übervorteilt worden zu sein, bestimmte Anfang der 50er Jahre maßgeblich die Überlegungen und das Handeln der Bundesregierung.

Am Rande der im September 1952 beginnenden Handelsgespräche in Madrid konnte Bonn nun seine Hoffnungen auf eine gestärkte Verhandlungsposition testen. Ohne daß die Bundesregierung die Alliierten vorab über ihre Absichten informiert hatte, kam es zu informellen Besprechungen über die Vermögensfrage. Dabei wies der deutsche Delegationschef, Vollrath Freiherr von Maltzan, Leiter der Abteilung Außenhandel im Bundeswirtschaftsministerium, mit Nachdruck darauf hin, es würde in Deutschland nicht mehr verstanden werden, wenn bei der inzwischen eingetretenen Entwicklung hin zur Souveränität „deutsche Rechte in Spanien weiter geschmälert würden"[84]. Ihm komme es jetzt darauf an, eine klare Zusage für einen sofortigen Liquidationsstopp zu bekommen, überdies müßten Schritte zugunsten deutscher Vermögenswerte erfolgen.

Diese bei Unterstaatssekretär Navasqüés vom spanischen Außenministerium vorgebrachten Wünsche bewirkten mit der mündlichen Zusage eines vorläufigen Liquidationsstopps[85] ein erstes Einlenken der Madrider Regierung. Allerdings war zu diesem Zeitpunkt der größte Teil der deutschen Unternehmen in Spanien bereits liquidiert worden, so daß das spanische Entgegenkommen letztlich nur eine wohlfeile Geste darstellte.

Im Anschluß an das Madrider Abkommen von 1948 waren nach Angaben der betroffenen Eigentümer etwa 90 Prozent der Firmen einschließlich ihrer Patente, Warenzeichen und Marken mit einem effektiven Wert von rund 150 Millionen DM zwangsweise veräußert worden[86]. Die Investitionen der über 70 enteigneten Filial- bzw. Tochterunternehmen[87] verteilten sich sektoral vor allem auf die chemische Industrie (IG-Farben) und die Elektroindustrie (AEG, Siemens, Osram etc.).

---

[83] Instruktion für Prinz Adalbert von Bayern, PA/AA, 210-02/70, Bd. 1, S. 54.
[84] Bericht über die in Madrid geführten Gespräche über die Fragen des deutschen Vermögens in Spanien, 17. 10. 1952, BA, B 126, Bd. 12460.
[85] Bericht Maltzan an das Auswärtige Amt über seine Besprechungen in Madrid, 22. 10. 1952, BA, B 126, Bd. 12460. Navasqüés hatte die spanische Delegation in den Vermögensverhandlungen mit den Alliierten geleitet. Siehe hierzu detailliert Weber, Spanische Deutschlandpolitik 1945–1958, S. 64 ff.
[86] So jedenfalls äußerten sich 1958 die durch die Enteignung geschädigten Wirtschaftskreise auf der Jahrestagung der Studiengesellschaft für privatrechtliche Auslandsinteressen; vgl. Benter, Deutsches Vermögen im neutralen Ausland, S. 134.
[87] Die Zahl der enteigneten Firmen wird in den Quellen unterschiedlich mit 75, 76 bzw. 78 angegeben. In Presseberichten ist sogar von 79 bzw. 83 Unternehmen die Rede, FR, 29. 5. 1957, und Bremer Nachrichten, 4. 8. 1955.

2. Die Enteignung deutschen Vermögens

Neben den privaten Vermögenswerten muß in eine Gesamtbilanz auch das öffentliche Eigentum (Botschafts- und Konsulatsgebäude, Grundstücke, deutsche Schulen[88], Einrichtungen der NSDAP etc.) einbezogen werden. Nach dem Ende des „Dritten Reiches" wurde das staatliche Vermögen, zu dem auch der quasi-staatliche Sofindus-Konzern[89] gehörte, den westlichen Alliierten überstellt und liquidiert.

Die materielle Dimension insgesamt war selbst für die Experten im Bundesfinanzministerium und im Auswärtigen Amt nur schwer quantifizierbar. Zuverlässige Zahlen über den Wert des deutschen Vermögens standen nicht zur Verfügung. Daher sind die auf Schätzungen beruhenden Angaben über die finanzielle Größenordnung mit Vorbehalt zu sehen. Das Auswärtige Amt bezifferte den Gesamtverlust Mitte der 50er Jahre auf ca. 155 Millionen DM[90].

Nachdem der bilaterale Diskussionsprozeß nun in Gang gebracht war, nahm die Bundesregierung an, die spanische Seite werde direkten Verhandlungen zukünftig nicht mehr ausweichen und Lösungen seien schon bald erreichbar[91]. Wie weit diese optimistische Prognose von der politischen Realität entfernt war, zeigte sich allerdings sehr bald. Der „besetzte Verbündete" Bundesrepublik (Rupieper) hatte mit seiner eigenmächtigen Sondierung in Madrid politisches und völkerrechtliches „Niemandsland" betreten, worauf die Westalliierten verärgert reagierten.

Das von der Bundesrepublik auch anderen Staaten gegenüber eingeschlagene Verfahren, die Vermögensproblematik durch einen nicht vorher mit den Alliierten abgesprochenen bilateralen Meinungsaustausch voranzutreiben, wurde unmißverständlich zurückgewiesen. So erinnerte der Generalsekretär der Alliierten Hohen Kommission, Golay, in einer an Staatssekretär Hallstein gerichteten Note vom 5. Februar 1953 unter Hinweis auf das Besatzungsstatut daran, daß der Bundesregierung direkte Verhandlungen über deutsche Auslandswerte nach wie vor nicht gestattet seien[92]. Trotz der im Vorjahr erfolgten Paraphierung des Generalvertrages war die Zeit der Kontrolle im deutsch-alliierten Verhältnis

---

[88] Die zwölf deutschen Schulen waren Eigentum örtlicher deutscher Schulvereine, somit juristisch gesehen kein staatliches Eigentum; jedoch galten sie den Alliierten als Träger der nationalsozialistischen Ideologie. Mit einer Ausnahme wurden sie der Franco-Regierung überlassen.

[89] Die in der seit 1938 bestehenden Sofindus-Holding zusammengefaßten reichseigenen Gesellschaften Hisma und Rowak organisierten mit teilweise rabiaten Methoden von 1936 an im Interesse der NS-Diktatur nahezu monopolistisch den deutsch-spanischen Warenaustausch. Als Kompensation für die deutsche Militärhilfe wickelte Hisma-Sofindus vor allem die Beschaffung von Rohstoffen wie Schwefelkies oder Kupfererz ab. Aus rüstungswirtschaftlichen Gründen erwarb die Hisma in den Jahren 1937 und 1938 erhebliche Kapitalbeteiligungen an spanischen Minenkonzessionen. Siehe zusammenfassend: Bernecker, Krieg in Spanien, S. 58 ff. Vgl. außerdem: Volkmann, Die NS-Wirtschaft in Vorbereitung des Krieges, S. 317 ff.; Whealey, Hitler and Spain.

[90] Vgl. Aufzeichnung betr. deutsches Vermögen in Spanien, 7. 7. 1955, PA/AA, Ref. 206, Bd. 20. Nach Angaben der Alliierten wurden als Liquidationserlös 335 Mio. Ptas (dies entsprach nach offiziellem Wechselkurs etwa 33,5 Mio. DM) an die Interalliierte Reparationsagentur weitergeleitet. Weitere 142 Mio. Ptas waren Gegenstand späterer Verhandlungen. Vgl. Deutsches Vermögen in Spanien (Anlage zur Kabinettsvorlage), 20. 12. 1956, PA/AA, Ref. 506, Bd. 712.

[91] In diesem Sinne äußerte sich Maltzan in einem resümierenden Bericht an das Auswärtige Amt, 22. 10. 1952, BA, B 126, Bd. 12460.

[92] Note der AHK an Staatssekretär Hallstein, 5. 2. 1953, PA/AA, Abt. 2, Bd. 31. Genannt wurden die Beispiele Portugal, Schweden, Spanien und Österreich. Die Hohe Kommission bekräftigte damit erneut ihren Bundeskanzler Adenauer bereits am 28. 4. 1951 erläuterten Standpunkt, wonach bilaterale Verhandlungen der Bundesregierung abgelehnt wurden.

nicht beendet. Darüber konnte auch das Zugeständnis der Westmächte nicht hinwegtäuschen, von Fall zu Fall ein Verhandlungsersuchen der Bundesregierung prüfen zu wollen. Die Alliierten wollten also unverändert den weiteren Gang der Dinge steuern. Damit waren der Regierung Adenauer vorläufig die Hände gebunden.

Zu Beginn des Jahres 1954 hatte sich die Lage im deutsch-alliierten Verhältnis jedoch soweit verändert, daß die Frage des Auslandsvermögens nunmehr in den fortschreitenden Normalisierungsprozeß einbezogen wurde. Aufgrund des langwierigen Ratifikationsverfahrens beim Vertrag über die Europäische Verteidigungsgemeinschaft (EVG)[93], an den der Deutschlandvertrag gekoppelt war, hatte sich ein auf Dauer unhaltbarer Schwebezustand ergeben. Um diese als nicht mehr zeitgemäß empfundene Situation zumindest auf einem Nebenschauplatz zu entschärfen, orientierten die Alliierten sich nun stärker an einer konzilianteren Politik in der Eigentumsfrage, „die den praktischen Gegebenheiten der Lage entspricht und die eine Hilfe für die Bundesregierung bedeuten würde"[94]. Dementsprechend räumten die Drei Mächte der Regierung Adenauer am 21. Januar 1954 die Möglichkeit von Verhandlungen ein. Diese Konzession war aber insofern begrenzt, als die Abkommen zwischen den Westalliierten und den neutralen Staaten dadurch grundsätzlich nicht in Frage gestellt werden konnten[95]. In der Sache ging die angebotene Verhandlungsfreiheit nicht über die im Generalvertrag eingeräumten Zugeständnisse hinaus, antizipiert wurde lediglich für diesen Teilbereich sein Inkrafttreten.

Im Hinblick auf das deutsche Vermögen in Spanien konnte also nur noch der Status quo als Basis einer deutsch-spanischen Übereinkunft gelten. Die ursprünglichen Hoffnungen auf eine grundlegende Revision des Madrider Abkommens waren damit zunichte gemacht. Gleichwohl spekulierte man innerhalb der Bonner Ministerialbürokratie auf ein weiterreichendes Entgegenkommen der Franco-Regierung. In einer Analyse zum augenblicklichen Stand der Vermögensfrage befand der zuständige Referent des Bundeswirtschaftsministeriums, Grosdidier, im September 1954, es werde aber dennoch erwartet, „daß die spanische Regierung – wenn auch ohne formalrechtliche Verpflichtung – sich auf eine Verhandlung auch der bereits abgeschlossenen Enteignungen und Liquidationen einläßt und diesen Komplex gegebenenfalls mit einer autonomen Maßnahme zur Zufriedenheit der Bundesregierung regelt"[96].

Nach dem bisherigen Verlauf der deutsch-spanischen Kontakte überrascht die hier gezeigte Zuversicht. Denn seit dem von Spanien im November 1952 gewährten Liquidationsstopp[97] war nichts geschehen, was auf eine veränderte Haltung des Franco-Regimes hätte schließen lassen. Dem unablässigen Drängen Bonns war Madrid stets mit dem Hinweis auf

---

[93] Zur Entwicklung der EVG vgl. Rupieper, Der besetzte Verbündete, S. 381 ff. Die militärischen Aspekte betont stärker Maier, Die Auseinandersetzung um die EVG als europäisches Unterbündnis der NATO 1950–1954, S. 447–474.
[94] Schreiben des geschäftsführenden Vorsitzenden der Hohen Kommission, Hoyer Millar, an Bundeskanzler Adenauer, 21. 1. 1954, PA/AA, 245-03/70, Bd. 1, S. 2.
[95] Ebenda, S. 3. Außerdem behielten sich die Alliierten als Treuhänder der internationalen Vereinbarungen ein Eingriffsrecht vor. Dies sollte dann gelten, wenn sie von einem Staate, der nicht zu Verhandlungen bereit sei, darum gebeten würden.
[96] Vermerk Grosdidier über den augenblicklichen Stand der Verhandlungen in der Frage der beschlagnahmten deutschen Vermögen in Spanien, 17. 9. 1954, BA, B 102, Bd. 110888.
[97] Ebenda. Der Liquidationsstopp galt offiziell seit dem 6. November 1952, dem Tag der Eröffnung der deutschen Botschaft in Madrid.

das Vermögensabkommen mit den Alliierten begegnet, das zwar eine Notstandshandlung gewesen sei, die Frage aber doch abschließend geregelt habe. Als Konsequenz der unvereinbaren Positionen erstarrte die von deutscher Seite bei jeder offiziellen und inoffiziellen Begegnung initiierte Diskussion zur ritualisierten Routine. Allerdings veränderte sich die deutsche Tonart. Ende 1954 wurde Botschafter Prinz Adalbert von der Bonner Zentrale angewiesen, in einem Gespräch mit Staatschef Franco zu betonen, daß die bevorstehende Unterzeichnung des Kulturabkommens vor dem Hintergrund der ungelösten Enteignungsfrage eine „bewußte Vorleistung" sei. Aufgrund des liquidierten kulturellen Eigentums müsse nämlich mit erheblicher Kritik von Öffentlichkeit und Parlament gerechnet werden[98].

Erst 1955 kam tatsächlich Bewegung in den stockenden Enteignungsdialog. Während noch zwei Jahre zuvor der spanische Handelsminister Arburúa seinen von der Bundesregierung gewünschten Besuch abgesagt hatte, weil er befürchtete, auf das Vermögensproblem angesprochen zu werden[99], ergriff jetzt die Franco-Regierung überraschend die Initiative. Der für die Materie entscheidende Akteur im spanischen Außenministerium, Unterstaatssekretär Emilio Navasqüés, setzte bei seinem Besuch in Bonn im Juli 1955 einen grundlegend neuen Akzent. In einem Gespräch mit dem kurz zuvor ernannten Bundesaußenminister Heinrich von Brentano erklärte er erstmals die Verhandlungsbereitschaft Spaniens, ohne dabei jedoch konkrete Vorstellungen zu entwickeln. Brentano begrüßte das Entgegenkommen, machte aber gleichzeitig deutlich, „daß es kein guter Ausgangspunkt sei, wenn man von Deutschland erwarte, daß es alles, was geschehen ist, unbesehen gutheiße"[100]. Beide Seiten stimmten in dem Wunsch überein, dieses Kapitel der deutsch-spanischen Beziehungen bald abzuschließen. Die Motive für den plötzlichen Sinneswandel Spaniens dürften vor allem in der inzwischen veränderten politischen Landschaft zu suchen sein. Anders als in den zurückliegenden Jahren konnte das Franco-Regime den Wünschen der gerade in die Souveränität entlassenen Bundesrepublik nun nicht mehr ohne weiteres ausweichen.

Die Westmächte waren inzwischen um einen Ausgleich bemüht, der die „Altlast" Auslandsvermögen im Sinne ihrer übergeordneten außenpolitischen Interessen bereinigen sollte[101]. Hinzu kam, daß das politisch und wirtschaftlich erstarkte Westdeutschland für den

---

[98] Entwurf eines Telegramms an den Missionschef in Madrid, 8.12.1954, PA/AA, Ref. 506, Bd. 56. Auf das Kulturabkommen und seine Genese wird an anderer Stelle eingegangen.
[99] Vermerk von Waldheim über die Besprechung mit Pirkham von der Süddeutschen Bank, 18.11.1954, PA/AA, Ref. 506, Bd. 56. Dies sei der eigentliche Grund für seine Absage gewesen, räumte Arburúa 1954 in einem Gespräch mit Dr. Pirkham von der Süddeutschen Bank ein. Arburúa war 1953 anläßlich der Eröffnung der Banco Español in Frankfurt von Bundeswirtschaftsminister Erhard nach Bonn eingeladen worden. Offiziell wurde damals die Absage mit Problemen bei der Durchführung der spanisch-amerikanischen Stützpunktverträge begründet. Vgl. Bericht der Botschaft Madrid, 4.12.1953, PA/AA, 752-05/70, Bd. 1.
[100] Aufzeichnung über Unterredung Brentano mit Navasqüés, 11.7.1955, PA/AA, Abt. 2, Ministerbüro, Bd. 155. Navasqüés war inzwischen zum Inspekteur der spanischen Auslandsmissionen avanciert.
[101] Im Februar 1956 äußerten Vertreter der Drei Mächte im Auswärtigen Amt, sie seien der Ansicht, daß die Eigentumsfrage gegenüber beiden Ländern der iberischen Halbinsel „endlich" geregelt werden müsse, „da sie der auch von den 3 Mächten angestrebten Bereinigung der Atmosphäre und der Verstärkung der freundschaftlichen Beziehungen der Bundesrepublik zu diesen Ländern hindernd im Wege stände". Aufzeichnung über die Besprechung mit den Vertretern der Drei Mächte über das deutsche Vermögen in Portugal und Spanien, 6.2.1956, PA/AA, Ref. 506, Bd. 774.

iberischen Staat mit seinen großen ökonomischen Problemen zunehmend an Attraktivität gewann. In dieser Umbruchsphase setzte die Bundesrepublik ihre finanziellen Ressourcen gezielt als Druckmittel ein. Es ist sicherlich kein Zufall, daß der Besuch von Hermann Josef Abs in Madrid Ende April 1955 unmittelbar vor der Neuorientierung Spaniens in der Konfiskationsfrage stattgefunden hatte. Durch seine Gespräche mit Handelsminister Arburúa und insbesondere mit Staatschef Franco half der einflußreiche Bankier, der das Vertrauen Adenauers besaß, den Boden für offizielle Verhandlungen zu bereiten. Von Spanien gewünschte Investitionen in einem Umfang von etwa 40 bis 50 Millionen DM machte er davon abhängig, daß vorher das Problem des Alteigentums geregelt sein müsse[102].

Auf Regierungsebene spann Landwirtschaftsminister Heinrich Lübke, der als erster deutscher Minister im Oktober 1955 Spanien besuchte, den Faden weiter, indem auch er den Enteignungskomplex in den Mittelpunkt seiner Gespräche mit der Franco-Regierung rückte. Über seinen persönlichen Vorschlag hinaus, die Probleme um das kulturelle Vermögen vorweg zu lösen, stellte Lübke den von Spanien erhofften Besuch Bundeskanzler Adenauers nach Klärung aller offenen Fragen in Aussicht[103].

Dem Auswärtigen Amt kam diese Eigeninitiative Lübkes zu jenem Zeitpunkt jedoch eher ungelegen. Denn der nach der Deutschlandreise von Navasqués inzwischen vorgelegte spanische Lösungsvorschlag erwies sich als völlig inakzeptabel. Das spanische Ansinnen, die Bundesrepublik solle als Rechtsnachfolger des Alliierten Kontrollrats in das Madrider Abkommen von 1948 eintreten bzw. es bestätigen, war für Bonn nicht annehmbar[104]. Zudem hatte die Franco-Regierung Kriegsschadensansprüche angemeldet und gefordert, von allen Entschädigungsansprüchen freigestellt zu werden. An der Reaktion der Bundesregierung läßt sich die veränderte Grundlage der Spanienpolitik deutlich ablesen. Während zu Beginn der 50er Jahre die Bundesrepublik nur aus einer Bittstellerposition heraus an das Wohlwollen ihres Gegenüber appellieren konnte, vertrat sie nun uneingeschränkt ihre Interessen.

Zwar hatte man im Auswärtigen Amt mittlerweile die geschaffenen Tatsachen akzeptiert und ging davon aus, das „Rad der Geschichte" nicht um Jahre zurückdrehen zu können: „Außerdem würden bei Aufrollung des Problems ab Mai 1945 unübersehbare Schwierig-

---

[102] Vermerk von Waldheim über Unterredung mit Abs, 4.5.1955, PA/AA, Ref. 506, Bd. 56. Abs nahm als Vorstandsmitglied der Süddeutschen Bank in Madrid u. a. an der Generalversammlung der Banco Español en Alemania teil, an dem seine Bank mit 15% des Aktienkapitals beteiligt war. Aufgrund seiner guten Verbindungen nach Spanien – der spanische Handelsminister Arburúa saß gemeinsam mit Abs im Verwaltungsrat der Banco Español en Alemania – hatte der Bankier dem Auswärtigen Amt bereits früher seine Hilfe angeboten, die dort dankbar aufgenommen wurde; vgl. Schreiben Berger (Leiter der Rechtsabteilung) an Abs, 22.12.1956, PA/AA, Ref. 506, Bd. 711. Auch an anderer Stelle bemühte sich Abs maßgeblich um die Freigabe des deutschen Auslandsvermögens. Zu seinen Aktivitäten innerhalb der deutsch-amerikanischen Beziehungen siehe die Studie von Kreikamp, Deutsches Vermögen in den Vereinigten Staaten, S. 91 ff. Zu Abs' Vermittlung bei den deutsch-österreichischen Vermögensverhandlungen siehe Pape, Ungleiche Brüder, S. 361 f.
[103] Bericht Botschaft Madrid über Gegenbesuch des Bundesministers Lübke in Madrid, 11.10.1955, PA/AA, Ref. 506, Bd. 56. Lübke weilte auf Einladung seines Amtskollegen Cavestany in Spanien, der im Mai 1954 den Anfang im deutsch-spanischen Ministerdialog gemacht hatte. Adenauer war von der spanischen Regierung am 14.7.1955 offiziell eingeladen worden.
[104] Neben den politischen Bedenken gab es prinzipielle rechtliche Einwände, da die Bundesrepublik sich nicht als Nachfolgerin des ehemaligen Alliierten Kontrollrates für Deutschland verstand und somit auch nicht Partei des spanisch-alliierten Abkommens vom 10.5.1948 sein konnte.

keiten auftreten, die die ganze Atmosphäre vergiften und wahrscheinlich eine Lösung unmöglich machen würden."[105]

Der Rechtsabteilung im Auswärtigen Amt war auch bewußt, daß Spanien infolge seiner angespannten Finanz- und Wirtschaftslage für eine Entschädigung der betroffenen deutschen Eigentümer nicht aufkommen wollte und konnte[106]. Ein Eingehen auf derartige Forderungen hätte aus Bonner Sicht aber eine eigene Entschädigungsverpflichtung beinhaltet, die aus prinzipiellen Überlegungen unbedingt vermieden werden sollte[107]. Besonders im Hinblick auf die parallel laufenden Gespräche mit anderen im Zweiten Weltkrieg neutral gebliebenen Staaten wie Portugal und Schweden[108] befürchtete man eine präjudizierende Wirkung, zumal vorauszusehen war, daß die dort erwarteten Ergebnisse wesentlich günstiger für die Bundesrepublik ausfallen würden.

Vor diesem Hintergrund empfahl die Rechtsabteilung[109] die Verhandlungen mit Spanien zu vertagen, bis die Vermögensverhältnisse mit den anderen neutralen Staaten geklärt seien. Daher paßten individuelle Versuche wie der von Lübke unternommene Vorstoß in dieser Phase nicht in das Konzept: „Spanien sollte vielmehr der letzte der drei neutralen Staaten sein, mit dem eine Vereinbarung über die Vermögensfrage abgeschlossen wird."

Noch während des Diskussionsprozesses innerhalb der beteiligten Fachressorts verschärfte Spanien die Lage dadurch, daß ein von Landwirtschaftsminister Cavestany 1954 in Bonn angekündigtes „Geschenk" in Form eines Grundstücks für den Neubau der deutschen Botschaft plötzlich von der vorherigen Anerkennung des spanisch-alliierten Vertrages von 1948 abhängig gemacht wurde. Dieser weitere taktische Schachzug, dargelegt in einer Note vom 9. November 1955, kam für das Auswärtige Amt völlig überraschend und löste Empörung aus: „Diese von Spanien nachträglich eingefügte Bedingung, von der weder bei dem Besuch Cavestanys in Bonn noch bei dem Besuch Bundesministers Lübke in Madrid die Rede war, stellt nicht nur einen Affront, sondern auch einen durchsichtigen Versuch dar, die Bundesrepublik an den Verhandlungstisch zu zwingen."[110]

Entsprechend fiel die Reaktion der Bundesregierung aus. In einem Erlaß an die Vertretung in Madrid formulierte Staatssekretär Hallstein im Januar 1956[111] den Bonner Standpunkt. Um das deutsch-spanische Verhältnis nicht über Gebühr zu belasten, sollte Außen-

---

[105] Aufzeichnung über die Ressortbesprechung Spanien am 16. 8. 1955, PA/AA, Ref. 506, Bd. 56. Der spanische Entwurf für eine deutsch-spanische Vereinbarung war am 4. 8. vorgelegt worden.
[106] Aufzeichnung Berger (Leiter der Rechtsabteilung) an den Minister, 26. 10. 1955, PA/AA, Ref. 506, Bd. 56.
[107] Dieser Vorbehalt war von grundsätzlicher Natur. Im Unterschied zu den Alliierten betrachtete die Bundesrepublik die von ihr in Art. 5 des Überleitungsvertrages eingegangene Entschädigungsverpflichtung nicht als endgültige Reparationsregelung, die erst ein Friedensvertrag leisten könne. Vgl. dazu Kreikamp, Deutsches Vermögen in den Vereinigten Staaten, S. 53 f. Im Fall Spanien erfolgte daher auch keine Entschädigung der betroffenen Eigentümer.
[108] Vgl. zu den Vermögensabkommen mit Schweden (22. 3. 1956) und Portugal (3. 4. 1958) die Untersuchung von Benter, Deutsches Vermögen im neutralen Ausland, S. 67 ff. bzw. S. 40 ff. Mit der Schweiz konnte im Einklang mit den Westmächten bereits am 26. 8. 1952 eine Regelung getroffen werden. Die Bundesrepublik löste die Ansprüche der Alliierten durch die Zahlung von 121,5 Mio. sfr ab.
[109] Aufzeichnung Berger (Leiter der Rechtsabteilung) an den Minister, 26. 10. 1955, PA/AA, Ref. 506, Bd. 56. Hier auch das Folgende.
[110] Buch (Rechtsabteilung) an Staatssekretär Hallstein, 2. 12. 1955, betr. deutsches Vermögen in Spanien, PA/AA, Ref. 206, Bd. 38.
[111] Hallstein an Botschaft Madrid, 11. 1. 1956, PA/AA, Ref. 506, Bd. 57.

minister Artajo nur mündlich darüber unterrichtet werden, daß die Bundesrepublik unter diesen Umständen Verhandlungen mit Portugal und Schweden Vorrang einräume und daran gedacht sei, nach Rücksprache mit den Drei Mächten einen deutschen Gegenvorschlag zu präsentieren. Damit war klar, daß an keine Lösung des Enteignungskonflikts zu denken war, solange Spanien auf einer „Generalabsolution" beharrte, die lediglich die geschaffenen Tatsachen zementiert hätte. Die deutsch-spanischen Gespräche waren also zum wiederholten Male in eine Sackgasse geraten.

In diese Zeit des Stillstands fiel der von der Bundesregierung seit längerem geplante Botschafterwechsel in Madrid. Der bisherige Missionschef, Prinz Adalbert von Bayern, hatte bereits im Herbst 1955 durch Staatssekretär Hallstein von seiner bevorstehenden Ablösung erfahren. Auf die offizielle Begründung, Adenauer achte genauestens auf die Einhaltung der Altersgrenze, reagierte der Botschafter offenbar erstaunt, war doch der Bundeskanzler selbst gut zehn Jahre älter als er. In seinen Memoiren bemerkte Prinz Adalbert dazu lakonisch: „Außerdem hatte ich diese schon hinter mir, als er mich zum Botschafter ernannte."[112]

Der eigentliche Grund für das Revirement war die Unzufriedenheit der Bonner Zentrale mit der politischen Inaktivität ihres Vertreters in Spanien, der es nicht vermocht habe, mit den „politisch entscheidenden Kreisen" des Landes ins Gespräch zu kommen[113]. Darin implizit enthalten war wohl der Vorwurf, Prinz Adalbert denke zu sehr in dynastischen Zusammenhängen und spiele eher eine dekorative als politische Rolle. Dies war nicht neu. Schon sein damaliger Stellvertreter, Botschaftsrat Schlitter, hatte sich 1953 kritisch zu dessen Amtsverständnis geäußert: „Prinz Adalbert unterhält aber einen regelmäßigen privaten gesellschaftlichen Verkehr mit seinen Verwandten und Freunden aus dem monarchistischen Lager. Gegen diesen Verkehr könnte nach meiner Auffassung an sich nichts eingewendet werden, wenn nach der Seite der Pflege dienstlicher Beziehungen ein größeres Gegengewicht gegeben wäre."[114]

Abgesehen von der Unzufriedenheit mit der persönlichen Amtsführung des Botschafters lag das Ausscheiden der Außenseiter im diplomatischen Dienst im Trend. Denn die Zeit der berufsfremden außenpolitischen Repräsentanten der ersten Stunde war allenthalben vorüber, sie hatten ihre Aufgabe erfüllt. Mit der 1955 erreichten Souveränität begann eine neue Etappe westdeutscher Außenpolitik, in deren Gefolge auch Hausenstein in Paris und Schlange-Schöningen in London durch Berufsdiplomaten ersetzt wurden[115].

---

[112] Adalbert von Bayern, Erinnerungen, S. 640.
[113] Vermerk Berger über deutsches Vermögen in Spanien, 31.7.1956, PA/AA, Ref. 506, Bd. 57. Auch Franz Josef Strauß, der Prinz Adalbert 1952 bei Adenauer vorgeschlagen hatte, war rückblickend mit seiner Wahl ganz und gar nicht zufrieden. Gegenüber Außenminister Brentano sprach er harsch von dem „persönlich ehrenwerten, aber sachlich ebenso unfähigen Botschafter Prinz Adalbert". Strauß an Brentano, 14.8.1958, BA, Nl. von Brentano, Bd. 181.
[114] Schlitter an Hallstein, 4.8.1953, ADL, Nl. Dehler (N 1), DA 0252. Schlitter hatte mit diesem Schreiben Staatssekretär Hallstein um eine andere Verwendung gebeten, da die Entwicklung der persönlichen Zusammenarbeit keine andere Möglichkeit zulasse. Als sein Nachfolger ging der Berufsdiplomat Rupprecht von Keller 1954 nach Madrid.
[115] Auch der im März 1955 verstorbene Gesandte in Lissabon, Leo Wohleb, muß strenggenommen in diese Aufzählung hineingenommen werden. Wohleb war im Dezember 1954 in Bonn über seine bevorstehende Demissionierung informiert worden. Vgl. Adalbert von Bayern, Erinnerungen, S. 618. Zwar ist eine Rotation nach 3–4 jähriger Verweildauer ein im diplomatischen Dienst durchaus übliches Verfahren. Ein solch weitreichendes Revirement ist aber dennoch ungewöhnlich.

Der Botschafterwechsel – Bewegung im Eigentumskonflikt

In Madrid gab es einen Generations- und Stilwechsel. Auf den politisch unerfahrenen Prinz Adalbert folgte im Oktober 1956 der zwanzig Jahre jüngere Volkswirt Karl Heinrich Knappstein, der zuvor in Chicago als Generalkonsul sechs Jahre Erfahrungen im auswärtigen Dienst hatte sammeln können. Knappstein, wie sein Vorgänger ein „Seiteneinsteiger", hatte zunächst die Journalistenlaufbahn eingeschlagen und von 1936 bis 1943 als Wirtschaftsredakteur für die renommierte „Frankfurter Zeitung"[116] gearbeitet. Gemeinsam mit Heinrich von Brentano war Knappstein nach dem Kriege einer der Mitbegründer der hessischen CDU gewesen. Vita und Persönlichkeit ließen ihn in den Augen Außenminister Brentanos prädestiniert erscheinen, den schwierigen deutsch-spanischen Beziehungen neue Impulse zu verleihen[117]. Dies galt vor allem für die Vermögensfrage. Der Knappstein nach Madrid vorausgeeilte Ruf, ein persönlicher Vertrauter – ja das Alter ego – des Außenministers zu sein, verschaffte ihm dort ein günstiges Entree[118].

Bei seinem ersten Gespräch mit Außenminister Artajo brachte der neue Botschafter ohne besondere Präliminarien sogleich die Rede auf das Eigentumsproblem. Er reklamierte, „daß man aus dem Stadium rhetorischer Feststellungen über die Notwendigkeit der Bereinigung dieses Problems nun wirklich zu konkreten Verhandlungen [...] kommen müsse"[119]. Wenige Tage später untermauerte Knappstein in einem von Artajo angeregten Detailgespräch mit dem „Enteignungsexperten" Navasqués den Wunsch nach Fortschritten, in dem er erstmals Eckpunkte eines deutschen Verhandlungsprogramms skizzierte.

Demnach ging es der Bundesregierung vor allem um die Rückgabe der noch nicht liquidierten Unternehmen, die Möglichkeit des Wiedererwerbs durch die früheren Besitzer sowie die Rückgabe des kulturellen Vermögens[120]. Der informelle Meinungsaustausch verlief insofern ermutigend, als nach Navasqués „privater" Einschätzung alle Punkte bis auf einen konsensfähig seien. Das uneingeschränkte Rückkaufrecht allerdings wies er als nicht verhandelbar zurück, da das spanische Industrieschutzgesetz von 1939 eine nur 25%ige Beteiligung ausländischer Investoren an spanischen Firmen zulasse. Insgesamt registrierte Knappstein bei seinen ersten Gesprächen auf spanischer Seite den Willen zur Verständigung, beklagte aber, wie unverbindlich die Äußerungen nach wie vor seien[121].

Immerhin hatte der neue Botschafter, der in der Klärung der Eigentumsfrage seine vorrangige Aufgabe sah, das Thema wieder auf die bilaterale Tagesordnung gesetzt. Die Dinge

---

[116] Vgl. Gillessen, Auf verlorenem Posten.
[117] Der Katholik Knappstein war von Brentano zunächst auch als Botschafter beim Vatikan ins Auge gefaßt worden. Die Entscheidung für Madrid fiel dann im Juni 1956. Knappstein selbst hätte die Aufgabe beim Vatikan aus inhaltlichen wie sprachlichen Gründen Madrid vorgezogen. Vgl. Knappstein an Brentano, 6. 4. 1956, BA, Nl. von Brentano, 239, Bd. 165.
[118] Diese Charakterisierung Knappsteins stammte von Brentano. Bei einem Treffen mit dem spanischen Außenminister Artajo in London hatte sich der Bundesaußenminister entsprechend geäußert. Nach seinen ersten Gesprächen in Madrid hob Knappstein die positive Wirkung hervor. Knappstein an Brentano, 5. 10. 1956, ebenda.
[119] Bericht Knappsteins an das Auswärtige Amt, 10. 10. 1956, PA/AA, Ref. 506, Bd. 57.
[120] Ebenda, S. 6. Als weitere Punkte nannte Knappstein die Rückgabe des noch vorhandenen spanischen Anteils am Liquidationserlös und das von Spanien bereits angebotene Grundstück für einen Botschaftsneubau in Madrid.
[121] Knappstein an Brentano, 5. 10. 1956, Nl. Brentano, Bd. 165.

gerieten nun mehr und mehr in Fluß. Auch die Alliierten drängten jetzt auf eine Bereinigung dieses zunehmend als lästig empfundenen Problems. Im Oktober 1956 war es auf Initiative der drei Westmächte während der deutsch-portugiesischen Vermögensverhandlungen in Lissabon auch zu deutsch-spanischen Sondierungen gekommen, bei denen vereinbart wurde, die Gespräche in Madrid fortzusetzen. Darüber hinaus konnte in der portugiesischen Hauptstadt bereits das bislang größte Hindernis auf dem Wege zu direkten Verhandlungen – die Frage des Eintritts der Bundesrepublik in das Madrider Abkommen – beiseite geräumt werden: Um Spanien die Furcht vor späteren Entschädigungsansprüchen zu nehmen, bereitete man auf deutscher Seite eine Erklärung vor, die von den Westmächten als Vertragspartner des Madrider Abkommens gegenüber Spanien abgegeben werden sollte. Darin bekräftigte die Bundesregierung noch einmal ausdrücklich, daß sich die im Überleitungsvertrag (6. Teil, Art. 3) abgegebene „Hinnahmeerklärung" auch auf die Enteignungsmaßnahmen in Spanien beziehe[122]. Da bei den Lissaboner Gesprächen die Westalliierten mittlerweile ihr Einverständnis mit der Auflösung des Madrider Abkommens signalisiert hatten, stand der von der Bundesregierung gewünschten Dreieckslösung eigentlich nichts mehr entgegen[123]. Insgesamt schienen also die Voraussetzungen für die Aufnahme von bilateralen Verhandlungen gegeben zu sein.

In Madrid wurde die deutsche Delegation im November jedoch überraschend mit Ansprüchen konfrontiert, die überwiegend Reparationscharakter hatten und nun mit der Eigentumsfrage verknüpft wurden. Die Spanier machten im einzelnen geltend:
1. „Schadensersatzforderung für im Weltkrieg versenkte Schiffe;
2. Schadensersatzforderung für Schäden der Wehrmacht an spanischem Vermögen im Kriegsgebiet;
3. Wiedergutmachungsforderungen zugunsten der auf dem Balkan lebenden sog. sephardischen Juden, die erst nach dem Kriege das spanische Bürgerrecht verliehen erhalten haben;
4. Versorgungsansprüche für Angehörige der ‚Blauen Division';
5. Einräumung der Meistbegünstigung für Spanier auf dem Gebiet des Lastenausgleichs"[124].

---

[122] Deutsches Vermögen in Spanien, Aufzeichnung Berger für den Minister, 24. 11. 1956, PA/AA, Ref. 506, Bd. 711. Hier auch das Folgende.
[123] Dieses Verfahren, bei dem die Drei Mächte Spanien gegenüber in die Aufhebung des Madrider Abkommens einwilligen, war aus deutscher Sicht unabdingbar, weil das spanisch-alliierte Abkommen ein ausdrückliches Rückerwerbsverbot vorsah.
[124] Deutsches Vermögen in Spanien, Aufzeichnung Berger für den Minister, 24. 11. 1956, PA/AA, Ref. 506, Bd. 711. Die spanische Position war in einer Note vom 31. 10. 1956 enthalten. Bei den sephardischen Juden handelte es sich um die in den Balkan-Ländern lebenden spanischsprachigen Spaniolen. Mit der deutschen Besetzung waren die dort lebenden Juden in die Gefahr geraten, in die Vernichtungslager deportiert zu werden. Im Februar 1943 hatte die NS-Diktatur angeboten, die Juden spanischer Herkunft von der Deportation auszunehmen, wenn Portugal und Spanien sich zur Aufnahme bereit fänden. Erst auf den energischen Druck der westlichen Alliierten und des Vatikans war das Franco-Regime zu dieser humanitären Geste bereit gewesen. Insgesamt handelte es sich um etwa 500 Personen, von denen eine Gruppe von 365 Spaniolen aufgrund des spanischen Zögerns bereits im Konzentrationslager Bergen-Belsen gewesen war. Siehe dazu ausführlich von zur Mühlen, Fluchtweg Spanien-Portugal, S. 109 f. Zum Verhältnis Franco-Spaniens zu den Juden im Zweiten Weltkrieg umfassend Rother, Spanien und der Holocaust.

Im Auswärtigen Amt wies man diese Forderungen aus finanziellen, rechtlichen wie präjudiziellen Gründen als völlig indiskutabel zurück[125].

Da es aus Bonner Sicht unklar war, inwieweit die Franco-Regierung nicht nur aus verhandlungstaktischen Gründen initiativ geworden war, wurde Botschafter Knappstein aufgefordert, Außenminister Artajo einerseits den deutschen Standpunkt in der Reparationsfrage unmißverständlich darzulegen und andererseits die Ernsthaftigkeit der spanischen Absichten auszuloten.

Knappstein wies den spanischen Außenminister Anfang Dezember 1956 darauf hin, daß das Auswärtige Amt grundsätzlich bereit sei, gemeinsam zu einer großzügigen politischen Lösung zu kommen. Die Liste mit Reparationsforderungen stelle deshalb eine „unangenehme Überraschung" dar, welche die von beiden Seiten gewünschte rasche Einigung gefährde. Deswegen schlug er Artajo vor, daß von deutscher Seite auf eine detaillierte Erörterung der einzelnen Liquidationen verzichtet werde und Spanien seinerseits die geforderten Restitutionen als gegenstandslos betrachten solle. Ohnehin seien Reparationsforderungen für die Bundesrepublik grundsätzlich nicht annehmbar[126]. Vor dem Hintergrund der umfassenden Enteignung des deutschen Vermögens seien die spanischen Wünsche auch innenpolitisch niemandem in der Bundesrepublik zu vermitteln. So sah er es als völlig ausgeschlossen an, „daß das deutsche Parlament, nachdem fast das ganze deutsche Vermögen in Spanien verloren sei, zusätzliche Beträge bewilligen würde"[127].

Außenminister Artajo zeigte sich gegenüber dem von Bonn angedeuteten Weg einer politischen Lösung aufgeschlossen und kündigte umgehend einen neuen Vorschlag an. Nach dem Eindruck von Knappstein beharrte die Franco-Regierung nicht mehr strikt auf ihren Reparationsansprüchen, so daß er Verhandlungen bereits im Januar 1957 für möglich hielt. Gestützt auf diese eher positive Einschätzung wurde daraufhin im Auswärtigen Amt eine Kabinettsvorlage ausgearbeitet, die der deutschen Delegation Richtlinien für die erwarteten Gespräche an die Hand geben sollte[128]. Um so enttäuschender wirkte schließlich die am 28. Dezember überreichte spanische Note. Inhaltlich ging das Memorandum, das abermals deutsche Reparationsleistungen mit der Eigentumsfrage verknüpfte, sogar über die im Oktober definierten Ansprüche hinaus und konterkarierte damit erneut die deutschen Hoffnungen auf eine bevorstehende Einigung.

Während in der deutschen Presse darüber geklagt wurde, daß Madrid den „Bogen zu weit gespannt" habe und die deutsch-spanische Freundschaft einer „neuen Prüfung" aussetze[129], reagierte das Auswärtige Amt eher nüchtern auf diesen Rückschlag. Bonn bekräf-

---

[125] Siehe dazu zusammenfassend das Schreiben von Ministerialdirektor Berger an Bundesminister Lübke, 29.11.1956, PA/AA, Ref. 206, Bd. 20.
[126] Bericht Knappsteins an das Auswärtige Amt, 7.12.1956, PA/AA, Ref. 206, Bd. 20. Zwar wurde im Auswärtigen Amt eingeräumt, daß das Londoner Schuldenabkommen (Art. 5, Abs. 3) rechtlich durchaus die Möglichkeit eröffne, Forderungen aus dem Zweiten Weltkrieg im Kontext von Abkommen über deutsche Auslandswerte zu regeln; im Falle Spanien sei dies infolge seiner rigiden Enteignungspraxis aber nicht vertretbar. Vgl. Deutsches Vermögen in Spanien. Anlage zur Kabinettsvorlage, 20.12.1956, PA/AA, Ref. 506, Bd. 712.
[127] Bericht Knappstein, ebenda.
[128] Kabinettsvorlage betr. deutsches Vermögen in Spanien, 20.12.1956, PA/AA, Ref. 506, Bd. 711 und Anlage Bd. 712.
[129] So kommentierte jedenfalls Die Welt im Januar 1957 das spanische Vorgehen. Vgl. die Ausgabe vom 30.1.1957.

tigte als Ergebnis einer „Krisensitzung" Anfang Januar 1957 seine Weigerung, auf Reparationsansprüche einzugehen; der nächste Schritt müsse jetzt unter veränderten Vorzeichen von Madrid ausgehen[130]. In der internen Diskussion gab es jedoch sehr verschiedene Einschätzungen:

So wurde einerseits die spanische Haltung mit den aus dem „deutschen Wirtschaftswunder" abgeleiteten Hoffnungen auf ein großzügiges Entgegenkommen Bonns durchaus verständnisvoll in den Kontext der letzten Jahre gestellt[131]. Wie gering aber andererseits das Vertrauen in die Zuverlässigkeit des Franco-Regimes war, zeigen Stimmen aus Bankkreisen, die die Befürchtung äußerten, Madrid könne sich ersatzweise an deutschen Neuinvestitionen nach 1945 schadlos halten, die in einer rechtlichen Grauzone stattgefunden hatten. Gemeint war damit die mögliche Verstaatlichung von Unternehmen, die mit stillschweigender Billigung und Wissen spanischer Regierungskreise das Industrieschutzgesetz unterlaufen hatten, welches ausländische Beteiligungen nur bis zu einer Höhe von 25 Prozent zuließ.

Insbesondere größere Firmen, wie AEG oder die Nachfolgeunternehmen der IG Farben, waren nämlich mittlerweile dazu übergegangen, ihre Altbeteiligungen bzw. Niederlassungen unter der Hand wiederzuerwerben. Nach Ansicht der Bank deutscher Länder boten allein die bereits erfolgten Gesetzesverstöße den spanischen Behörden jederzeit die Möglichkeit, die entsprechenden Betriebe zu blockieren. Dieser Argumentation schloß sich auch der Vertreter der Süddeutschen Bank an, der darauf hinwies, „daß die deutschen Großfirmen fast ausnahmslos bei ihren Neuinvestitionen sich nicht um die spanische Industriegesetzgebung gekümmert hätten und sich nur oberflächlich mit Strohmännern oder zwischengeschalteten spanischen Firmen getarnt hätten"[132]. Daß diese Sorge letztlich doch übertrieben war, zeigte die spanische Reaktion auf die eindeutige Ablehnung aller Reparationsansprüche durch Bonn. Spanien ließ jetzt die Reparationsforderungen endgültig fallen und machte ein neues Angebot, das auch von Bonn als Basis für die im März 1957 anberaumten Verhandlungen akzeptiert wurde.

Die ersten Gespräche in Madrid verliefen jedoch wenig verheißungsvoll. Mit dem Verhandlungsführer, Botschafter Navasqüés, traf die von Ministerialdirektor Berger geleitete deutsche Delegation auf einen Gegenspieler, der in der Vergangenheit gerade die Enteig-

---

[130] Aufzeichnung über die Ressortbesprechung betreffend beschlagnahmtes deutsches Vermögen in Spanien am 4.1.1957, PA/AA, Ref. 506, Bd. 712.
[131] Diese Position nahm der Leiter der Rechtsabteilung Berger ein. Ebenda.
[132] Bericht über die Ressortbesprechung im Auswärtigen Amt am 4.1.1957, Historisches Archiv der Deutschen Bundesbank (HA), Frankfurt a. M., Bd. 4638. Das gesamte Ausmaß derartiger in einer Grauzone vorgenommenen Konstruktionen – mit unsicherem Kapital- und Gewinntransfer – konnte aus den amtlichen Quellen nicht erschlossen werden. Die AEG wollte jedenfals 1955 nach Angaben ihres Chefsyndikus Hellenbroich unter der Hand eine Minderheitsbeteiligung zurückerwerben. Vgl. Vermerk von Waldheim über sein Gespräch mit Hellenbroich, 17.10.1955, PA/AA, Ref. 506, Bd. 56. Im Fall der IG Farben teilte Bundesminister Lübke nach seinem Spanienbesuch 1955 dem Auswärtigen Amt mit, das Unternehmen habe sich „bereits mit der spanischen Regierung geeinigt und verdiene ausgezeichnet". Vgl. Aufzeichnung von Welck (Leiter der Länderabteilung) über sein Gespräch mit Lübke, 19.10.1955, PA/AA, Ref. 506, Bd. 56. Welche der Nachfolgegesellschaften, u. a. BASF, Bayer, Hoechst, der seit 1952 in Liquidation befindlichen IG Farben damit gemeint waren, muß offenbleiben. Die Gesamtsumme der nach dem Krieg erfolgten deutschen Neuinvestitionen in Spanien wurde im Mai 1958 vom Bundeswirtschaftsministerium mit 44 Mio. DM angegeben. Vermerk Masserer zum Besuch des spanischen Handelsminister Ullastres, 31.5.1958, PA/AA, Ref. 206, Bd. 166.

nungspolitik entscheidend mitgestaltet hatte und sich nun in der Sache wie im Ton entsprechend unbeweglich verhielt. Dies galt vor allem für das zentrale Anliegen Bonns, nach der Auflösung des Madrider Abkommens den von der Enteignung betroffenen Unternehmen die Chance auf einen unbegrenzten Wiedererwerb zu ermöglichen[133]. Das hätte allerdings an einem Grundprinzip der isolationistischen Wirtschaftspolitik Spaniens gerüttelt, nämlich der als Schutz vor Auslandsinvestitionen konzipierten 25-Prozent-Klausel des Industrieschutzgesetzes. So lag es zwar nahe, daß Navasqüés eine bevorzugte Behandlung früherer deutscher Eigentümer kategorisch zurückwies, aber als selbst der Vorschlag einer wohlwollenden Behandlung einzelner Anträge auf Wiederbeteiligung von über 25 Prozent abgelehnt wurde, gerieten die Verhandlungen in eine Sackgasse.

Einen neuen Impuls erhielten die festgefahrenen Gespräche jedoch schon bald durch die im Februar erfolgte Umbildung der spanischen Regierung. Knappstein nutzte seinen Antrittsbesuch bei dem neuen Außenminister Fernando María Castiella, um den bisherigen Mangel an spanischer Kompromißbereitschaft zur Sprache zu bringen. Castiella ließ erkennen, daß die augenblickliche Verhandlungslinie vom früheren Kabinett vorgegeben worden sei und er das Problem nun mit „neuen Augen" betrachten wolle[134]. Ein erstes Indiz für eine mögliche Kurskorrektur war die kurz darauf erfolgte Ablösung des aus deutscher Sicht untragbar gewordenen Delegationsleiters Navasqüés. Der Wechsel in der Verhandlungsführung wurde von Knappstein erleichtert aufgenommen. Ihm erschien er eine „Gewähr" dafür zu sein, „daß künftig auch auf spanischer Seite mit Kompromißbereitschaft verhandelt wird, während sich in der ersten Periode der Verhandlungen die deutsche Delegation einem völlig starren Partner gegenüber sah"[135].

Auf Navasqüés folgte Ende März der Vizepräsident der Banco de España, Salmones. Da der neue Verhandlungsführer sich zunächst orientieren und die spanische Regierung ihre Position überprüfen wollte, wurden die Verhandlungen nach nur dreiwöchiger Dauer erst einmal unterbrochen. In den folgenden Monaten ging es Knappstein darum, in Vorgesprächen mit Salmones die Grenzen der spanischen Konzessionsbereitschaft auszuloten.

Bonn arrangiert sich mit Madrid

Mit positiven Eindrücken im Gepäck reiste der Botschafter schließlich im September 1957 zur Berichterstattung nach Bonn, wo eine Zwischenbilanz gezogen und das weitere Vorgehen abgestimmt werden sollte. In dieser Situation griff die Länderabteilung im Auswärtigen Amt mit einem Positionspapier in die Diskussion ein. Es zeigte sich, daß der Konflikt um das deutsche Eigentum, der bisher die bilateralen Beziehungen bestimmt hatte, dort inzwischen nur noch als ein „lästiges" Hindernis für eine angestrebte intensivere politische Kooperation angesehen wurde. Deshalb drängte die Abteilung auf einen möglichst raschen Abschluß der Vermögensverhandlungen, da er „erst die Voraussetzung für eine

---

[133] Nach dem Vorschlag der Bundesregierung sollte den früheren Eigentümern das Recht auf vollständigen Wiedererwerb eingeräumt werden. Vgl. Telegramm von Berger und Knappstein an Auswärtiges Amt, 21. 3. 1957, PA/AA, Ref. 600, Bd. 197. Petra-Maria Weber schreibt irrtümlicherweise, die Bundesrepublik habe in den Verhandlungen von vornherein die 25%-Quote akzeptiert und keine weiterreichenden Forderungen gestellt. Siehe dies., Spanische Deutschlandpolitik 1945–1958, S. 158.
[134] Knappstein an Auswärtiges Amt, 25. 3. 1957, PA/AA, Ref. 506, Bd. 713.
[135] Knappstein an Auswärtiges Amt, 4. 4. 1957, PA/AA, Ref. 506, Bd. 713.

engere deutsch-spanische Zusammenarbeit [schaffe], an der auch deutscherseits starkes Interesse besteht"[136].

Ausschlaggebend für diesen Perspektivenwechsel der Bonner Spanienpolitik war einerseits wohl die eigene außenpolitisch konsolidierte Position und andererseits der am UNO-Beitritt Spaniens 1955 ablesbare internationale Statusgewinn der Franco-Diktatur. Mit dem Ende des UNO-Boykotts 1950 war ein Rehabilitationsprozeß eingeleitet worden, der sich zunächst in dem Stützpunktabkommen mit den USA und dem Konkordat mit dem Vatikan im Jahre 1953 ausgedrückt hatte. Davon ermutigt, betonte der Verfasser des Memorandums, Ministerialdirektor von Welck, wie unerläßlich es aus deutscher Sicht sei, Spanien jetzt in den militärischen und politisch-wirtschaftlichen Integrationsprozeß in Europa einzubinden.

Wichtiger als gewisse Interessengegensätze in der Eigentumsfrage war für Bonn die Bedeutung Madrids als antikommunistischer Partner im Ost-West-Konflikt. Der westdeutschen Diplomatie galt diese ideologische Gemeinsamkeit beider Staaten trotz der „autoritären Regierungsform" in Spanien als mögliches Gegengewicht gegen Desintegrationstendenzen im westlichen Bündnis, die von den starken kommunistischen Parteien in Italien und Frankreich ausging. Der „zuverlässige" Verbündete Spanien war wegen seiner geographischen Lage als „südwestlicher Eckpfeiler Europas" auch in den Blickpunkt der militärstrategischen Überlegungen im Auswärtigen Amt gerückt. Obwohl der franquistische Staat durch die Militärabkommen mit den USA seit 1953 bereits indirekt mit dem Nordatlantikpakt verbunden war, formulierte die Politische Abteilung ihr Interesse an einer künftigen Aufnahme Spaniens in die Nato. Augenblicklich, so wurde bedauernd festgestellt, sei der Zeitpunkt, wegen der nach wie vor bestehenden Reserve einiger Nato-Staaten gegenüber der Franco-Diktatur wie vor allem Belgiens und Norwegens, noch nicht gekommen.

Ungeachtet dessen unterstrich das Positionspapier aber die Notwendigkeit, Spanien künftig als vollwertiges Mitglied in die Verteidigungsgemeinschaft zu integrieren, „weil hierdurch das politisch-militärische Potential der NATO wesentlich gestärkt werden könnte"[137]. Im Auswärtigen Amt wurde das diktatorische Regime Francos, trotz einiger Zweifel an seiner innenpolitischen Stabilität[138], zunehmend als ein strategisch bedeutsamer Partner gegen den „weltweiten Kommunismus" wahrgenommen. Unausgesprochen spielte dabei wohl auch der fortschreitende Dekolonisationsprozeß – vor allem in Afrika – eine gewichtige Rolle.

Vor diesem Hintergrund sollte Spanien für eine an Europa orientierte Politik wirtschaftlicher Kooperationssysteme wie die Organisation für europäische wirtschaftliche Zusammenarbeit (OEEC) und später die EWG bzw. die Freihandelszone gewonnen werden. Allerdings stand dieses Integrationsprojekt unter dem generellen Vorbehalt einer Annäherung zwischen Frankreich und Spanien[139]. Eine derartige Lotsentätigkeit könne für

---

[136] Ministerialdirektor von Welck (Leiter der Länderabteilung) an Ministerialdirektor Berger, 23.9. 1957, PA/AA, Ref. 506, Bd. 714. Politische Gründe für einen möglichst baldigen Abschluß der Vermögensverhandlungen. Hier auch das Folgende. Dieses Positionspapier kann als grundlegend für die Formulierung der bundesdeutschen Spanienpolitik in den folgenden Jahren angesehen werden.
[137] Ebenda.
[138] Vgl. ebenda. Hintergrund waren soziale Unruhen in den Jahren 1956 und 1957, die sich in Streiks und studentischen Demonstrationen ausdrückten.
[139] Die französische Reserve gegenüber der Franco-Diktatur – erinnert sei nur an die Schließung der Grenze zwischen 1946 und 1948 und die gegen das Regime gerichteten Aktivitäten der in Frankreich lebenden Exilspanier – schwächten sich erst mit der Regierungsübernahme de Gaulles 1958 entscheidend ab.

Bonn, so hoffte von Welck, überdies auch von politischem Nutzen sein: „Eine positive Einstellung der Bundesrepublik gegenüber Spanien in dem oben angeführten Sinne würde durchaus auch im Sinne unserer Verbündeten, nicht zuletzt im Interesse der Vereinigten Staaten liegen und gleichzeitig unsere eigene Stellung innerhalb des westlichen Bündnissystemes stärken."[140] Das Positionspapier beschrieb Westdeutschland als europäischen Juniorpartner der USA, der seine Spanienpolitik an der westlichen Führungsmacht orientierte, dabei aber die Hypothek, die die deutsch-spanische Vergangenheit für Politik und Öffentlichkeit im westlichen Ausland darstellte, vollkommen ausblendete.

Insgesamt verfehlte dieser politische Appell seine interne Wirkung im Auswärtigen Amt nicht, zumal selbst die zuständige Rechtsabteilung inzwischen davon ausging, daß der Eigentumskonflikt nur noch politisch gelöst werden konnte. Auch Botschafter Knappstein betonte in der Lagebesprechung Ende September besonders das außenpolitische Interesse der Bundesrepublik an Spanien. Seit dem Kabinettswechsel im Februar zeichne sich dort eine Öffnung gegenüber Europa ab, die von der Bundesrepublik honoriert werden müsse. Die Vermögensverhandlungen dürften diesen Trend nicht stören, da „Deutschland für Spanien in Europa von jeher der erstrebenswerteste Partner"[141] sei.

Angesichts solcher Zukunftserwartungen verfolgte Bonn nun in der Vermögensfrage eine gegenüber Madrid verständnisvolle Politik, die das Franco-Regime nicht überfordern wollte. In seiner Zwischenbilanz konnte Knappstein zufrieden resümieren, daß jetzt alle Zeichen auf eine Einigung deuteten. In der Frage der Wiederbeteiligung der enteigneten Unternehmen, die für die deutschen Wirtschaftsinteressen von elementarer Bedeutung war, hatte die Bundesregierung notgedrungen bereits in früheren Verhandlungen ihr ursprüngliches Ziel, den Status quo ante, aufgegeben. Mittlerweile ging es nicht mehr um die Forderung einer quasi automatischen Wiederbeteiligung, sondern auf Vorschlag der spanischen Regierung nur noch darum, jeden von der Bundesrepublik vorgetragenen Einzelfall wohlwollend zu prüfen. Diese rechtlich unverbindliche Willenserklärung sollte dem deutsch-spanischen Vermögensabkommen in Form eines Briefwechsels beigefügt werden.

Im Grunde handelte es sich dabei um eine bloße kosmetische Maßnahme, die mit Blick auf die innenpolitische Optik der Bundesrepublik zwar von Bedeutung war, de facto aber waren durch die in der Vergangenheit mit stillschweigender Billigung des Franco-Regimes vollzogenen illegalen Neuinvestitionen der deutschen Altbesitzer bereits Tatsachen geschaffen worden. Mit der vom Auswärtigen Amt angestrebten Aufhebung des Madrider Abkommens sollten jetzt auch legale wirtschaftliche Investitionen möglich werden. Botschafter Knappstein wies in Bonn auf das weiterhin bestehende Industrieschutzgesetz in Spanien hin, das den Rahmen der Investitionen im Normalfall allerdings auf eine 25-Prozent-Quote begrenze. Daher sollten keine „unerfüllbaren" Forderungen gestellt werden, über den möglichen Minimalkonsens hinaus sei nicht mehr zu erreichen: Mit dem von Madrid vorgeschlagenen Briefwechsel könne man sich um so eher zufrieden geben, „als ‚in der ganzen Sache nichts mehr drinstecke' und durchaus damit zu rechnen sei, daß die spanische Regierung Anträge deutscher Unternehmer auf Wiederherstellung des Status quo ante, der ohnehin in vielen Fällen auf Umwegen oder illegal bereits erreicht sei, positiv entscheide"[142].

---

[140] Ebenda.
[141] Aufzeichnung Ressortbesprechung Spanien am 26.9.1957, PA/AA, Ref. 506, Bd. 714.
[142] Ressortbesprechung im Auswärtigen Amt über das deutsche Vermögen in Spanien, 26.9.1957, HA, Bd. 4638.

Unausgesprochen spielte bei diesen Überlegungen die mit der Regierungsumbildung in Spanien – unter anderem standen an der Spitze des Finanz- und Handelsministeriums jetzt Protagonisten einer neoliberalen Wirtschaftspolitik[143] – verbundene Hoffnung auf eine mögliche Neuorientierung der franquistischen Wirtschaftspolitik gleichfalls eine gewisse Rolle[144]. Insofern räumte das Auswärtige Amt dem Briefwechsel zur Wiederbeteiligung angesichts der möglichen Abkehr Spaniens von der Autarkiepolitik keine allzu große Bedeutung ein.

Da sich auch in der Frage der Markenrechte und Patente eine Einigung abzeichnete und Spanien bei einigen ehemaligen deutschen Immobilien Rückgabebereitschaft signalisiert hatte, erhielt Knappstein vom Auswärtigen Amt „grünes Licht", auf dieser Grundlage die Verhandlungen baldmöglichst abzuschließen. Während die Vermögensgespräche in der Vergangenheit einem „Tauziehen" geglichen hatten, überwog nun beiderseits der Wunsch nach einer raschen Einigung. Dementsprechend unspektakulär verlief die letzte Phase, so daß in der Tat wenige Monate später das Enteignungsthema zu den Akten gelegt werden konnte. Die am 8. April 1958 getroffenen Vereinbarungen mit der bezeichnend euphemistischen Überschrift „Abkommen über gewisse Auswirkungen des zweiten Weltkrieges"[145] und dem Abkommen über die „Wiederherstellung gewerblicher Schutzrechte" setzten den Schlußpunkt unter ein Kapitel, das das deutsch-spanische Nachkriegsverhältnis insbesondere atmosphärisch belastet hatte.

Aus dem Bündel der beiden Verträge seien hier nur die besonders interessierenden Absprachen hervorgehoben. So wurde vor allem das 1948 im Madrider Abkommen festgelegte Wiedererwerbsverbot – allerdings im Rahmen der spanischen Gesetzgebung[146] – ausdrücklich aufgehoben. Die Voraussetzung hierfür war das Einverständnis der westlichen Alliierten, das Madrider Abkommen nunmehr zu liquidieren[147].

---

[143] Siehe zur grundlegenden Bedeutung der Kabinettsreform Zelinsky, Spaniens wirtschaftspolitische Wende von 1959, S. 291 ff.

[144] Schon im April hatte die Bundesregierung den westlichen Alliierten gegenüber derartige Spekulationen geäußert. Gemeinsam war ihnen allen das Interesse an einer erleichterten Beteiligung von Auslandskapital in Spanien. Anders als dies Petra-Maria Weber vermutet, wäre ein unbeschränktes Rückkaufrecht im deutsch-spanischen Abkommen auch nicht auf den Widerstand der Drei Mächte gestoßen. Vgl. dies., Spanische Deutschlandpolitik 1945-1958, S. 157. Vielmehr hätten die USA, England und Frankreich sich selbst gern auf diesen von der Bundesrepublik nicht durchzusetzenden Präzedenzfall bezogen: „Hätte man im gegenwärtigen Zeitpunkt die deutsche Forderung erfüllt, so wäre wahrscheinlich die amerikanische Botschaft am nächsten Morgen im Außenministerium vorstellig geworden, um gleiche Wünsche auch für die Vereinigten Staaten anzumelden. Vermutlich wären auch England und Frankreich auf diesem Wege gefolgt." Vgl. Schlußunterredung mit den Vertretern der Drei Mächte, 5. 4. 1957, PA/AA, Ref. 506, Bd. 713.

[145] Dieser Titel entsprach dem Wunsch der spanischen Regierung, die offensichtlich den Reizbegriff „deutsches Vermögen" partout vermeiden wollte. Der deutsche Vorschlag „Abkommen über deutsche Vermögenswerte in Spanien und die Behandlung spanischer Staatsangehöriger beim deutschen Lastenausgleich zwischen der Bundesrepublik Deutschland und Spanien" konnte nicht durchgesetzt werden. Vgl. Fernschreiben Werz, Botschaft Madrid, an Ministerialdirektor Berger, Auswärtiges Amt, 18. 2. 1958, PA/AA, Ref. 506, Bd. 714. Vgl. zum deutschen Abkommensentwurf, 7. 1. 1958, PA/AA, Ref. 506, Bd. 714.

[146] Durch den bereits erwähnten Briefwechsel zum Abkommen war der Bundesregierung von Spanien eine wohlwollende Behandlung von Beteiligungsanträgen zugesagt worden.

[147] Dieser verabredete Schritt wurde schließlich am 8. August 1958 in einem Protokoll fixiert. Vgl. Denkschrift zu den Abkommen, Deutscher Bundestag, 3. Wahlperiode, Drucksache 764.

Außerdem wurden alle noch vorhandenen, bisher gesperrten deutschen Vermögenswerte freigegeben. Darunter fielen etwa 13 Unternehmen, der private Grundbesitz sowie die Bankguthaben deutscher Privatgläubiger. Ferner gingen mit den Abkommen einige der in den Besitz des spanischen Staates übergegangenen Schulen bzw. Schulgrundstücke in das Eigentum der Bundesrepublik über[148].

In Bonn wurde das vorliegende Verhandlungsergebnis unterschiedlich beurteilt. Ein Positionspapier des Bundeswirtschaftsministeriums bewertete die erreichte Übereinkunft als im großen und ganzen zufriedenstellend: Das „betrübliche Kapitel der Behandlung deutschen Vermögens wird abgeschlossen, die sich hieraus ergebende Belastung der beiderseitigen Beziehungen weggeräumt. Die Vorteile für die deutschen Unternehmen liegen in der Aufhebung des Rückerwerbsverbots; außerdem ist es ihnen jetzt möglich, aus der Illegalität wieder herauszutreten, soweit sie – unter Umgehung der einschlägigen spanischen Vorschriften – ihre ehemaligen Vermögenswerte unter Einschaltung von Strohmännern bereits früher zurückerworben haben."[149] Kritisch angemerkt wurde jedoch das „unbefriedigende" Resultat in der Wiederbeteiligungsfrage, bei der Spanien lediglich eine „wohlwollende" Behandlung zugestanden habe.

Das Auswärtige Amt hingegen bezeichnete in seiner Analyse das getroffene Arrangement sogar als die unter den gegebenen Umständen „optimale" Lösung. Rückblickend hob man erleichtert hervor, daß es gelungen sei, die spanischen Reparationsforderungen abzuwenden, die die Vermögensgespräche doch erheblich erschwert hätten[150]. Ansonsten richtete sich der Blick nach vorn; zukünftig – so die Hoffnung – werde es möglich sein, den beiderseitigen Wirtschaftsaustausch auf dieser Grundlage zu verstärken.

Den politischen Gewinn sah man darin, daß die von der Bundesrepublik gewünschte Annäherung Spaniens an die europäischen Organisationen nicht weiter durch diesen bilateralen Dauerkonflikt überlagert wurde. Nachdem der bisherige „Stein des Anstoßes" beiseite geräumt war, eröffneten sich nun neue Perspektiven für das deutsch-spanische Verhältnis.

Damit wurde die Idee eines Besuchs auf Außenministerebene wieder aktuell, die 1955 noch verworfen worden war. Botschafter Prinz Adalbert hatte damals eine Spanienreise von Außenminister Brentano ventiliert, war aber intern auf deutlichen Widerspruch gestoßen. Sein Stellvertreter, Botschaftsrat von Keller, hatte gegenüber dem Leiter der Länderabteilung, von Welck, grundsätzlich den Sinn eines solchen Vorhabens bezweifelt. In den Augen von Keller hätten die deutsch-spanischen Beziehungen dadurch ein Gewicht erhalten, „das ihnen in Wirklichkeit nicht zukommt. Spanien treibt keine ‚europäische' und – unbeschadet seiner antikommunistischen Einstellung – auch keine ‚westliche' Poli-

---

[148] Die Zahl der freigegebenen Firmen wird selbst in den offiziösen Kommentaren immer nur als ungefähre Größe angegeben. Neben den sechs Schulimmobilien erhielt die Bundesrepublik ein Grundstück in Madrid zurück, um dort ein Botschaftsgebäude zu errichten. Ungenau die Schilderung bei Niehus, die davon spricht, daß das beschlagnahmte deutsche Eigentum an seine Besitzer zurückgegeben worden sei. Niehus, Außenpolitik im Wandel, S. 464.
[149] Stellungnahme zur Kabinettsvorlage des Bundesministers des Auswärtigen, Abt. VI, Bundeswirtschaftsministerium, 3. 3. 1958, BA, B 102, Bd. 24873.
[150] Spanien war erst von seinen Ansprüchen endgültig abgerückt, nachdem die Bundesrepublik ihrerseits den noch nicht verteilten Liquidationserlös von ca. 6,7 Mill. DM dem spanischen Widerpart überlassen hatte. Vgl. Vorlage der Rechtsabteilung für die Kabinettssitzung, 5. 3. 1958, PA/AA, Ref. L 1, Bd. 185.

tik. Was das Regime anstrebt, sind Prestige nach innen und außen sowie Hilfe beim Aufbau seiner Wirtschaft. Was es, in internationalen Kategorien gemessen, bieten kann, ist recht wenig; was es geben will: nichts"[151].

Im Bonner Außenamt waren die Meinungen damals geteilt. Während die Länderabteilung aus „politischen Gründen" einen Spanienbesuch befürwortete, hielt die Rechtsabteilung einen derartigen Schritt vor dem Abschluß der Vermögensverhandlungen nicht für opportun[152]. Der Eigentumskonflikt hatte auch eine Anfang 1957 diskutierte Spanienreise von Bundeskanzler Adenauer verhindert. Nach dem Einwand des Auswärtigen Amts, den Reisetermin nicht mit dem Verhandlungsabschluß zu verbinden, der zu diesem Zeitpunkt kurzfristig möglich schien[153], verschob der Kanzler seine geplante Visite auf unbestimmte Zeit.

Im Frühjahr 1958 hatte sich die Konstellation allerdings grundlegend verändert, jetzt konnte Bundesaußenminister Brentano auf eine bereits seit längerem vorliegende Einladung zurückkommen[154]. Neben Madrid stand auch Lissabon auf seinem Reiseprogramm; angesichts der gegenseitigen Empfindlichkeiten der iberischen Nachbarn wäre ein jeweils isolierter Besuch nicht in Frage gekommen[155]. So bot der gleichzeitige Abschluß der deutsch-portugiesischen und deutsch-spanischen Vermögensverhandlungen und die Unterzeichnung der Abkommen Bonn die willkommene Gelegenheit, den Kontakt mit beiden iberischen Ländern zu intensivieren.

Im April 1958 reiste Außenminister Brentano zur Vertragsunterzeichnung nach Madrid. Für Botschafter Knappstein war dieser Besuch der erfolgreiche Abschluß seiner Mission

---

[151] Privatdienstliches Schreiben Keller an Welck, 3. 12. 1955, Privatarchiv Keller.

[152] Welck betonte in seiner Antwort, daß dieses ungelöste Thema ein ernstes Hindernis für einen Besuch bilde. Ansonsten stünden allgemeine „politische Rücksichten" dem kaum noch entgegen. Vgl. Welck an Keller, 23. 12. 1955, Privatarchiv Keller. Eine für das Jahr 1956 zunächst in Aussicht genommene Spanienreise wurde Anfang 1956 infolge der restriktiven Haltung Spaniens in der Enteignungsfrage verworfen. Vgl. Vermerk betr.: Mögliche Reise des Herrn Bundesministers des Auswärtigen nach Madrid und Lissabon, 4. 1. 1956, PA/AA, Ref. 506, Bd. 57.

[153] Adenauer war am 10. Januar 1957 von der spanischen Regierung eingeladen worden. Das Auswärtige Amt äußerte „ernste Bedenken" gegen den Zeitpunkt: „Nachdem Spanien den größten Teil des deutschen Vermögens liquidiert hat, können die Auswirkungen eines deutsch-spanischen Vermögensabkommens nur sehr bescheiden sein und müssen sich im wesentlichen auf die Beseitigung von Hindernissen für die künftige wirtschaftliche Betätigung beschränken. Es kann daher dem Herrn Bundeskanzler nicht zugemutet werden, ein Abkommen dieser Art persönlich zu unterzeichnen. Dies um so weniger, als das deutsch-schweizerische Vermögensabkommen, durch das Vermögenswerte von nahezu 1/2 Milliarde DM freigegeben wurden, im Jahre 1952 durch einen höheren Beamten des Finanzministeriums unterzeichnet wurde [...]." Aufzeichnung Gnodtke, 7. 2. 1957, PA/AA, Ref. 506, Bd. 712.

[154] Eine offizielle Einladung war erstmals am 5. Dezember 1956 von der spanischen Regierung ausgesprochen worden. Vgl. Aufzeichnung über Besuch des Bundesministers des Auswärtigen, 26. 2. 1958, PA/AA, Ref. 203, Bd. 473.

[155] Brentano bedauerte in einem Brief an Adenauer, er habe den Besuch in Lissabon bisher mit Rücksicht auf die Empfindlichkeit der spanischen Regierung zurückstellen müssen, obwohl die Beziehungen gerade zu Portugal sich sehr gut entwickelt hätten. Brentano an Adenauer, 26. 3. 1958, PA/AA, Ministerbüro, Bd. 17. Schon im Oktober 1957 hatte der deutsche Botschafter in Lissabon, Seelos, Brentano darauf hingewiesen, daß Portugal sich gegenüber Spanien von Bonn zurückgesetzt fühle. Im Gegensatz zu Spanien habe Portugal das deutsche Eigentum konserviert. Deshalb trat Seelos für einen separaten Portugal-Besuch Brentanos ein. Der Nato-Partner sei wohl außer Island der einzige europäische Nato-Staat, der noch nicht von einem Bundesminister besucht worden sei. Seelos an Brentano, 30. 10. 1957, PA/AA, Ministerbüro, Bd. 60.

und zugleich sein Abschied aus Madrid, da er als Stellvertreter des Staatssekretärs in das Auswärtige Amt wechselte[156].

Die Bedeutung der ersten Spanienreise eines westdeutschen Außenministers lag vor allem darin, daß sie überhaupt zustande gekommen war. In der spanischen Hauptstadt ging es für beide Seiten darum, der eingetretenen Klimaverbesserung symbolischen Ausdruck zu verleihen. Charakteristisch für die Gespräche Brentanos mit seinem Amtskollegen Castiella und mit Staatschef Franco waren weniger konkrete Inhalte als vielmehr eine allgemein gehaltene außenpolitische Tour d'horizon. Ein greifbares Ergebnis war indes die an Castiella übermittelte Einladung zu einem Gegenbesuch in Bonn. Der deutsche Botschafter sah das international nach wie vor nur halbherzig akzeptierte Regime durch den Aufenthalt Brentanos entscheidend aufgewertet. Spanien habe bislang kaum bedeutsame Staatsbesuche erlebt: „Denn die zahlreichen Besuche orientalischer Herrscher und Minister wurden vom spanischen Volk nicht als echte Staatsbesuche empfunden. Der Umstand, daß der Außenminister der in der Welt geachteten und in Europa eine wesentliche Rolle spielenden Bundesrepublik Spanien besuchte, ist deshalb bis in die untersten Volksschichten mit Genugtuung verzeichnet worden"[157], bemerkte Knappstein; dieser „Wendepunkt" könne für Spanien die Tür zu engeren Beziehungen mit Europa öffnen. Der Wendepunkt war aber erst mit dem Abschluß der Vermögensfrage möglich geworden. Mit der Unterzeichnung der Abkommen am 8. April 1958 durch die beiden Außenminister ging ein jahrelanges zähes Ringen zu Ende, „eine Art Friedensschluß"[158] war vollzogen.

Obwohl dieser Konflikt in seiner materiellen Dimension eher unbedeutend war, hatte er doch die bilateralen Beziehungen maßgeblich bestimmt. Für die junge Bundesrepublik war das international isolierte Spanien anfangs nur von untergeordnetem Interesse, so daß die Eigentumsfrage, die andernorts eher ein Nebenschauplatz war, auch mangels anderer politisch substantieller Themen im deutsch-spanischen „Freundschaftsverhältnis" bis in die zweite Hälfte der 50er Jahre zwangsläufig den Hauptschauplatz bildete.

3. Bonn als Fürsprecher Spaniens im europäischen Integrationsprozeß

Selbst der spannungsreiche Konflikt um das enteignete deutsche Auslandsvermögen hatte an der grundsätzlichen Wertschätzung Bonns für den antikommunistischen Bündnispartner Spanien nichts geändert. Nach der anfänglichen Unsicherheit über die Zukunft des Franco-Regimes registrierte die Adenauer-Regierung mit Zufriedenheit dessen wachsende

---

[156] Brentano holte den ihm nahestehenden Knappstein in sein Ministerium, weil er auf der Führungsebene verstärkt Personen seines Vertrauens um sich haben wollte; durch eine neue Personalstruktur sollte die „Ära Brentano" eingeläutet werden. Dahingehend äußerte sich Botschafter a. D. Guido Brunner, der im Rahmen seiner diplomatischen Ausbildung zwischen 1956 und Oktober 1957 in Madrid eng mit Knappstein zusammengearbeitet hatte. So Brunner im Gespräch mit dem Verfasser, 30. 5. 1990 (Madrid). Zu dem Bestreben Brentanos in der Außenpolitik gegenüber Adenauer eigene Akzente zu setzen, siehe die Studie von Kosthorst, Brentano und die deutsche Einheit. Knappsteins Nachfolger in Madrid wurde Wolfgang Freiherr von Welck, der seit 1953 die Länderabteilung im Auswärtigen Amt geleitet hatte.
[157] Bericht Knappstein an das Auswärtige Amt über Spanienbesuch des Bundesministers von Brentano, 14. 4. 1958, PA/AA, Ref. 206, Bd. 163.
[158] So kommentierte der Westdeutsche Rundfunk am Tage der Vertragsunterzeichnung die Enteignungsregelung. Vgl. die Presseauswertung des Bundespresseamtes o. D., PA/AA, Ref. 206, Bd. 163. Die Abkommen traten im Juni bzw. Juli 1959 in Kraft. Vgl. BGBl. 1959, II, S. 246 ff.

internationale Akzeptanz. Mit dem Beitritt des einstmals geächteten iberischen Staates zu den Vereinten Nationen im Dezember 1955 schienen aus Bonner Sicht auch die bisherigen historisch begründeten Empfindsamkeiten des westlichen Auslands gegenüber der dortigen Diktatur in den Hintergrund getreten zu sein[159]. Den damit größer werdenden Spielraum ihrer Außenpolitik wollte die Bundesregierung nutzen, um dem Land den Weg in die europäische Integration zu ebnen.

In den weitgehend vom Ost-West-Konflikt bestimmten europapolitischen Vorstellungen Konrad Adenauers hatte das Spanien Francos seinen festen Platz. Bonn konnte in der zentralen Frage der Deutschlandpolitik davon ausgehen, in Madrid einen zuverlässigen Verbündeten für seinen Anspruch auf Alleinvertretung und Wiedervereinigung ohne Vorbedingungen zu haben[160]. Nicht von ungefähr bemühte sich der Kanzler bei seinem italienischen Parteifreund, dem christdemokratischen Ministerpräsidenten Antonio Segni, zu Beginn des Jahres 1956 darum, größere Aufmerksamkeit auf das in Europa nach wie vor politisch abseits stehende Land zu lenken. Adenauer warf die Frage auf, „weshalb man sich nicht mehr um Spanien kümmere. Franco habe dem Lande eine gewisse Stabilität gegeben, und Spanien sei für Europa zu wertvoll, um es auf die Dauer zu vernachlässigen. In der OEEC würde gegenwärtig dieses Problem diskutiert. Überall jedoch, besonders in England machten sich Widerstände bemerkbar, während man Tito wie einen König empfange"[161]. Mit seiner Wertschätzung für Franco sah sich Adenauer in Europa aber weitgehend isoliert und unverstanden. Bei dem ihm politisch nahestehenden Segni warb er für ein diktatorisches Regime, das ihm angesichts seiner häufigen Klagen, daß der Westen „uneinig und machtlos" sei[162], als Garant antikommunistischer Stabilität erschien. Nach dem Preis dieser „Stabilität", der innenpolitischen Repression einer nicht-demokratischen Regierung[163], fragte der Kanzler indes nicht. Sein Interesse war in erster Linie sicherheitspolitisch motiviert. Vor dem Hintergrund des Trends zur Dekolonisation in Nordafrika, der von beiden Politikern als kommunistisch gelenkt interpretiert wurde, sahen Adenauer

---

[159] In diesem Sinne siehe die Instruktion für Botschafter Knappstein, 7. 9. 1956, PA/AA, Ref. 206, Bd. 38.
[160] Das dezidiert antikommunistische Regime in Spanien wurde in dieser Frage vom Auswärtigen Amt sozusagen als ein natürlicher Partner der Bundesregierung wahrgenommen. Ebenda. Bei Besuchen spanischer Politiker gehörte es zum diplomatischen Standard Bonns, dankbar die im Rahmen der Vereinten Nationen gezeigte Unterstützung Madrids herauszustellen. Vgl. unter anderem Bulletin der Bundesregierung zum Besuch des spanischen Außenministers Castiella, 10. 11. 1959.
[161] Aufzeichnung eines Gesprächs Adenauers mit Segni, 8. 2. 1956, StBkAH III 54. Hier auch das Folgende. Zu danken ist der Stiftung Bundeskanzler-Adenauer-Haus (Rhöndorf) für die Offenlegung. Die Bundesregierung war bis zum Abbruch der diplomatischen Beziehungen mit Belgrad im Oktober 1957 selbst außerordentlich um Jugoslawien bemüht gewesen, das der DDR bis dahin die Anerkennung versagt hatte. Dies wog um so schwerer, als das Jugoslawien Titos eine wichtige Rolle in der Gruppe der blockfreien Staaten spielte, in der der Alleinvertretungsanspruch der Bundesrepublik unterschiedlich gesehen wurde. Siehe dazu Anic de Osona, Die erste Anerkennung der DDR. Ferner: Kosthorst, Brentano und die deutsche Einheit, S. 191–203; Nebelin, Adenauer, Tito und die Hallstein-Doktrin, S. 219–226.
[162] Zu Adenauers Credo von der unabdingbaren „Geschlossenheit des Westens" vgl. Niedhart, „Damit noch eine neue Macht da ist.", S. 27–42.
[163] Das Regime des „Caudillo" Franco bezog seine eigentliche Legitimation aus dem Sieg im offiziell 1939 beendeten Bürgerkrieg. Die Sieger vertieften bewußt die Gräben weiter, indem sie in der Nachkriegszeit „ungeheuerliche" Vergeltung übten, „die blutige Repression erreichte im ersten Jahrzehnt nach 1939 einen in der spanischen Geschichte wohl einmaligen Höhepunkt". Bernecker, Krieg in Spanien, S. 213. Schätzungen gehen davon aus, daß bis zum Ende des Zweiten Weltkriegs etwa 200 000 Menschen dem franquistischen Justizmord zum Opfer fielen. Vgl. Jackson, Annäherung an Spanien, S. 129.

und Segni Europa machtpolitisch noch zusätzlich gefährdet. Gegenüber dem italienischen Ministerpräsidenten betonte Adenauer, „daß Spanien mit seinen 4–500 000 gut ausgerüsteten Soldaten für die europäische Sicherheit wichtig sei, auch wenn seiner Ansicht nach ein heißer Krieg nicht drohe"[164].

Angesprochen auf das deutsch-spanische Verhältnis räumte der Kanzler ein, die Beziehungen seien augenblicklich wegen des beschlagnahmten deutschen Eigentums „etwas schwierig". Adenauer führte dafür gleichsam entschuldigend auch den fehlenden außenpolitischen Einfluß seiner Regierung in den vergangenen Jahren an. Denn „während der Besatzungszeit, als die Bundesrepublik keine eigene Außenpolitik habe führen können, hätten sich die Franzosen und Engländer einer Pflege der deutsch-spanischen Beziehungen widersetzt"[165]. Mit der inzwischen erreichten Souveränität sah er nun die Chance gekommen, durch eine selbständige, von äußeren Restriktionen freie Politik das zwischenstaatliche Verhältnis zu verbessern.

Auf der europäischen Bühne ging es Adenauer zu diesem Zeitpunkt darum, hinter den Kulissen für das isolierte Spanien zu werben. Dafür fand er in seinem italienischen Kollegen einen Verbündeten. Der Gedankenaustausch mit Segni blieb aber im Ergebnis noch unverbindlich, konkrete politische Initiativen wurden nicht vereinbart. Nach weiteren Absprachen kam es allerdings im Sommer 1956 zu einem deutsch-italienischen Vorstoß, Spanien an den „Sechsergesprächen" über die gerade entstehende „Europäische Wirtschaftsgemeinschaft" (EWG) zu beteiligen. Die gemeinsame Fürsprache zugunsten des Regimes weckte aber offenbar bei den Partnerländern unliebsame Assoziationen an die Intervention Deutschlands und Italiens im Spanischen Bürgerkrieg. Das Vorhaben stieß an politische Grenzen und blieb, wie Adenauer mit Bedauern feststellen mußte, „ohne Erfolg"[166].

Einen politisch unverfänglicheren Rahmen für die von der Bundesregierung befürwortete Annäherung Spaniens an die europäischen Institutionen bot die „Organization for European Economic Cooperation" (OEEC), in deren Gremien zur selben Zeit über einen spanischen Beitritt diskutiert wurde. Die OEEC[167] mit Sitz in Paris war im April 1948 als Ko-

---

Auch wenn sich das Herrschaftssystem in Spanien im Lauf der Zeit graduell wandelte, die diktatoriale Struktur – Fehlen allgemeiner freier Wahlen, Einheitspartei des „Movimiento Nacional", Führerprinzip, Zensur der Massenmedien etc. – blieb dauerhaft.

[164] Gespräch Adenauer mit Segni, 8. 2. 1956, StBkAH III 54.

[165] Ebenda.

[166] Vgl. dazu Adenauer, Erinnerungen, S. 261. Näheren Aufschluß zu dieser „Spanien-Initiative" könnten erst die für die allgemeine Forschung bis heute unzugänglichen Quellen aus dem Adenauer-Nachlaß sowie dem Bestand „Büro Staatssekretär" im Auswärtigen Amt bieten. Obwohl der hohe Aussagewert der Adenauer-Memoiren bekannt ist, wird dieser Nebenstrang seiner Europapolitik in der Literatur nicht gewürdigt, was seinen Grund darin haben mag, daß Spanien im Rahmen der europäischen Nachkriegsgeschichte bislang nur wenig Beachtung gefunden hat. Auch Hans-Peter Schwarz, der eben dieses Spanien-Engagement zwar berücksichtigt und als „Bild selbstbewußter Insensibilität gegenüber der jüngsten Vergangenheit" beschreibt, stützt sich bei seiner Interpretation allein auf die Erinnerungen Adenauers. Vgl. Schwarz, Adenauer. Der Staatsmann, S. 290. Henning Köhler geht auf diesen Aspekt der Europapolitik Adenauers nicht ein. Vgl. Köhler, Adenauer. Eine politische Biographie. Spanien bemühte sich seinerseits erst seit den sechziger Jahren um eine Annäherung an den „Gemeinsamen Markt", 1962 erfolgte ein Antrag auf Assoziation an die EWG, der im Jahre 1970 lediglich zu einem Präferenzabkommen führte. Vgl. dazu Hommel, Spanien und die Europäische Wirtschaftsgemeinschaft.

[167] In der Bundesrepublik wurde die Pariser Organisation offiziell zunächst als „Organisation für europäische wirtschaftliche Zusammenarbeit" bezeichnet, seit Ende 1951 als „Europäischer Wirtschaftsrat". In der Praxis blieb man meist bei der englischen Bezeichnung.

ordinationsorgan der Marshallplanhilfe gegründet worden und sollte darüber hinaus – ohne jedoch supranationale Befugnisse zu haben – eine gemeinsame Wirtschaftspolitik ihrer 17 Mitgliedstaaten entwickeln. Dieser europäische Zusammenschluß hatte Westdeutschland nach Kriegsende die Möglichkeit eröffnet, auf internationaler Ebene die ersten außenpolitischen Gehversuche zu unternehmen[168]. Dagegen blieb Spanien wegen seines undemokratischen Regierungssystems von dem Wiederaufbauprogramm ausgeschlossen. Die Annäherung an die Pariser Organisation wurde durch die „Konferenz landwirtschaftlicher Absatzmärkte" (KLA) eingeleitet, an der sich Spanien seit 1953 zusammen mit den Staaten der OEEC beteiligte. Die KLA war im Juli 1954 übereingekommen, ihre Arbeit innerhalb der OEEC als „Ministerausschuß für Ernährung und Landwirtschaft" fortzusetzen. Durch diese „Hintertür" gelangte Spanien schließlich im Januar 1955 auch in den Kreis der OEEC. Zwei Monate später genehmigte der Ministerrat der OEEC die Bildung einer ständigen Vertretung Spaniens[169]. Damit stand die Frage einer möglichen Mitgliedschaft im Raum.

Während der Kanzler die Anbindung Spaniens an die europäischen Institutionen in erster Linie unter sicherheitspolitischen Vorzeichen betrachtete, lavierte die Bonner Regierung hier zwischen politischer Unterstützung und der Sorge vor der Hereinnahme eines weiteren „armen" Landes in die „geschlossene Gesellschaft" der OEEC[170]. Überdies herrschte die Sorge, die strukturellen Unterschiede in der Wirtschaftspolitik seien noch nicht miteinander zu vereinbaren: „Es ist schlechterdings nicht möglich, ein Land mit grundsätzlich dirigistischer Wirtschaftspolitik in eine völkerrechtliche Vereinigung von Ländern mit wirtschaftlich liberaler Grundtendenz aufzunehmen, deren Zweck und Ziel zudem die Herbeiführung der vollen Freiheit des Handels- und Zahlungsverkehrs ist, es sei denn, das aufzunehmende Mitgliedsland stellt seine gesamte Wirtschaftspolitik auf die Grundregeln der völkerrechtlichen Vereinigung um."[171] Diese Hoffnung erfüllte sich jedoch erst im Jahre 1959. Auf dem Weg dahin stand die Bundesregierung Spanien allerdings zur Seite. Trotz aller Skepsis förderte sie weiter den Beitritt des südeuropäischen Landes, der nach ihrer Überzeugung „politisch und geographisch eine wünschenswerte Abrundung"[172] der OEEC bedeute.

Die politische Struktur des Franco-Regimes war hingegen für den „Internationalen Bund Freier Gewerkschaften" (IBFG) Grund genug zu intervenieren. Im Januar 1956

---

[168] Siehe zu den außenpolitischen Anfängen der Bundesrepublik Bührer, Auftakt in Paris, S. 529–556; ders., Westdeutschland in der OEEC. Schon bevor die Bundesrepublik am 31. Oktober 1949 offiziell Mitglied wurde, hatten deutsche Repräsentanten gemeinsam mit Engländern und Amerikanern die Vertretung der Bi-Zone bei der OEEC gebildet. Zum „European Recovery Program" siehe Hardach, Der Marshall-Plan.

[169] Vgl. entsprechend Viñas u. a., Política comercial exterior en España (1931–1975), 2 Bde., Bd. 2, S. 834. Bis auf Island waren an der KLA alle OEEC-Staaten beteiligt.

[170] Bundesfinanzministerium an Bundesministerium für wirtschaftliche Zusammenarbeit betr. Aufnahme Spaniens in die OEEC, 2. 12. 1955, BA, B 146, Bd. 734. Auch das Auswärtige Amt äußerte wirtschaftliche Bedenken, es wurde warnend an das wirtschaftlich schwache OEEC-Mitglied Türkei erinnert. Vgl. Niederschrift Ressortbesprechung im Bundesministerium für wirtschaftliche Zusammenarbeit betr. einen etwaigen Beitritt Spaniens, 6. 12. 1955, BA, B 146, Bd. 734. Das Bundesministerium für wirtschaftliche Zusammenarbeit besaß die Federführung in OEEC-Fragen. Es war 1953 aus dem Marshallplanministerium hervorgegangen.

[171] Bundesfinanzministerium an Bundesministerium für wirtschaftliche Zusammenarbeit, 2. 12. 1955, BA, B 146, Bd. 734.

[172] Niederschrift Ressortbesprechung im Bundesministerium für wirtschaftliche Zusammenarbeit, 6. 12. 1955, BA, B 146, Bd. 734. Damit begründete Staatssekretär Dahlgrün die positive Haltung seines Ministeriums.

drohten die Gewerkschaften, im Falle einer engeren Kooperation der OEEC mit Spanien ihre Mitarbeit in den Gremien der Organisation einzustellen[173]. Die deutsche Vertretung ging zwar von einer unveränderten Position der Bundesregierung aus, bat aber dennoch um Weisung, wie zukünftig zu verfahren sei. Für Bonn war denn auch der gewerkschaftliche Protest kein Anlaß, von seiner spanienfreundlichen Haltung abzurücken. Nach einem Kabinettsbeschluß wurde die deutsche Delegation im Februar angewiesen, die bisherige Politik fortzuführen[174]. Die Einwände des IBFG blieben insgesamt folgenlos, die Außenminister der OEEC-Staaten betonten im Exekutivausschuß, die spanische Frage sei eine „politische Entscheidung", die allein von den Regierungen getroffen werden müsse[175]. Dort stand nicht mehr das Ob, sondern nur noch das Wie zur Diskussion.

Gelegenheit zu weiterer Klärung gab es in Paris am 5. Oktober 1956 in einer Sitzung des OEEC-Rats. Auf der Grundlage eines von Spanien selbst angeregten Berichts der OEEC über die wirtschaftliche Situation des Beitrittsaspiranten entspann sich ein grundsätzlicher Meinungsaustausch über die Form, in der sich das Land der Pariser Organisation anschließen sollte. Die dem Rat vorliegende Alternative der OEEC-Arbeitsgruppe lautete „Assoziation" oder „Vollmitgliedschaft"[176]. Politische Bedenken gegen das Franco-Regime spielten in diesem Gremium nur eine untergeordnete Rolle. Die entscheidende Frage war für die Mehrheit, wie und in welchem Tempo Spanien in die multilaterale europäische Wirtschaftsstruktur integriert werden könnte. Allein die Niederlande[177] und Belgien lehnten bereits eine Assoziation ab. Sie wollten Spanien lediglich den vollen Beobachter-Status einräumen. Der belgische Delegierte erinnerte in einer persönlichen Stellungnahme an die politischen Differenzen mit Spanien. Eine Partnerschaft sei vor allem aufgrund des noch schwebenden Falles Léon Degrelle[178] in der OEEC nicht ohne weiteres vorstellbar.

---

[173] Vertretung der Bundesrepublik Deutschland bei der OEEC an Bundesministerium für wirtschaftliche Zusammenarbeit betr. Zusammenarbeit mit den internationalen Gewerkschaften, 21.1.1956, BA, B 146, Bd. 734.

[174] Vertretung der Bundesrepublik Deutschland bei der OEEC an Bundesministerium für wirtschaftliche Zusammenarbeit, 8.8.1956, BA, B 146, Bd. 734. Die Frage war am 8. Februar im Kabinett erörtert worden. Dabei hatte man sich der Auffassung von Vizekanzler Franz Blücher angeschlossen, daß es nicht angehe, Spanien im „Hinblick auf den Einspruch des Internationalen Gewerkschaftsbundes in der OEEC auszuschließen". Vgl. Die Kabinettsprotokolle der Bundesregierung, Bd. 9, 1956, S. 172f.

[175] Vertretung der Bundesrepublik Deutschland bei der OEEC an Bundesministerium für wirtschaftliche Zusammenarbeit betr. Exekutivausschuß auf Ministerebene, 2.3.1956, BA, B 146, Bd. 734.

[176] Bericht der Vertretung der Bundesrepublik Deutschland bei der OEEC über die 341. Sitzung des Rates vom 5.10.1956, PA/AA, Ref. 412, Bd. 246. Hier auch das Folgende.

[177] Bei den Vorbehalten in den Niederlanden gegen das Regime in Spanien spielten atmosphärisch wohl auch historische Ressentiments eine Rolle. Ursache dafür war die gemeinsame Geschichte beider Länder, vor allem der Aufstand der protestantischen Niederlande gegen das sie beherrschende katholische Spanien im 16. Jahrhundert.

[178] Belgien hatte sich wiederholt ohne Ergebnis um die Auslieferung des in Spanien lebenden Gründers der faschistischen „Rex-Bewegung" bemüht. Degrelle war in Belgien in Abwesenheit zum Tode verurteilt worden. Siehe dazu Wippermann, Europäischer Faschismus im Vergleich 1922-1982, S. 149ff. Zu seinem Werdegang nach 1945 vgl.: Der Spiegel, Nr. 43, 21.10.1959, S. 72ff. Das im Zweiten Weltkrieg wie die Niederlande von Deutschland überfallene Land lehnte das Franco-Regime grundsätzlich als Geschöpf der faschistischen Partner Deutschland und Italien ab. Belgien war neben Mexiko – das viele republikanische Flüchtlinge beheimatete – der einzige Staat, der sich 1955 bei der Aufnahme Spaniens in die UNO der Stimme enthalten hatte. Außenminister Spaak begründete seine Haltung mit der Zusammenarbeit Spaniens mit Hitler und Mussolini während des Krieges. Adenauer an Bundesminister für wirtschaftliche Zusammenarbeit Blücher, 22.2.1956, BA, B 136, Bd. 6385 (Bd. 2).

Auch sei das Ziel einer Vollmitgliedschaft Spaniens in Brüssel gegenwärtig „unerwünscht". Demgegenüber plädierte die Bundesrepublik ebenso wie die meisten Mitgliedstaaten für eine enge Zusammenarbeit, die angesichts der wirtschaftlichen Situation Spaniens zunächst jedoch nur als Assoziation vorstellbar sei. Das eigentliche Ziel aber blieb aus deutscher Sicht die volle Mitgliedschaft Spaniens. Bevor daran gedacht werden konnte, galt es zunächst, die Modalitäten einer engeren Verbindung zu untersuchen. Eine Arbeitsgruppe der OEEC sollte gemeinsam mit Madrid die politischen und wirtschaftlichen Voraussetzungen für eine Assoziation ausloten. Die im Januar 1957 begonnenen Gespräche mündeten dann in Verhandlungen. Am 10. Januar 1958 wurde in Paris schließlich ein Assoziationsabkommen unterzeichnet, das Spanien dazu verpflichtete, die von der OEEC angestrebten wirtschaftlichen Ziele zu übernehmen[179]. Damit war das Ende der Autarkiepolitik nähergerückt.

In der OEEC ging man davon aus, daß Spanien erst allmählich in die wirtschaftlichen Strukturen der Gemeinschaft hineinwachsen würde. Dagegen forcierten marktwirtschaftlich orientierte Kreise des Franco-Regimes das Integrationstempo, indem sie die prekäre wirtschaftliche Lage des Landes als Argument nach innen und außen nutzten. Die politisch konservativen, aber wirtschaftlich „neoliberalen" Technokraten, deren Einfluß mit der Kabinettsumbildung im Februar 1957 größer geworden war[180], gingen davon aus, daß die Stabilisierung und der von ihnen beabsichtigte ökonomische Kurswechsel nur mit Hilfe des Auslands gelingen könne. Daher strebten sie eine rasche Vollmitgliedschaft in der OEEC an. In der Bundesregierung fanden die Wirtschaftsreformer einen Verbündeten. Bei seinem Deutschlandbesuch traf der spanische Handelsminister Alberto Ullastres, einer der Exponenten einer marktwirtschaftlichen Politik, im Juni 1958 auf viel Verständnis. Die Frage des OEEC-Beitritts stand im Mittelpunkt der Gespräche mit Bundeswirtschaftsminister Erhard. Bonn reagierte auf den Wunsch nach einer Finanzhilfe entgegenkommend, verwies aber auf den multilateralen Rahmen der Pariser Organisation. Erhard sicherte seinem Gast zu, es sei das Bestreben der Bundesregierung, „Spaniens Bemühungen um einen möglichst reibungslosen Übergang vom bilateralen zum multilateralen Handelsverkehr zu unterstützen und innerhalb der OEEC ihr Gewicht für eine Kredithilfe geltend zu machen"[181]. Aus der Unterstützung für die Wirtschaftsreformer leitete Bonn zunächst aber keine Hoffnungen auf einen politischen Wandel in Spanien ab[182].

---

[179] Zu den einzelnen Schritten im Verhältnis zwischen Spanien und der OEEC vgl. Hommel, Spanien und die Europäische Wirtschaftsgemeinschaft, S. 109–135.
[180] Zur Bedeutung des Revirements für den wirtschaftspolitischen Wandel und der Rolle des katholischen Laienordens „Opus Dei" als einer Modernisierungselite des spanischen Regimes siehe Zelinsky, Spaniens wirtschaftspolitische Wende von 1959, S. 288–294.
[181] Vermerk über Besprechungen zwischen Erhard und Ullastres, 18. 6. 1958, HA, Bd. 7526.
[182] Aus den deutschen Quellen wird zwar Sympathie für die „Reformer" in Madrid deutlich, weitergehende Schlußfolgerungen aus dem sich abzeichnenden ökonomischen Kurswechsel wurden dabei aber nicht gezogen. Das später in der öffentlichen Diskussion um Spanien häufig verwendete Argumentationsmuster, daß auf die wirtschaftliche Liberalisierung zwangsläufig eine Demokratisierung des politischen Systems folgen müsse, läßt sich gegen Ende der 50er Jahre für die Bundesrepublik noch nicht nachweisen. Walther L. Bernecker weist darauf hin, daß diese Annahme im Fall Spanien, wie auch in anderen autoritären Regimen, ohnehin auf einer falschen Prämisse beruhe: „Zu lange wurde übersehen, daß die Teilliberalisierungen der 60er Jahre und die Beschleunigung des wirtschaftlichen Wachstums nicht auf die Überwindung des Autoritarismus, sondern gerade auf seine Stabilisierung zielten." Bernecker, Ein Interpretationsversuch: Der Franquismus – ein autoritäres Modernisierungsregime?, S. 411.

Die von Spanien benötigte finanzielle Unterstützung setzte aus Sicht der OEEC allerdings eine radikale Wende der spanischen Wirtschaftspolitik voraus. Auf dieser Geschäftsgrundlage verdichteten sich zwischen Herbst 1958 und Frühjahr 1959 die Kontakte auf der Expertenebene[183]. Dabei nutzten die neoliberalen Kräfte in Spanien die Analysen der internationalen Sachverständigen als „Hebel", um die innenpolitischen Widerstände namentlich von Staatschef Franco zu brechen[184]. Durch dieses Zusammenspiel konnte ein Sanierungsprogramm auf marktwirtschaftlicher Basis entwickelt werden, das der OEEC als „Stabilisierungsplan" im Juni 1959 vorgelegt wurde. Das spanische Autarkiemodell fand somit nach zwanzig Jahren sein Ende, die sogenannte kopernikanische Wende des Franquismus war vollzogen.

Nun konnte Spanien, das am 16. Mai 1959 einen Antrag auf Vollmitgliedschaft gestellt hatte, mit finanzieller Starthilfe rechnen. Gedacht war an ein Kreditvolumen von 200–220 Millionen US-Dollar, das von dem Internationalen Währungsfonds, amerikanischen Privatbanken sowie einer Gruppe europäischer Länder, darunter auch der Bundesrepublik, aufgebracht werden sollte[185]. Am 20. Juli 1959 stimmte der OEEC-Ministerrat dem Aufnahmeantrag Spaniens zu. Der Leiter der deutschen OEEC-Vertretung begrüßte das neue Mitglied mit Pathos: „Anschließend gab ich der Befriedigung der Bundesregierung über den Beitritt Spaniens Ausdruck, durch den erst der Europäische Wirtschaftsrat seinen Namen einer Organisation europäischer wirtschaftlicher Zusammenarbeit verdiene. Spanien gehöre kulturell, wirtschaftlich und politisch zu Europa, das insgesamt aus den wechselseitigen Beziehungen nur Nutzen ziehen könne."[186]

4. Die Idee des „christlichen Abendlandes" als Faktor deutsch-spanischer Gemeinsamkeit

Die Überzeugung, daß das Spanien Francos zur Wertegemeinschaft des „freien Westens" gehöre, gründete sich auf das christlich-abendländische Gedankengut, von dem im konservativen Spektrum der frühen Bundesrepublik häufig die Rede war. Dabei knüpfte man an die Abendland-Diskussion nach dem Ersten Weltkrieg an[187]. Der von Oswald Spengler diagnostizierte „Untergang des Abendlandes"(1918/1922) hatte damals unter Intellektuellen eine Debatte entfacht, in der vor allem die katholische Publizistik für eine christliche Erneuerung Europas eingetreten war.

---

[183] Missionen der OEEC und des IWF, dem Spanien im Mai 1958 beigetreten war, reisten in rascher Folge nach Madrid. Vgl. zu diesem permanenten Dialog Hommel, Spanien und die Europäische Wirtschaftsgemeinschaft, S. 124-133.
[184] Vgl. Zelinsky, Spaniens wirtschaftspolitische Wende von 1959, S. 296 ff. So berichtete auch die deutsche Botschaft in Madrid im April 1959: „Es bleibt spanischer Regierung kaum anderer Weg akute Zahlungsbilanzschwierigkeiten zu überwinden, als Beitritt zur OEEC. Unzweifelhaft bestanden starke Widerstände gegen von OEEC und IWF geforderte Maßnahmen, die vor allem auf Franco, Ministerpräsident Suances und Interessentenkreise zurückgingen." Botschaft Madrid an Auswärtiges Amt, 7.4.1959, PA/AA, Ref. 401, Bd. 346.
[185] Bericht des Leiters der Außenwirtschaftsabteilung im Bundeswirtschaftsministerium Reinhardt an Minister, 9.7.1959, PA/AA, Ref. 401, Bd. 346.
[186] Bericht der Vertretung der Bundesrepublik Deutschland bei der OEEC, 23.7.1959, BA, B 102, Bd. 1150.
[187] Vgl. zur Kontinuität der Diskussion Hürten, Der Topos vom christlichen Abendland in Literatur und Publizistik nach den beiden Weltkriegen, S. 131-154.

Nach der vom Nationalsozialismus pervertierten Nationalstaatsidee hatte in der Zeit des Kalten Krieges in Westdeutschland ein Europabild Konjunktur, das Europa bzw. das mit ihm gleichgesetzte Abendland vor allem als Bollwerk gegen den Kommunismus ansah. Nach dem Ende des Zweiten Weltkrieges wurde die Parole „Christliches Abendland" zum ideologischen Leitbegriff einer „weltanschaulich durch den Antibolschewismus bestimmten Europapolitik vorwiegend katholischer Prägung"[188]. Konrad Adenauer, einer der maßgeblichen Protagonisten dieser Politik, beanspruchte 1949 für die Arbeit der von ihm geführten Regierung „den Geist christlich-abendländischer Kultur"[189]. Außenpolitisch bedeutete das für ihn, daß der Abwehrwille gegen den Weltkommunismus gestärkt werden müsse. Nur wenn sich Europa zusammenschließe[190], „könne es ein Damm gegen die rote Flut sein"[191], mahnte er im Februar 1951 seine Partei. Der Abendland-Begriff bot dabei ein Vehikel für eine gegen den Kommunismus gerichtete „Sammlungspolitik", die auch autoritäre Regime einschließen konnte. Mit der Beschwörung der Gefahr, die Europa durch den aggressiven Bolschewismus drohe, konnte Adenauer auf bereits seit den zwanziger Jahren bekannte antibolschewistische Denkmuster zurückgreifen. Schon die durch den Spanischen Bürgerkrieg seit 1936 verstärkte antisowjetische NS-Propaganda fand für ihre Losung „Deutschland – das antibolschewistische Bollwerk des Abendlandes"[192] ein wohlbestelltes Terrain vor. Als Bestandteil des weithin verbreiteten Antibolschewismus half das vieldeutige Schlagwort vom „Abendland" dem NS-Regime bei der geistigen Mobilmachung der deutschen Gesellschaft gegen die Sowjetunion[193]. So recht-

---

[188] Vgl. den Abendland-Artikel von Wolf, in: Die Religion in Geschichte und Gegenwart Bd. 1, S. 9. Nach der Auffassung von Wolf fehlte diesem Terminus jede präzise Bestimmung. Gerade diese inhaltliche Vagheit machte ihn „aus dem Nenner für eine mehr empfundene als nachweisbar geistig-religiöse Einheit zum ideologischen Leitwort einer ‚christlichen' und ‚europäischen' Politik". Ebenda. Vgl. außerdem den ausführlichen Beitrag von Oskar Köhler, in: Theologische Realenzyklopädie Bd. 1, S. 17–42. Zum Abendland-Gedanken auf protestantischer Seite, namentlich bei dem konservativen Publizisten Hans Zehrer, siehe Schildt, Deutschlands Platz in einem „christlichen Abendland", S. 344–369. Zum Stellenwert der Abendland-Idee im „Geist der 50er Jahre": Schwarz, Die Ära Adenauer. Gründerjahre der Republik, S. 455 f. Aus ideengeschichtlicher Sicht: Faber, Abendland. Ein „politischer Kampfbegriff"; Grebing, Konservative gegen die Demokratie, S. 263–282.
[189] Adenauer, Erinnerungen, S. 243. Zur „abendländischen" Haltung Adenauers siehe: Schwarz, Adenauer und Europa, S. 476 f; Weidenfeld, Konrad Adenauer und Europa; Doering-Manteuffel, Rheinischer Katholik im Kalten Krieg, S. 237–246.
[190] In der frühen Bundesrepublik wurde der spanische Philosoph José Ortega y Gasset vielfach öffentlich als bedeutsamer Prophet einer europäischen Einigung gewürdigt. Seine große Popularität vor allem in den 50er Jahren – das Buch „Aufstand der Massen" ist eines der wohl meistgelesenen wissenschaftlichen Werke in der Bundesrepublik – verdankte Ortega nicht nur seinem Europäertum. Der Verehrer Deutschlands übernahm in seinem Alter – 1949 war er 68 Jahre alt – gewissermaßen die Rolle des „Lehrmeisters", der nicht „das schlechte Gewissen und die Strafangst (verkörperte), vor denen die Deutschen sich verkrochen. Er machte keine Vorwürfe, sondern Mut". König, Ortega und die Bundesrepublik, S. 244. Schildt, Moderne Zeiten, S. 327 f.
[191] Adenauer vor dem Parteiausschuß der CDU, 12. 2. 1951, vgl. Weidenfeld, Konrad Adenauer und Europa, S. 178.
[192] Ruffmann, Schlüsseljahre im Verhältnis zwischen dem Deutschen Reich und der Sowjetunion, S. 7.
[193] Reinhard Rürup weist in dem Begleitband zur Ausstellung „Der Krieg gegen die Sowjetunion 1941–1945" darauf hin, daß die Sowjetunion „für die große Mehrheit der Bevölkerung das ‚Feindbild Nr. 1': eine Gefahr für Staat und Gesellschaft, für Religion und Kultur, für Familie und Jugend" gewesen sei. Rürup, Der Krieg gegen die Sowjetunion, S. 12; siehe auch Wette, Ideologien, Propaganda und

fertigten auch Teile des katholischen Episkopats den deutschen Überfall im Juni 1941 als „Befreiungskrieg", ein Bischof übernahm gar die nationalsozialistische Terminologie, wenn er von einem europäischen „Kreuzzug" gegen den Bolschewismus sprach[194]. Dieses Argumentationsmuster wandelte sich notgedrungen mit dem militärischen Verlauf des Krieges.

Unter dem Eindruck des Menetekels von Stalingrad wurde in der NS-Propaganda seit Anfang 1943 der „Befreiungskrieg" zum „Verteidigungskrieg" uminterpretiert. Von nun an galt es aus taktischen Gründen, die „Abwehr des Bolschewismus" zu mobilisieren, um mit einer neuen Sinngebung den Krieg zu rechtfertigen. Dabei griff der NS-Chefpropagandist Joseph Goebbels in seiner „Sportpalast"-Rede wiederum zu dem Abendland-Topos, der jetzt für den „totalen Krieg" instrumentalisiert wurde. „Das Abendland ist in Gefahr"[195], behauptete Goebbels. Knapp drei Wochen zuvor hatte der Propagandaminister an derselben Stelle seine Zuhörer beschworen, der Kampf gegen die Sowjetunion sei nicht nur „ein Ringen um die Freiheit und Sicherheit der deutschen Nation, sondern eine gigantische Auseinandersetzung um das künftige Schicksal Europas – ja des ganzen zivilisierten Abendlandes"[196].

Die antikommunistischen Stereotypen der Nachkriegszeit blieben dieser Tradition verhaftet, vermittelten aber durch ihren defensiven Charakter „eine nach 1945 unvermeidbare Distanzierung vom offensiv-kriegerischen Antikommunismus und Antisowjetismus des „Dritten Reiches"[197]. Zugleich konnte direkt an die seit 1943 verbreiteten Bedrohungsperzeptionen angeknüpft werden, ohne jedoch die deutsche Aggression von 1941 zu benennen. Die in der dezidiert antikommunistisch geführten politischen und publizistischen Debatte der frühen 50er Jahre häufig als „Mission des Abendlandes" apostrophierte Frontstellung Westdeutschlands gegen den Weltkommunismus festigte ideologische Affinitäten mit Franco-Spanien. So fand das autoritäre Regime, das sich nach 1945 verstärkt auf seinen „vorbildlichen Katholizismus" berief und Staatschef Franco zum „Wächter des Abendlandes"[198] stilisierte, zumindest im konservativen Spektrum der Bundesrepublik rege und wohlwollende Aufmerksamkeit.

Dies galt vor allem für das bildungsbürgerliche katholische Lager um die seit 1946 in Augsburg erscheinende Zeitschrift „Neues Abendland". Aus diesem Kreis ging 1951 in München die „Abendländische Aktion" hervor. Die auf Initiative von Fürst Georg von Waldburg zu Zeil und Trauchburg, dem Finanzier des „Neuen Abendlandes", entstandene

---

Innenpolitik als Voraussetzungen der Kriegspolitik des Dritten Reiches, S. 25–166; Sywottek, Mobilmachung für den totalen Krieg:

[194] Zum Rußlandbild der katholischen Kirche siehe Smolinsky, Das katholische Rußlandbild in Deutschland nach dem Ersten Weltkrieg und im „Dritten Reich", S. 348–355.
[195] Goebbels-Rede am 18. 2. 1943 im Berliner Sportpalast, auszugsweise in: Rürup, Der Krieg gegen die Sowjetunion, S. 182.
[196] Rede anläßlich des 10. Jahrestages der „Machtergreifung" am 30. 1. 1943 im Berliner Sportpalast, zitiert nach Elvert, „Germanen" und „Imperialisten", S. 164–184.
[197] Albert/Niedhart, Vom System- zum Machtkonflikt: Die Sowjetunion in der westdeutschen Bedrohungswahrnehmung, S. 73.
[198] Vgl. dazu Fusi, Franco, S. 98–123. Der nach 1945 mehr in den Vordergrund gerückte Katholizismus des Franco-Regimes und die damit verbundene Abendland-Ideologie trugen maßgeblich zu seiner internationalen Aufwertung bei. Vgl. Bernecker, Spanien. Zwischen Isolation und Integration, S. 151 ff.

Aktion strebte „eine Erneuerung der in Verfall geratenen abendländischen Welt aus dem Geiste christlichen Glaubens"[199] an. Dazu wollte sie „alle Kräfte zusammenfassen, die einem weiteren Vordringen von Atheismus, Nihilismus und Bolschewismus entgegenzutreten entschlossen sind"(Paragraph 1 der Satzung). Der Blick der Abendländer war rückwärts gerichtet. Die alte christlich-universale Ordnung sollte durch ein „abendländisches Kaisertum" nach dem Vorbild des Heiligen Römischen Reiches wiederhergestellt werden. Die Befürworter der kaiserlichen Restauration hatten es vermocht, diesen Gedanken im „Manifest" der Aktion festzuschreiben. Es forderte als „ein Ziel abendländischer Erneuerung die Wiederherstellung kaiserlicher Gewalt". Zum Kern der etwa 80 Gründer aus dem In- und Ausland gehörte neben anderen Mitgliedern des Hochadels auch Otto von Habsburg, der von seinen Anhängern als erster Anwärter auf diesen Thron betrachtet wurde. Die Praxis zeigte allerdings, daß das monarchistische Element nicht in den Vordergrund gerückt wurde. Vielmehr sollte der solchen Reichsvisionen übergeordnete geistige Kampf gegen Atheismus und Bolschewismus in Europa eine möglichst breite Basis finden.

Zu diesem Zweck wurde 1952 von derselben Initiative die „Abendländische Akademie" in München gegründet. Sie wollte durch Vorträge, Diskussionsabende und Tagungen den „Menschen, die sich zum Geist des Abendlandes bekennen, eine Arbeitsstätte und eine sichtbare Heimat" bieten[200]. Der exklusive Gesprächskreis um Aktion und Akademie sah, geprägt von seinem christlich überhöhten Geschichtsverständnis, in dem spanischen Weltreich des 16. und 17. Jahrhunderts ein historisches Vorbild der ihm vorschwebenden übernationalen Reichsordnung. Eben dieses diffuse Ideal sorgte dafür, daß Spanien im abendländischen Milieu in vielfacher Weise gewürdigt wurde. So stellte der konservativ-katholische Schriftsteller Reinhold Schneider, dessen Erzählung „Las Casas vor Karl V." in der Nachkriegszeit zur westdeutschen Schullektüre gehörte, die imperiale Vergangenheit des „Siglo de Oro" in den Mittelpunkt seines Werkes. Darin entwarf der Autor ein idealisiertes Bild der tragischen Größe Spaniens, das die Werte der einheitlichen religiös-politischen Einheit – verkörpert im Katholizismus und der Monarchie – gegen den individualistischen Protestantismus zu verteidigen suchte. Schneider sah diese Epoche auch als eine „mahnende Alternative zur eigenen, dem Modernismus und der religiösen Bindungslosigkeit verfallenen Gegenwart"[201].

Spaniens prägende Bedeutung für das vergangene und künftige Europa stellte vor allem die Zeitschrift „Neues Abendland" heraus. Dort sah Otto von Habsburg 1957 Spanien an der Spitze eines „unsichtbaren Reiches". Das Land habe im Gegensatz zum britischen

---

[199] Bericht Valjavec über: Beschwörung des „Heiligen Römischen Reiches", 26. 7. 1954, PA/AA, Abt. 3, Ref. 304, Bd. 28. Die 58 Seiten umfassende Aufzeichnung liefert erhellende Hintergrundinformationen über Träger und Ziele der exklusiven abendländischen Zirkel. Professor Fritz Valjavec war Direktor des Südost-Instituts in München. Zu danken ist Dr. Matthias Pape (Bonn) für den Hinweis auf den Valjavec-Bericht. Das Folgende z. T. wörtlich nach Valjavec.
[200] Seit 1952 fanden jährlich als Hauptereignis mehrtägige Tagungen in Eichstätt statt. Themen waren u. a. 1952: Werte und Formen im Abendland; 1953: Der Mensch und die Freiheit; 1954: Staat, Volk, übernationale Ordnung.
[201] Tietz, Das alte und das neue Spanien bei Reinhold Schneider und Lion Feuchtwanger, S. 86. Schneiders literarische und öffentliche Bedeutung in der frühen Bundesrepublik spiegelt sich auch darin, daß er 1956 mit dem „Friedenspreis des Deutschen Buchhandels" ausgezeichnet wurde. Vgl. zum Gedanken der „Vorbildlichkeit" Spaniens für Europa in der Nachkriegszeit Briesemeister, Die Iberische Halbinsel und Europa, S. 13–27.

Empire eine „geistige transzendente Sendung", die er als die für ganz Europa zentrale Verbindung Spaniens mit Lateinamerika beschrieb. In seiner eurozentrischen Sicht verstieg sich Otto von Habsburg zu der Behauptung: „Iberoamerika ist nichts anderes als ein überseeisches Europa". Als lebendiges Bindeglied der beiden Hemisphären der christlich-abendländischen Welt könne Spanien „jene Kraft vermitteln, die allein den Sieg unserer europäischen Gemeinschaft über den modernen Barbaren aus dem Osten gewährleisten wird"[202].

Nicht nur deutschsprachige Autoren präsentierten hier ein Zerrbild spanischer „Allmacht". Auch dem Franco-Regime bot dieses Forum häufig Gelegenheit zur Selbstdarstellung. Marqués de Valdeiglesias, einer seiner Apologeten, erhob Spanien zum Vorbild für Europa. Es biete dem Ausland „das durch Humanismus, Rationalismus und Liberalismus unterdrückte Leitbild einer christlich-universalen Weltordnung"[203]. Das in der Nachkriegszeit anfangs völlig isolierte franquistische Regime sah in der Zustimmung aus dem Abendland-Kreis eine Möglichkeit zur eigenen außenpolitischen Aufwertung. Zum organisatorischen Vehikel dieser Politik wurde das ebenfalls seit 1952 bestehende „Centro Europeo de Documentación e Información (CEDI). Das zumindest bis 1957 aus dem Etat des spanischen Außenministeriums finanzierte CEDI war nach dem Urteil des deutschen Botschafters von Welck mit dem Ziel gegründet worden, „in den Ländern des westlichen Europas zu werben und der Propaganda der spanischen Emigration entgegenzutreten"[204]. Diese Hoffnungen des Franco-Regimes speisten sich aus dem Umstand, daß vor allem in den Reihen der deutschen „Abendländer" bekannte Namen aus dem parteipolitisch organisierten Konservativismus vertreten waren.

In der Bundesrepublik bewegten Abendländische Aktion und Abendländische Akademie, das Pendant zum CEDI, die politische Phantasie. Die Öffentlichkeit nahm Notiz von ihnen, weil die gegen das pluralistische System und die parlamentarische Demokratie gerichtete nebulöse Programmatik von prominenten Politikern aus der Bonner Regierung mitgetragen wurde[205]. In Vorstand, Kuratorium und Beirat der Akademie hatten sich 1955 zahlreiche Mitglieder aus den Parteien der Koalition versammelt: u. a. Bundesaußenminister Heinrich von Brentano (CDU), Bundesratsminister Hans-Joachim von Merkatz (DP), Bundesvertriebenenminister Theodor Oberländer (CDU), Bundesfamilienminister Franz-Josef Wuermeling (CDU) sowie der Vizepräsident des Bundestages Richard Jaeger (CSU). An Spanien interessiert zeigten sich vor allem Richard Jaeger und Hans-Joachim von Merkatz.

Zwischen der Abendländischen Akademie und dem CEDI kam es schon bald nach dessen Gründung zu einem kontinuierlichen Austausch. Gelegenheit zu intensiveren Kontak-

---

[202] Otto von Habsburg, Spanien und Europa, S. 299.
[203] De Valdeiglesias, Beitrag Spaniens, S. 286. Der spanische Staatsrat schrieb hier noch weitere Aufsätze, die stets die Vorbildfunktion des franquistischen Staates für das übrige Europa betonten.
[204] Bericht Botschaft Madrid betr. VII. Tagung des Europäischen Dokumentationszentrums, 25. 6. 1958, ACDP, Nl. von Merkatz, I-148, Bd. 083/1. Dort auch weiteres Material zur Geschichte dieser Institution, die in der Bundesrepublik als Europäisches Dokumentationszentrum bezeichnet wurde. Zur Gründung des CEDI und seiner weiteren Entwicklung ausführlich bei Weber, Spanische Deutschlandpolitik 1945–1958, S. 240 ff.
[205] Vgl. die Kritik an den programmatischen Vorstellungen der Abendländischen Aktion und der Mitarbeit prominenter deutscher Politiker in Aktion und Akademie, in: Der Spiegel, Nr. 33, 10. 8. 1955, S. 12–14.

ten gaben die seit 1953 meist an geschichtsträchtiger Stelle durchgeführten internationalen Jahrestagungen des CEDI. In „El Escorial", unweit der spanischen Hauptstadt, diskutierten Repräsentanten verschiedener europäischer Länder aus Politik und Kultur über jeweils aktuelle, aber sehr weitgespannte Fragen[206]. Dieser christlich-abendländische Eliten-Dialog, der das Franco-Regime in die Wertegemeinschaft des „freien Westens" integrieren sollte, fand vor allem in der Bundesrepublik großen Anklang. Möglicherweise auch durch touristische Interessen beeinflußt, war sie stets mit großen und repräsentativen Delegationen in Spanien vertreten[207]. Hinter den Kulissen ging es auch um das politische Tagesgeschäft. Auf der deutsch-spanischen Agenda der Jahre 1954 und 1955 standen die spanischen Bemühungen um einen Adenauer-Besuch. In einer Zeit, in der offizielle Kontakte spärlich und politisch heikel waren, boten die CEDI-Tagungen einen Ort, an dem Franco-Spanien wohlgesonnene deutsche Politiker informell mit Mitgliedern des Regimes zusammentreffen konnten.

Als Spanien-Lobbyist betätigte sich insbesondere Bundestagsvizepräsident Richard Jaeger, der 1954 erstmals an einem CEDI-Kongreß teilnahm. Sein von Sympathie getragenes Engagement äußerte sich auch publizistisch. In einem vom spanischen Informationsministerium später nachgedruckten Artikel für den „Rheinischen Merkur" bejahte Jaeger im Herbst 1954 mit geschichtlichen Argumenten die Zugehörigkeit Spaniens zur europäischen Wertegemeinschaft. Angestoßen durch die Veröffentlichung in Spanien und das Interesse diplomatischer Kreise in Madrid publizierte das Bonner Presse- und Informationsamt seinerseits in Auszügen die Thesen Jaegers und verlieh ihnen damit offiziösen Charakter.

Bezogen auf das deutsch-spanische Verhältnis rückte Jaeger das verbindende Element des Anti-Bolschewismus pathetisch in den Vordergrund. Offenbar unter Anspielung auf den 17. Juni 1953 und den Spanischen Bürgerkrieg erklärte er beide Länder zu Opfern des Bolschewismus: „Haben nicht beide Völker in jüngster Vergangenheit, wenn auch unter verschiedenen Formen die Grausamkeit des Bolschewismus an sich selbst gespürt? Deutschland und Spanien sind heute auf Grund ihrer bitteren Erfahrungen immuner gegen die Gefahr des Bolschewismus als irgendein anderes Volk."[208] Der CSU-Politiker erhob damit das diktatorische Regime Francos zum vorbildlichen Bündnispartner in der Auseinandersetzung mit dem das „Böse" verkörpernden Kommunismus. Die Frage der Staatsform war deshalb für ihn unbedeutend, ja es sei sogar sehr gefährlich, Außenpolitik „in Übereinstimmung mit Ideologien zu betreiben". Statt dessen mahnte er, Deutschland habe sicherlich keinen Grund, „einen seiner wenigen Freunde in der Welt zurückzustoßen, weil dieser in seiner eigenen, von unserer verschiedenen politischen Form lebt".

---

[206] Wie umfassend die Themen formuliert waren, zeigt eine kleine Auswahl: Aufbau des föderativen und christlichen Europa (1954); Europa vor dem Problem der Koexistenz (1955); Europa im Atomzeitalter (1956).
[207] Bericht Botschaft Madrid betr. VII. Tagung des Europäischen Dokumentationszentrums, 25. 6. 1958, ACDP, Nl. von Merkatz, I-148, Bd. 083/1. Zum deutschen Teilnehmerkreis gehörten auch regelmäßig Journalisten konservativer Couleur wie Otto Roegele vom Rheinischen Merkur oder Alfons Tomicic-Dalma, der für den Münchner Merkur schrieb. Darüber hinaus nahmen regelmäßig Vertreter aus Portugal, Italien, Belgien sowie den Niederlanden und der Schweiz teil.
[208] Vgl. die vom Presse- und Informationsamt der Bundesregierung dokumentierten Auszüge des Artikels „Spanien und Europa", 6. 10. 1954, PA/AA, 210-01/70, Bd. 2, dort auch die folgenden Zitate.

4. Die Idee des „christlichen Abendlandes" 71

Davon war Bonn auch weit entfernt. Ein offenes Nein auf die von Außenminister Artajo gegenüber Jaeger wiederholt ausgesprochene Einladung Adenauers wäre in der Tat eine Brüskierung gewesen. So kleidete Bonn seine zögerliche Haltung in eine Form des „Ja, aber", die Madrid kaum verstimmen konnte[209]. Einer Adenauer-Visite stand aus deutscher Sicht vor allem der Vermögenskonflikt zwischen beiden Staaten im Wege. Adenauer selbst, von Jaeger persönlich unterrichtet, zeigte wenig Berührungsängste gegenüber dem Franco-Regime. Er habe prinzipiell aufgeschlossen reagiert[210], der nichtdemokratische Charakter der spanischen Regierung war für ihn offenbar eher nebensächlich. Als müsse er seine politische Eigenständigkeit demonstrieren, bekundete Adenauer gegenüber dem italienischen Ministerpräsidenten Segni im Februar 1956 geradezu trotzig, er wäre mit Franco zusammengetroffen, wenn er sich für die Kanarischen Inseln als Urlaubsziel entschieden hätte[211]. Es waren aber nicht primär die von ihm suggerierten privaten Motive, die gegen seine ursprüngliche Wahl des Urlaubsortes gesprochen hatten[212].

Mit den Kanarischen Inseln waren vielmehr politische Implikationen verbunden. Angesichts der international überwiegend negativen Beurteilung der Franco-Diktatur wäre selbst ein Ferienaufenthalt des deutschen Regierungschefs in Spanien eine hochpolitische Angelegenheit gewesen, die zu Irritationen bei den westlichen Verbündeten geführt hätte. Dies war der eigentliche Grund dafür, daß es auch nach dem Abschluß der Vermögensfrage im Jahre 1958 nicht zu einem offiziellen Spanienbesuch Adenauers kam. Notgedrungen mußte die Bundesregierung akzeptieren, daß der Spielraum ihrer eigenen Spanienpolitik wesentlich durch das internationale Umfeld und dessen Verhältnis zu Spanien bestimmt wurde. Die meisten europäischen Bündnispartner beobachteten das mit einer historischen Hypothek belastete deutsch-spanische Verhältnis stets mit Argwohn. Solange das autoritäre Regime noch unter „Besuchsquarantäne" stand, war ernsthaft nicht an ein Treffen zwischen Adenauer und Franco zu denken. Ein internes Papier des Auswärtigen Amtes brachte die Konstellation 1959 auf den Punkt: Es dürfte „sich mit Rücksicht auf unsere westlichen Verbündeten, bei denen Erinnerungen an das frühere enge Verhältnis zwischen dem Franco- und dem Hitlerregime wachgerufen werden könnten, empfehlen, die Durchführung der

---

[209] Ein beredtes Beispiel hierfür ist das Schreiben von Jaeger an Artajo, in welchem er im Juli 1955 das Ergebnis seiner Mission mitteilt. Darin heißt es, daß der Bundeskanzler einem Spanien-Besuch gegenüber sehr aufgeschlossen sei und nach Abschluß der Vermögensfrage der Reise nichts mehr im Wege stehe. Jaeger an Artajo, 16. 7. 1955, Privatarchiv Richard Jaeger. Im nachhinein interpretierte Jaeger den Brief so, daß er „zum Wohle der deutsch-spanischen Beziehungen formuliert" gewesen sei und die eher dilatorische Haltung Adenauers beschönigt habe. Gespräch mit Dr. Richard Jaeger, 14. 6. 1989 in Bonn.
[210] Gespräch mit Dr. Richard Jaeger, 14. 6. 1989.
[211] Gespräch Adenauer mit Segni, 8. 2. 1956, StBkAH III 54.
[212] Die für die zweite Februarhälfte 1956 vorgesehene Erholungsreise war für das Bundeskanzleramt unerwartet zu einem Politikum geworden. Der zunächst direkt geplante Hinflug war aber selbst mit einer gecharterten Maschine aus technischen Gründen nicht möglich. Darauf machte jedenfalls die Botschaft Madrid aufmerksam und warnte vor einem „völligen Übergehen" der spanischen Behörden. Botschaft Madrid an Auswärtiges Amt, 21. 12. 1955, PA/AA, Ref. 206, Bd. 39. Nachdem auch vom Auswärtigen Amt der Hinweis gegeben worden war, Spanien würde es als eine „ausgesprochene Unhöflichkeit" ansehen, wenn der Bundeskanzler bei einer Zwischenlandung dem spanischen Staatschef „nicht wenigstens einen kurzen Höflichkeitsbesuch abstatten würde", setzte das Nachdenken über die politischen Konsequenzen ein. Aufzeichnung von Welck an Staatssekretär betr. eventuellen Besuch des Herrn Bundeskanzlers, 23. 12. 1955, PA/AA, Ref. 206, Bd. 39. Im Januar 1956 wurde der spanischen Regierung mitgeteilt, daß Bundeskanzler Adenauer auf Anraten seiner Ärzte von seinem geplanten Erholungsurlaub auf den Kanarischen Inseln zu seinem Bedauern absehen müsse. Vermerk, 17. 1. 1956, PA/AA, Ref. 206, Bd. 39.

Einladung nach Spanien [...] nicht zu übereilen. Da bisher kein anderer Regierungschef eines größeren westlichen Landes Spanien nach dem Zweiten Weltkrieg einen Besuch abgestattet hat, wäre es wünschenswert, wenn der Staats- oder Regierungschef eines verbündeten westlichen Landes Spanien vor dem Herrn Bundeskanzler besuchen würde"[213].

Der besorgte Blick auf das Ausland hatte schon 1955 die deutsche Botschaft in Madrid dazu veranlaßt, vor einer allzu großen Beteiligung prominenter politischer Persönlichkeiten an den CEDI-Tagungen zu warnen. Daraufhin sah Außenminister Brentano von einer Teilnahme ab[214]. Gleichwohl waren die Botschaft wie das Auswärtige Amt, das sich den Bedenken angeschlossen hatte, grundsätzlich aber an den Kontaktmöglichkeiten und inoffiziellen Kanälen durch das CEDI interessiert.

Die abendländisch inspirierten Politiker wie Jaeger und Merkatz empfanden sich als Pioniere im deutsch-spanischen Nachkriegsverhältnis. Ihnen ging es darum, Spanien auf die Agenda der westdeutschen Außenpolitik zu bringen. Mit der Souveränität der Bundesrepublik sah der Vizepräsident des Bundestages, Jaeger, die Zeit gekommen, bei Adenauer für eine aktive deutsche Spanienpolitik zu werben. Unter Verweis auf seine jüngsten Gespräche mit „verantwortlichen Kreisen" der USA, die eine engere deutsch-spanische Zusammenarbeit und ein Hereinwachsen Spaniens in die NATO nicht ungern sähen, plädierte Jaeger im Juni 1955 dafür, jetzt „die bisher vielleicht berechtigte, nunmehr aber nicht mehr notwendige allzu starke Zurückhaltung gegenüber Spanien fallenzulassen und deutscherseits eine konstruktive Spanienpolitik zu beginnen"[215]. Die Bundesregierung könne seiner Ansicht nach sogar dem an einer engeren Beziehung interessierten Franco-Regime signalisieren, daß der Preis dafür ein Entgegenkommen in der Eigentumsfrage sei. Damit überschätzte er sicherlich die deutschen Möglichkeiten und das spanische Interesse an der Bundesrepublik. Der Vermögenskonflikt erschwerte jedenfalls bis zu seiner Regelung im Frühjahr 1958 den von Jaeger erhofften intensiveren deutsch-spanischen Dialog. Insgesamt verhallte das pro-spanische Plädoyer des CSU-Politikers aber nicht ungehört. Obwohl nach seinem Eindruck Spanien für Adenauer außenpolitisch nur eine „Quantité négligable" gewesen sei[216], deutet doch der Anfang 1956 eingeleitete, aber erfolglos geblie-

---

[213] PA/AA, Ref. 206, Bd. 7627, o. D. Anlaß dieser Überlegungen war der im November 1959 stattfindende Deutschlandbesuch des spanischen Außenministers Castiella, bei dem man damit rechnete, daß Castiella erneut eine Einladung an Adenauer aussprechen werde. Von der „Besuchssperre" für Spanien war das Salazar-Regime im angrenzenden Portugal indirekt gleichfalls betroffen. Ebenso wie bei anderer Gelegenheit, nahm die westdeutsche Diplomatie auch hier Rücksicht auf die wechselseitigen Empfindlichkeiten der iberischen Nachbarn. Eine bereits vorliegende Einladung der portugiesischen Regierung an Bundeskanzler Adenauer konnte deshalb nur hinhaltend beantwortet werden.
[214] Tagung des Europäischen Dokumentations- und Informationszentrums in Madrid, 30. 5. 1956, PA/AA, Ref. 206, Bd. 42. Die Aufzeichnung verweist auf die von der Botschaft Madrid ein Jahr zuvor mitgeteilten Vorbehalte. Der eigentliche als „Geheim" eingestufte 18seitige Bericht der Botschaft über das CEDI aus dem Jahre 1955 wurde vom Auswärtigen Amt nicht offengelegt. Vgl. Schreiben an den Verfasser, 8. 5. 1991. Immerhin hatten 1955 u. a. Jaeger, Merkatz und Bundestagspräsident Eugen Gerstenmaier an der CEDI-Tagung teilgenommen.
[215] Jaeger an Adenauer, 16. 6. 1955, PA/AA, Ref. 206, Bd. 23.
[216] So kennzeichnete Richard Jaeger rückblickend den Stellenwert, den Spanien in Adenauers außenpolitischem Denken besaß. Jaeger selbst war nicht nur von abendländischer Emphase umgetrieben, seinen Vorstoß bei Adenauer begründete er auch mit dem Wunsch nach Profilierung, denn als jüngerer Politiker habe er etwas bewegen wollen. Hinzu kamen für den langjährigen Vorsitzenden des Bundestagsausschusses für Verteidigung sicherheitspolitische Motive. Nach seiner Überzeugung mußte Spanien NATO-Mitglied werden. Gespräch mit Dr. Richard Jaeger, 14. 6. 1989 in Bonn.

4. Die Idee des „christlichen Abendlandes" 73

bene Versuch des Kanzlers, Spanien in den europäischen Integrationsprozeß einzubinden[217], darauf hin, daß Jaeger bei Adenauer wohl ein offenes Ohr gefunden hatte.

Gegen Ende der 50er Jahre verlor die „abendländische Begegnung" allmählich ihre exklusive Gesprächsfunktion. Je mehr sich das bilaterale Verhältnis u. a. durch die Einigung im Eigentumskonflikt verbesserte, desto häufiger wurden die offiziellen Kontakte und machten das informelle Diskussionsforum CEDI nach und nach entbehrlich. Hinzu kam, daß der Zeitgeist sich gleichfalls gewandelt hatte. Inzwischen war in der Bundesrepublik weniger von „Abendland" die Rede. Im Zuge einer allgemeinen „Entideologisierung" (Axel Schildt) fand das programmatische Organ der Abendland-Diskussion offenbar keine Resonanz mehr, es wurde 1958 eingestellt[218]. Die Konjunktur der abendländischen Idee war vorüber. Mehr und mehr hatte sich eine westdeutsche „Identität" herausgebildet, die sich weniger an christlichen Wertgrundlagen, sondern an der wirtschaftlichen Leistungsfähigkeit und „Modernität" der liberaldemokratischen Ordnung orientierte.

Das Spanienbild der Adenauer-Regierung war durch die im westdeutschen Konservativismus verbreitete abendländische Grundstimmung jedoch wesentlich geprägt worden. Die Propagandisten des „christlichen Abendlandes" hatten immer wieder auf die zeitlosen Werte des „wahren und ewigen" Spanien verwiesen. Ihre auf die ferne Vergangenheit gerichteten Projektionen blendeten die politische und soziale Gegenwart Franco-Spaniens weitgehend aus und förderten damit die Unkenntnis der dortigen innenpolitischen Verhältnisse. Es war kennzeichnend für die deutsche Spanienpolitik der Nachkriegszeit, weit in die Geschichte zurückzugreifen, wenn bei offiziellen Anlässen historische Gemeinsamkeiten beschworen werden sollten. So wurde Karl V., dessen 400. Todestag sich 1958 jährte, bei dem Spanienbesuch von Außenminister Brentano zur willkommenen Symbolfigur deutsch-spanischer Freundschaft[219].

Die jüngste Vergangenheit wurde aber nicht immer ausgespart. Bei einem Gespräch zwischen Staatschef Franco und Bundesratsminister von Merkatz am Rande der CEDI-Tagung 1956 funktionierte der deutsche Gast den 1936 erfolgten Militärputsch gegen die spanische Republik und den nachfolgenden Bürgerkrieg in eine antikommunistische Pionierleistung um. Ohne das deutsche Eingreifen in den Bürgerkrieg zu erwähnen, machte sich Merkatz die franquistische Rechtfertigungsstrategie zu eigen: „Deutschland und Europa schuldeten Spanien Dank dafür, daß es im Jahre 1936 den Kampf gegen den Kommunismus aufgenommen und diesen siegreich zu Ende geführt habe."[220] Seine Eloge auf das Franco-Regime krönte er mit einem weichgezeichneten Bild des spanischen Diktators, der auf ihn „weniger den Eindruck eines hohen Militärs oder eines Diktators als den eines patriarchalisch großväterlichen Staatsmanns" mache.

---

[217] Gemeinsam mit seinem italienischen Kollegen Segni hatte Adenauer eine derartige Initiative gestartet.
[218] Vgl. zum „Zeitgeist" am Ende der 50er Jahre: Schildt, Moderne Zeiten, S. 449.
[219] Vgl. die Tischrede von Brentano anläßlich seiner Zusammenkunft mit dem spanischen Außenminister Castiella, PA/AA, Ref. 206, Bd. 163, o. D.
[220] Bericht Botschaft Madrid betr. Gespräch Franco mit Merkatz, 27. 6. 1956, PA/AA, Ref. 206, Bd. 36. Dort auch das folgende Zitat. Hans-Joachim von Merkatz war von 1938 bis 1945 (unterbrochen von seiner Wehrdienstzeit zwischen 1939 und 1941) Generalsekretär des Ibero-Amerikanischen Instituts in Berlin gewesen. Das aus dem Etat des Propagandaministeriums finanzierte Institut verfügte vor allem durch seinen Direktor, den ehemaligen Botschafter bei Franco, General Faupel, über spezifische Kenntnisse der innerspanischen Entwicklung. Vgl. dazu Ruhl, Spanien im Zweiten Weltkrieg, S. 62.

Daß ein solch verklärter Blick nicht allein abendländisch gesinnten Politikern wie von Merkatz vorbehalten war, zeigt ein Vorgang, der ein Schlaglicht auf die diplomatische Berichterstattung der spanischen Innenpolitik wirft. Im Dezember 1959 erreichte Staatssekretär Globke im Bundeskanzleramt ein Brief des Kölner Verlegers Franz Carl Bachem. Sein Inhalt, eine ungeschminkte Schilderung der wirtschaftlichen, sozialen und politischen Situation in Spanien, sorgte bei Globke vor allem aufgrund der Persönlichkeit des mit Adenauer bekannten Verfassers für besondere Aufmerksamkeit. Bachem, katholisch, mit einer Spanierin verheiratet und gewiß keiner politisch linken Neigungen verdächtig, war ein genauer Beobachter des Landes, das er bereits seit vier Jahrzehnten kannte[221]. Ihm war bewußt, daß seine Eindrücke nicht der „offiziellen Version" des Franco-Regimes entsprachen. Sein mehrere Seiten umfassender Bericht prangerte u. a. den „Krebsschaden" der Vetternwirtschaft an, die von „ganz oben" ausgehe: „Die vielen Madrilener ‚Señoritos', die auf staatlichen Gehaltslisten geführt werden, die große Baufirma oder die Aktiengesellschaft, die in 2 Jahren durch eine betriebsfremde Personalpolitik mit aufwendiger Geschäftsführung ruiniert wird [...]."[222] Jeder wisse das, aber aus Angst oder Resignation werde nicht offen darüber gesprochen. Nach dem Bürgerkrieg sei auf Kosten der Landwirtschaft die von einem Staatskartell gesteuerte Schwerindustrie unnötig „aufgebläht" worden, was zu sozialen Verwerfungen und einer ungesunden Landflucht geführt habe. Am Beispiel der vom Franco-Regime politisch wie kulturell unterdrückten Region Katalonien – die katalanische Sprache war öffentlich verboten – sprach Bachem vom „verewigten Bürgerkrieg". Die spanische Gesellschaft habe nach seinem Eindruck politisch resigniert: „Warum Franco sich hält?, sagte mir ein höherer Beamter, weil wir alle nicht wissen, was nach ihm kommt."

Für Adenauer fiel der Brief Bachems mit seiner Klage über das „so miserabel regierte" Land offensichtlich aus dem Rahmen dessen, was ihn ansonsten an Informationen über Spanien erreicht hatte. Der Kanzler wurde hier mit einem Bild konfrontiert, das im krassen Gegensatz zu einer diplomatischen Berichterstattung stand, welche die inneren Probleme des iberischen Staates nur unscharf wahrnahm. Nur so wird seine erstaunte Reaktion verständlich. Er wollte vom Auswärtigen Amt wissen: „Hat unser Botschafter jemals einen derartigen Bericht geschickt?"[223] Dort löste diese Frage augenscheinlich gewisse Irritationen aus. Das Bundeskanzleramt mußte nach mehr als einem halben Jahr registrieren, daß selbst zahlreiche Rückfragen bei den zuständigen Referaten im Auswärtigen Amt ergebnislos geblieben waren. Die abschließende Stellungnahme des Spanien-Referats er-

---

[221] Bachem hatte seine Spanien-Beobachtungen auf Bitten seines Freundes Rafael Calvo Serer zu Papier gebracht. Unklar ist, ob Calvo Serer Bachem selbst gebeten hatte, diese Schilderung an das Bundeskanzleramt weiterzuleiten, oder ob Bachem dies auf eigene Veranlassung tat. Jedenfalls schickte Bachem den Brief an Globke mit der Bitte um Weiterleitung an Adenauer. Vgl. Schreiben von Bachem an Globke, 30. 11. 1959, BA, B 136, Bd. 3652. Der Philosophieprofessor Calvo Serer galt als der ideologische Vordenker der in Spanien einflußreichen katholischen Organisation „Opus Dei", die auf der Basis eines betont starken Arbeits- und Pflichtethos wirtschaftstheoretisch neoliberale Ziele verfolgte und seit Ende der 50er Jahre zum wichtigsten Bestandteil des franquistischen Elitensystems avancierte. Serer sollte sich im Laufe der Jahre vom „reaktionären Restaurationsideologen" zum nach damaligen Vorstellungen in Spanien „liberalen" Oppositionspolitiker wandeln. Vgl. dazu Bernecker, Spaniens Geschichte seit dem Bürgerkrieg, S. 112 ff.
[222] Bachem an Globke, 30. 11. 1959, BA, B 136, Bd. 3652. Dort auch die folgenden Zitate.
[223] Ebenda; handschriftliche Anmerkung Adenauer.

hebt gar die unkritische Berichtspraxis zum Prinzip, da man das Land eben mit anderen Maßstäben messen müsse: Es „sei allgemein bekannt, daß es in Spanien Rückständigkeiten und Mißstände gebe, wie sie im übrigen Mitteleuropa unbekannt seien. Die Berichte der Botschaft versuchten jedoch immer, eine ausgewogene Darstellung der Verhältnisse zu vermitteln, und verzichteten darauf, die einem Besucher aus Mitteleuropa auffallenden negativen Seiten so stark in den Vordergrund zu rücken"[224]. Die Antwort ist ein Beleg dafür, wie sehr die westdeutsche Perspektive auf Spanien in den 50er Jahren von einem unkritischen Wohlwollen geprägt war. Die christlich-abendländische Idee als Bestandteil des Antikommunismus hat zu einer derartigen Haltung wesentlich beigetragen.

5. Kulturelle Beziehungen – Offizielle Kulturpolitik ohne Inhalt?

Die weltanschauliche Komponente fehlte auch nicht bei der Entwicklung der deutsch-spanischen Kulturpolitik. Schon im Februar 1951, kurz nach dem Ende des UNO-Boykotts gegen das Franco-Regime, teilte Bundeskanzler Adenauer dem spanischen Missionschef in Bonn, Aguirre, auf Anfrage mit, daß die Bundesregierung sich von einer erneuerten und vertieften kulturellen Zusammenarbeit nicht nur für beide Länder, sondern darüber hinaus auch für die „abendländische Kulturgemeinschaft" eine wertvolle Bereicherung erhoffe[225].

Mit dem von Spanien angeregten Kulturabkommen betrat man allerdings Neuland, da es trotz der von Adenauer gerühmten „langen Tradition freundschaftlicher Beziehungen" bisher eine entsprechende Vereinbarung zwischen Deutschland und dem tatsächlich doch fernen Spanien nicht gegeben hatte. Nach den Vorstellungen Bonns sollte das Verhältnis in Abkehr von der nationalsozialistischen Kulturpropaganda auf einer „vollkommen unpolitischen Ebene"[226] ausgebaut werden. Im Bundeskanzleramt betrachtete man das iberische Land als „eine außerordentlich wichtige Durchgangsstelle"[227] zu den intellektuellen Kreisen Lateinamerikas. Diese Brückenfunktion mag auch das Interesse deutscher Hochschulen an einem direkten Kontakt mit spanischen Uni-

---

[224] Vermerk Deutz für Staatssekretär Globke, 25.7.1960, BA, B 136, Bd. 3652. Als Ausgleich für das bislang spärliche Wissen über die innerspanischen Verhältnisse wurde Globke bei Bedarf ein Bericht der Botschaft über die oppositionellen Kräfte und die Hauptansatzpunkte ihrer Kritik in Aussicht gestellt.
[225] Adenauer an Aguirre, 13.2.1951, PA/AA, Ref. 600, Bd. 60. Zuvor hatte der spanische Gesandte am 31. Januar den Wunsch seiner Regierung übermittelt, die kulturellen Beziehungen wieder aufzunehmen. Erste Gespräche hatte es bereits seit September 1950 zwischen der spanischen Mission und dem Bundeskanzleramt gegeben.
[226] Aufzeichnung Salat betr. kulturelle Beziehungen zwischen Deutschland und Spanien, 10.10.1950, PA/AA, 205-00/70, Bd. 1. Rudolf Salat leitete zwischen 1950 und 1954 zunächst im Bundeskanzleramt, später im Auswärtigen Amt die Kulturabteilung. Salat hatte ein besonderes Interesse an Spanien. Mit dem spanischen Außenminister Artajo verband ihn seit den dreißiger Jahren eine enge Freundschaft. Bei einem Spanien-Besuch von Salat im Mai 1951 erinnerte sich sein Duzfreund Artajo an frühere Verhandlungen über ein deutsch-spanisches Kulturabkommen nach 1933. Diese Gespräche – an denen Artajo für die „Katholische Aktion" teilgenommen hatte – seien damals an den nationalsozialistischen Propagandavorstellungen gescheitert. Mit dem „neuen Deutschland" könne nun ein „anders orientiertes Kulturabkommen" vereinbart werden. Vgl. Aufzeichnung Salat betr. Aussprache mit dem spanischen Außenminister, 4.5.1951, PA/AA, Ref. 600, Bd. 60.
[227] Aufzeichnung Salat, 10.10.1950, ebenda.

versitäten gefördert haben. Die Erfahrungen, die einige deutsche Studenten dabei mit dem rechtsextremen, ganz durch die NS-Zeit bestimmten Deutschlandbild ihrer spanischen Kommilitonen machten, wurden vom Auswärtigen Amt allerdings mit Sorge registriert. So beklagte sich der Leiter der Kulturabteilung Rudolf Salat Anfang November 1951 bei der spanischen Botschaft über den „peinlichen Eindruck"[228], den manche Studenten in Spanien gewonnen hätten. Dort gebe es anscheinend in der Jugend nach wie vor starke Sympathien für das NS-Regime. In einem Colegio in Barcelona hänge beispielsweise noch heute in jedem Zimmer ein Hitler-Bild. Außerdem seien viele spanische Studenten davon überzeugt, „daß die rechtsradikalen Parteien in Westdeutschland über eine große Anhängerschaft verfügen, die sich nur deshalb nicht nach außen kundtun könne, weil die Besatzungsmächte es verhindern"[229]. Salat sah die gesamte kulturelle Kooperation von einem „Rückschlag" bedroht, falls der Presse in der Bundesrepublik derartige Erfahrungen bekannt würden[230]. Die von ihm befürchtete „Pressekampagne" blieb jedoch aus. Politisch wie atmosphärisch nahmen die vorbereitenden Gespräche über ein Kulturabkommen zwischen dem Auswärtigen Amt und der spanischen Botschaft keinen Schaden.

Beide Seiten konnten sich rasch auf die Grundlinien einer allgemein formulierten Rahmenvereinbarung einigen, die allerdings mehr einer Absichtserklärung gleichkam[231]. Die konkrete Ausgestaltung des Kulturabkommens sollte eine jährlich zusammenkommende deutsch-spanische Kommission übernehmen. Im September 1951 lag dem Auswärtigen Amt bereits ein spanischer Entwurf vor.

Die Aussicht auf eine mögliche Einigung stellte Bonn allerdings vor außenpolitische Probleme. Die Erinnerungen im Ausland an die deutsch-spanische Verbindung vor 1945 und das schwierige Verhältnis zwischen den Westmächten und dem eben noch geächteten Franco-Regime machten selbst die als unpolitisch verstandenen kulturellen Beziehungen der Bundesrepublik mit Spanien zu einem Politikum. Denn zur gleichen Zeit – teilweise hatten die bilateralen Gespräche schon vorher begonnen – verhandelte die Bundesregierung auch mit den Vereinigten Staaten, Frankreich, Großbritannien und Italien über kulturelle Vereinbarungen. Ein deutsch-spanisches Vorpreschen hätte gegenüber diesen Staaten einen Affront bedeutet, den Bonn nicht riskieren wollte[232]. Die Rücksicht auf das westliche Ausland bestimmte also das Tempo im Kulturdialog mit Spanien. Ein Jahr später, im Herbst 1952, hoffte die Kulturabteilung dann, daß „nunmehr auch der Vertrag mit Spanien energisch vorwärts getrieben werden kann"[233].

Neben den staatlichen Bemühungen um einen kulturellen Dialog setzte Bonn auch früh auf private Initiativen, wie die von ihr finanziell unterstützte Deutsch-Spanische Ge-

---

[228] Vermerk Salat über den Besuch des spanischen Kulturattachés Castro-Rial, 2.11.1951, PA/AA, Ref. 600, Bd. 60.
[229] Salat an Castro-Rial, 29.10.1951, PA/AA, Ref. 600, Bd. 60.
[230] Ebenda.
[231] Aufzeichnung betr. deutsch-spanisches Kulturabkommen, 16.4.1951, PA/AA, Ref. 600, Bd. 60. Da der Bund angesichts der Kulturhoheit der Länder wenig an konkreten Verpflichtungen eingehen konnte, war der Inhalt überwiegend allgemeiner Natur. Dies galt ebenso für andere Kulturabkommen mit dem Ausland.
[232] Vgl. Aufzeichnung Salat, betr. Aussprache mit dem spanischen Außenminister, 4.5.1951, PA/AA, Ref. 206, Bd. 43.
[233] Instruktion für Botschafter Prinz Adalbert, 15.9.1952, PA/AA, 210-01/70, Bd. 1.

sellschaft[234]. Die Ende September 1950 in München gegründete Institution wollte den kulturellen und wirtschaftlichen Austausch zwischen beiden Ländern fördern[235]. In der Bundesrepublik entwickelte die von Prinz Adalbert von Bayern, dem späteren deutschen Botschafter in Madrid, geleitete Gesellschaft rasch einen Monopolanspruch gegenüber anderen deutsch-hispanischen Kulturvereinen. Den Kreisen und Zirkeln, die an verschiedenen Orten entstanden waren, bot sie sich als Dachorganisation an[236]. Da die Kulturabteilung im Auswärtigen Amt eine Zersplitterung der deutsch-ausländischen Kulturgesellschaften vermeiden wollte, gab es ursprünglich ähnliche Interessen. Doch das Vorgehen des umtriebigen Geschäftsführers Hüffer löste bald Befremden aus: „Die Kulturabteilung kann auch nicht verhehlen, daß die Form, in der Dr. H.[üffer] die Durchführung dieser Zusammenarbeit zu erzwingen versuchte, manchmal nach ‚Geichschaltung' aussah [...]. Unter diesen Umständen hat die Kulturabteilung schwere Bedenken, einer von der Münchner Gesellschaft gelenkten Dachorganisation zuzustimmen."[237]

Nicht nur der ungehemmte Expansionsdrang der Deutsch-Spanischen Gesellschaft, sondern auch die ungelöste Frage nach ihrem Gegenüber in Spanien führten zu Spannungen. Anfangs hatten die Deutsch-Spanische Gesellschaft wie auch das amtliche Bonn auf eine Zusammenarbeit mit der bereits vor 1945 aktiven „Asociación Hispano Germana" in Madrid gehofft. Die Wiederbelebung dieser „theoretisch immer noch bestehende[n] und anscheinend wieder etwas aktiv werdende[n] Spanisch-Deutsche[n] Gesellschaft"[238] scheiterte aber am fehlenden Interesse der Franco-Regierung, die mit diesem Produkt der faschistischen Ära in der Nachkriegszeit wohl nicht mehr identifiziert werden wollte. Als daraufhin der ohnehin bereits in der Kritik stehende Hüffer die Idee einer „unabhängigen" Spanisch-Deutschen Gesellschaft in Sevilla ins Spiel brachte, ging das Auswärtige Amt zunehmend auf Distanz. Die Madrider Botschaft hatte sich vehement gegen dieses Projekt ausgesprochen, da die Gefahr bestehe, daß es in die Hände von Spaniern und Deutschen gelangen könnte, die mit dem Nationalsozialismus sympathisierten. In Spanien müsse „unbedingt klar gemacht werden, daß die Bundesrepublik ein neues Deutschland sei, grundverschieden von dem vergangenen Regime. Deshalb müsse man auch den Personen gegenüber stark bleiben, die mit den Nazis verbunden

---

[234] Zumindest im Haushaltsjahr 1951/52 erhielt die Deutsch-Spanische Gesellschaft einen Zuschuß aus dem Kulturfonds. Vgl. Salat an Hüffer (Geschäftsführer der Deutsch-Spanischen Gesellschaft), 19.10. 1951, PA/AA, Ref. 600, Bd. 111.
[235] Vgl. Paragraph 1 der Satzung. Die Gesellschaft wurde am 29. September 1950 gegründet. Eine Deutsch-Spanische Gesellschaft gab es bereits zwischen 1929 und 1945 in Berlin. Darüber hinaus existierten in Leipzig, Frankfurt a. M. und in München Zweiggesellschaften.
[236] Hüffer an Salat, 10.11.1952, PA/AA, Ref. 600, Bd. 111. Hüffer, der mit diesem Schreiben Salat als neues Kuratoriumsmitglied begrüßte, bat sogar darum, das Auswärtige Amt möge diesen Anspruch gegenüber anderen Organisationen autorisieren.
[237] Kulturabteilung an Botschaft Madrid, 26.11.1952, PA/AA, Ref. 600, Bd. 111. Die 1952 vereinbarte Kooperation der Deutsch-Spanischen Gesellschaft mit dem Ibero-Amerikanischen Verein in Hamburg war bereits zwei Jahre später an der Person Hüffers gescheitert.
[238] Instruktion für Botschafter Prinz Adalbert, 15.9.1952, PA/AA, 210-01/70, Bd. 1. Die Asociación Hispano Germana war Ende 1941 unter dem Vorsitz von General Moscardó geschaffen worden. Ihre Existenz, von Reichsaußenminister Ribbentrop inspiriert, gründete sich auf das Interesse des NS-Regimes an einem intensiveren Dialog mit Spanien. Zugleich sollte damit eine Nachrichten- und Informationsbörse aufgebaut werden. Vgl. Ruhl, Spanien im Zweiten Weltkrieg, S. 55.

waren"²³⁹. Damit war vor allem Hüffer gemeint. Gegen den früheren Kulturreferenten an der Botschaft in Madrid waren mittlerweile Vorwürfe wegen seiner nationalsozialistischen Vergangenheit laut geworden²⁴⁰ – für das Auswärtige Amt Anlaß genug, um die weitere Zusammenarbeit mit der Deutsch-Spanischen Gesellschaft in Frage zu stellen. Hüffer sollte in den Hintergrund treten. Falls dies nicht erreicht werden könne, sei an eine weitere Unterstützung nicht mehr zu denken, „um nicht [den] bekannten Vorwürfen gegen die Bundesregierung Nahrung zu geben"²⁴¹. Mit dem Rücktritt ihres Präsidenten Prinz Adalbert von Bayern im Frühjahr 1953²⁴² verlor die Gesellschaft weiter an Prestige. Der nur wenige Monate zuvor ernannte Botschafter wollte vor allem auch wegen der Problematik um die Person Hüffer Loyalitätskonflikten aus dem Wege gehen.

Die hochfliegenden Ambitionen Hüffers auf eine maßgebliche Rolle der Gesellschaft im deutsch-spanischen Kulturaustausch erfüllten sich nicht. In einem Überblick des Auswärtigen Amtes vom Oktober 1954 über die deutsch-ausländischen Kulturgesellschaften wurde ihr nur noch eine marginale Rolle zugeteilt: „Als Auffang- und Betreuungsstelle für Besucher aus den iberischen und ibero-amerikanischen Ländern hat die Gesellschaft jedoch eine nützliche und auch im öffentlichen Interesse liegende Funktion zu erfüllen, so daß eine bescheidene finanzielle Unterstützung auch in Zukunft vertretbar erscheint."²⁴³

Auf der zwischenstaatlichen Ebene nahm das geplante Kulturabkommen Anfang 1953 konkrete Gestalt an. Zwischen der spanischen Botschaft und dem Auswärtigen Amt war jetzt grundsätzlich eine Klärung über das Vertragswerk erzielt worden, das nun aber erst noch in der Bundesrepublik politisch mit den Bundesländern abgestimmt werden mußte. Denn Bonn war aufgrund der Kulturhoheit der Länder auf deren Zusammenarbeit angewiesen, was die Kulturabteilung auch gelegentlich klagen ließ: „Die größte Schwierigkeit ist ja nicht die Einigung mit dem ausländischen Partner, sondern die Notwendigkeit, in ständiger Fühlungnahme mit den Kultusministern zu bleiben, die für die Kulturangele-

---

²³⁹ Aufzeichnung betr. deutsch-spanische Kulturbeziehungen, 21. 4. 1953, PA/AA, Ref. 600, Bd. 112. Grundlage war ein Gespräch mit Botschaftsrat Schlitter in Bonn über Fragen der kulturellen Zusammenarbeit.
²⁴⁰ Vermerk Deubner betr. Geschäftsführer der Deutsch-Spanischen Gesellschaft Dr. Hüffer, 15. 11. 1952, PA/AA, Ref. 600, Bd. 111. Danach war Hüffer während des „Dritten Reiches" ein sehr aktiver Nationalsozialist. Deshalb habe es der Kulturreferent der Botschaft Madrid, Bauer, auch abgelehnt, der Deutsch-Spanischen Gesellschaft beizutreten. Der Vorsitzende der Gesellschaft, Prinz Adalbert von Bayern, war zunächst über Hüffers Vergangenheit nicht informiert. Der Historiker Hüffer hatte im Jahre 1942 die „Blaue Division" als „Vormauer und Hort unserer verjüngten Kulturgemeinschaft" beschrieben. Vgl. Briesemeister, Die Iberische Halbinsel und Europa, S. 20.
²⁴¹ Ebenda, Vermerk Deubner.
²⁴² Aufzeichnung betr. deutsch-spanische Kulturbeziehungen, 21. 4. 1953, PA/AA, Ref. 600, Bd. 112. Botschaftsrat Schlitter sprach lediglich davon, daß Prinz Adalbert „vor kurzem" seinen Rücktritt als Präsident erklärt habe. In Prinz Adalberts Memoiren wird die Münchner Einrichtung nur am Rande erwähnt.
²⁴³ Aufzeichnung Rumpf, 14. 10. 1954, PA/AA, Ref. 600, Bd. 112. Zu diesem Zeitpunkt waren in der Deutsch-Spanischen Gesellschaft mit ihren Niederlassungen in Berlin und Köln 500 Mitglieder organisiert. Allerdings lebe sie überwiegend von dem „Ehrgeiz und Betätigungsdrang von Herrn Hüffer". Inwieweit die Gesellschaft später noch eine Rolle im Kulturaustausch spielen konnte, muß aufgrund der spärlichen Quellenüberlieferung nach 1954 offenbleiben. Die Akten der Kulturabteilung aus den 50er Jahren sind in einem nicht unerheblichen Umfang kassiert worden. Unterlagen der Deutsch-Spanischen Gesellschaft stehen nicht mehr zur Verfügung. Vgl. Schreiben der heutigen Deutsch-Hispanischen Gesellschaft, 22. 6. 1989.

5. Kulturelle Beziehungen 79

genheiten primär zuständig sind."[244] Dem Sonderausschuß der Kultusminister-Konferenz lag seit Februar 1953 ein deutsch-spanischer Entwurf vor. Rücksicht mußte das Auswärtige Amt dabei sowohl auf die von der SPD geführten Bundesländer als auch auf die immer noch nicht abgeschlossenen Verhandlungen mit anderen Staaten nehmen. Zu diesem Zeitpunkt war noch kein anderes Vertragswerk unterschriftsreif, so daß der deutsch-spanische Entwurf, ungeachtet seiner möglichen Billigung durch die Bundesländer, nicht weiter vorangetrieben werden konnte. Es sei „ausgeschlossen", wurde die deutsche Vertretung informiert, „als erstes Kulturabkommen der Bundesrepublik das deutsch-spanische zu unterzeichnen"[245]. Das von außenpolitischen Rücksichten bestimmte Zögern dauerte also an.

Aber auch innenpolitisch mußte mit Einwänden gerechnet werden. Bonn lehnte deshalb im Februar die Anregung der Madrider Vertretung ab, die noch ausstehenden Gespräche in der spanischen Hauptstadt fortzuführen. Das Kulturreferat befürchtete nämlich, daß die ohnehin schon vorhandenen Vorbehalte der SPD-Kultusminister bei einem Wechsel des Verhandlungsorts neue Nahrung finden könnten. In diesem Fall käme sofort die Vermutung auf, „die Verhandlungen würden allzusehr unter den Einfluß der Franco-Regierung gelangen, wenn ausgerechnet für das deutsch-spanische Kulturabkommen die bisherige Übung aufgegeben würde, sie in Bonn zu führen"[246]. Schwierigkeiten mit den Bundesländern gab es ohnehin. Auch die grundsätzliche Frage der Zustimmungsbedürftigkeit der Länder war noch ungeklärt. Ohne das vorherige Einverständnis ihrer Kabinette sahen sich die Minister in der Kultusminister-Konferenz jedenfalls außerstande, ihre endgültige Zustimmung zu geben. Bei den USA war dies unproblematisch gewesen. Während das deutsch-amerikanische Kulturabkommen bereits von sämtlichen Länderkabinetten gebilligt worden war[247], konnte im Falle Spanien nicht mit einem einhelligen Votum gerechnet werden, obwohl die Kultusminister-Konferenz keine inhaltlichen Einwände mehr hatte. Die prinzipiellen Vorbehalte einiger SPD-Kultusminister ließen aber ernste Zweifel an der Billigung aller Länder aufkommen[248]. Deshalb schlug die Kulturabteilung Staatssekretär Hallstein vor, die Ratifizierung durch einen bloßen Notenwechsel zu umgehen[249].

---

[244] Salat an Botschaft Madrid, 5.2.1953, PA/AA, Ref. 600, Bd. 158. Die Botschaft wurde über einen grundsätzlichen Kompetenzkonflikt zwischen Bund und Ländern informiert. Es bedurfte langwieriger Diskussionen, um die Kultusminister davon zu überzeugen, daß allein die Bundesregierung befugt sei, Kulturabkommen mit dem Ausland zu schließen. Die Länderkompetenzen galten z. B. für die Lehrpläne an den deutschen Auslandsschulen, das Hochschulwesen und die Anerkennung von Schulzeugnissen.
[245] Salat an Botschaft Madrid, 23.2.1953, PA/AA, Ref. 600, Bd. 158.
[246] Ebenda.
[247] Vorlage der Kulturabteilung für Staatssekretär Hallstein betr. Ratifizierung der deutsch-ausländischen Kulturabkommen, 19.5.1953, PA/AA, Ref. 600, Bd. 158.
[248] In der Konferenz der Kultusminister war man nicht zu einer einheitlichen Auffassung über die „Notwendigkeit" eines deutsch-spanischen Vertrages gekommen. Vgl. Schreiben der Ständigen Konferenz der Kultusminister der Länder (KMK) an Salat, 22.4.1953, PA/AA, Ref. 600, Bd. 158.
[249] Vorlage der Kulturabteilung für Staatssekretär Hallstein, 19.5.1953, PA/AA, Ref. 600, Bd. 158. Hallstein wurde gebeten, die Frage der Ratifikation von Kulturabkommen grundsätzlich zu regeln, da Unsicherheit darüber herrsche, was im Falle eines negativen Votums eines oder mehrerer Länder zu geschehen habe. Denn die Rechtsabteilung im Auswärtigen Amt hatte in einem Gutachten vom 24. Februar darauf hingewiesen, daß „jede einzelne Landesregierung dem Abschluß eines Kulturabkommens mit dem Bund durch ausdrücklichen Beschluß zustimmen und diese Zustimmung dem Auswärtigen Amt mitteilen muß". Schreiben der KMK an Salat, 22.4.1953, PA/AA, Ref. 600, Bd. 158.

In dieser innen- wie außenpolitisch unklaren Situation ging es im bilateralen Verhältnis vor allem darum, Zeit zu gewinnen. Insofern kam der Bundesregierung das Angebot der spanischen Botschaft im Juni 1953 sehr gelegen, alles zu tun, um dem Kanzler bei den bevorstehenden Bundestagswahlen im September zu helfen[250]. Diese unverhoffte Geste nutzte das Auswärtige Amt zu einem Aufschub. Der Leiter der Kulturabteilung, Salat, machte aus seiner politischen Präferenz keinen Hehl: Der Beamte wollte auch aus wahltaktischen Gründen die Unterzeichnung zurückstellen. Kurz vor den Wahlen erschien es ihm nicht angebracht, ausgerechnet mit dem umstrittenen franquistischen Regime das erste deutsch-ausländische Kulturabkommen[251] abzuschließen. Dies wäre, so Salat gegenüber der Madrider Botschaft, einer Einladung an die Opposition gleichgekommen: „Es bedarf keiner großen Phantasie, um sich vorzustellen, wie ein derartiger Akt von den politischen Gegnern des Herrn Bundeskanzlers im Wahlkampf ausgenützt würde. Es wäre auch sehr bedauerlich, wenn damit auch ein internationales Abkommen in parteipolitische Kämpfe hineingezogen würde."[252]

Als Bonn aber auch nach der Bundestagswahl keine Anstalten machte, den anhaltenden Schwebezustand zu beenden, kam die deutsche Vertretung in Madrid mehr und mehr in argumentative Schwierigkeiten. Nach fast einem Jahr, klagte Botschafter Prinz Adalbert im Mai 1954, wachse in Spanien die Verstimmung darüber, daß der Vertrag von der Bundesrenpublik nach wie vor hinausgezögert werde. Die vorher genannten innenpolitischen Überlegungen seien bis zu den Wahlen hier verständnisvoll akzeptiert worden. Außerdem bezweifelte er, daß die juristischen Probleme zwischen Bund und Ländern immer noch nicht geklärt seien. Die außenpolitischen Rücksichten auf andere Länder könne er nicht offenlegen, denn dies „hätte die Spanier erst recht verärgert"[253]. Der Botschafter versprach sich von dem baldigen Abschluß auch eine positive Wirkung auf die Eigentumsfrage. Während die Kulturabteilung das Plädoyer Prinz Adalberts unterstützte[254], blieb die politische Führung des Auswärtigen Amtes dabei, aus außenpolitischen Gründen weiter abzuwarten[255]. Die bereits ausgeräumten verfassungsrechtlichen Bedenken[256] mußten weiterhin als Argument gegenüber Spanien herhalten[257].

Neuen Bewegungsspielraum erhielt Bonn im Oktober 1954 mit dem Abschluß des deutsch-französischen Kulturabkommens[258]. Damit war der Weg für das deutsch-spanische Pendant frei. Am 10. Dezember 1954 wurde es schließlich von Bundeskanzler Adenauer

---

[250] Aufzeichnung Salat über sein Gespräch mit dem stellvertretenden Kulturattaché der spanischen Botschaft Suárez, 23. 6. 1953, PA/AA, Ref. 600, Bd. 159.
[251] Strenggenommen war das deutsch-amerikanische Kulturabkommen das erste seiner Art. Die Vereinbarung vom 9. April 1953 erfolgte aber lediglich als Notenaustausch und wurde deshalb vom Auswärtigen Amt nicht als „richtiges" Kulturabkommen betrachtet.
[252] Salat an Botschaft Madrid, 23. 6. 1953, PA/AA, Ref. 600, Bd. 159.
[253] Prinz Adalbert an Auswärtiges Amt, 20. 5. 1954, PA/AA, Ref. 600, Bd. 160.
[254] Stellungnahme der Kulturabteilung für Staatssekretär Hallstein, 31. 5. 1954, PA/AA, Ref. 600, Bd. 160.
[255] Vermerk zum Ergebnis der Direktorenbesprechung, 25. 6. 1954, PA/AA, Ref. 600, Bd. 160.
[256] Im Januar 1954 war die Rechtsabteilung im Auswärtigen Amt nach der Durchsicht der geplanten Kulturabkommen mit Frankreich, Großbritannien und Spanien jedenfalls davon überzeugt, daß die Unterzeichnung und Ratifikation ohne Beteiligung des Bundesrates erfolgen könne. Auch sei eine „informelle Zustimmung" der Länderregierungen nicht notwendig. Vgl. Vermerk über Gespräch zwischen Kultur- und Rechtsabteilung, 27. 1. 1954, PA/AA, Ref. 600, Bd. 160.
[257] Vgl. Aufzeichnung der Kulturabteilung für ein Gespräch zwischen Staatssekretär Hallstein und Botschafter Prinz Adalbert, 5. 8. 1954, PA/AA, Ref. 600, Bd. 34.
[258] Die Kulturabkommen mit Italien und Großbritannien wurden im Februar 1956 bzw. im Mai 1958 abgeschlossen.

und dem spanischen Botschafter in Bonn unterzeichnet. Beide Seiten erklärten sich in allgemeiner Form, „die Kenntnis und das Verständnis der geistigen, wissenschaftlichen und künstlerischen Tätigkeit des anderen Landes zu erhalten und zu mehren"[259]. Inhaltlich war das Vertragswerk ein Katalog von allgemein gehaltenen Absichten, der in erster Linie die Zusammenarbeit und den Austausch in Forschung und Lehre umfaßte. Darüber hinaus sollte die Arbeit der Auslandsschulen gefördert werden. Auch auf künstlerischer Ebene sicherten sich die Vertragspartner Unterstützung zu. Politisch brisant konnte die Durchführung von Art. 8 werden. Dieser beinhaltete, daß die Regierungen sich um „die Berichtigung von Irrtümern bemühen, die durch Bücher, Artikel oder Nachrichten verbreitet werden und in denen die historischen Tatsachen zum Schaden eines der beiden Teile entstellt wiedergegeben sind"[260]. Umsetzen sollte all dies ein von beiden Ländern paritätisch besetzter Ausschuß, von „dessen Wirksamkeit", wie Staatssekretär Hallstein im Juni 1955 prognostizierte, „der Erfolg [der Übereinkunft] abhängen wird"[261].

Der Abschluß des Kulturabkommens wurde in der westdeutschen Presse als Erfolg und Fortschritt in den beiderseitigen Beziehungen kommentiert. Die „Deutsche Zeitung und Wirtschaftszeitung" etwa sprach von einem „Lichtblick in der Entwicklung einer Freundschaft, auf die in den letzten Jahren unnötigerweise der Schatten ideologischer Rücksichten auf dritte Länder gefallen war. Man möchte wünschen, daß es der Beginn einer neuen Spanienpolitik der Bundesregierung wird"[262]. Der Artikel übersah aber weitgehend, daß es auch hausgemachte Probleme im Verhältnis beider Länder gab. Selbst im Auswärtigen Amt war es umstritten, ob das Kulturabkommen wegen der ungelösten Enteignungsfrage politisch überhaupt in die Landschaft paßte. Noch einen Monat vor der Unterzeichnung hatte sich der für das Auslandsvermögen zuständige Referent gegen ein Kulturabkommen ausgesprochen. Ohne vorherige Zugeständnisse Spaniens, insbesondere in der Frage der beschlagnahmten Schulgebäude, sei eine solche Vereinbarung derzeit „untragbar"[263]. Aber die Bundesregierung entschied sich anders. Sie unterzeichnete zwar auf spanisches Drängen hin das Kulturabkommen, machte aber dem Vertragspartner deutlich, daß aus deutscher Sicht ein „moralisches Junktim" mit der Vermögensfrage bestehe. Bonn sah das Kulturabkommen als Vorleistung, die im Gegenzug von Madrid durch die Rückgabe der beschlagnahmten Schulgebäude honoriert werden sollte.

Botschafter Prinz Adalbert wies Außenminister Artajo kurz nach der Unterzeichnung darauf hin, die Bundesrepublik erwarte nunmehr eine Rückgabe der Schulgebäude bzw. Schulgrundstücke[264]. Da Madrid keine Taten folgen ließ, trat zwar das Kulturabkommen

---

[259] Vgl. Bulletin des Presse- und Informationsamtes der Bundesregierung, 11.12.1954.
[260] Vgl. ebenda.
[261] Kabinettsvorlage des Auswärtigen Amtes zum deutsch-spanischen Kulturabkommen, 13.6.1955, PA/AA, L 1, Bd. 178.
[262] Deutsche Zeitung und Wirtschaftszeitung, 18.12.1954.
[263] Vermerk von Waldheim betr. Verhandlungen mit Spanien, 23.11.1954, PA/AA, Ref. 600, Bd. 160. Schon früher waren von Waldheim derartige Einwände geäußert worden. Vgl. Vermerk Rumpf, 28.8.1953, PA/AA, Ref. 600, Bd. 159.
[264] Prinz Adalbert an Auswärtiges Amt, 28.12.1954, PA/AA, Ref. 600, Bd. 113. Staatssekretär Hallstein gab dem Bundestag im März 1956 Auskunft über die Lage der deutschen Schulen in Spanien. Danach waren seit 1949 zehn Schulen wiedereröffnet worden oder neu gegründet worden, die zur Zeit von etwa 2280 Kindern besucht werden. Die provisorische Unterbringung der Schulen in neu gemieteten Räumen sei „einigermaßen befriedigend". Alle Schulen erhielten Unterstützung aus Bundesmitteln. Vgl. 2. Deutscher Bundestag, 133. Sitzung vom 8.3.1956, Stenographische Berichte, S. 6889 ff.

am 14. März 1956 in Kraft, de facto aber legte es Bonn als Reaktion auf das fehlende Entgegenkommen auf Eis. So wurde das vorgesehene Arbeitsgremium, der „Ständige Gemischte Ausschuß", erst gar nicht besetzt. Damit stand das Abkommen jahrelang bloß auf dem Papier.

Allerdings bemühte sich die deutsche Botschaft in Spanien darum, den Stillstand im Kulturaustausch durch eigene Aktivitäten zu kompensieren. Das Projekt einer deutschen Kulturwoche in Madrid wurde von Botschafter Knappstein, der im Oktober 1956 Prinz Adalbert von Bayern abgelöst hatte, engagiert vorangetrieben. Bei der Programmplanung galt es auch die spezifischen Bedingungen der franquistischen Kulturpolitik zu berücksichtigen. Knappstein erläuterte dem Auswärtigen Amt Ende 1956, daß etwa bei der Auswahl des Spielfilmangebots auf bestimmte inhaltliche Prämissen zu achten sei. Daher legte er Bonn eine Negativliste vor. Nicht in Frage kamen demnach: „Weltanschauliche Filme, Filme politischen Charakters, Filme mit tiefenpsychologischen Motiven, Filme, die schwere Familienkonflikte zeigen."[265] Nach monatelangen Vorbereitungen konnte dann am 6. Oktober 1957 in Madrid die erste deutsche Kulturwoche nach dem Kriege eröffnet werden. Dem spanischen Publikum wurden unter anderem der für das Bild von Nachkriegsdeutschland nichtssagende, aber politisch unverfängliche Dokumentarfilm des Frankfurter Zoodirektors Grzimek „Kein Platz für wilde Tiere" sowie ein Streifen über „Deutsche Sitten und Gebräuche" präsentiert[266]. Den Schwerpunkt bildete eine von Botschafter Knappstein selbst angeregte Werkschau des zeitgenössischen Malers Professor Georg Muche[267]. Ein Konzert des Stuttgarter Kammerorchesters, eine Sammlung künstlerischer Publikationen sowie wissenschaftliche Vorträge rundeten die Kulturwoche ab.

Knappstein zog ein optimistisches Resümee. Trotz der vereinzelten Kritik in der deutschen Presse, die angesichts der nach wie vor ungelösten Eigentumsfrage den Zeitpunkt bemängelt hatte, bewertete er die Kulturwoche „als großen Erfolg". Nach seiner Überzeugung werde dieses Ereignis nachhaltig wirken „und sich günstig auf die Beziehungen zwischen den beiden Nationen auswirken"[268].

Derartige kulturelle Veranstaltungen blieben aber zunächst bloßes Dekor. Das politische Klima zwischen Westdeutschland und Spanien blieb weiterhin von dem Konflikt um das enteignete deutsche Vermögen bestimmt. Eine nachhaltige Veränderung war erst mit der im Frühjahr 1958 vereinbarten Eigentumsregelung möglich. Da sich Madrid hierbei auch zur Rückgabe von sechs Schulgebäuden bzw. Schulgrundstücken verpflichtet hatte, boykottierte Bonn das Kulturabkommen nun nicht länger. Knapp drei Jahre nach seinem Inkrafttreten fand schließlich im Februar 1959 die erste Arbeitstagung der deutsch-spani-

---

[265] Knappstein an Auswärtiges Amt, 20. 12. 1956, PA/AA, Ref. 600, Bd. 197.
[266] Bericht Botschaft Madrid betr. deutsche Kulturwoche in Madrid, 22. 10. 1957, PA/AA, Ref. 600, Bd. 197.
[267] Knappsteins Idee einer Ausstellung moderner Malerei war in Bonn anfangs aufgrund der Unkenntnis der spanischen Kulturpolitik nicht auf Gegenliebe gestoßen. Die vorhandenen „grundsätzlichen Bedenken" suchte er mit dem Hinweis auf bereits positiv aufgenommene Ausstellungen deutscher, italienischer und amerikanischer zeitgenössischer Künstler auszuräumen. Überdies sei die Annahme falsch, daß es in Spanien „wegen der besonderen politischen Struktur des Staates ähnliche Tendenzen gäbe, wie sie im Dritten Reich in dem Kampf gegen die sogenannte ‚Entartete Kunst' zum Ausdruck kamen". Die Bilder von Muche, einem Schüler Kandinskys, hielt Knappstein „wegen ihrer leuchtenden Farben und ihrer spielerischen Leichtigkeit für besonders geeignet, in Spanien gezeigt zu werden". Vgl. Bericht Knappstein an Auswärtiges Amt, 20. 3. 1957, PA/AA, Ref. 600. Bd. 197.
[268] Bericht Botschaft Madrid betr. deutsche Kulturwoche in Madrid, 22. 10. 1957, PA/AA, Ref. 600, Bd. 197. Am Ende der Kulturwoche wurde das Deutsche Kulturinstitut in Madrid eröffnet.

schen Kulturkommission[269] statt. Ein Anfang zur inhaltlichen Ausgestaltung war damit gemacht.

Der Nachfolger Knappsteins, Botschafter von Welck, kommentierte das Zusammentreffen der Kommission in Madrid denn auch erleichtert als einen „wesentlichen Abschnitt" in den zwischenstaatlichen Kulturbeziehungen: „In deutschen wie in spanischen Kreisen gab es manche, denen bekannt war, daß das am 10. Dezember 1954 abgeschlossene deutsch-spanische Kulturabkommen leerer Buchstabe bleiben müsse, solange der Ständige Gemischte Ausschuß nicht zusammengetreten war."[270]

Die anfänglichen Hoffnungen Bonns, das Kulturabkommen könnte den Weg für eine wirkliche Annäherung bereiten, hatten sich nicht erfüllt. Solange der bilaterale Dauerkonflikt, die Enteignungsfrage, nicht gelöst war, blieb der staatliche Kulturaustausch inhaltsleer.

6. Ein deutscher Pressekorrespondent in Spanien – Die „Berichtsfabrik" Heinz Barth

Wie konfliktträchtig die Zusammenarbeit der beiden politisch unterschiedlichen Systeme war, zeigte sich bei der Vorbereitung auf die erste Sitzung der deutsch-spanischen Kulturkommission. Erst jetzt wurde der deutschen Seite bewußt, daß der Artikel 8 des Kulturabkommens Stoff für Kontroversen bot. Darin war nämlich vereinbart worden, man werde sich darum bemühen, „Irrtümer", die durch „Bücher, Artikel oder Nachrichten verbreitet werden"[271], zu berichten. Eine solche Absichtserklärung wäre anderen, demokratischen Staaten gegenüber unverfänglicher gewesen.

Die deutsche Vertretung in Madrid befürchtete, es könnte angesichts unterschiedlicher Standpunkte zur jüngsten Geschichte zu einem dauerhaften Streit kommen: „Damit aber würde der Sinn des Kulturabkommens, dessen Aufgabe es ist, Reibungen zwischen den Nationen zu mindern, in sein Gegenteil verkehrt werden."[272] Der Botschaft bereitete nicht nur die mögliche Geschichtsdebatte Unbehagen. Sie sah vor allem die Gefahr, der Artikel 8 könne dem Franco-Regime die Handhabe für eine ständige Auseinandersetzung um mißliebige Presseberichte bieten. Unter Hinweis auf eine gerade in Spanien von der Zensur[273] verbotene „Spiegel"-Ausgabe wies Botschaftsrat Werz auf die seiner Meinung nach „oft sehr kritische Beurteilung des spanischen Staatschefs und seines Regimes in der deutschen Presse"[274] hin. In seinem Kommentar „Beten für Franco" hatte Moritz Pfeil (d.i. Rudolf Augstein) im Dezember 1958 die katholische Kirche in der Bundesrepublik daran

---

[269] Der deutschen Kommission gehörten vier Mitglieder an. Neben einem Vertreter des Auswärtigen Amtes, des Bundesinnenministeriums und der Ständigen Konferenz der Kultusminister war auch der Bonner Romanist Professor Harri Meier vertreten. Den Vorsitz übernahm der stellvertretende Staatssekretär im Auswärtigen Amt Knappstein. Schreiben des Leiters der Kulturabteilung von Trützschler an Botschaft Madrid, 12.9.1958, PA/AA, Ref. 600, Bd. 135.
[270] Bericht Botschaft Madrid betr. erste Sitzung der deutsch-spanischen Kulturkommission (25.–28. Februar), 14.3.1959, PA/AA, Bestand Botschaft Madrid, Bd. 7667.
[271] Vgl. zum Wortlaut des Abkommens: Bulletin des Presse- und Informationsamtes der Bundesregierung, 11.12.1954.
[272] Aufzeichnung Peiser, Botschaft Madrid, 8.1.1959, PA/AA, Bestand Botschaft Madrid, Bd. 7667.
[273] Vgl. Lorenzen, Presse unter Franco.
[274] Vermerk Werz, Botschaft Madrid, zur Deutsch-Spanischen Kulturkommission, 12.1.1959, PA/AA, Bestand Botschaft Madrid, Bd. 7667.

erinnert, daß das Prinzip der Menschenrechte von Diktaturen in Ost und West gleichermaßen verletzt werde, und dabei eine Parallele zwischen Tito, Gomulka und Franco gezogen[275]. Werz befürchtete, daß Madrid aus solchen Aussagen die Forderung nach Gegenmaßnahmen der Bundesregierung ableiten könne. Deshalb warnte der Botschaftsrat Bonn „dringend" davor, diesen politisch heiklen Artikel des Kulturabkommens zu erörtern.

Das Auswärtige Amt sah die Dinge aber offenbar gelassener, einer entsprechenden Diskussion im gemeinsamen Kulturausschuß wollte man jedenfalls nicht von vornherein ausweichen. Die deutsch-spanischen Gespräche verliefen unproblematisch: Beide Seiten verständigten sich darauf, eine von Spanien gewünschte Revision der Schulgeschichtsbücher an das „Internationale Schulbuchinstitut" in Braunschweig und sein Pendant das „Centro de Orientación Didáctica" zu delegieren. Diese sollten ein gemeinsames Thesenwerk über die deutsche und spanische Geschichte vorlegen. Außerdem drängte Madrid darauf, die pittoresken Darstellungen Spaniens („Land der Esel, Zigeuner, Bettler") in bundesdeutschen Völkerkunde- und Geographiebüchern zu beseitigen. Das Thema Pressezensur wurde überhaupt nicht angesprochen[276]. Dies mag auch daran gelegen haben, daß die spanische Regierung, abgesehen von der prinzipiellen Kritik aus dem linken Spektrum, mit dem von ihr in der Bundesrepublik gezeichneten Bild überwiegend zufrieden sein konnte. Zwar schieden sich publizistisch am Franco-Regime die Geister. Nicht nur „Der Spiegel" oder die „Frankfurter Rundschau" vertraten in ihrer sporadischen Berichterstattung über Spanien eine kritische Haltung. Aus ihrem antifaschistischen Selbstverständnis heraus prangerten ebenso die zahlreichen sozialdemokratischen Presseorgane[277] beharrlich den undemokratischen Charakter des Regimes an. Das Gros der westdeutschen Medien stellte aber die franquistische Diktatur in einem milden Lichte dar.

Dafür sorgte vor allem die „Berichtsfabrik" Heinz Barth[278], der in den 50er Jahren zeitweilig mindestens fünfzehn bundesdeutsche Zeitungen und vier Radiostationen belieferte. Die Spanien-Berichterstattung lag damit nahezu in einer Hand, denn Barth schrieb auch für die meisten überregional bedeutsamen Blätter, wie die „Süddeutsche Zeitung", „Welt", „Tagesspiegel", „Stuttgarter Nachrichten" und die „Westdeutsche Allgemeine Zeitung" – eine größere Reichweite hatte kein anderer deutscher Journalist[279]. Diese Omnipräsenz spiegelte einerseits das geringe Interesse an dem politisch isolierten Land wider,

---

[275] Der Spiegel, Nr. 51, 17. 12. 1958, S. 7.
[276] Vgl. Ergebnisprotokoll der ersten Sitzung des Ständigen Gemischten Ausschusses, 13. 3. 1959, PA/AA, Bestand Botschaft Madrid, Bd. 7667.
[277] Die traditionsreiche SPD-Presse umfaßte 1956 immerhin 26 Zeitungen. Vgl. zur Entwicklung der Presselandschaft in der Bundesrepublik die skizzenhafte Darstellung von Frei, Die Presse, S. 308.
[278] So titulierte ihn der Leiter des Pressereferats im Auswärtigen Amt, Günter Diehl, Mitte der 50er Jahre. Vgl. das Schreiben Diehls an das Spanienreferat, 16. 8. 1955, PA/AA, Ref. 203, Bd. 473.
[279] Außerdem berichtete er über spanische Themen in: Frankfurter Neue Presse, Mannheimer Morgen, Düsseldorfer Nachrichten, Norddeutsche Zeitung, Schwäbische Zeitung, Westfälische Nachrichten, Weser-Kurier, Wuppertaler Generalanzeiger, Hamburger Abendblatt, Deutsche Zeitung und Wirtschaftszeitung. Überdies arbeite Barth, so die Madrider Botschaft, noch für weitere Zeitungen und Zeitschriften. Seine Artikel für Die Welt schrieb er unter dem Pseudonym „Gottfried Grosse", während er für die SZ die spanische Form seines Vornamens (Enrique) verwendete. An Rundfunkstationen vertrat er den Sender Freies Berlin, Radio Bremen, den Nordwestdeutschen Rundfunk und den Hessischen Rundfunk. Botschaft Madrid an Auswärtiges Amt, 13. 6. 1955, PA/AA, Ref. 206, Bd. 33.

das nur gelegentlich Aufmerksamkeit erfuhr[280]. Andererseits war die dominierende Position Barths auch Ausdruck des Neubeginns der westdeutschen Presse insgesamt.

Die Auslandsberichterstattung steckte noch in den „Kinderschuhen", das Korrespondentennetz mußte nach dem Kriege erst wieder neu geknüpft werden. Ebenso wie andere Bereiche der westdeutschen Gesellschaft stand auch der Journalismus vor dem grundlegenden Problem, eine „neue" demokratische Presse[281] überwiegend mit dem „alten" Personal entwickeln zu müssen. Nicht nur für Barth galt, daß sich viele Journalisten bei ihrer Nachkriegskarriere gegenseitig halfen. So fanden sich u. a. in den Reihen der von den Briten gegründeten „Welt" mehrere Redakteure wieder, die wie Barth zuvor für die NS-Wochenzeitung „Das Reich" geschrieben hatten. Daher war es nicht verwunderlich, daß auch der ehemalige Kollege Barth seit 1949 für „Die Welt" arbeiten konnte[282]. Insgesamt kam es in der Publizistik zu einer „kollegiale[n] Zwangsgemeinschaft der wenigen Unbefleckten mit den vielen Halbverstrickten und Läuterungswilligen"[283].

Heinz Barth (Jahrgang 1910), NSDAP-Mitglied seit 1936[284], der von 1939 bis zu seiner Einberufung zur Wehrmacht 1944 für die „Deutsche Allgemeine Zeitung" und die Wochenzeitung „Das Reich" sowie das „Deutsche Nachrichtenbüro" aus Spanien berichtet hatte, gehörte sicherlich zu den vielen „Halbverstrickten". Als Buchautor pries er 1940 in einer von Paul Karl Schmidt, dem Chef der Nachrichten- und Presseabteilung im Auswärtigen Amt, herausgegebenen Propagandaschrift die faschistische „Revolution am Mittel-

---

[280] Eine Darstellung zum Bild Spaniens in der westdeutschen Publizistik ist noch ein Desiderat der Forschung. Eine erste Annäherung an das Thema findet sich bei Briesemeister, Spanien in der deutschen Essayistik und Zeitungsberichterstattung der Jahre 1945 bis 1968, S. 83–90. Für die Zeit zwischen 1945 bis 1949 vgl. Aschmann, „Treue Freunde ..."?, S. 150–109.
[281] Zum Neubeginn der Presse in Deutschland siehe: Hurwitz, Die Stunde Null der deutschen Presse; Koszyk, Pressepolitik für Deutsche; Hachmeister/Siering (Hrsg.), Die Herren Journalisten; Hodenberg von, Die Journalisten und der Aufbruch zur kritischen Öffentlichkeit; Weiß, Journalisten.
[282] Vgl. dazu Frei, Stunde Null der deutschen Presse?, S. 187 f.
[283] Ebenda, S. 189. In den von Peter Köpf untersuchten 151 Nachkriegsredaktionen der Jahre 1945–1949 fanden sich lediglich 25 Redaktionen ohne nationalsozialistische Vergangenheit. Über 500 Journalisten hatten bereits zwischen 1936 und 1945 in der Presse des „Dritten Reiches" gearbeitet; Köpf, Schreiben nach jeder Richtung, S. 237. Siehe auch: Köhler, Unheimliche Publizisten. Die verdrängte Vergangenheit der Medienmacher. Diesem Buch liegt die bereits 1989 erschienene Studie Köhlers „Wir Schreibmaschinentäter" zugrunde. In der vollständig überarbeiteten Neufassung verzichtet der Autor ohne Angabe von Gründen auf das Kapitel zu Heinz Barth.
[284] Auskunft des Bundesarchivs, Außenstelle Berlin-Zehlendorf (früher Berlin Document Center). Die Barth in der Nachkriegszeit wiederholt unterstellte nachrichtendienstliche Tätigkeit für den Sicherheitsdienst (SD) der SS konnte vom Bundesarchiv nicht bestätigt werden. Dieses Gerücht geht auf Franz Heinrich Pfeifer, einen früheren Mitarbeiter Heydrichs, zurück. Pfeifer hatte 1945 unter dem Namen Heinrich Orb über die Spionagetätigkeit zahlreicher Auslandskorrespondenten berichtet. Vgl. Orb, Nationalsozialismus. Dreizehn Jahre Machtrausch. Siehe ebenfalls Köhler, Unheimliche Publizisten, S. 208. Auch das Auswärtige Amt hatte 1955 Aufklärungsbedarf. Es bat die deutsche Vertretung in Madrid, „streng vertraulich" festzustellen, ob Barth mit Wissen der spanischen Behörden während des Krieges für den SD und nach 1945 für französische Sicherheitsbehörden gearbeitet habe. Vgl. Welck an Botschafter Prinz Adalbert, 24. 6. 1955, PA/AA, Ref. 203, Bd. 473. Nach Recherchen bei den spanischen Behörden und einer „sonst zuverlässige[n] alliierte[n] Stelle" konnte die Botschaft keine Anhaltspunkte für Barths geheimdienstliche Aktivitäten finden. Vgl. Botschafter Prinz Adalbert an Auswärtiges Amt, 26. 6. 1955, PA/AA, Ref. 203, Bd. 473. Das „neutrale" Spanien war im Zweiten Weltkrieg aufgrund seiner strategischen Lage ein für die deutsche Auslandsspionage begehrter Platz. Vgl. Höhne, Canaris. Patriot im Zwielicht, S. 407 f.; Collado Seidel, Zufluchtsstätte für Nationalsozialisten?, S. 134–144.

meer"[285]. Auch mit seinen Zeitungsartikeln fügte sich Barth damals harmonisch in die oberflächliche und klischeehafte Spanien-Berichterstattung der deutschen Medien ein, die von den ideologischen Maximen des NS-Weltbildes getragen war[286]. Seit dem Beginn des Zweiten Weltkrieges rückten dabei Retrospektiven auf den Bürgerkrieg und die Vorstellung von der antibolschewistisch inspirierten Freundschaft in den Vordergrund. Das Interesse an Francos Außenpolitik ließ allerdings mit dem Kriegsverlauf seit 1944 stark nach, die deutsch-spanische Gemeinsamkeit wurde öffentlich nur noch selten akzentuiert[287].

Nach dem Kriege setzte Barth seine journalistische Karriere in vertrauter Umgebung fort. Er kehrte 1947 mit einem chilenischen Paß nach Madrid zurück[288]. Bevor Barth wieder verschiedene deutsche Blätter mit Eindrücken aus Spanien versorgte, schrieb er zunächst im Auftrag der faschistisch geprägten Staatspartei Falange propagandistische „Stimmungsberichte", die im westlichen Ausland um Sympathie für das politisch isolierte Land werben sollten[289]. Das antikommunistische Klima in der frühen Bundesrepublik erleichterte es Barth, seine regimefreundliche Haltung in ähnlicher Weise auch dem deutschen Zeitungspublikum nahezubringen. Wie ein roter Faden durchzieht seine Artikel die Mahnung, die „alte, durch keinerlei historische Hypotheken belastete Freundschaft, die beide Länder miteinander verbindet"[290], zu einer engeren Zusammenarbeit zu nutzen. Dabei trat der Korrespondent überwiegend als Sachwalter Spaniens auf. Das unterkühlte bilaterale Verhältnis war für ihn in erster Linie die Folge der außenpolitischen Rücksicht Bonns auf die antifranquistischen Vorbehalte anderer westlicher Staaten, die aus seiner Sicht immer fragwürdiger wurde. Nachdem die USA als „mächtigste Demokratie der Erde"[291] gleichsam vorbildhaft zum „Bundesgenossen Francos" geworden seien, habe diese „etwas übertriebene Vorsicht" endgültig ihren Sinn verloren. So klagte er im März 1955, kurz bevor die Bundesrepublik in die Souveränität entlassen werden sollte, im „Mannhei-

---

[285] Köhler, Wir Schreibmaschinentäter, S. 243. Unter dem Namen Paul Carrell machte Schmidt in der Bundesrepublik später publizistisch Karriere. Zu seinem Werdegang vor und nach 1945 ausführlich: Benz, Paul Carell. Ferner: Köhler, Unheimliche Publizisten, S. 164-203.

[286] Zu diesem Fazit kommt Peter, Das Spanienbild in den Massenmedien des Dritten Reiches, S. 224. Vgl. zu Barths idealisiertem Bild der spanischen Staatspartei Falange und der Person Francos S. 162.

[287] Ungeachtet des außenpolitischen Lavierens Francos und der mit dem Kriegsverlauf wachsenden Entfremdung beider Diktaturen wurde in den deutschen Medien Spanien – im Gegensatz zu Italien – nie Verrat an der gemeinsamen Sache vorgehalten. Ebenda, S. 208.

[288] Botschaft Madrid an Auswärtiges Amt, 26. 6. 1955, PA/AA, Ref. 203, Bd. 473. Nach Informationen der deutschen Botschaft in Madrid war Barth im Juli 1945 vom chilenischen Konsulat in Dresden ein provisorischer Paß ausgestellt worden. Seinen Angaben zufolge habe er ihn aber erst im März 1947 von dem jetzt in München lebenden früheren chilenischen Konsul in Dresden erhalten, der, so Barth, „gegen Entgelt viel[e] derartige Dokumente erteilt habe". Nicht nur die genauen Umstände dieser Paßgeschichte, sondern auch die Beweggründe Barths bleiben im dunkeln. Möglicherweise wollte er mit seiner neuen Staatsangehörigkeit einem drohenden Entnazifizierungsverfahren aus dem Wege gehen. Die Madrider Botschaft hatte ihm nach Vorlage einer eidesstattlichen Erklärung, daß er keine fremde Staatsangehörigkeit besitze, 1953 einen deutschen Reisepaß ausgestellt.

[289] Botschaft Madrid (Vertraulich) betr. Auslandskorrespondent Heinz Barth, 29. 7. 1955, PA/AA, Ref. 206, Bd. 33. Barth, vom spanischen Informationsministerium als „besonderer Fall" gekennzeichnet, erklärte dem Pressereferenten der Botschaft, er habe 8-9 Monate (Oktober 1947-Juni 1948) für den Artikeldienst der „Sección de Investigación e Información de la Falange" gearbeitet. Da er aber jede nachrichtendienstliche Tätigkeit abgelehnt habe, sei ihm später gekündigt worden.

[290] Stuttgarter Nachrichten, 31. 12. 1955.

[291] Mannheimer Morgen, 2. 3. 1955.

mer Morgen" eine seiner Ansicht nach inzwischen überfällige Neuorientierung der Bonner Spanienpolitik ein: „Es ist offensichtlich, daß bei der Bundesregierung bis zur Stunde praktisch nichts vorhanden ist, was die Bezeichnung ‚Spanienpolitik' verdienen würde. Allzu sorglos hat man in Bonn das Verhältnis am Boden schleifen lassen, weil man offenbar glaubte, die Bundesrepublik könne sich angesichts der ideologischen Vorbehalte, die in den westlichen Ländern gegen Spanien geltend gemacht wurden, nicht dem Verdacht einer neuen ‚Achsenpolitik' aussetzen."[292]

Barths Ehrgeiz, auf die deutsche Spanienpolitik einzuwirken, beschränkte sich nicht allein auf das journalistische Feld. In der Bonner Regierung fand er für seine Kritik durchaus Verbündete. So bat Bundesratsminister von Merkatz, als „Abendländer" an Spanien besonders interessiert, Barth um eine Analyse des bilateralen Verhältnisses. In dem „streng vertraulichen" Hintergrundbericht an Merkatz kritisierte Barth im Oktober 1955 die Konzeptionslosigkeit der bisherigen Bonner Spanienpolitik. Sorgen bereitete ihm die mangelnde „Durchschlagskraft" der deutschen Botschaft, die mit Prinz Adalbert, der große menschliche Sympathien genieße, bisher den Eindruck erweckt habe, daß die Bundesrepublik mehr dekorativ als politisch in Spanien vertreten sei. Diese Wahrnehmung habe vor allem die Spanier dazu ermutigt, die deutschen Forderungen in der Vermögensfrage „mit sorgloser Gleichgültigkeit zu behandeln"[293].

Die in seinen journalistischen Beiträgen immer wieder dokumentierte Sympathie für das Franco-Regime erlaubte ihm – trotz der politischen Zensur[294] – in der Auseinandersetzung um das enteignete deutsche Vermögen aber auch andere Töne anzuschlagen. Als „Gottfried Grosse" kritisierte Barth für „Die Welt" Anfang 1957 unverblümt spanische Reparationsforderungen mit der Schlagzeile: „Die Regierung Franco spannt den Bogen zu weit."[295] In der Sache sei das Regime bisher „jeden Nachweis schuldig geblieben, wie es seine Forderungen begründen will"[296]. Wenn die deutsch-spanische Freundschaft diese „neue Prüfung" überstehen solle, müsse, so forderte er, Madrid seine Position überdenken. Das Ende des jahrelangen Konflikts ließ Barth im Frühjahr 1958 dann wieder versöhnlich werden. Das Vermögensabkommen würdigte er in gewohnt konziliater Weise. Wie so häufig arbeitete der Journalist auch hier in seinem Rückblick mit dem Stereotyp der völkerverbindenden Freundschaft: „Aber es verdient festgehalten zu werden, daß selbst auf dem Tiefpunkt der deutsch-spanischen Beziehungen die Mehrheit der spanischen Öffentlichkeit mit ihren Sympathien auf deutscher Seite stand. Sie hat das Unrecht der Enteignung aus innerster Überzeugung missbilligt."[297]

Heinz Barth war durch seine langjährige Erfahrung als Spanien-Korrespondent und seine vielfältigen Kontakte eine Schlüsselfigur für das Bild des iberischen Landes in der

---

[292] Ebenda.
[293] Barth an von Merkatz, 11.10.1955, ACDP, Nl. von Merkatz, I-148, Bd. 009/1.
[294] Ein anderer langjähriger deutscher Spanien-Korrespondent, Anton Dieterich (Kölner Stadtanzeiger, Rheinische Post, Kölnische Rundschau), der ebenfalls schon zwischen 1939 und 1944 aus Spanien berichtet hatte, beschrieb die Zensur in Gestalt des Informationsministeriums nach dem Kriege als nicht sehr rigide. Oftmals habe sie „wackelige Zähne" gehabt. Jeder einzelne Bericht mußte aber vorgelegt werden. Hinzu kam nach den Worten Dieterichs die Kontrolle und indirekte Überwachung durch die spanische Botschaft in Bonn, die bei mißliebigen Artikeln entsprechende Berichte an das Informationsministerium schickte. Gespräch mit Anton Dieterich, 29.5.1990 in Madrid.
[295] Die Welt, 30.1.1957.
[296] Ebenda.
[297] Die Welt, 13.3.1958.

westdeutschen Presse. Um so mehr verwunderte es, daß Barth, der sich im Spanien Francos eingerichtet hatte, im Sommer 1955 unerwartete Schwierigkeiten mit dem Madrider Informationsministerium bekam. Ohne Angabe von Gründen wurde ihm mitgeteilt, daß sein Presseausweis nicht mehr wie bisher üblich ein halbes Jahr verlängert werde, sondern nur noch für einen Monat gelte und dann neu beantragt werden müsse[298]. Barth befürchtete, dieser Schritt sei als Vorstufe einer späteren Ausweisung gedacht. Er begriff sich als politisches Opfer der Pressezensur und sah in dieser Maßnahme „einen ungerechtfertigten Druck wegen seiner kritischen Einstellung gegenüber dem Franco-Regime"[299]. In Bonn wurde diese Argumentation verwundert aufgenommen. Dem Spanien-Referenten im Auswärtigen Amt erschien es „unwahrscheinlich", daß die „Berichterstattung Barths, die vom Länderreferat seit langem aufmerksam verfolgt wird, der Anlaß zu dieser Maßnahme gewesen sei"[300]. Deshalb erhielt die Botschaft in Madrid die Weisung, zunächst bei den spanischen Behörden zu ermitteln, und falls eine ungerechtfertigte „Diskriminierung" vorliege, deren Rücknahme zu verlangen. Die Suche nach den wahren Motiven des Informationsministeriums erwies sich als Stochern im Nebel.

Die Botschaft konnte lediglich mit Vermutungen aufwarten, die auf atmosphärische Spannungen zwischen dem Informationsministerium und Barth hindeuteten. Demnach warf der Generaldirektor für Pressewesen, Aparicio, dem Journalisten enttäuscht „Gesinnungswandel" vor, der ihn an der Loyalität Barths zu Spanien zweifeln lasse[301]. Der Leiter des Pressereferats im Auswärtigen Amt, Diehl, argwöhnte daraufhin, daß Barth sich durch seine engen Verbindungen zur Falange angreifbar gemacht habe und das Vorgehen des Informationsministeriums den Unmut über Barths wachsende Distanz zur Staatspartei widerspiegele: „Die eigentliche Ursache des Zerwürfnisses dürfte sein, daß Herr Barth tief in die spanische Innenpolitik verstrickt ist. Die Falange hat bis 1945 in Herrn Barth als Vertreter von ,Das Reich' einen besonders zuverlässigen Vertrauens- und Verbindungsmann gesehen. Die Falange hat ihm in der Notzeit nach 1945 [...] geholfen, indem sie ihn in einem Nachrichtendienst beschäftigte. Die Falange hat Barth wohl auch ermöglicht, chilenische Papiere zu erhalten. Die Falange glaubt – ob zu Recht oder Unrecht, das bleibt dahingestellt – infolgedessen einen Anspruch darauf zu haben, daß Herr Barth ihr gegenüber ,treu' ist."[302] Inzwischen hatte sich ihr „Schützling" aber offenbar politisch von ihr entfernt. Barth sah nun in der Rückkehr zum Monarchismus augenscheinlich die politische Zukunft Spaniens[303].

Die Madrider Botschaft verwies in ihrem Ermittlungsbericht außerdem auf die herausgehobene Position, die Barth unter seinen Kollegen einnehme. Möglicherweise seien die aktuellen Probleme des „bestverdienenden deutschen Journalisten"[304] auch von Intrigen und Mißgunst gefördert worden. Im Gegensatz zu den Pressevertretern aus den USA, Eng-

---

[298] Botschaft Madrid betr. beschränkte Verlängerung der Akkreditierung des deutschen Journalisten Heinz Barth, 11.6.1955, PA/AA, Ref. 206, Bd. 33.
[299] Presse- und Informationsamt an Auswärtiges Amt, 8.6.1955, PA/AA, Ref. 206, Bd. 33.
[300] Aufzeichnung für den Bundesminister des Auswärtigen betr. Tätigkeit des deutschen Journalisten Heinz Barth, 28.6.1955, PA/AA, Ref. 206, Bd. 33.
[301] Botschaft Madrid betr. Heinz Barth, 29.7.1955, PA/AA, Ref. 206, Bd. 33.
[302] Diehl an Ref. 303, 16.8.1955, PA/AA, Ref. 203, Bd. 473.
[303] Ebenda.
[304] Botschaft Madrid an Auswärtiges Amt, 26.6.1955, PA/AA, Ref. 203, Bd. 473.

land oder Frankreich blieben die meisten deutschen Spanien-Korrespondenten lange im Lande[305]. Dadurch hatte sich ein System von Konkurrenz und Abhängigkeiten herausgebildet, das nach dem Eindruck der deutschen Botschaft mit einer vorurteilsfreien und unabhängigen Berichterstattung auf Dauer nicht vereinbar war. Denn die spanische Seite nutzte die Rivalitäten der Pressevertreter politisch in ihrem Sinne aus. Dies geschehe „in zwei Richtungen", urteilten die diplomatischen Beobachter: „in der Ausübung von Druck auf [die] wegen ihrer Berichterstattung weniger beliebte [Seite] und in der Gewährung von Vorteilen – nach zuverlässigen, wenn auch nicht beweisbaren Angaben sogar finanzieller Art – nach der aus den umgekehrten Gründen willkommeneren Seite"[306]. Eine tiefergehende Beschreibung der innenpolitischen Verhältnisse in Spanien wurde von den deutschen Korrespondenten auch kaum geleistet. Heinz Barth, der von diesem „Sumpf" offensichtlich bis dahin profitiert hatte, konnte den Disziplinierungsversuch dank der Unterstützung der deutschen wie auch spanischer Behörden bald abwenden. Nachdem sogar das Madrider Außenministerium den Alleingang des Informationsministeriums als „idiotische und dumme Maßnahme"[307] eingestuft und förmlich interveniert hatte, wurde die zeitliche Beschränkung im August 1955 wieder zurückgenommen[308].

In Bonn war der „Fall Barth" mit wachsendem Unbehagen verfolgt worden. Die zutage geförderten Informationen ließen das Auswärtige Amt auf Distanz gehen. Günter Diehl, der Leiter des Pressereferats, befürchtete angesichts der vielen Ungereimtheiten um Barth anhaltende Querelen, die auch in dessen Monopolstellung begründet seien: „Immerhin stellt sich die Frage, ob die Zusammenballung der Spanienberichterstattung der deutschen Presse in einer Hand, wie es bei der ‚Berichtsfabrik' von Heinz Barth der Fall ist, pressepolitisch gesund ist."[309] Ihm wäre es deshalb lieber gewesen, wenn der umtriebige Korrespondent seine bisherige Wirkungsstätte, wie von Barth angekündigt, freiwillig verlassen hätte: „Wir haben von Amts wegen natürlich ein Interesse daran, daß die Sache ohne Prestigeverlust für uns ausgestanden wird. Aber der Fall Barth enthält Stoff für weitere Konflikte, und es wäre meines Erachtens das Beste, wenn Herr Barth seine mir gegenüber geäußerte Absicht wahr machen würde, in absehbarer Zeit sein Tätigkeitsfeld zu wechseln."[310] Dieser Wunsch sollte sich so schnell nicht erfüllen. Barth verließ seinen Arbeitsplatz Spanien erst im Jahre 1962. Zu seinem Abschied schrieb die Zeitung „Christ und Welt" treffend, aber ohne die gebotene Ironie: „Ein Vierteljahrhundert hindurch hat Barth das deutsche Spanien-Bild nachhaltig beeinflußt und sich in Madrid großer Wertschätzung erfreut."[311]

---

[305] Der Journalist Anton Dieterich beschrieb dieses Phänomen, das auch für ihn galt, mit den Worten: „Die Deutschen kamen und blieben." Gespräch mit Anton Dieterich, 29. 5. 1990 in Madrid. In der spanischen Hauptstadt waren 1955 14 deutsche bzw. deutschsprachige Journalisten akkreditiert. Darunter befand sich auch der Österreicher Josef Hans Lazar, der zwischen 1939 und 1945 als Presseattaché an der deutschen Botschaft in Madrid tätig gewesen war. Vgl. Botschaft Madrid, 21. 9. 1955, PA/AA, Ref. 206, Bd. 33. Anders als etwa die Spanien-Berichterstatter der New York Times, Time und Le Monde wurde in den 50er Jahren kein deutscher Journalist des Landes verwiesen.
[306] Botschaft Madrid betr. Heinz Barth, 29. 7. 1955, PA/AA, Ref. 206, Bd. 33.
[307] Aufzeichnung Klein betr. Vorgehen des spanischen Informationsministeriums gegen den Journalisten Heinz Barth, 29. 6. 1955, PA/AA, Ref. 206, Bd. 33.
[308] Botschaft Madrid an Auswärtiges Amt, 1. 8. 1955, PA/AA, Ref. 206, Bd. 33.
[309] Diehl an Klein, 16. 8. 1955, PA/AA, Ref. 203, Bd. 473.
[310] Ebenda.
[311] Zitiert nach: Der Spiegel, Nr. 30, 21. 7. 1969, S. 109.

II. Wirtschaftliche Aspekte im deutsch-spanischen Verhältnis

1. Die Entwicklung der Handelsbeziehungen

Die Aufnahme von Handelsbeziehungen zwischen Westdeutschland und Spanien ging der Wiederannäherung im politischen Bereich voran. Nachdem die von den Alliierten bei Kriegsende zunächst generell untersagten kommerziellen Kontakte der Deutschen mit dem Ausland[1] im Fall Spanien seit Juli 1948 zugelassen worden waren[2], konnte wieder an die seit September 1944 unterbrochenen Geschäftsverbindungen[3] angeknüpft werden. Bereits Ende 1948 vereinbarten die anglo-amerikanischen Besatzungsmächte durch ihre Außenhandelsbehörde ein Waren- und Zahlungsabkommen mit Spanien. Das von der Joint Export Import Agency (JEIA) für die Bizone vorgesehene Abkommen vom 18. Dezember 1948 trat zum 1. Februar 1949 in Kraft. Es sah einen Warenaustausch von 11,1 Millionen US-Dollar in beiden Richtungen vor, der durch eine Zusatzvereinbarung im November 1949 auf jeweils rund 20 Millionen Dollar erhöht wurde[4]. Das erste von der Bundesregierung vereinbarte Handelsabkommen vom 1. Mai 1950[5] beinhaltete nochmals eine Verdoppelung des Gesamtvolumens mit einer Wareneinfuhr von 43 Millionen Dollar und einer Ausfuhr von 48 Millionen Dollar auf deutscher Seite. Wie im Vor- und Nachkriegseuropa zunächst üblich, waren auch hier die Ein- und Ausfuhrkontingente im einzelnen festge-

---

[1] Durch Kontrollratsbeschluß wurde erst im Dezember 1946 ein eingeschränkter geschäftlicher Postverkehr zwischen Deutschland und dem Ausland zugelassen. Vgl. Buchheim, Die Wiedereingliederung Westdeutschlands in die Weltwirtschaft 1945-1958, S. 31. Zum Neubeginn des Handelsverkehrs mit dem Ausland siehe außerdem Jerchow, Deutschland in der Weltwirtschaft 1944-1947; Knapp, Die Anfänge westdeutscher Außenwirtschafts- und Außenpolitik im bizonalen Vereinigten Wirtschaftsgebiet (1947-1949), S. 53.
[2] Dies betraf den Handels- und Postverkehr. Vgl. Schreiben der Verwaltung für Wirtschaft im Vereinigten Wirtschaftsgebiet (Abt. Außenwirtschaft) an das Amt für Stahl und Eisen, 31.8.1948, BA, B 102, Bd. 2060 H. 2.
[3] Vgl. Ruhl, Spanien im Zweiten Weltkrieg, S. 242. Vgl. zu den Wirtschaftsbeziehungen beider Länder im Zweiten Weltkrieg García Pérez, Franquismo y Tercer Reich; Leitz, Economic Relations between Nazi Germany and Franco's Spain 1936-1945.
[4] Vgl. zur Wiederaufnahme des Handels den ersten Jahresbericht der Deutschen Handelskammer für Spanien nach dem Kriege, Madrid 1950, S. 5 f. Die erste Mitgliederversammlung der Kammer hatte am 29. November 1948 stattgefunden. Anläßlich ihres siebzigjährigen Bestehens wies die Handelskammer im Jahre 1987 darauf hin, daß sie die einzige deutsche Auslandskammer gewesen sei, die im Zweiten Weltkrieg nicht habe schließen müssen. In der Nachkriegszeit war sie durch das Fehlen anderer offiziöser deutscher Organisationen zunächst „eine Hilfsorganisation für jederart Deutschland betreffende Probleme geworden". Vgl. die Festschrift 70 Jahre im Dienste des Deutsch-Spanischen Handels, Madrid 1987, S. 24. Zu den Anfängen der westdeutschen Wirtschaftsdiplomatie siehe Sowade, Wegbereiter des Wiederaufstiegs.
[5] Die Bundesregierung war im November 1949 von der Alliierten Hohen Kommission ermächtigt worden, selbständig Handels- und Verrechnungsabkommen mit anderen Staaten abzuschließen. Vgl. dazu Knapp, Die Anfänge westdeutscher Außenwirtschafts- und Außenpolitik im bizonalen Vereinten Wirtschaftsgebiet (1947-1949), S. 63. Zum Handelsvertrag mit Spanien vgl. den Jahresbericht der Deutschen Handelskammer für Spanien (Anm. 4), S. 7 f.

legt worden[6]. Darin spiegelte sich weitgehend das Muster der Vorkriegszeit wider. Beim deutschen Import aus dem Agrarland Spanien dominierten landwirtschaftliche Produkte, vor allem Südfrüchte, Obst, Wein und Fischkonserven, sowie industrielle Rohstoffe, wie Erze und Schwefelkiese (Pyrite). Die deutsche Ausfuhr setzte sich im wesentlichen aus Maschinen und Erzeugnissen der chemischen Industrie zusammen.

Spaniens Abhängigkeit vom Export seiner Agrarprodukte beeinflußte denn auch wesentlich die deutsch-spanische Handelspolitik in den 50er Jahren. So enthielt der 1950 vereinbarte Handelsvertrag auf deutscher Seite Einfuhrkontingente für landwirtschaftliche Waren in Höhe von 26 Millionen Dollar, was mit etwa 60 Prozent des Gesamtvolumens auch der Vorkriegsstruktur des Handels entsprach[7]. Der bis dahin stetig wachsende Warenaustausch war mit diesem Abkommen aber an Grenzen gestoßen. Eine weitere Ausdehnung schien nur durch erhöhte Einfuhren spanischer Agrarprodukte möglich zu sein. Spanien erwartete insbesondere eine wachsende Quote bei der Abnahme von Zitrusfrüchten. Diese bereits bei den Handelsvertragsverhandlungen 1950 von deutscher Seite in Aussicht gestellte Aufstockung[8] löste in Bonn allerdings eine Kontroverse zwischen den beteiligten Fachressorts aus. Das Bundesministerium für Landwirtschaft und Ernährung mochte allenfalls eine Steigerung um 1 Million Dollar akzeptieren[9]. Gegenüber dem Bundeswirtschaftsministerium, das bis Ende 1952 für die Ausarbeitung der Handelsverträge zuständig war[10], argumentierte es vor allem als Interessenvertreter der heimischen Landwirtschaft. Angesichts der „eigenen großen Obsternte", so Staatssekretär Sonnemann[11], und der durch andere Länder bereits erfolgenden „sehr großen Zitrus-Einfuhren"[12] seien die spanischen Wünsche nicht zu erfüllen. Die gegenwärtige ernährungspolitische Situation der Bundesrepublik spreche überdies gegen eine zusätzliche Versorgung mit „entbehrlichen Südfrüchten"[13], da die Einfuhr „unentbehrlicher Lebensmittel" vor-

---

[6] Bis zum Jahr 1947 hatten allein die europäischen Länder über 200 bilaterale Warenaustausch-Abkommen abgeschlossen. Zu den protektionistischen Anfängen des Außenhandels nach dem Kriege vgl. Abelshauser, Wirtschaftsgeschichte der Bundesrepublik Deutschland, S. 147 ff.
[7] Bundesministerium für Wirtschaft an Auswärtiges Amt betr. Stand der handelspolitischen Beziehungen mit Spanien, 23. 5. 1951, PA/AA, Ref. 412, Bd. 88.
[8] In einem zu dem Abkommen vom 1. 5. 1950 gehörenden Briefwechsel war der spanischen Regierung eine „besonders wohlwollende Prüfung" zugesagt worden. Dazu Staatssekretär Schalfajew (Bundeswirtschaftsministerium) an Staatssekretär Sonnemann (Bundesministerium für Ernährung und Landwirtschaft), 2. 12. 1950, PA/AA, Ref. 412, Bd. 87.
[9] Sonnemann an Schalfajew, 4. 12. 1950, PA/AA, Ref. 412, Bd. 87.
[10] Seit Anfang 1953 war das Auswärtige Amt wieder für die Handelspolitik mit dem Ausland verantwortlich. Mit dieser Kompetenzverlagerung einher ging der Wechsel von Beamten des Wirtschaftsministeriums zur Handelspolitischen Abteilung des Auswärtigen Amtes. Siehe dazu Küsters, Adenauers Europapolitik in der Gründungsphase der Europäischen Wirtschaftsgemeinschaft, S. 653.
[11] Sonnemann an Schalfajew, 4. 12. 1950 (Anm. 8).
[12] Gemeint waren damit vor allem Frankreich und Italien, deren Warenverkehr mit der Bundesrepublik bereits liberalisiert war. Diese hatten im Jahr 1950 Zitrusfrüchte in „ungewöhnlicher Menge" für 37 Mio. Dollar nach Westdeutschland exportiert. Aufzeichnung von Maltzan (Leiter der Außenwirtschaftsabteilung) für Bundeswirtschaftsminister Erhard betr. Verhandlungen über das deutsch-spanische Handelsabkommen, 30. 3. 1951, BA, B 102, Bd. 110888.
[13] Während in der Vorkriegszeit der Konsum von frischen Südfrüchten eine Besonderheit darstellte, veränderte sich dies zunehmend im ersten Nachkriegsjahrzehnt. Zwischen 1950 und 1960 stieg der Verbrauch an Südfrüchten in den „4-Personen-Arbeitnehmerhaushalten" um das Fünffache an. Die Bundesrepublik entwickelte sich bereits Ende der fünziger Jahre zum weltweit größten Importeur von frischen Südfrüchten. Dazu Wildt, Am Beginn der ‚Konsumgesellschaft', S. 86 ff.

rangig sei. Die schließlich im Dezember 1950 vom Agrarressort zugestandene Erhöhung um 1 Million Dollar[14] blieb nicht das letzte Wort. Denn für die vom Wirtschaftsministerium angestrebte Steigerung der deutschen Ausfuhren kam angesichts der eingeschränkten spanischen Liefermöglichkeiten auf dem Rohstoffsektor als Ausgleich nur eine höhere Quote an Zitrusfrüchten in Betracht.

Die „Orangenfrage" stand während der Handelsvertragsverhandlungen im April 1951 zwangsläufig im Mittelpunkt. Die spanische Seite machte dabei deutlich, daß sie den deutschen Wünschen nach Import von mehr Eisenerz und Schwefelkiesen nur im Falle einer wesentlich größeren Abnahme von Zitrusfrüchten entsprechen könne, und erinnerte daran, daß Deutschland vor dem Kriege etwa 25–30 Prozent der gesamten Apfelsinen-Exporte abgenommen habe[15]. Die nach wie vor starre Haltung des Bundeslandwirtschaftsministeriums ließ nur wenig Spielraum zu, so daß die Gespräche in Madrid ohne Ergebnis abgebrochen werden mußten[16]. Ohne ein Einlenken des Bonner Agrarressorts, so befürchtete das Bundeswirtschaftsministerium, werde der im September in Bonn wieder aufgenommene Handelsdialog erneut scheitern: „Es kann wohl kaum bezweifelt werden, daß eine deutsche Abnahme eines geringen Orangenkontingents den Abschluß eines Vertrages unmöglich macht und damit die Spanier, deren Orangen früher in Deutschland an erster Stelle in Bezug auf Einfuhrmenge, Qualität und Billigkeit standen, gerade in einem Augenblick verstimmt, in welchem Herstellung der wirtschaftlichen Harmonie am Platze ist."[17]

Um möglichst schnell eine Entscheidung der Bundesregierung über das „Luxusgut" Apfelsinen herbeizuführen, brachte das Wirtschaftsministerium Anfang Oktober eine Kabinettsvorlage zur deutschen Handelspolitik gegenüber Spanien[18] ein. Darin wurden erstmals auch grundsätzliche Überlegungen zu den künftigen Wirtschaftsbeziehungen mit dem iberischen Land angestellt. Da Madrid seine für die deutsche Industrie bedeutsamen Rohstoffe als gewichtiges Faustpfand in die laufenden Verhandlungen eingebracht hatte, galt hier die Sorge vor allem der aktuellen Rohstoffsicherung: „Im Vordergrund steht die unbedingte Notwendigkeit, für die chemische Industrie die lebenswichtigen Pyrite (zur Gewinnung von Schwefelsäure), für welche Spanien eine Monopolstellung besitzt, sowie für die deutsche Eisenwarenindustrie die hochwertigen Eisenerze sicherzustellen." Über die kurzfristige Rohstoffsicherung hinaus, so die Kabinettsvorlage, müsse es Bonn darum gehen, den spanischen Markt insgesamt wieder mehr in den Blick zu nehmen. Verlorengegangenes Terrain sei infolge des Startnachteils nach dem Zweiten Weltkrieg nicht so ohne weiteres wettzumachen. Insbesondere für deutsche Fertigwaren bilde „die Wiedereroberung" des dortigen Marktes „ein ernstes Problem". Anderen europäischen Ländern

---

[14] Aufzeichnung von Maltzan, 30.3.1951 (Anm. 12).
[15] Aufzeichnung von Maltzan für Bundesminister Erhard zur Besprechung im Kabinett am 2.10.1951, 1.10.1951, BA, B 102, Bd. 58148. Maltzan räumte dies auch als zutreffend ein, in absoluten Zahlen ausgedrückt betrugen die spanischen Zitrusimporte zwischen 1929 und 1936 im Durchschnitt etwa 200 000 t. Die augenblickliche Forderung belaufe sich auf etwa 180 000 t. Zwar sei es für das kleiner gewordene Deutschland schwierig, bei dem gleichzeitigen „Zwang zu sparsamster Einfuhrpolitik" an die früheren Dimensionen heranzukommen, aber ein Entgegenkommen sei dennoch notwendig.
[16] Ebenda.
[17] Aufzeichnung von Maltzan betr. schwebende deutsch-spanische Wirtschaftsverhandlungen in Bonn, 29.9.1951, PA/AA, Ref. 412, Bd. 87. Der spanischen Forderung nach einem Kontingent von 18 Mio. Dollar für Orangen und Mandarinen wollte das Landwirtschaftsministerium nur zur Hälfte entsprechen.
[18] Aufzeichnung von Maltzan, 2.10.1951 (Anm. 15). Danach das Folgende.

sei es auch durch zusätzliche Importe von Zitrusfrüchten gelungen, in Teilbereichen der spanischen Wirtschaft eine dominierende Position zu erlangen: „So beherrschen z. B. der französische PKW und chemische und elektrotechnische Fertigerzeugnisse aus der Schweiz, Belgien und Holland den spanischen Markt, während die entsprechenden deutschen Produkte zwar von der Bevölkerung nach wie vor gewünscht, durch die spanische Handelspolitik aber vorläufig abgelehnt werden."[19] Als Ausweg kam für das Bundeswirtschaftsministerium nur ein Zugeständnis bei der strittigen Menge der Zitrusfrüchte in Frage. Die diesmal „nur mittelmäßige deutsche Obsternte" lasse dem Landwirtschaftsministerium ohnehin einen gewissen Handlungsspielraum.

Das Bundeskabinett entschied am 2. Oktober 1951 zugunsten des Wirtschaftsministeriums, machte allerdings die Auflage, die spanische Forderung nach einem Zitrusfrüchte-Export in Höhe von 18 Millionen Dollar möglichst herunterzuhandeln[20]. Damit war die Grundlage für eine Einigung geschaffen. Nur sechs Tage später, am 8. Oktober 1951, wurden die Wirtschaftsverhandlungen in Bonn mit einem Zusatzprotokoll abgeschlossen. Die Bundesrepublik erklärte sich bereit, Zitrusfrüchte bis zu einem Umfang von 16 Millionen Dollar einzuführen. Insgesamt erhöhte sich das Volumen des Warenaustauschs von 48 auf je 62 Millionen Dollar und erreichte damit bereits wieder den Wert des Vorkriegswarenaustauschs[21]. Die Struktur dieses „do ut des"-Geschäfts, Orangen und Rohstoffe gegen Maschinen[22], sollte bis Ende der 50er Jahre das Grundmuster im bilateralen Handelsaustausch bleiben, dessen Umfang sich in erster Linie an den Absatzmöglichkeiten spanischer Waren in der Bundesrepublik ausrichtete.

Es entsprach also der Logik der exportorientierten westdeutschen Außenhandelspolitik, ein Jahr später dem spanischen Drängen nach einer liberalisierten Einfuhr von Agrarprodukten zu entsprechen. Nicht ganz uneigennützig befreite die Bundesrepublik, die als OEEC-Mitglied ohnehin generell dem Abbau von Handelsbarrieren verpflichtet war, Spanien weitgehend von der bisherigen Kontingentierung in diesem Bereich[23]. Angesichts

---

[19] Ebenda. Im Durchschnitt der Vorkriegsjahre habe die deutsche Fertigwarenindustrie mit einem Anteil von 70% eine beherrschende Position eingenommen. Zur Zeit liege ihr Anteil in Spanien bei etwa 30%.
[20] Vgl. 177. Sitzung des Bundeskabinetts, 2.10.1951; Die Kabinettsprotokolle der Bundesregierung, Bd. 4 (1951), bearb. von Ursula Hüllbüsch, Boppard 1988, S. 678–679.
[21] Vermerk für Bundesminister Erhard betr. deutsch-spanische Wirtschaftsverhandlungen, 12.10.1951, BA, B 102, Bd. 58148. Das Ergebnis der für ein Jahr gültigen Warenlisten stellte das Bundeswirtschaftsministerium durchaus zufrieden. Auf der Einfuhrseite konnten die dringend benötigten Rohstoffe sichergestellt werden, während die Ausfuhr von Fertigwaren insbesondere bei den Kontingenten von PKW und LKW nach Spanien gesteigert wurde.
[22] Im Jahr 1952 führte Spanien z. B. Güter im Wert von rund 230 Mio. DM in die Bundesrepublik aus. Davon entfielen allein knapp 96 Mio. DM auf Südfrüchte, die Agrarprodukte insgesamt beliefen sich auf etwa 125 Mio. DM, während die Rohstoffe insgesamt mit ca. 91 Mio. DM veranschlagt wurden. Die Bundesrepublik exportierte ihrerseits Waren für 281 Mio. DM nach Spanien, der Posten „Maschinen" wurde mit ca. 99 Mio. DM beziffert. Hinzu kamen an größeren Positionen noch chemisch-pharmazeutische Produkte im Wert von rund 71 Mio. DM und Fahrzeuge mit knapp 31 Mio. DM. Vgl. Statistisches Bundesamt (Hrsg.), Außenhandel des Auslandes 1952 (Reihe 3), S. 148 f.
[23] Vermerk Abt. V. (Außenhandel), Bundeswirtschaftsministerium betr. Spanien, 27.10.1952, BA, B 102, Bd. 58148. Damit wurde Spanien als Lieferland von Zitrusfrüchten seinen wichtigsten Konkurrenten Frankreich und Italien gleichgesetzt, die als OEEC-Mitglieder schon früher in den Genuß der Liberalisierung gekommen waren. Das protektionistische Prinzip der Importkontingentierung blieb allerdings für die spanische Weineinfuhr – wohl infolge der Interessen der deutschen Weinwirtschaft – weiterhin bestehen.

der auf Autarkie ausgerichteten Wirtschaftspolitik Spaniens rechnete Bonn im Gegenzug nicht mit einer liberalisierten Einfuhr deutscher Waren[24]. Statt dessen sollte Madrid das deutsche Entgegenkommen mit erhöhten Absatzmöglichkeiten für Konsumgüter honorieren[25]. Erreicht wurden schließlich zusätzliche Kontingente für Konsumgüter sowie eine höhere Ausfuhrquote für spanische Rohstoffe[26]. Das Wirtschaftsabkommen vom Oktober 1952 sah eine erhebliche Umsatzsteigerung um rund 50 Prozent von 63 auf 96 Millionen Dollar oder rund 400 Millionen DM in beide Richtungen vor. Der Zahlungsverkehr sollte zukünftig nicht mehr auf Dollarbasis, sondern allein durch DM abgewickelt werden, worin das Bundeswirtschaftsministerium eine „Anerkennung des Prestiges der Deutschen Mark" sah[27].

Mit der ständigen Ausweitung des gegenseitigen Handels kamen angesichts der unzureichenden Devisenlage Spaniens aber auch Probleme auf die Bundesregierung zu. Der bilaterale Verrechnungsverkehr geriet durch die fortschreitende spanische Verschuldung mehr und mehr in eine Schieflage. Das ursprünglich als kurzfristiger Saldenausgleich gedachte Instrument des „Swing"[28] orientierte sich am jeweiligen Volumen des Warenaustauschs und war gerade von bisher 63 Millionen DM auf 84 Millionen DM erhöht worden[29]. Diese beiderseitige zinslose Kreditmarge wurde allerdings nur einseitig von Spanien in Anspruch genommen. Der anhaltende Zahlungsrückstand rief im April 1953 die Bank deutscher Länder (BdL)[30] auf den Plan. Der Frankfurter Zentralbank erschien die derzeitige Swinggrenze auf Dauer währungspolitisch nicht vertretbar, zumal die bisherige Entwicklung zu der Annahme berechtige, „daß Spanien auch in Zukunft zur Durchführung seiner Importe aus der Bundesrepublik den jeweiligen Swing bis zur Höchstgrenze ständig in Anspruch zu nehmen beabsichtigt"[31]. Bundeswirtschaftsminister Erhard wurde daher vom Präsidenten des Direktoriums der BdL, Wilhelm Vocke, gebeten, das gegenwärtige Zahlungsabkommen mit seiner Swing-Grenze von 84 Millionen DM vorzeitig zu kündigen.

---

[24] Aufzeichnung Mey (Abt. V.) an Staatssekretär Westrick, 30. 8. 1952, BA, B 102, Bd. 58148.
[25] Sitzung des Handelspolitischen Ausschusses (Auszug), 9. 9. 1952, PA/AA, Ref. 203, Bd. 473.
[26] Vermerk (Abt. V.), 27. 10. 1952 (Anm. 23).
[27] Ebenda.
[28] Bereits im ersten Handelsvertrag nach dem Kriege war 1948 ein Swing von 1 Mio. Dollar vereinbart worden. Vgl. Jahresbericht der Deutschen Handelskammer für Spanien, Madrid 1950, S. 7. Das Ungleichgewicht im bilateralen Warenaustausch war ein häufig vorkommendes Phänomen, das in der Nachkriegszeit bald zu grundlegenden Problemen im Außenhandel Westeuropas führte. Schon 1947 hatte sich im Zahlungsverkehr der westeuropäischen Länder herausgestellt, daß nur wenige Gläubiger einer Mehrzahl von Schuldnern gegenüberstanden. Aussicht auf Besserung der angespannten Situation versprach ein multilaterales Clearing, das aber erst mit der Gründung der Europäischen Zahlungsunion möglich wurde. Die von allen OEEC-Mitgliedern im September 1950 geschaffene Vereinbarung trat rückwirkend am 1. Juli 1950 in Kraft. Dazu Herbst, Option für den Westen, S. 131 f. Buchheim, Die Bundesrepublik und die Überwindung der Dollar-Lücke, S. 86 ff. Ausführlich dazu Hentschel, Die Europäische Zahlungsunion und die deutschen Devisenkrisen 1950/1951, S. 715–758.
[29] Vermerk (Abt. V.), 27. 10. 1952 (Anm. 23). Allerdings galten die zusätzlichen 21 Mio. vor dem Hintergrund der saisonalen Schwankungen (Zitrusfrüchte) jeweils nur für die Dauer von sechs Monaten. Danach sollte der Betrag, der über 63 Mio. lag, in Dollar oder einer anderen Währung gezahlt werden.
[30] Zur Geschichte der 1948 in Frankfurt gegründeten provisorischen deutschen Zentralbank und ihrer seit 1957 bestehenden Nachfolgerin der Deutschen Bundesbank liegt eine Arbeit des langjährigen Deutschland-Korrespondenten der Financial Times vor. Vgl. Marsh, Die Bundesbank. Aus historiographischer Perspektive Dickhaus, Die Bundesbank im westeuropäischen Wiederaufbau.
[31] Wilhelm Vocke, Präsident des Direktoriums der Bank deutscher Länder, an Bundesminister Ludwig Erhard, 16. 4. 1953, PA/AA, Ref. 412, Bd. 88.

Die Abhängigkeit Spaniens von seinen Fruchtexporten stelle, so Vocke, einen „sehr erheblichen Unsicherheitsfaktor" dar, so daß die BdL sich nicht bereit erklärte, über einen Swing von 63 Millionen DM hinauszugehen[32].

Der Wirtschaftsminister war aus handelspolitischen Erwägungen nicht gewillt, dem Wunsch der Bank deutscher Länder zu entsprechen. Erhard räumte zwar ein, daß der Swing neben Spanien noch von einer Reihe weiterer Länder sozusagen als Dauerkredit in Anspruch genommen werde, sah jedoch selbst in der Gesamtsumme der deutschen Clearingforderungen keine „währungspolitische Gefahr"[33]. Seine Reaktion ließ erkennen, daß er den Swing primär als notwendiges Instrument der Exportförderung begriff und bereit war, sogar eine Verschuldung der Handelspartner über längere Zeiträume hinzunehmen, um auf den ausländischen Märkten wieder Fuß fassen zu können. Im Falle einer Swingminderung war nach Erhard nicht nur der augenblickliche Stand des Handels mit Spanien gefährdet. Dies habe eine „Drosselung der deutschen Exporte nach Spanien nicht nur in Höhe der Differenz von DM 21 Millionen, sondern in einem weit größeren Betrage" zur Folge „da der Swing einen revolvierenden Charakter hat"[34]. Angesichts der handelspolitischen Konkurrenz in Europa würden von einer solchen Entwicklung nur andere Staaten profitieren. Als Beispiel nannte er Frankreich, das Spanien gerade einen Kredit gewährt habe und vermutlich damit beabsichtige, „die von der Bundesrepublik in den letzten 12 Monaten wiedererlangte günstige Stellung am spanischen Markt zu erschüttern und in die offenbar erhoffte Bresche einzuspringen, die bei einer Verminderung des Swings eintreten wird"[35].

Im Gegensatz zur Bank deutscher Länder sah Erhard auch keinen Grund, an dem kontinuierlichen Absatz spanischer Früchte zu zweifeln. Denn die Bundesrepublik war bereits seit 1952 zum Hauptabnehmer von Orangen und Mandarinen aus Spanien geworden[36]. Diese Nahrungsmittel dominierten auch den westdeutschen Spanien-Import, der 1953 etwa zur Hälfte aus Zitrusfrüchten bestand. So wurden im selben Jahr ca. 80 Prozent der in der Bundesrepublik konsumierten Orangen aus dem iberischen Land bezogen[37]. Insgesamt hatte sich der bilaterale Handel sehr positiv entwickelt, die deutschen Einfuhren aus Spanien konnten 1952 und 1953 jeweils um die Hälfte gegenüber dem Vorjahr gesteigert werden, während sich die deutschen Ausfuhren zwischen 1951 und 1953 sogar um 260 Prozent erhöhten. Damit lag die Bundesrepublik bereits 1953 als Kunde wie als Lieferant Spaniens an zweiter Stelle[38].

Der Preis dieses Erfolgs war allerdings die Verschuldung Spaniens, die Ende 1953 durch den in Anspruch genommenen Swing von 76 Millionen DM und private Industriekredite

---

[32] Ebenda.
[33] Erhard an Vocke, 19. 5. 1953, PA/AA, Ref. 412, Bd. 88.
[34] Ebenda.
[35] Ebenda.
[36] Vgl. Länderbericht Spanien, Berliner Bank (Hrsg.), Berlin 1962, S. 87. Spanien hatte mit seinem 54%igen Anteil den bisherigen westdeutschen Hauptlieferanten Italien mit 31% auf den zweiten Platz verwiesen.
[37] Vermerk Ref. 410 betr. Besuch des spanischen Landwirtschaftsministers Cavestany, 4. 5. 1954, PA/AA, Ref. 412, Bd. 91. Von der spanischen Apfelsinen-Ausfuhr des Jahres 1953 gingen rund 34% in die Bundesrepublik, etwa 22% nach Frankreich und knapp 16% nach Großbritannien. Vgl. dazu Bericht Botschaft Madrid betr. Export von spanischen Apfelsinen, 3. 9. 1953, PA/AA, Ref. 412, Bd. 87.
[38] Bericht Botschaft Madrid über den deutsch-spanischen Warenverkehr 1953/1954, o. D., PA/AA, Ref. 412, Bd. 92.

in Höhe von 74 Millionen DM auf 150 Millionen DM angewachsen war[39]. Die Bundesregierung und die Bank deutscher Länder standen vor der Frage, ob sie die permanente Ausnutzung des Swing, die praktisch einem zinslosen Kredit gleichkam, auf Dauer hinnehmen wollten[40]. Als kapitalarmes Land konnte Spanien das Defizit nur schwer ausgleichen, zumal der bilaterale Handel mit der Bundesrepublik kaum Möglichkeiten zur finanziellen Konsolidierung bot. Denn inzwischen hatte sich herauskristallisiert, daß die „Aufnahmefähigkeit deutscher Erzeugnisse auf dem spanischen Markt praktisch unbegrenzt"[41] war, während die Ausfuhr Spaniens, die sich zum größten Teil aus landwirtschaftlichen Erzeugnissen und Rohstoffen zusammensetzte, an Grenzen der Steigerungsfähigkeit kam. Über das Thema des Swing und seiner Zukunft sollte es Ende 1954 zu heftigen Auseinandersetzungen mit Spanien kommen.

Der chronische Zahlungsrückstand Madrids ließ das Auswärtige Amt im Frühjahr 1954 über eine mögliche Wirtschaftshilfe für Spanien nachdenken. Die Handelspolitische Abteilung rechnete bei den bevorstehenden Vertragsverhandlungen im Herbst ohnehin mit dem spanischen Wunsch nach einer Kreditausweitung, da das Land weiterhin die für die eigene Wirtschaft „lebenswichtigen Erzeugnisse" aus der Bundesrepublik beziehen wolle[42]. Wie allerdings darauf reagiert werden sollte, blieb zunächst noch offen. Die Regierung in Madrid hatte zu diesem Zeitpunkt aber bereits konkrete Vorstellungen entwickelt. Landwirtschaftsminister Cavestany schlug bei seinem Deutschlandbesuch im Mai 1954 eine Swingausweitung auf 120 Millionen DM vor[43]. Vor der abschließenden Aussprache des Kanzlers mit Cavestany setzte sich Landwirtschaftsminister Lübke bei Adenauer nachdrücklich für die von Madrid gewünschte Swingerhöhung ein[44]. Er kritisierte, daß die Lage in Spanien vom Auswärtigen Amt und vom Ministerium für wirtschaftliche Zusammenarbeit angesichts der spanischen Aufbauleistung seit dem Bürgerkrieg vor allem im Agrarbereich „zu ungünstig" eingeschätzt werde. Vor dem Hintergrund der Industrialisierungspläne in Spanien sowie der amerikanischen Finanzhilfe, durch die Geld ins Land fließe, wäre es „falsch, von Deutschland aus nicht alles zu tun, um die Beziehungen beider Länder auf einen optimalen Stand zu bringen". Die voraussichtliche Weigerung der Bank deutscher Länder werde wirtschaftliche Nachteile mit sich bringen, da Spanien dadurch enger an Kreditgeber wie Frankreich und Belgien „gedrängt" werde. Lübke, der sich auf die „vollkommene Übereinstimmung" mit Wirtschaftsminister Erhard berief, bat den Kanzler deshalb „dringend", den Wünschen der Spanier „weitgehend entgegenzukommen". Obwohl es bei den Gesprächen Cavestanys mit der Bundesregierung nicht zu kon-

---

[39] Aufzeichnung von Maltzan, Handelspolitische Abteilung an Staatssekretär (zur Unterrichtung des Bundeskanzlers), 24.11.1953, PA/AA, Ref. 40, Bd. 236. Bei ihren Krediten, die durch die Hermes Versicherung abgesichert wurden, räumte die deutsche Industrie Spanien mehrjährige Zahlungsziele ein.
[40] Der Forderung der BdL nach einer Neuregelung im Zahlungsverkehr war Erhard insoweit entgegengekommen, als die Kreditmarge in dem bis zum 30. September 1954 gültigen Zahlungsabkommen seit dem 1. April 1954 auf ca. 68 Mio. DM herabgesetzt wurde. Vgl. Jahresbericht der Deutschen Handelskammer für Spanien 1954, Madrid 1955, S. 34.
[41] Vermerk Junker, Handelspolitische Abteilung, betr. Besuch des spanischen Landwirtschaftsministers Cavestany, 4.5.1954, PA/AA, Ref. 412, Bd. 91.
[42] Aufzeichnung Seeliger (Beauftragter für Handelsvertragsverhandlungen im Auswärtigen Amt) betr. Besuch des spanischen Landwirtschaftsministers Rafael Cavestany, 19.5.1954, PA/AA, Ref. 412, Bd. 94.
[43] Lübke an Adenauer, 21.5.1954, HA, Bd. 7526.
[44] Ebenda. Dort auch das Folgende.

kreten Vereinbarungen gekommen war⁴⁵, gewann Cavestany den Eindruck, das ihm gezeigte Verständnis sei gleichbedeutend mit deutschen Zusagen gewesen. Er reiste offenbar mit der Überzeugung zurück, in Bonn die gewünschte Swingausweitung erreicht zu haben. Madrid reagierte auf den unverhofften „Erfolg" vorsichtig. Die Bundesregierung wurde zunächst um eine schriftliche Bestätigung gebeten⁴⁶. Im Auswärtigen Amt blieb es aber zunächst unklar, ob die behauptete Zusage möglicherweise in dem Gespräch zwischen Bundeskanzler Adenauer und Cavestany zustande gekommen war. Vorläufig vermochte niemand zu sagen, „welche Konzessionen nun tatsächlich eingeräumt wurden"⁴⁷.

Alarmiert von der Nachricht aus Madrid, meldete sich die Bank deutscher Länder zu Wort⁴⁸. Sie wisse von einer derartigen Absprache nichts und sei auch während des Cavestany-Besuchs nicht auf dieses Thema angesprochen worden. Deshalb gehe sie von einem Mißverständnis aus. Die Frankfurter Notenbank bekräftigte ihren Standpunkt, daß ein erhöhter Swing dem Bemühen um eine Währungskonvertibilität vollkommen zuwiderlaufe: „Unser Bestreben ist darauf gerichtet, den gegenwärtigen Swing [...] weiter abzubauen." Überdies sei die Verzinsung der Swingkredite ein Punkt, der in den nächsten deutsch-spanischen Verhandlungen erst noch durchgesetzt werden müsse⁴⁹. Angesichts derart gegensätzlicher Ziele in der Gestaltung des Zahlungsverkehrs war die Bonner Regierung in der Zwickmühle. Nach der ersten Verwirrung wurde zwar die Behauptung Cavestanys bestritten⁵⁰, die spanische Seite aber vor Beginn der Verhandlungen im Herbst 1954 über die deutsche Haltung im Unklaren gelassen⁵¹.

Dies mag auch daran gelegen haben, daß eine gemeinsame Verhandlungsposition zwischen dem Auswärtigen Amt und dem Bundeswirtschaftsministerium einerseits, sowie der Bank deutscher Länder andererseits nicht leicht herzustellen gewesen war. Die beiden Ministerien sahen vor allem auf den Einzelfall Spanien. Der Beauftragte für Handelsvertragsverhandlungen im Auswärtigen Amt, Seeliger, hatte das Vorbild der westlichen Führungsmacht USA mit ihrem politisch-militärischen Engagement vor Augen, als er Ende Juli 1954 in einer Ressortbesprechung zum Thema Spanien auf die „besondere handelspoliti-

---

⁴⁵ Blankenhorn an Botschaft Madrid, 24.5.1954, PA/AA, 752-05/70, Bd. 2. Staatssekretär Hallstein machte in seinem Resümee des Cavestany-Besuchs später deutlich, daß die Bundesregierung sich aber bemühen werde, den spanischen Wünschen bei den Handelsvertragsverhandlungen „soweit wie möglich zu entsprechen". Hallstein an Botschafter Prinz Adalbert, 3.6.1954, PA/AA, 752-05/70, Bd. 2.
⁴⁶ Botschaft Madrid betr. Absprachen mit Landwirtschaftsminister Cavestany, 10.6.1954, PA/AA, Ref. 412, Bd. 91.
⁴⁷ Aufzeichnung Seeliger an von Maltzan, 15.6.1954, PA/AA, Ref. 412, Bd. 91.
⁴⁸ Bank deutscher Länder an Auswärtiges Amt, 18.6.1954, PA/AA, Ref. 412, Bd. 94. Dort auch das Folgende.
⁴⁹ Ebenda.
⁵⁰ Aufzeichnung über Ressortbesprechung im Bundesministerium für Wirtschaft, 29.6.1954, PA/AA, Ref. 412, Bd. 93. Auffallend war der zurückhaltende Ton, mit dem die Ministerialbürokratie den Vorgang dementierte. Selbst nach seinen Recherchen urteilte das Bundeswirtschaftsministerium immer noch sehr vorsichtig. Die von Cavestany angeführte Zusage Bonns sei „jedoch soweit festgestellt werden konnte, nicht zutreffend". Vermerk über deutsch-spanische Kreditvereinbarungen, 3.7.1954, BA, B 102, Bd. 18446. Letztlich bleibt offen, was dem spanischen Landwirtschaftsminister in Aussicht gestellt worden war. Im Nachhinein wurde jedenfalls von westdeutscher Seite nicht der Vorwurf geäußert, Cavestany hätte mit seiner Interpretation vor Verhandlungsbeginn taktischen Druck ausüben wollen.
⁵¹ Immerhin sprach Staatssekretär Hallstein unmittelbar vor Verhandlungsbeginn im Hinblick auf den Swing noch von den „hochgespannten spanischen Erwartungen", die zu berücksichtigen seien. Hallstein an BdL, 27.9.1954, PA/AA, Ref. 412, Bd. 93.

sche und politische Bedeutung"[52] des iberischen Landes verwies, die von „amerikanischer Seite klar erkannt sei". Seiner Auffassung nach müsse dies nun auch von deutscher Seite im Interesse der Integration Europas und „des Zusammenschlusses des Westens berücksichtigt werden". Schließlich sei Spanien „in wirtschaftlicher und sozialer Hinsicht den anderen europäischen Ländern gegenüber rückständig und aufbaubedürftig". Das Land sollte daher nach den Vorstellungen von Wirtschaftsministerium und Auswärtigem Amt eine „Atempause" durch die Konsolidierung von 50 Millionen DM des jetzigen Swing und einen neuen Swing von 40 Millionen DM erhalten. Die BdL hatte sich dagegen auf eine Reduzierung des Swing festgelegt[53]. Sie hielt eine Konsolidierung der bestehenden spanischen Schuld nur dann für möglich, wenn damit der Übergang zum freien Zahlungsverkehr verbunden werde. Auch wenn Seeliger den Zielen der BdL grundsätzlich zustimmte, kritisierte er, sie berücksichtige augenblicklich „die gegebenen realpolitischen Belange nicht genügend" und lasse „eine konstruktive Idee vermissen"[54].

Eine einheitliche westdeutsche Verhandlungslinie gab es kurz vor Beginn der Wirtschaftsgespräche mit Spanien also nicht. Deshalb wandte sich Staatssekretär Hallstein Ende September 1954 an den Vizepräsidenten des Direktoriums der BdL, Könneker[55], um doch noch einen Kompromiß in der Swingfrage zu erreichen. Zwischen der Erwartung Spaniens auf einen erhöhten Swing von 120 Millionen DM und dem Wunsch der BdL, die entstandene spanische Verschuldung von über 60 Millionen DM möglichst rasch abzubauen, bestehe, so Hallstein, eine solch „weitgehende Divergenz", daß allein das „Vorbringen einer solchen Forderung" von Madrid „als völlig unzumutbar" empfunden würde. Hallstein betonte, daß er und auch Bundeswirtschaftsminister Erhard mit dem Standpunkt der BdL prinzipiell „durchaus einverstanden" seien. Spanien müsse aber ein Weg aus der Verschuldung aufgezeigt werden, der sich für das Land „einigermaßen annehmbar" gestalten lasse. Seiner Meinung nach sei deshalb neben der geforderten Konsolidierung der spanischen Verbindlichkeiten, die möglichst innerhalb von fünf Jahren verzinst erfolgen sollte, auch das Angebot notwendig, den bisherigen Swing zumindest teilweise beizubehalten. Gerade im Hinblick auf den stark saisonalen Charakter des deutsch-spanischen Handels dürfte „ein Entgegenkommen unvermeidlich sein".

Hallstein schlug – in Übereinstimmung mit dem Bundeswirtschaftsministerium – einen unverzinslichen Anlaufkredit bis zu 20 Millionen DM vor. Falls es nicht gelinge, Spanien von diesem Vorschlag zu überzeugen, bliebe nichts weiter übrig, als das augenblickliche System noch ein weiteres Jahr beizubehalten: „Daß die Spanier, die an sich eine wesentliche Verbesserung erhoffen, sich auf eine Veränderung [...] zu ihren Lasten einlassen, erscheint mir ausgeschlossen." Nahezu beschwörend appellierte der Staatssekretär an die BdL: „Keinesfalls darf die Verhandlung daran scheitern, daß wir nicht mindestens bereit wären, den Spaniern dasselbe zu geben wie bisher". Ein negativer Ausgang werde nicht nur außenwirtschaftlich für die Bundesrepublik nachteilig sein, er befürchtete vor allem, daß das bilaterale Verhältnis politisch Schaden nehmen könne. Das 1953 abgeschlossene Stützpunktabkommen mit den USA hätte das südeuropäische Land aufgewertet und auch

---

[52] Ressortbesprechung über deutsch-spanische Wirtschaftsverhandlungen, 29. 7. 1954, HA, Bd. 7526. Hier auch das Folgende.
[53] Bank deutscher Länder an Auswärtiges Amt, 10. 7. 1954, PA/AA, Ref. 412, Bd. 93.
[54] Ressortbesprechung über deutsch-spanische Wirtschaftsverhandlungen, 29. 7. 1954, HA, Bd. 7526.
[55] Hallstein an Könneker, 27. 9. 1954, PA/AA, Ref. 412, Bd. 93. Hier auch das Folgende.

für die westdeutsche Außenpolitik wichtiger werden lassen: „Nachdem die USA politisch und militärisch für Spanien in dem Bestreben optiert haben, aus diesem Lande einen Eckpfeiler der europäischen Verteidigung zu machen und Spanien damit eine politische Rolle von zunehmender Bedeutung gewonnen hat, ist es ausgeschlossen, daß die deutschen Neuerungswünsche eine Störung der deutsch-spanischen Wirtschaftsbeziehungen verursachen, die angesichts der Bedeutung dieser Beziehungen im Rahmen unseres Gesamtverhältnisses zu Spanien zu einer schweren Belastung [...] führen würde."[56] Hallstein warb bei Könneker um Gemeinsamkeit, denn letztlich handele es sich doch „nur um eine Frage des Tempos, nicht des Ziels unserer Bestrebungen".

Mit ähnlichen Argumenten hatte bereits Bundeswirtschaftsminister Erhard bei Könneker wenige Tage zuvor versucht, die BdL von ihrer restriktiven Haltung abzubringen[57]. Erhard bemängelte in seinem Schreiben die zu rigide Auffassung der Frankfurter Zentralbank, die dem Sonderfall Spanien nicht gerecht werde. So sehr er auch sonst für einen allmählichen Abbau des Swing eintrete, eine überstürzte Verringerung erscheine ihm in einem Moment, in dem Spanien u. a. wegen der Stützpunktbauten „unter einem gewissen Investitionszwang"[58] stehe, als nicht sehr glücklich. Im übrigen sei die von der BdL geforderte Verzinsung bei den meisten Ländern noch nicht erreicht. Erhard warnte Könneker außerdem vor den Folgen einer allzu rigiden Kreditpolitik für den deutschen Spanienexport: „Wenn durch eine zu starke Belastung mit den Abtragungsraten unser Export noch weiter eingeschränkt wird, besteht in erhöhtem Maße die Gefahr, daß in der Zwischenzeit andere Länder auf dem spanischen Markt eindringen und die bisher errungenen Positionen der deutschen Industrie damit unwiederbringlich verloren gehen."[59] Der Wirtschaftsminister schlug daher vor, die bisherige Swingregelung für ein weiteres Jahr fortzusetzen.

Die Bank deutscher Länder erinnerte Erhard in ihrer Stellungnahme[60] an die exemplarische Bedeutung einer deutsch-spanischen Übereinkunft auf dem Zahlungssektor. Die Verhandlungen mit Spanien standen am Beginn einer Reihe von Gesprächen mit den insgesamt sechzehn außerhalb der Europäischen Zahlungsunion stehenden Verrechnungsländern, in denen der Übergang zum freien Zahlungsverkehr angestrebt werden sollte[61]. Könneker empfahl Erhard, den deutsch-spanischen Güteraustausch auf eine „reale, tragfähige Grundlage"[62] zu stellen. Die Überlegung, den deutschen Export durch weitere Kredite zu stützen, hielt er nicht für sinnvoll. Da Spanien die erwünschten deutschen Einfuh-

---

[56] Ebenda.
[57] Erhard an Könneker, 23. 9. 1954, HA, Bd. 7526.
[58] Ebenda.
[59] Ebenda.
[60] Könneker an Erhard, 29. 9. 1954, HA, Bd. 7526.
[61] Antwortentwurf der BdL an Erhard, September 1954, HA, Bd. 7526. Über den permanent voll ausgeschöpften Rahmen des Swing hinaus hatten diese Länder in immer größerem Umfang Lieferantenkredite bei deutschen Firmen aufgenommen. Die durch Bundesbürgschaften der Hermes Versicherung abgesicherten Forderung betrügen derzeit 1,9 Milliarden DM von insgesamt 3,9 Milliarden DM an Exportkontrakten der Hermes. Der Anteil Spaniens belaufe sich zur Zeit auf ca. 216 Mio. DM. Die bilateralen Abkommensländer nehmen damit 50,5% dieser Exportforderungen in Anspruch, obwohl sie im letzten Jahr nur 13,5% des deutschen Exports aufgenommen hätten. Die Notenbank kleidete die für sie beunruhigende Entwicklung in das folgende Bild: „Wenn ich als Bankier die Lage eines Unternehmens zu beurteilen habe, das einen beträchtlichen Teil seiner Mittel in Außenständen zu stecken hat, die sich auf einige wenige Firmen verteilen, deren Liquidität angespannt ist, dann muß ich zur Vorsicht raten."
[62] Könneker an Erhard, 29. 9. 1954, HA, Bd. 7526. Hier auch das Folgende.

ren nicht mit seinen Ausfuhren bezahlen könne, werde das Zahlungsproblem nur vertagt, aber nicht gelöst. Insofern sei die von Spanien gewünschte Ausweitung des Swing auf 120 Millionen DM „indiskutabel". Sie würde „zwar die deutschen Ausfuhrmöglichkeiten entsprechend erhöhen; indessen würde der Kredit hoffnungslos auf der neuen Höhe einfrieren". Dagegen bestand die BdL auf einer Rückzahlung der aufgelaufenen Swingschuld zu einem banküblichen Zinssatz. Ihr Kompromißangebot bestand darin, 60 Millionen DM zu konsolidieren und die augenblickliche Differenz von etwa 8 Millionen DM als neuen Swing zunächst weiterlaufen zu lassen. Die von Erhard befürchteten Konsequenzen für den westdeutschen Spanienexport hielt die Zentralbank für unwahrscheinlich. Sie glaubte eher daran, daß Spanien dann die Einfuhren aus anderen Ländern zugunsten deutscher Produkte vernachlässigen werde. Aber selbst bei einem Scheitern der Handelsgespräche könnten die „Dinge nicht so weiterlaufen wie bisher"[63].

Letztlich setzte sich die BdL mit ihrer Position gegenüber den politischen Instanzen durch. Widerstrebend übernahmen die an der Handelspolitik beteiligten Bonner Ressorts die Forderung nach einer Neugestaltung im bilateralen Zahlungsverkehr. Es ging nun darum, diesen Kurswechsel gegenüber Spanien durchzusetzen.

Damit stand die deutsche Delegation bei den Handelsvertragsverhandlungen in Madrid im Oktober 1954 vor dem Dilemma, die durch den Deutschlandbesuch Cavestanys verstärkten spanischen Hoffnungen auf ein finanzielles Entgegenkommen nicht nur enttäuschen zu müssen, sondern mit einer völlig gegensätzlichen Position aufzuwarten. Die spanische Delegation zeigte sich denn auch von dem deutschen Entwurf eines Zahlungsabkommens vollkommen konsterniert und bat um eine Erklärung, warum die „Minister Cavestany zugesagte und später in Paris ihm nochmals von Minister Lübke bestätigte Swingerhöhung nicht eingehalten"[64], statt dessen nun das Gegenteil verlangt werde. Ihr Verhandlungsführer Nuñez Iglesias betonte, seine Delegation sei „stark groggy" und befürchte bei genauerer Prüfung vollkommen „knock out" zu gehen. Iglesias wies die deutschen Vorschläge wenige Tage später auch als nicht annehmbar zurück[65]. Ein Zahlungsabkommen ohne Swingregelung hätte für Madrids Außenhandelsbeziehungen insgesamt einen unangenehmen Präzedenzfall bedeutet. Da Spanien gegenüber all seinen Haupthandelspartnern mehr oder minder stark verschuldet war[66], mußte es befürchten, daß das deutsche Beispiel im Erfolgsfall Nachahmer finden könnte. Die Franco-Regierung reagierte deshalb mit aller Schärfe. Sie drohte jetzt damit, den Art. 11 des bisherigen Zahlungsabkommens in Anspruch zu nehmen[67]. Danach wäre Spanien zwar verpflichtet gewesen, seinen Schuldsaldo innerhalb von sechs Monaten durch Warenlieferungen abzutragen, für den westdeutschen Spanienhandel hätte dies aber einen vorübergehenden Exportstopp nach sich gezogen.

Die Gesprächsatmosphäre in Madrid war gespannt. Die spanische Seite benutzte die Verhandlungen zeitweilig zu einer emotionalen Anklage. Dabei stellte sich Spanien als Opfer seiner Freundschaft zu Deutschland dar und erinnerte an die besondere Verpflichtung

---

[63] Ebenda.
[64] Vermerk betr. erste Sitzung der Unterkommission Zahlungsverkehr, 16.10.1954, PA/AA, Ref. 412, Bd. 93. Hier auch das Folgende. Die beiden Minister trafen regelmäßig im Landwirtschaftsausschuß der OEEC in Paris zusammen.
[65] Delegationsbericht Nr. 7, 20.10.1954, BA, B 102, Bd. 58148.
[66] Delegationsbericht Nr. 2, 5.11.1954, PA/AA, Ref. 412, Bd. 93.
[67] Delegationsbericht Nr. 7, 20.10.1954, BA, B 102, Bd. 58148.

der Deutschen, das wirtschaftlich notleidende Land zu unterstützen. Schließlich sei, wie Nuñez Iglesias, in „teilweise provozierender Weise"[68], bemerkte, seine Regierung erst durch die Deutschland vor und während des Zweiten Weltkrieges gegebene politische Unterstützung in die jahrelange Isolierung gebracht worden.

Angesichts einer spanischen Haltung, die die Wirtschaftsgespräche, als „ausgesprochen politische Verhandlungen"[69] ansah, befand sich die Bonner Delegation nach eigener Einschätzung in der „mißlichen Zwangslage", die Diskussion immer wieder auf den eigentlichen Gegenstand zu richten, ohne dabei aber auf die spanischen Wünsche im Zahlungsverkehr eingehen zu können: „Es bedarf daher einer unendlichen Mühe, das im Schwinden begriffene Vertrauen der Spanier immer wieder herzustellen und ihnen überzeugend klarzulegen, daß es nicht in den deutschen Absichten läge, die Wirtschaftsbeziehungen beider Länder einzuengen oder die historisch bedingte freundschaftliche Basis zu verlassen." Ausschlaggebend für das spanische Unverständnis war die umstrittene finanzielle Zusage der Bundesregierung beim Cavestany-Besuch in Bonn. So glichen die Treffen mitunter einem „Schattenboxen", in dem die deutsche Seite jeder unmittelbaren Aussprache über die Ergebnisse der Visite Cavestanys auswich, während die spanische Delegation ihre Verstimmung über die ausbleibende Swingausweitung bei jeder Gelegenheit kundtat[70]. Nachdem Spanien wohl auch im Hinblick auf seine anderen Handelspartner sämtliche Vorschläge, die vom Prinzip einer verzinsbaren Schuldentilgung ausgingen, kategorisch

---

[68] Bericht der Handelsdelegation, 22.10.1954, PA/AA, Ref. 412, Bd. 93.
[69] Delegationsbericht Nr. 2, 5.11.1954, PA/AA, Ref. 412, Bd. 93. Hier auch das Folgende.
[70] Ebenda. Der Unmut über diese Hypothek entlud sich in Schuldzuweisungen der deutschen Delegation an Juan Hoffmann, der Cavestany als Dolmetscher begleitet hatte. Hoffmann wurde vom deutschen Verhandlungsführer Seeliger bezichtigt, das „Mißverständnis" teilweise selbst hervorgerufen zu haben. Telegramm Seeliger an Auswärtiges Amt, 2.11.1954, PA/AA, Ref. 412, Bd. 93. Hoffmann stand wohl auch deshalb besonders im Blickpunkt, weil Seeliger vermutete, Hoffmann sei in einer Sondermission nach Bonn geflogen, um dort Zugeständnisse der Bundesregierung zu erwirken. Tatsächlich war er nach Kenntnis der BdL im Auftrag der spanischen Regierung „heimlich" in der Bundeshauptstadt gewesen, um bei den „zuständigen deutschen Stellen" zu intervenieren. Vermerk betr. deutsch-spanische Wirtschaftsverhandlungen, 22.11.1954, HA, Bd. 7526. Der Spaniendeutsche Juan (Hans) Hoffmann – 1916 in Berlin geboren – vor 1945 zunächst für die Legion Condor als Dolmetscher tätig, später Sonderführer bei der Blauen Division und von 1943-1945 Mitarbeiter der deutschen Botschaft in Madrid, war für Bundeskanzler Adenauer kein Unbekannter. Durch Vermittlung des CSU-Bundestagsabgeordneten Fürst Fugger von Glött lieferte der Spanienkenner seit Ende 1951 Einschätzungen über die dortige politische Entwicklung an Adenauer. Fugger an Adenauer, 21.9.1951, PA/AA, 210-01/70, Bd. 1. Das Auswärtige Amt hatte das Informationsangebot Hoffmanns seinerzeit positiv aufgenommen. Der „seriöse Beobachter spanischer Verhältnisse" erschien Staatssekretär Hallstein wegen seiner guten Verbindungen zu Heeresminister Muñoz Grandes, dem früheren Kommandeur der Blauen Division, und angesichts der noch fehlenden amtlichen deutschen Vertretung für eine Berichterstattung besonders geeignet. Aufzeichnung Hallstein, o.D., PA/AA, 210-01/70, Bd. 1. Zu Hoffmanns Vita, Bericht der Botschaft Madrid, 7.5.1954, PA/AA, 752-05/70, Bd. 2. Nachdem das Auswärtige Amt durch private Informationen im Juni 1954 darauf hingewiesen worden war, daß Hoffmann unter dem nationalsozialistischen Regime der Botschaft in Madrid mit besonderen „Vertrauensaufträgen" Hitlers und Ribbentrops zugeteilt gewesen sei, erschien eine Fortsetzung der unmittelbaren Korrespondenz mit Adenauer nicht mehr ratsam. Hoffmann wurde daraufhin nahegelegt, seine Mitteilungen zukünftig über die deutsche Vertretung in der spanischen Hauptstadt weiterzugeben. Vermerk Klein, 16.8.1954, PA/AA, 210-01/70, Bd. 2. Nach seiner Erinnerung setzte Hoffmann seine Spanienberichte für Adenauer aber noch bis in die sechziger Jahre fort. Gespräch des Verfassers mit Juan Hoffmann, 11.10.1990 in Torremolinos. Vgl. zur Mitwirkung Hoffmanns an deutsch-spanischen Putschplänen gegen Franco 1942: Ruhl, Spanien im Zweiten Weltkrieg, S. 111 f. und 167 ff. Hoffmann war seit 1966 deutscher Honorar-Generalkonsul in Málaga.

verworfen hatte, wurden die Verhandlungen Mitte November abgebrochen[71]. Mit einem gehörigen Sinn für Dramatik verabschiedete sich dabei der spanische Delegationsleiter am 17. November 1954 in „betont frostiger Weise" von seinem deutschen Kollegen: „Er hoffe, daß trotz des unbefriedigenden Verlaufs der Verhandlungen die beiden Delegationsleiter nicht zu Totengräbern der deutsch-spanischen Beziehungen geworden seien."[72] Spanien setzte jetzt seine Ankündigung, von den Liquidationsbestimmungen des Zahlungsabkommens Gebrauch zu machen, in die Tat um. Demnach war es laut Art. 11 verpflichtet, innerhalb eines halben Jahres seinen Debetsaldo von damals etwa 65 Millionen DM durch Exporte abzudecken[73]. Deutsche Regierungsvertreter vermuteten, daß diese Maßnahme, die einen vorübergehenden Stopp der Importe aus der Bundesrepublik bedeutete, in der Hoffnung erfolgt sei, über die deutsche Exportwirtschaft Druck auf die Bundesregierung ausüben zu können[74].

In der westdeutschen Wirtschaftspresse wurde zwar das Scheitern der Handelsgespräche als „Fiasko von Madrid"[75] bezeichnet und von einem für die Nachkriegsjahre „einmaligen Vorgang"[76] gesprochen, die Krise aber zugleich wegen der relativ geringen Bedeutung Spaniens für die deutsche Wirtschaft als nicht sonderlich dramatisch eingeordnet. So gingen 1954 gerade 1,4 Prozent der westdeutschen Gesamtausfuhren nach Spanien, der Importanteil lag bei 1,5 Prozent[77]. Der Stellenwert der Bundesrepublik im spanischen Außenhandel war hingegen mit 11,3 Prozent der Gesamteinfuhr und einem elfprozentigem Anteil am Gesamtexport 1954[78] ungleich gewichtiger. Es war also damit zu rechnen, daß sich Madrid der Neuordnung im Zahlungsverkehr nicht lange würde entziehen können. Für die spanische Wirtschaft waren die jetzt ausbleibenden westdeutschen Einfuhren wohl nur schwer zu kompensieren[79]. Die Franco-Regierung war in der schwächeren Position. Unter diesem Druck lenkte sie dann auch schnell ein.

Bereits Anfang Januar 1955 ließ sie durch deutsch-spanische Bankkreise vorfühlen, ob die Bundesregierung auf der Grundlage des letzten deutschen Vorschlags vom Herbst 1954 zur Wiederaufnahme von Verhandlungen bereit sei. Allerdings schlug sie vor, das Kreditvolumen von 80 Millionen auf 100 Millionen DM zu erhöhen[80]. Madrid drängte darauf, dies zunächst in Gesprächen auf neutralem Boden auszuloten. Ende Januar 1955

---

[71] Aufzeichnung Seeliger betr. Stand der Wirtschaftsverhandlungen, 23. 11. 1954, PA/AA, Ref. 412, Bd. 94. Die Bundesregierung hatte zuletzt eine Konsolidierung des spanischen Debetsaldos in Höhe von 60 Mio. DM verzinst mit 3–3,5% und einen zinslosen Anlaufkredit von 20 Mio. DM über fünf Jahre angeboten.
[72] Vermerk betr. deutsch-spanische Wirtschaftsverhandlungen, 22. 11. 1954, HA, Bd. 7526.
[73] Vermerk betr. deutsch-spanischen Handelsverkehr, 22. 1. 1955, PA/AA, Ref. 412, Bd. 245. Die Gesamtverschuldung Spaniens gegenüber der Bundesrepublik betrug Anfang 1955 rund 200 Mio. DM. Ebenda.
[74] Vermerk betr. deutsch-spanische Wirtschaftsverhandlungen, 22. 11. 1954, HA, Bd. 7526.
[75] Industriekurier, 20. 11. 1954.
[76] Der Kommentar für Wirtschaft und Presse, 24. 11. 1954.
[77] Statistisches Bundesamt (Hrsg.), Der Außenhandel des Auslandes, Wiesbaden 1957, S. 35. Damit nahm Spanien in der Ein- und Ausfuhr der Bundesrepublik die 19. bzw. die 16. Stelle ein.
[78] Weber, Spanische Deutschlandpolitik 1945–1958, S. 148 ff. Der westdeutsche Handelspartner war für Spanien einer der wichtigsten überhaupt. Als Abnehmer wie als Lieferant rangierte die Bundesrepublik 1954 hinter Großbritannien bzw. den USA auf Platz zwei.
[79] Die Deutsche Handelskammer in Madrid urteilte, daß das Fehlen „unbedingt notwendiger" Produkte als „folgenschwer" empfunden worden sei. Jahresbericht der Deutschen Handelskammer 1955, Madrid 1956, S. 36.
[80] Aufzeichnung von Maltzan an Botschaft Madrid, 14. 1. 1955, PA/AA, Ref. 412, Bd. 245. Maßgeblich beteiligt an dieser Initiative war das Vorstandsmitglied der Süddeutschen Bank, Hermann Josef Abs.

kam es in Paris zu entsprechenden Sondierungen zwischen beiden Ländern. Der deutsche Unterhändler, Ministerialdirektor Seeliger vom Auswärtigen Amt, stand dabei vor dem Problem, daß die Bank deutscher Länder nicht bereit war, über das alte Angebot von 80 Millionen DM hinauszugehen[81]. Damit besaß er, streng genommen, keinerlei Spielraum für ein Gegenangebot, das ihm aber allein aus psychologischen Gründen unabdingbar erschien. In einer Situation, in der Spanien, der Not gehorchend, das deutsche Konzept zur Schuldenkonsolidierung grundsätzlich akzeptiert habe, könne es, so Seeliger, aus „Prestigegründen" nicht jetzt den deutschen Vorschlag akzeptieren, den es noch zwei Monate zuvor abgelehnt habe. Deshalb trat er die Flucht nach vorn an und verständigte sich, vorbehaltlich der Billigung beider Regierungen mit seinem Gesprächspartner Armijo vom Madrider Handelsministerium auf einen fünfjährigen Notenbankkredit in Höhe von 90 Millionen DM. Seeliger warb für diesen Kompromiß unter anderem mit dem Argument, er helfe Spanien, auch gegenüber seinen anderen Handelspartnern das Gesicht zu wahren. Madrid könne immerhin durch die vorgesehene erste zinsfreie Rate von 25 Millionen DM auf den „Swingcharakter" der Vereinbarung verweisen[82]. In seinem Bericht an den Leiter der Handelspolitischen Abteilung im Auswärtigen Amt, von Maltzan, plädierte Seeliger nachdrücklich dafür, das in Paris ausgehandelte Konzept anzunehmen, „damit durch eine verhältnismäßig geringfügige Verbesserung die unerfreuliche handelspolitische Atmosphäre zwischen beiden Ländern wieder normal gestaltet werden kann. Es würde vermutlich nicht verstanden werden, wenn die Bundesrepublik nicht auch einen Schritt den spanischen Vergleichsversuchen entgegenkäme [...]. Es darf auch bemerkt werden, daß im Kreise der deutschen Wirtschaft ein wirklicher Erfolg [...] gewünscht wird, um den gegenwärtigen Spannungszustand abzubauen"[83]. Allerdings stand immer noch die fehlende Zustimmung der Frankfurter Notenbank aus. Erst nach einer intensiven Überzeugungsarbeit gab sie Mitte März den von der Bundesregierung genannten „politischen Gründen" für den „Einigungsversuch" mit Spanien nach[84]. Der Rahmen für eine Übereinkunft war somit abgesteckt; die Ende März in Bonn wieder aufgenommenen Wirtschaftsverhandlungen[85] fanden diesmal ein versöhnliches Ende. Spanien stimmte am 21. April 1955 dem angebotenen 90-Millionen-DM-Kredit der Bundesrepublik zu[86].

---

[81] Aufzeichnung Seeliger an von Maltzan betr. Vorbesprechungen für die Handelsvertragsverhandlungen mit Spanien, 2. 2. 1955, PA/AA, Ref. 412, Bd. 245. Hier auch das Folgende.
[82] Ebenda. Der Duktus seiner Ausführungen legt den Schluß nahe, daß Seeliger damit auch seinen „Alleingang" rechtfertigen wollte, denn ein unverzinster Anlaufkredit von 20 Mio. DM war schon im vergangenen Jahr Teil des deutschen Verhandlungsangebots gewesen.
[83] Ebenda.
[84] Fernschreiben Bank deutscher Länder an Seeliger, 17. 3. 1955, PA/AA, Ref. 412, Bd. 241. Nicht nur Seeliger als Vertreter des Auswärtigen Amtes, sondern auch Wirtschaftsminister Erhard hatte sich mehrfach um das Einverständnis der BdL bemüht. Seeliger an Botschaft Madrid, 9. 2. 1955, PA/AA, Ref. 412, Bd. 245.
[85] Spanien hatte seine Clearingschuld auf etwa 15 Mio. DM abgebaut. Aufzeichnung Seeliger für den Handelspolitischen Beirat des Bundestages, 25. 3. 1955, PA/AA, Ref. 412, Bd. 245.
[86] Vereinbart wurde in dem Handels- und Zahlungsabkommen vom 21. 4. 1955 eine fünfjährige Laufzeit der Notenbankanleihe. Sie sollte in Raten von 25, 15, 15, 15 und 20 Mio. DM zurückgezahlt werden, wobei die erste Rate zinsfrei, die zweite und dritte mit 2,5 und die beiden letzten Raten mit 3% verzinst wurden. Aufzeichnung betr. Ergebnis der deutsch-spanischen Wirtschaftsverhandlungen, 22. 4. 1954, BA, B 102, Bd. 58148. Zugleich bedeutete das Abkommen den Abschied vom bisherigen ausschließlich bilateralen Verrechnungssystem. Der Zahlungsverkehr wurde auf die im April 1954 geschaffene „beschränkt konvertierbare Mark" (Beko-Mark) umgestellt, wodurch Spanien seine Exporterlöse nun multilateral verwenden konnte. Ebenda. Vgl. zur Einführung der Beko-Mark als Multilateralisierungsinstrument im

Trotz dieser Anleihe blieb die spanische Finanzschwäche ein Dauerthema der bilateralen Beziehungen. Bereits im folgenden Jahr trat Spanien bei den alljährlichen Wirtschaftsverhandlungen erneut als Bittsteller auf. Das noch überwiegend agrarische Land[87] litt 1956 besonders unter den Auswirkungen einer Kälteperiode. Scharfe Fröste hatten im Februar zu erheblichen Verlusten bei den exportrelevanten Zitrusfrüchten geführt. Etwa die Hälfte der erwarteten Ausfuhr – die Schätzungen schwankten zwischen 600–700 000 t – war verloren. Die finanziellen Einbußen wurden auf 80–125 Mio. Dollar geschätzt[88]. So geriet der Handel mit der Bundesrepublik, der bisher zu etwa 60 Prozent von der Apfelsinenausfuhr bestimmt wurde, in Schwierigkeiten[89].

In dieser Situation kündigte die spanische Regierung an, daß sie bei den bevorstehenden Handelsgesprächen in Madrid einen sechsmonatigen Aufschub der am 30. April fälligen ersten Kreditrate zur Sprache bringen wolle[90]. Das Auswärtige Amt reagierte ablehnend. Die spanische Misere sei nicht so sehr die Folge der unverschuldeten Witterungsschäden, sondern in erster Linie das Ergebnis überhöhter Importe[91]. Für die in „irreale[r] Überschätzung ihrer Exportmöglichkeiten"[92] eingegangenen Importverpflichtungen von ca. 410 Millionen DM trage die Madrider Regierung auch nach Meinung des Spanienreferenten im Bundeswirtschaftsministerium, Grosdidier, allein die Verantwortung. Schon aus „psychologischen Gründen" riet er davon ab, auf den spanischen „Wunsch einzugehen, um nicht neuen Anreiz für Vertragsverletzungen aller Art zu geben". Bereits zu Beginn der Verhandlungen in Madrid wurde der spanischen Seite daher mitgeteilt, daß weder die

---

westdeutschen Außenhandel Buchheim, Die Wiedereingliederung Westdeutschlands in die Weltwirtschaft 1945-1958, S. 154 f. Auf der Warenseite wurde ein Volumen von 250 Mio. DM nach beiden Seiten zugrunde gelegt. Spanien konnte dabei bis auf einen kontingentierten Anteil von etwa 19% über seine Importe aus Westdeutschland nach eigenem Ermessen bestimmen. Aufzeichnung Seeliger für den Handelspolitischen Beirat des Bundestages, 16. 5. 1955, PA/AA, Ref. 412, Bd. 245.

[87] Die spanische Ausfuhr bestand im Jahr 1956 zu mehr als 50% aus landwirtschaftlichen Produkten. Jahresbericht der Deutschen Handelskammer für Spanien 1956, Madrid 1957, S. 42. Erst 1968 überstieg der Ausfuhrwert der industriellen Güter den des Agrar- und Rohstoffsektors. Vgl. Bernecker, Spaniens Geschichte seit dem Bürgerkrieg, S. 126.

[88] Vgl. Handelsblatt, 28. 2. 1956. Der spanische Handelsminister Arburúa ging sogar von rund 800 000 t Zitrusfrüchten aus, die einen Einnahmeausfall von etwa 100 Mio. Dollar bedeuteten; vgl. Viñas u. a., Política comercial exterior en España (1931-1975), 2 Bde., Madrid 1979, Bd. 2, S. 842. Geradezu poetisch hatten bereits einige Jahre zuvor die „Badische[n] Neueste Nachrichten" über die spanischen Orangen geschrieben: Sie seien „ein Gold, dessen Wert jedes Jahr eine Unbekannte ist, das sich in Süßigkeit oder Bitterkeit wandeln kann". Badische Neueste Nachrichten, 2. 10. 1952.

[89] Jahresbericht der Deutschen Handelskammer 1956, S. 42. In der Ausfuhrsaison 1955/56 konnten ca. 100 000 t Zitrusfrüchte weniger als im Vorjahr in die Bundesrepublik geliefert werden. Ebenda. Der Bundesverband der Deutschen Industrie rechnete mit einem spanischen Exportausfall von 50–60 Mio. DM. Außenhandelsabteilung an die Mitgliedsverbände des BDI, 24. 2. 1956, BA, B 102, Bd. 58147.

[90] Aufzeichnung Grosdidier an Minister Erhard betr. Wirtschaftsverhandlungen mit Spanien, 5. 4. 1956, BA, B 102, Bd. 58147.

[91] Außerdem seien die spanischen Ausfuhrerlöse wahrscheinlich um bis zu 100 Mio. DM höher als die angenommenen 250 Mio. DM. Aufzeichnung Seeliger an Staatssekretär Hallstein betr. deutsch-spanische Wirtschaftsverhandlungen, 6. 4. 1956, PA/AA, Ref. 412, Bd. 243. Daß diese Annahme auf einer nur vorläufigen Schätzung beruhte, zeigte sich schon einen Monat später. Nun war nur noch von rund 50 Mio. DM die Rede. Aufzeichnung betr. Rückzahlung der Kreditrate, 14. 5. 1956, PA/AA, Ref. 412, Bd. 243.

[92] Aufzeichnung Grosdidier betr. Behandlung Spaniens im Handelspolitischen Ausschuß, 5. 4. 1956, BA, B 102, Bd. 58147. Hier auch das Folgende. Die spanische Verschuldung gegenüber der Bundesrepublik stieg 1956 auf ca. 340 Mio. DM. Vgl. Jahresbericht der Deutschen Handelskammer für Spanien, Madrid 1957, S. 42.

Bundesregierung noch die Bank deutscher Länder dem gewünschten Aufschub nachkommen wollten[93]. Vom Zeitpunkt her überraschend, kam Spanien am 27. April, drei Tage vor Fälligkeit der Rate, doch noch auf die „Kardinalfrage"[94] der Wirtschaftsgespräche zurück und wiederholte wegen der „Frostkatastrophe" nun offiziell die Bitte, als „Hilfeleistung" die Tilgungsfrist um sechs Monate hinauszuschieben[95]. Nachdem die BdL den spanischen Wunsch abgelehnt hatte[96], wurde Anfang Mai eine Unterbrechung notwendig, die Verhandlungen steckten in der Sackgasse.

Die Differenzen verstärkten sich noch durch den Streit um eine angebliche Äußerung Adenauers gegenüber dem spanischen Botschafter in Bonn, Aguirre. Im Anschluß an den Besuch des Madrider Oberbürgermeisters in der Bundeshauptstadt war es am 30. April zu einem kurzen Gespräch unter vier Augen gekommen[97], in dem Aguirre auf die außergewöhnlich schlechte Ernte in Spanien hingewiesen und deshalb um eine Stundung gebeten habe, der nach seinen Angaben auch das Bundeswirtschaftsministerium wohlwollend gegenüberstehe. Adenauer habe daraufhin „im Hinblick auf die Notwendigkeit einer Verstärkung der politischen Zusammenarbeit" erwidert, „er würde unter diesen Umständen ebenfalls für die gewünschte Stundung eintreten". Auf dieses Entgegenkommen des Kanzlers berief sich ein spanisches Memorandum, das Aguirre der Bundesregierung in der zweiten Maiwoche vorlegte[98]. Darin kritisierte Madrid in scharfer Form das Verhalten der deutschen Handelsdelegation, die vor allem beschuldigt wurde, „trotz der Zusage des Herrn Bundeskanzlers eine Prolongation für die Rückzahlung der ersten Rate verweigert zu haben"[99]. Bonns Verhandlungsführer Seeliger warf der spanischen Regierung seinerseits empört vor, sie habe die „Tatsachen in einer unglaublichen Weise entstellt". Denn ihm gegenüber sei die von Aguirre sofort reklamierte Zusage bei einer telefonischen Rückfrage im Bundeskanzleramt bestritten worden[100]. Seeliger, der sich persönlich in der „ungeheuerlichsten Weise verleumdet"[101] sah, warf gegenüber Wirtschaftsminister Erhard die Frage auf, „ob unsere Großzügigkeit und liberale handelspolitische Praxis gegenüber diesem Lande gerechtfertigt sind". Die Bundesregierung verhielt sich zunächst jedoch indifferent. Nach einem Besuch Aguirres, bei dem es um die gewünschte Stundung gegangen war, bat Wirtschaftsminister Erhard darum, „den spanischen Komplex pfleglich zu behandeln und es nicht zu Schwierigkeiten kommen zu lassen"[102]. Bonn lavierte und spielte auf Zeit. Wohl im Vertrauen darauf, daß sich die Angelegenheit als „Sturm im Wasserglas" entpuppen würde – Spanien hatte inzwischen die strittige Rückzahlung pünktlich geleistet[103] –, wurde der fraglichen Zusage Adenauers nicht weiter nachgegangen.

---

[93] Seeliger an Bundeswirtschaftsminister Erhard, 13. 5. 1956, BA, B 102, Bd. 58147.
[94] Ebenda.
[95] Fernschreiben Seeliger an Auswärtiges Amt, 28. 4. 1956, PA/AA, Ref. 412, Bd. 243.
[96] Seeliger an Erhard, 13. 5. 1956, BA, B 102, Bd. 58147.
[97] Telegramm Harkort an Botschaft Madrid, 16. 5. 1956, PA/AA, Ref. 412, Bd. 244. Hier auch das Folgende.
[98] Seeliger an Erhard, 13. 5. 1956, BA, B 102, Bd. 58147.
[99] Ebenda. Dort auch das Folgende.
[100] Auswärtiges Amt an Bundeskanzleramt, 16. 5. 1956, PA/AA, Ref. 412, Bd. 244.
[101] Seeliger an Erhard, 13. 5. 1956, BA, B 102, Bd. 58147.
[102] Erhard begründete dies hauptsächlich damit, daß mit einem politischen Besuch des Bundeskanzlers in Spanien zu rechnen sei. Vermerk Grosdidier betr. Besuch des spanischen Botschafters Aguirre bei Minister Erhard, 12. 5. 1956, BA, B 102, Bd. 58147.
[103] Vermerk Grosdidier für Minister Erhard betr. Stand der Spanienverhandlungen, 11. 5. 1956, BA, B 102, Bd. 58147.

Um so verblüffter war die deutsche Handelsdelegation bei ihrer Rückkehr nach Madrid, als Spanien nach wie vor auf die Zusicherung von Bundeskanzler Adenauer pochte[104]. Aguirre sei dabei von Adenauer sogar eine Verlängerung des Rückzahlungstermins von zwölf Monaten zugesagt worden. Aufgeschreckt von einer möglichen Wiederholung der Ereignisse des Jahres 1954 bat Seeliger nun das Auswärtige Amt dringend um eine sofortige Klarstellung, ob derartige Zusagen erteilt wurden und die BdL Entsprechendes veranlaßt habe[105]. Die Handelspolitische Abteilung konnte in ihrer Antwort zwei Tage später den Eindruck Aguirres nicht vollends ausräumen. Es hieß lediglich, die Erklärungen des Kanzlers böten dafür „keine ausreichende Stütze". Daraus hatte sie erleichtert den Schluß gezogen, es sei also „keine verbindliche Zusage"[106] gemacht worden.

Der Kanzler hatte aber tatsächlich, wie er Staatssekretär Globke mitteilte, dem spanischen Botschafter am 30. April „eine großzügige Behandlung zugesagt"[107] und Aguirre gebeten, sich wegen der Einzelheiten an Globke zu wenden. Der Botschafter war deshalb am 7. Mai bei Globke im Bundeskanzleramt erschienen und bat ihn zu prüfen, ob nicht der bereits von Spanien übergebene Scheck in Höhe von 25 Millionen DM „entgegenkommenderweise" zurückgegeben werden könne. Globke seinerseits leitete den Vorgang zusammen mit dem spanischen Memorandum am 16. Mai schließlich an Staatssekretär Hallstein weiter. Zu diesem Zeitpunkt hatte aber offenbar das Auswärtige Amt entschieden, die Angelegenheit nicht neu aufzurollen, denn eine entsprechende Intervention bei der BdL fand augenscheinlich nicht mehr statt. Um weitere Diskussionen mit Madrid zu vermeiden, schob das Auswärtige Amt nun der BdL öffentlich den „Schwarzen Peter" zu. Die deutsche Delegation erhielt Weisung, die Bundesregierung sehe keine Möglichkeit, die von der Bank deutscher Länder „in eigener Verantwortung getroffene Entscheidung abzuändern"[108]. Damit war zwar das Gezerre um die Kreditverlängerung vorüber, doch auch nach der schließlich zustande gekommenen Einigung auf dem Warensektor[109] blieb bei dem Bonner Verhandlungsführer Seeliger Ärger über das ständige Anspruchsdenken des Handelspartners zurück. In seinem Abschlußbericht an Außenminister von Brentano hob er hervor, Spanien erwarte von der Bundesrepublik angesichts „ihrer starken Gläubigerstellung und ihrem vermeintlichen Wohlstand", daß sie „fühlbare wirtschaftliche Hilfe leistet"[110]. Hierbei werde von Madrid allerdings „völlig verkannt", daß schon im vorigen Jahr „nach besten Kräften bedeutende Zugeständnisse auf allen Gebieten" gemacht worden seien.

Die von Seeliger bemängelte Bittstellerpolitik des iberischen Handelspartners zwang die Bundesregierung bereits zu Beginn des Jahres 1957 abermals, sich mit der Frage eines Aufschubs der im April fälligen zweiten Kreditrate von 15 Millionen DM zu beschäftigen,

---

[104] Telegramm Seeliger an Auswärtiges Amt, 14. 5. 1956, BA, B 102, Bd. 58147.
[105] Ebenda.
[106] Telegramm Harkort an Botschaft Madrid, 16. 5. 1956, PA/AA, Ref. 412, Bd. 244.
[107] Globke an Hallstein, 16. 5. 1956, PA/AA, Ref. 412, Bd. 244. Hier auch das Folgende.
[108] Telegramm Harkort an Botschaft Madrid, 16. 5. 1956, PA/AA, Ref. 412, Bd. 244.
[109] Gegenüber dem Vorjahr waren keine grundsätzlichen Änderungen vorgenommen worden, das Austauschvolumen wurde wiederum mit je 250 Mio. DM angesetzt. Im Hinblick auf die erwarteten Folgeschäden der Frostkatastrophe hatte Spanien höhere Exportzusagen für Mineralien und Erze gemacht. Vermerk Grosdidier betr. Ergebnis der deutsch-spanischen Wirtschaftsverhandlungen in Madrid, 19. 5. 1956, BA, B 102, Bd. 58147.
[110] Seeliger an Außenminister von Brentano betr. deutsch-spanische Wirtschaftsverhandlungen in Madrid, 23. 5. 1956, PA/AA, Ref. 412, Bd. 244. Hier auch das Folgende.

um den Spanien im Dezember 1956 gebeten hatte[111]. Erneut entzündete sich nun ein Streit zwischen den an der Handelspolitik beteiligten Bonner Ressorts und der Bank deutscher Länder. Die Auseinandersetzung verlief nach bekanntem Muster, die BdL lehnte die Bitte Spaniens ab, weil sie keinen Präzedenzfall schaffen wollte, während das Auswärtige Amt, unterstützt vom Bundeswirtschaftsministerium den politisch-psychologischen Wert eines Entgegenkommens für die bilaterale Handelspolitik herausstellte[112].

Eine neue Dimension erhielt der Konflikt um die Kreditverlängerung durch die im März 1957 bevorstehenden Verhandlungen über die Frage des deutschen Eigentums in Spanien. In einem Augenblick, in dem erstmals eine Lösung der seit langem strittigen Vermögensproblematik greifbar nahe schien, fürchtete der deutsche Botschafter in Madrid, Knappstein, der sich maßgeblich um diese Annäherung bemüht hatte, ein „Nein" in der Kreditfrage könnte das Klima der Vermögensgespräche über Gebühr beeinflussen. Als warnendes Beispiel hielt er dem Präsidenten des Direktoriums der BdL, Vocke, Ende Februar in einem Schreiben[113] den Ausgang der Stundungsdiskussion aus dem vergangenen Jahr vor, das in der spanischen Hauptstadt ein derart negatives Echo gehabt habe, „das eigentlich über das Gewicht der 25 Millionen erheblich hinausging". Deshalb warb Knappstein bei Vocke nachdrücklich um ein Einlenken der BdL, denn er brauche für das wichtige Vermögensproblem hier eine „etwas freundlichere Atmosphäre". Um der BdL ihre Zustimmung zu erleichtern, schlug der Botschafter vor, die Kreditverlängerung bei den Vermögensverhandlungen nur im Bedarfsfall taktisch einzusetzen. Unterstützung erfuhr Knappstein wenige Tage später durch Außenminister von Brentano. Am 2. März 1957 richtete er in einem Brief an Vocke[114] die dringende Bitte um ein Entgegenkommen. In diesem Jahr sprächen dafür „gewichtige politische Gründe".

Mit der Madrider Regierungsumbildung vom Februar verband Brentano die Hoffnung auf eine neue, an einer engeren wirtschaftlichen Zusammenarbeit mit Europa, insbesondere der Bundesrepublik, interessierten spanischen Politik. Ihm erschien eine rasche Einigung in der Vermögensfrage daher gewährleistet zu sein. Vor diesem Hintergrund warnte er davor, „die Spanier jetzt durch Ablehnung ihrer Stundungswünsche vor den Kopf zu stoßen". Brentano appellierte an Vocke, nach einem positiven Verlauf der Eigentumsverhandlungen eine „materiell nicht sehr bedeutsame Geste" zu machen und die Tilgungsrate um ein halbes Jahr zu stunden. Schließlich gebe es ein dringendes deutsches Interesse daran, „daß Spanien sich wirtschaftlich entwickelt und allmählich an das europäische Lebensniveau herangeführt wird"[115]. Eine Woche später stimmte Vocke dann dem

---

[111] Botschaft Madrid betr. Antrag auf Stundung der am 30.4.1957 fälligen Rückzahlungsrate, 28.12.1956, PA/AA, Ref. 412, Bd. 244.
[112] So verwies das Bundeswirtschaftsministerium auf den Effekt des westdeutschen „Wirtschaftswunders", über das seit einiger Zeit in der spanischen Presse immer wieder berichtet werde und das zu entsprechenden Erwartungen an die Bundesrepublik führe. Ebenda. Anfang Februar 1957 hatte die BdL eine vom Auswärtigen Amt befürwortete Verlängerung um sechs Monate abgelehnt. Handelspolitische Abteilung an Botschafter Knappstein, 11.2.1957, PA/AA, Ref. 412, Bd. 244.
[113] Knappstein an Vocke, 25.2.1957, PA/AA, Ref. 412, Bd. 244. Hier auch das Folgende.
[114] Brentano an Vocke, 2.3.1957, PA/AA, Ref. 412, Bd. 244. Hier auch das Folgende.
[115] Ebenda. Spanien gehörte von vornherein zu dem Kreis der „Entwicklungsländer", die vom Auswärtigen Amt für Zuwendungen aus dem seit dem Haushaltsjahr 1956/57 bestehenden 50-Mio.-DM-Fonds für die Förderung wirtschaftlich unterentwickelter Länder vorgesehen waren. Zusammen mit der Türkei sei Spanien, sowohl was den Beschäftigungsgrad wie auch den Lebensstandard angehe, das „am meisten zurückgebliebene Land in Europa". Vermerk betr. Zuteilung von Mitteln für Spanien, 15.8.1956, PA/AA,

Aufschub ohne Einschränkung zu[116]. Dieses Zugeständnis wurde aber offenbar von dem Ergebnis der Vermögensgespräche abhängig gemacht. Nachdem diese Verhandlungen, entgegen den hochgesteckten deutschen Erwartungen, im März 1957 ohne ein konkretes Resultat auf spanischen Wunsch unterbrochen wurden, war für die BdL die Voraussetzung für ihre Zusage entfallen[117]. Sie kehrte nun wieder zu ihrem ursprünglichen Nein zurück, dem sich auch das Auswärtige Amt jetzt nicht mehr entgegenstellen wollte[118].

Genauso fruchtlos verliefen die Vorbesprechungen zu den Wirtschaftsverhandlungen mit Spanien. Beide Seiten konnten sich nicht auf einen gemeinsamen Termin verständigen. Während Madrid an einer möglichst frühen Gesprächsaufnahme interessiert war, wollte Bonn aus innenpolitischen Überlegungen diese vor den Bundestagswahlen im September unbedingt vermeiden[119]. In der Annahme, daß eine Diskussion über eine erhöhte spanische Weineinfuhr bei den Handelsgesprächen nicht zu vermeiden wäre, fürchtete das Landwirtschaftsministerium durch Konzessionen an Spanien, die einheimischen Weinbauern im Wahljahr vor den Kopf zu stoßen[120]. Deshalb reagierte die Bundesregie-

---

Ref. 412, Bd. 246. Das Auswärtige Amt sah die Förderung der Entwicklungsländer zu diesem Zeitpunkt als eine „in erster Linie politische Aufgabe" an, um der „Ostblockoffensive" in diesen Ländern begegnen zu können. Angesichts der verhältnismäßig geringen Haushaltsmittel sollten die Hilfsnehmer vorrangig nach politischen Gesichtspunkten ausgewählt werden. Aufzeichnung Scherpenberg für Minister Brentano betr. Bildung eines interministeriellen Ausschusses für die Förderung der Entwicklungsländer, 23. 10. 1956, PA/AA, L 1 (Kabinettsvorlagen), Bd. 181. Die deutsche Botschaft in Madrid empfahl im November 1956 gleichfalls Spanien in die vorgesehenen Hilfsleistungen einzubeziehen. Sie sah, daß trotz des „äußeren Anscheins politischer Stabilität" im Land starke Spannungen bestanden, „die in Anbetracht des sehr niedrigen sozialen Niveaus durchaus eine latente Gefahr im Sinne linksradikaler Strömungen bedeuten". Botschaft Madrid an Auswärtiges Amt, 14. 11. 1956, PA/AA, Ref. 412, Bd. 246. In den Jahren 1958 und 1959 erhielt Spanien jeweils 2 Mio. DM an „technischer Hilfe" für technische Lehrinstitute. Aufzeichnung zum Besuch des spanischen Außenministers Castiella 1959, o. D., BA, B 136, Bd. 2071 (H. 4).

[116] Vocke an Brentano, 9. 3. 1957, PA/AA, Ref. 412, Bd. 244.
[117] Vocke an Auswärtiges Amt, 12. 4. 1957, PA/AA, Ref. 412, Bd. 244.
[118] Im Hinblick auf den Abbruch der Vermögensverhandlungen sehe das Auswärtige Amt „keine Veranlassung, die BdL in Bezug auf ihr Zugeständnis in der Kreditfrage beim Wort zu nehmen". Vermerk BdL betr. deutsch-spanische Wirtschaftsverhandlungen, 10. 4. 1957, HA, Bd. 7526. Spanien hatte inzwischen am 5. April seinen Kreditwunsch noch erweitert, indem es die Stundung der diesjährigen Rate für ein Jahr bei gleichzeitigem Hinausschieben der weiteren Rückzahlungstermine erbat. Vermerk Kiderlen, 5. 4. 1957, PA/AA, Ref. 412, Bd. 244. Am 16. April 1957 teilte das Auswärtige Amt schließlich der spanischen Botschaft in Bonn mit, daß die Bank deutscher Länder sich nicht in der Lage sehe, auf die fristgerechte Rückzahlung zu verzichten. Kiderlen an Botschaft Madrid, 17. 4. 1957, PA/AA, Ref. 412, Bd. 244.
[119] Vermerk Grosdidier betr. Zeitpunkt für die Aufnahme der Wirtschaftsverhandlungen mit Spanien, 14. 2. 1957, PA/AA, Ref. 412, Bd. 244.
[120] Kiderlen an Botschafter Knappstein, 11. 2. 1957, PA/AA, Ref. 412, Bd. 244. Das Auswärtige Amt sah die Forderung Spaniens nach einer veränderten deutschen Weineinfuhrpolitik als gerechtfertigt an. Gegenüber den Konkurrenzländern Frankreich und Italien war das iberische Land nämlich bisher an den Kontingentserhöhungen für Weinimporte kaum beteiligt worden. Kiderlen (Spanienreferent) an Meyer-Burckhardt, Bundesministerium für Ernährung, 13. 2. 1957, PA/AA, Ref. 412, Bd. 244. Gemessen an den Anteilen der wichtigsten Lieferländer in der Vorkriegszeit war die Diskrepanz besonders augenfällig. Für das Handelsjahr 1954/55 wurde beispielsweise das Weinkontingent Spaniens mit einem Wert von etwa 2,7 Mio. Dollar im Vergleich zu Frankreich mit rund 7,5 und Italien mit ca. 6 Mio. Dollar beziffert. Demgegenüber war Spanien in der Zeit vor dem Kriege (1927-1937) mit einem Anteil von 36,4% an der Weineinfuhr beteiligt, während im gleichen Zeitraum auf Frankreich 12,2% und Italien 21,5% entfielen. Ebenda. Bis zum Ende des Jahrzehnts änderte sich kaum etwas an der Gesamtverteilung der Weinimporte. So betrug der spanische Anteil an der gesamten deutschen Weineinfuhr 1958 knapp 10%. Vermerk betr. Besuch des spanischen Außenministers Castiella (10.-15. November 1959), o. D., PA/AA, Ref. 412, Bd. 276.

rung erleichtert, als die Franco-Regierung im April den Vorschlag machte, die Verhandlungen um ein Jahr auszusetzen.

Nach den ständigen Querelen der Vergangenheit entspannten sich die Handelsbeziehungen am Ende des Jahrzehnts nun mehr und mehr. Beide Seiten verzichteten bis 1960 auf das Ritual der alljährlichen Gespräche über die Anpassung im Waren- und Zahlungsverkehr[121]. Während bislang das jeweilige bilaterale Handelsabkommen im Mittelpunkt der deutsch-spanischen Wirtschaftsbeziehungen gestanden hatte, verlor es durch die außenwirtschaftliche Öffnung Spaniens und den Übergang zu multilateralen Handelsprinzipien an Bedeutung. Mit dem OEEC-Beitritt im Juli 1959 und dem parallel dazu verabschiedeten „Stabilisierungsplan" vollzog das iberische Land den Bruch mit seiner bisherigen isolationistischen Wirtschaftspolitik. Die Bundesregierung begrüßte zwar den Kurswechsel nachdrücklich, verhielt sich aber gegenüber dem spanischen Wunsch nach einer staatlichen Finanzhilfe zurückhaltend[122]. Mehr als „ideelle Unterstützung"[123] wollte Bonn zunächst nicht leisten und verwies Madrid auf den Weg der privaten Kapitalimporte[124], für die das Regime Francos im Zuge seines wirtschaftlichen Liberalisierungsprogramms seit Juli 1959 erst die Voraussetzungen schuf. Nunmehr konnten sich ausländische Investoren bis zu 50 Prozent, im Einzelfall auch darüber hinaus, an spanischen Unternehmen beteiligen[125].

Damit ging ein Abschnitt in den deutsch-spanischen Wirtschaftsbeziehungen zu Ende, der wesentlich von den Bedingungen der autarkistischen Politik Spaniens bestimmt gewesen war. Die sich rasch vergrößernde wirtschaftliche Kluft zwischen dem Industrieland Bundesrepublik und dem überwiegend agrarisch geprägten Spanien führte über weite Strecken zu einem spannungsreichen Verhältnis der beiden ungleichen Handelspartner[126],

---

[121] Das Handelsprotokoll vom 18. 5 1956 wurde in den folgenden Jahren jeweils verlängert. Botschaft Madrid an Auswärtiges Amt betr. Stand der deutsch-spanischen Wirtschaftsvereinbarungen, 3. 3. 1960, BA, B 102, Bd. 58146.

[122] Wirtschaftsminister Erhard hatte den spanischen Handelsminister Ullastres bei dessen Deutschlandbesuch im Juni 1958 auf den multilateralen Rahmen der OEEC verwiesen. Dort werde die Bundesregierung ihr Gewicht für eine Kredithilfe einsetzen. Vermerk über Besprechungen zwischen Erhard und Ullastres, 18. 6. 1958, HA, Bd. 7526. Für das Auswärtige Amt war neben der befürchteten Signalwirkung, die ein bilateraler Kredit auf andere Länder haben könnte, die Überlegung ausschlaggebend, daß sich nur auf dem multilateralen Weg „kontrollierbare" Bedingungen zur Sanierung der spanischen Wirtschaft herstellen ließen. Aufzeichnung zum Besuch des spanischen Außenministers Castiella in Bonn, 9. 11. 1959, PA/AA, Ref. 412, Bd. 276.

[123] Beitrag der Handelspolitischen Abteilung zur Instruktion für Botschafter von Welck (1958), o. D., PA/AA, Ref. 206, Bd. 163.

[124] Deutsche Wirtschaftsvertreter hatten bereits 1956 bei einem Spanienbesuch des Bundesverbandes der Deutschen Industrie (BDI) keinen Hehl daraus gemacht, daß Unternehmen nur dann für ein finanzielles Engagement gewonnen werden könnten, wenn die 25%ige Höchstgrenze für ausländische Kapitalbeteiligungen beseitigt werde. Bericht des BDI über seine Spanienreise (21.–27. 10. 1956), o. D., PA/AA, Ref. 412, Bd. 243.

[125] Dadurch stiegen die Privatinvestitionen aus dem Ausland von 50 Mio. Dollar 1959 auf 697 Mio. Dollar im Jahr 1970 an. Vgl. Borchardt, Die politische und ökonomische Krise des Frankismus, S. 103. Im ersten Halbjahr 1960 stand Westdeutschland mit einem Investitionswert von 2,69 Mio. Dollar an erster Stelle der ausländischen Kapitalanleger. Botschaft Madrid an Auswärtiges Amt betr. ausländische Kapitalinvestitionen in Spanien, 4. 8. 1960, PA/AA, Ref. 412, Bd. 276. Die Bundesrepublik gehörte seit den sechziger Jahren nach den USA und der Schweiz zu den wichtigsten Direktinvestoren in Spanien. Vgl. Niehus, Außenpolitik im Wandel, Frankfurt a. M. 1989, Bd. 2, S. 532.

[126] Die Bundesrepublik war seit 1955 für Spanien zum wichtigsten Handelspartner in Europa avanciert. Vgl. Weber, Spanische Deutschlandpolitik 1945–1958, S. 148 f. Andererseits machte der Außenhandel mit

das die Handelspolitische Abteilung im Auswärtigen Amt Anfang März 1958 rückblickend auf den folgenden Nenner brachte: Die Spanier „steigerten sich in die Rolle des armen Freundes hinein, dem der reiche Entgegenkommen zeigen müsse, und verlangten ständig weitere Kredite und Absatzmöglichkeiten für ihre Erzeugnisse, sie haben aber auf der anderen Seite die von ihnen eingegangenen Verpflichtungen nur sehr zögernd erfüllt und es vielfach als eine Zumutung empfunden, wenn deutsche Regierungsvertreter auf Einhaltung der Abmachungen wie beispielsweise auf pünktliche Tilgung der Notenbankkredite bestanden"[127].

2. Die Anfänge des westdeutschen Spanientourismus

Das Urlaubsland Spanien, seit den sechziger Jahren zunehmend in den internationalen Massentourismus einbezogen, war im ersten Nachkriegsjahrzehnt für die westdeutsche Bevölkerung noch ein exotisches Reiseziel. Zu Beginn der 50er Jahre boten die nur wenigen deutschen Urlauber – in den dreißiger Jahren kamen bis zum Bürgerkrieg jährlich etwa 10 000 Besucher[128] – keine Möglichkeit, die Zahlungsbilanz des iberischen Landes zu entlasten. Eine Reise ins Ausland stellte damals ohnehin einen Luxus dar, der für den größeren Teil der Bundesbürger erst an der Schwelle zu den sechziger Jahren erschwinglich wurde[129]. Bis zum Januar 1955 war einer Allensbach-Umfrage zufolge erst knapp ein Viertel der Befragten seit dem Kriegsende im Ausland gewesen[130]. Einen Reisepaß besaßen Mitte der 50er Jahre nur 21 Prozent der Westdeutschen[131]. Nach einer Erhebung des DIVO-Instituts erhöhte sich zwischen Juli 1957 und Juni 1959 zwar der Anteil der Reisenden mit Auslandserfahrung von 23 auf 29 Prozent[132], aber die Deutschen der Wiederaufbaugesellschaft verbrachten ihren Urlaub zunächst noch meist im eigenen Lande. Obwohl das Ausland bei der Urlaubsplanung immer stärker in den Blickpunkt rückte, fanden erst 1968 mehr Auslands- als Inlandsreisen statt[133]. Zunächst bevorzugten die westdeutschen Auslandsurlauber überwiegend die deutschsprachigen Nachbarländer Österreich und die Schweiz[134].

Spanien für Westdeutschland z. B. im Jahr 1960 lediglich 1% seines gesamten Außenhandels aus. Vgl. Jahresbericht der Deutschen Handelskammer für Spanien 1960, Madrid 1961, S. 54.
[127] Beitrag der Handelspolitischen Abteilung zur Aufzeichnung für die Spanienreise von Außenminister Brentano, 13. 3. 1958, PA/AA, Ref. 206, Bd. 163.
[128] Vgl. Peter, Das Spanienbild in den Massenmedien des Dritten Reiches 1933–1945, S. 45. Teneriffa war 1939 Teil des nationalsozialistischen „Kraft durch Freude"-Programms. Im Mai lief das Kreuzfahrtschiff „Robert Ley" mit 1700 Passagieren auf seiner Jungfernfahrt die kanarische Insel an. Ebenda.
[129] Vgl. Knebel, Soziologische Strukturwandlungen im modernen Tourismus, S. 4. Im Jahr 1954 konnte sich erst etwa ein Viertel der Bevölkerung eine Ferienreise leisten. 1962 hielten schließlich mehr als 30% den „Luxuskonsum" Tourismus für finanzierbar. Vgl. Peters, Reisen in die ‚heile Welt', S. 56.
[130] Vgl. Jahrbuch der öffentlichen Meinung 1947–1955, S. 49. Axel Schildt gibt dagegen an, daß zwischen der Währungsreform und 1955 ein Fünftel der Bevölkerung eine Auslandsreise gemacht habe. Vgl. Schildt, Moderne Zeiten, S. 199.
[131] Vgl. Jahrbuch der öffentlichen Meinung 1947–1955, S. 48.
[132] DIVO-Institut, Erhebungen, Auslandsreisen 1959, S. 8
[133] Vgl. Schildt, Moderne Zeiten, S. 200. Unstrittig ist, daß das Jahr 1968 einen Einschnitt für die Entwicklung des westdeutschen Tourismus bedeutet. Hermann Bausinger geht aber im Gegensatz zu Axel Schildt davon aus, daß sich damals Inlands- und Auslandstourismus die Waage hielten. Vgl. Bausinger, Wie die Deutschen zu Reiseweltmeistern wurden, S. 26.
[134] Vgl. Schildt, Moderne Zeiten, S. 200.

Die Sehnsucht nach dem „sonnigen Süden" war anfangs vor allem mit Italien verknüpft. In der zweiten Hälfte der 50er Jahre setzte ein Reiseboom nach Italien ein. 1956 verbrachten dort bereits 4,5 Millionen Deutsche ihren Urlaub[135]. Bei einer Umfrage des Allensbach-Instituts nach den Wunschzielen deutscher Reisender lag Italien Anfang 1955 mit 32 Prozent mit großem Abstand an der Spitze. Spanien wurde immerhin von 6 Prozent der Befragten genannt. Damit stand es noch vor Österreich, den Niederlanden und Großbritannien an sechster Stelle der positiv bewerteten Reiseländer[136]. Ein Urlaub an der südlichen Peripherie Europas war zu diesem Zeitpunkt nicht mehr zwangsläufig nur ein Wunschtraum, denn der westdeutsche Fremdenverkehr nach Spanien hatte bereits 1952 in geringem Umfang begonnen. Trotz anfänglicher Widrigkeiten – so wurde das Einreisevisum erst etwa drei Monate nach Beantragung erteilt[137] – gab es ein zunehmendes Interesse der Bundesbürger an Reisen in das iberische Land. Einer Ausweitung des Spanientourismus stand aber vorerst noch die westdeutsche Devisenbewirtschaftung im Wege. Länder, die nicht der OEEC angehörten, also auch Spanien, waren 1952 noch von der Devisenzuteilung für Urlaubsreisen ausgeschlossen[138].

Zahlreiche Reisebüros umgingen offenbar dieses Hindernis, indem sie zwar die OEEC-Mitgliedstaaten Portugal und Frankreich als Ziele ausschrieben, damit aber den von vornherein geplanten längeren Aufenthalt im Nachbarland Spanien kaschierten[139]. Auch wenn das Bundeswirtschaftsministerium diesen „Mißbrauch" unterbinden wollte[140], reagierte es doch prompt auf Beschwerden der Reisebüros, die darüber klagten, daß sie angesichts der vorhandenen Nachfrage „keine legale Möglichkeit zur Durchführung von

---

[135] Vgl. Kraushaar, Rote Lippen. S. 54. Zum „Italienfieber" der Deutschen siehe Schumann, Grenzübertritte – das ‚deutsche' Mittelmeer, S. 33–39.
[136] Vgl. Jahrbuch der öffentlichen Meinung 1947–1955, S. 48.
[137] Deutsche Besucher erhielten zunächst nur dann einen Touristen-Sichtvermerk, wenn eine Einladung in spanischer Sprache vorlag und der Gastgeber zwei spanische Bürgen stellte. Instruktion für Botschafter Prinz Adalbert von Bayern, 15. 9. 1952, PA/AA, 210-01/70, Bd. 1, S. 70. Staatssekretär Hallstein wies Anfang April 1952 im Bundestag darauf hin, daß die Vermerke erst nach Rückfrage bei dem spanischen Außenministerium erteilt würden. Spekulationen über einen Zusammenhang mit der noch ausstehenden Entsendung eines deutschen Botschafters hielt er aber nicht für begründet. Deutscher Bundestag, 1. Wahlperiode, 203. Sitzung, 2. 4. 1952, Stenographische Berichte, Bd. 12, S. 8708 f. In seiner Antwort auf eine parlamentarische Anfrage folgte Hallstein der Argumentation des ehemaligen Gesandtschaftsrats an der deutschen Botschaft in Madrid (1944–1945), Gottfried von Waldheim. Waldheim vermutete, diese zeitaufwendige Prozedur sei eine Folge der restriktiven Haltung der Besatzungsmächte, die jahrelang Besuchsreisen von Deutschen nach Spanien aus politischen Gründen „erschwert" hätten. Denn alle anderen Ausländer erhielten nach Waldheims Angaben ihr Touristenvisum unmittelbar bei den jeweiligen spanischen Vertretungen. Waldheim an Auswärtiges Amt, 7. 3. 1952, PA/AA, Ref. 412, Bd. 486. Der Diplomat war nach dem Ende des Zweiten Weltkrieges in Spanien geblieben. Er gehörte zu den „belasteten" Personen, die nach der Vorstellung der Alliierten nach Deutschland ausgewiesen werden sollten. Waldheim kam aber zunächst in einem sogenannten Internierungslager – einem Sanatorium – in der Nähe von Valencia unter. Vgl. Collado Seidel, Zufluchtsstätte für Nationalsozialisten?, S. 149. Später arbeitete er bis 1952 als Rechtsberater und Wirtschaftsjournalist in Madrid. Am 1. September 1952 trat Waldheim wieder in den Auswärtigen Dienst ein. Vita Gottfried von Waldheim (Politisches Archiv des Auswärtigen Amtes).
[138] Bundesministerium für Wirtschaft, Gemünd an Deutschen Reisebüro-Verband, 2. 7. 1952, BA, B 102, Bd. 110888.
[139] Ebenda.
[140] Reisebüros, die trotz der geltenden Regelung „immer wieder Spanienreisen" durchgeführt hatten, wurde angedroht, ihre Devisenkontingentierung bei der nächsten Zuteilung „erheblich zu kürzen". Ebenda.

2. Die Anfänge des westdeutschen Spanientourismus

Reisen nach Spanien haben"[141]. So stellte die Bundesregierung mit dem deutsch-spanischen Zahlungsabkommen vom 14. Oktober 1952 erstmals einen Betrag von 1 Million DM für den „nichtgeschäftlichen" Reiseverkehr bereit[142]. Da feststehe, daß deutsche Touristen unter „mißbräuchlicher Verwendung von Devisen" in erheblichem Umfange nach Spanien gekommen seien, erschien es dem Bundeswirtschaftsministerium vernünftiger, diese Grauzone zu „legalisieren"[143]. Nur ein halbes Jahr später sah das Auswärtige Amt im deutschen Fremdenverkehr nach Spanien bereits eine Chance, „den Ausgleich der Zahlungsbilanz zu fördern"[144]. Dem Bedarf folgend erhöhte Bonn das Devisenkontingent im April 1953 auf 6 Millionen DM, um schließlich im November 1953 jede Beschränkung aufzuheben[145]. Im Vergleich zu Italien, dem Hauptreiseziel der Deutschen im sonnigen Süden, blieb Spanien allerdings von untergeordneter Bedeutung. Im Jahr 1955 kamen nur etwa 140 000 Bundesbürger in das iberische Land[146].

Mit der zunehmenden Motorisierung der westdeutschen Gesellschaft[147] setzte der Trend zum Reisen mit dem eigenen Auto ein. Der Anteil dieser Urlaubsform stieg von 19 Prozent im Jahr 1954 auf 38 Prozent 1960 an[148]. Damit rückte auch das ferne Spanien näher. So erschien 1955 der erste Baedeker-Autoreiseführer „Spanien und Portugal" in einer Auflage von 5000 Exemplaren[149]. Wie sehr sich die damals noch wenigen Autoreisenden als Pioniere empfanden, die eine Expedition in unbekannte Gefilde wagten, zeigen Mitte der 50er Jahre Buchtitel wie „Spanienreise mit Mut und Porsche" oder der auf das breitere Publikum gerichtete Band „Mit Kamera und VW nach Spanien"[150].

Mallorca, später eines der Hauptziele des Pauschaltourismus, war in der Nachkriegszeit noch ein exklusiver Ferienort[151]. Bis in die sechziger Jahre galt die Mittelmeerinsel als

---

[141] Masserer an Maltzan betr. deutsch-spanische Regierungsverhandlungen, 5.9.1952, BA, B 102, Bd. 58148.
[142] Bundesministerium für Wirtschaft, Aufzeichnung betr. Spanien, 27.10.1952, BA, B 102, Bd. 58148. Pro Person war dabei ein Höchstbetrag von 500 DM bzw. 250 DM für Kinder festgelegt worden. Anlage III zum Zahlungsabkommen vom 14.10.1952, PA/AA, 304-06/70, Bd. 2.
[143] Aufzeichnung betr. Spanien, 27.10.1952, BA, B 102, Bd. 58148.
[144] Schlußprotokoll über die Tagung der deutsch-spanischen Wirtschaftskommission, 25.4.1953, PA/AA, Ref. 412, Bd. 88.
[145] Bulletin des Presse- und Informationsamtes der Bundesregierung, 12.11.1953. Angesichts dieser Entwicklung sah das Handelsblatt ebenfalls im zunehmenden Spanientourismus eine Möglichkeit, den Passivsaldo in der gegenseitigen Zahlungsbilanz abzubauen. Vgl. Handelsblatt, 25.11.1953.
[146] Für Spanien waren damit nach Schätzungen Deviseneinnahmen von rund 100 Mio. DM verbunden. Vgl. Jahresbericht der Deutschen Handelskammer für Spanien 1956, Madrid 1957, S. 50. Niehus gibt die Zahl der deutschen Spanienreisenden 1955 dagegen mit ca. 114 000 an; vgl. Niehus, Außenpolitik im Wandel, Bd. 2, S. 533.
[147] Die Zahl der Personenkraftwagen verachtfachte sich im Verlauf der 50er Jahre von 0,52 Mio. 1950 auf 4,1 Mio. 1960. Vgl. Südbeck, Motorisierung, Verkehrsentwicklung und Verkehrspolitik in Westdeutschland in den 50er Jahren, S. 171. Siehe ausführlich dazu Südbeck, Motorisierung, Verkehrsentwicklung und Verkehrspolitik in der Bundesrepublik Deutschland der 50er Jahre.
[148] Vgl. Peters, Reisen in die ‚heile' Welt, S. 55.
[149] Die zweite Auflage folgte 1957. Auskunft des Baedeker Verlages, 7.3.1991.
[150] Beide Titel kamen 1955 auf den Buchmarkt. Zur Reiseliteratur siehe die kursorische Darstellung bei Briesemeister, Spanien in der deutschen Essayistik und Zeitungsberichterstattung der Jahre 1945 bis 1968, S. 88.
[151] Die Balearen (Mallorca, Ibiza, Formentera und Menorca) wurden im Jahr 1955 von 15 000 Deutschen besucht. Häufiger waren unter den ausländischen Urlaubern damals nur noch Franzosen (34 000) und Engländer (33 000) vertreten. Vgl. Bardolet, Der Tourismus auf den Balearen, S. 41.

„Karibik der frühen Jahre – fern, exotisch, teuer"[152]. Der Flugtourismus insgesamt blieb zunächst einer kleinen Minderheit vorbehalten. Die ersten Charterfluggesellschaften LTU und die Deutsche Flugdienst GmbH – die spätere Lufthansa-Tochter Condor – starteten 1956 mit je drei 36sitzigen Propellermaschinen „Vickers Viking"[153]. Seit 1956 wurden von deutschen Reiseveranstaltern auch regelmäßig Flüge nach Mallorca[154] und Teneriffa[155] angeboten. Als Passagiere kamen nur wohlsituierte Kreise in Betracht, denn 17 Tage Teneriffa mit Vollpension kosteten beispielsweise 1095 DM[156]. Die „Demokratisierung" des Flugreisens begann in der Bundesrepublik – ausgelöst durch wachsende Massenkaufkraft und technologische Entwicklungen im Flugverkehr – erst in der Mitte der sechziger Jahre. Insbesondere die beiden Versandhäuser Quelle und Neckermann machten Mallorca mit ihren Pauschalangeboten seit 1962 bzw. 1963 zur „Trendinsel" der Deutschen[157].

Für das Gros der Spanien-Interessierten, deren Budget einen Charterflug nicht zuließ, boten Bahn oder Bus seit den 50er Jahren eine preisgünstige Möglichkeit, um an ihr fernes Ziel zu gelangen. Der Veranstalter Dr. Tigges organisierte bereits 1952 die ersten Studienreisen nach Spanien und Portugal[158]. Solche Busfahrten waren gelegentlich von unangenehmen Überraschungen für Reisende und Reiseleiter begleitet.

Das deutsche Generalkonsulat in Barcelona berichtete im August 1958, daß es in letzter Zeit mehrere Fälle gegeben habe, in denen Reiseleiter wegen fehlender Devisenerklärungen an den Urlaubsorten verhaftet und die mitgeführten Devisen beschlagnahmt worden seien[159]. Den Touristen drohe dadurch die vorzeitige Heimreise, da die Hotels sich angesichts des schwebenden Verfahrens weigerten, die Gäste ohne Bezahlung weiter zu beherbergen[160]. Obwohl derartige Erfahrungen im Einzelfall zu Kommentaren wie „nie mehr eine Erholungsreise nach Spanien"[161] führten, stiegen die Zahlen der westdeutschen Besu-

---

[152] In einem Rückblick auf 40 Jahre Nachkriegstourismus behandelte die Zeitschrift Stern 1990 in einer mehrteiligen Serie als erstes die „Trauminsel" Mallorca. Vgl.: Stern, Nr. 2, 1990, S. 106. Zur Illustration der touristischen Sehnsüchte des westdeutschen Publikums wurde 1956 auf einem Titelbild des Spiegel neben Capri oder Taormina auch Palma de Mallorca gezeigt. Anlaß war eine Geschichte über den Touropa-Geschäftsführer Carl Degener, der die sogenannten „Geselligkeitsreisen von der Stange" populär gemacht hatte. Der Spiegel, Nr. 29, 18. 7. 1956, S. 20–27.
[153] Vgl. Göckeritz, Die Bundesbürger entdecken die Urlaubsreise, S. 48.
[154] Vgl. ebenda, S. 48.
[155] Vgl. Schildt, Moderne Zeiten, S. 200.
[156] Vgl. ebenda, S. 200. Zum Vergleich: Ein Industriearbeiter verdiente 1955 durchschnittlich 347,40 DM brutto im Monat. Vgl. Peters, Reisen in die ‚heile Welt', S. 56. Die Fluggäste waren damals durchweg Ärzte, Apotheker und Industrielle. Der Beruf wurde per Fragebogen ermittelt. Nur selten war auch einmal eine andere Berufsgruppe vertreten: „Stellen Sie sich vor, Kapitän, wir haben diesmal eine Schneiderin an Bord", berichtete eines Tages eine höchst überraschte Stewardeß. Vgl. den Bericht zur Ausstellung „Endlich Urlaub!, SZ, 18. 6. 1996.
[157] Vgl. Göckeritz, Die Bundesbürger entdecken die Urlaubsreise, S. 48 f. Im März 1960 erschien in der Reise- und Kulturzeitschrift „Merian" das erste Themenheft über die Balearen. Darin wurde die Inselgruppe, „früher von den großen Seemächten begehrt", nun als „das Ziel einer neuen Weltmacht, des Fremdenverkehrs" beschrieben. Merian, Heft 3, 13. Jg., März 1960, S. 2.
[158] Vgl. Göckeritz, Die Bundesbürger entdecken die Urlaubsreise, S. 44.
[159] Nach dem Eindruck des Konsulats waren Devisenerklärungen, die früher beim Grenzübertritt vorgelegt werden mußten, in der Praxis bereits seit etwa zwei Jahren unüblich geworden. Um weitere „Mißgriffe" spanischer Behörden zu vermeiden, schlug das Konsulat vor, die deutsche Presse auf diese Vorkommnisse hinzuweisen. Generalkonsulat Barcelona an Auswärtiges Amt, 8. 8. 1958, PA/AA, Ref. 206, Bd. 85.
[160] Ebenda.
[161] Ebenda.

cher doch stetig an. Während 1956 erst etwa 145 000 Bundesbürger das Land bereisten, waren es vier Jahre später schon ca. 328 000[162].

Mit der wachsenden Beliebtheit kamen aber auch neue Probleme auf die deutschen konsularischen Vertretungen in Spanien zu. So klagte die Madrider Botschaft in ihrem Jahresbericht 1957 über das zunehmende Anspruchsdenken der Touristen[163]. Es scheine sich die Auffassung „auszubreiten", daß die Konsulate „Mädchen für alles" seien. Reisende „alarmierten" die Konsuln auch in der Nacht und forderten, „für sie eine bessere Unterbringung in einem Hotel zu besorgen, als sie von der Reisegesellschaft organisiert worden ist". Falls derartigen Wünschen nicht entsprochen werde, komme es „häufig zu Beschimpfungen und unerfreulichen Auseinandersetzungen". In der Frühzeit des Massentourismus waren solche Schwierigkeiten zum Teil wohl auch in den ungenügenden spanischen Fremdenverkehrseinrichtungen begründet, die mit der rasch wachsenden Zahl ausländischer Gäste in der zweiten Hälfte der 50er Jahre nicht Schritt halten konnten. Bis 1956 gab der spanische Staat nur weniger als 1 Prozent seiner jährlichen Gesamtinvestitionen für die Förderung des Tourismus aus[164]. Das Franco-Regime setzte lange Zeit hauptsächlich auf die industrielle Entwicklung des Landes. Die Zahl der Spanienbesucher stieg insgesamt nichtsdestoweniger von 2,52 Millionen 1955 auf 4,19 Millionen im Jahr 1959[165]. Nachdem die Regierung in Madrid 1959 – als letzte in Westeuropa – die Visapflicht abgeschafft hatte[166], kamen 1960 bereits 6,11 Millionen[167]. Als Einnahmequelle war der Tourismus am Ende der 50er Jahre für Spanien immer unverzichtbarer geworden. Während 1955 dadurch erst 96,7 Millionen Dollar in das Land flossen, wurde die Zahlungsbilanz 1960 schon mit 296,5 Millionen Dollar entlastet[168]. Mit dem Ende der fehlgeschlagenen Autarkiepolitik eröffneten sich für den devisenträchtigen Fremdenverkehr seit 1959 neue Perspektiven. Erst jetzt begann mit Hilfe des ausländischen Kapitals der eigentliche Aufbau der spanischen Tourismusindustrie[169].

Die Wachstumsbranche wurde nun auch zu einem Thema der deutsch-spanischen Wirtschaftspolitik. Bei den Gesprächen über ein neues Handelsabkommen schlug die Bundesregierung im Mai 1960 ein Abkommen über wirtschaftliche Zusammenarbeit vor, das u. a. Maßnahmen zur Steigerung des deutschen Reiseverkehrs nach Spanien einschließen sollte[170]. In

---

[162] Vgl. Niehus, Außenpolitik im Wandel, Bd. 2, S. 533.
[163] Jahresbericht der Botschaft Madrid 1957, 10. 3. 1958, PA/AA, Ref. 203, Bd. 473. Hier auch das Folgende.
[164] Vgl. Hergel, Industrialisierungspolitik in Spanien seit Ende des Bürgerkrieges, S. 187.
[165] Vgl. Hommel, Spanien und die Europäische Wirtschaftsgemeinschaft, S. 89.
[166] Vgl. Hergel, Industrialisierungspolitik in Spanien seit Ende des Bürgerkrieges, S. 187. In seiner 1958 erstmals erschienenen Sammlung von Reiseberichten „Nach Russland und anderswohin" schildert der Schriftsteller Wolfgang Koeppen auch seine atmosphärischen Eindrücke beim Grenzübertritt nach Spanien: „Die Unruhe der Passagiere, die vielen Verordnungsschilder, der unverkennbare Ernst der Landschaft, alles weist darauf hin, daß dies keine gewöhnliche Grenze kurzer Formalitäten ist. Diese Grenze ist fremdenfeindlich. Spanien wirbt um Besucher, aber an seiner Tür spielt es verschlossenes Paradies." Koeppen, Ein Fetzen von der Stierhaut, S. 14.
[167] Vgl. Hommel, Spanien und die Europäische Wirtschaftsgemeinschaft, S. 89.
[168] Anuario de Estadísticas de Turismo 1988, hrsg. vom Ministerio de Transportes, Turismo y Comunicaciónes, Madrid 1988, S. 545.
[169] So stieg beispielsweise die Zahl der Fremdenzimmer zwischen 1960 und 1963 sprunghaft von 87 233 auf 150 856 an. Vgl. ebenda, S. 549. Zu der Entwicklung nach 1959 siehe: Moser, Tourismus und Entwicklungspolitik; Breuer, Spanien, S. 209–227.
[170] Protokoll betreffend deutsch-spanische wirtschaftliche Zusammenarbeit, 5. 5. 1960, BA, B 102, Bd. 110887.

dem Entwurf Bonns ging es weniger um konkrete Absprachen, als vielmehr um allgemeine Grundsätze. Entscheidend werde sein, urteilte das Bundeswirtschaftsministerium, „in welchem Geiste ein solcher Vertrag von beiden Seiten erfüllt werden wird und in welchem Umfange deutsches privates Kapital durch Verbesserung der Bedingungen nach Spanien gelenkt werden kann"[171]. Eine Anlagemöglichkeit bot sicherlich der aufstrebende touristische Markt, für den in einem ersten Schritt deutsche Fachleute auf Wunsch der Madrider Regierung Bedingungen für einen verstärkten Reisezustrom aus der Bundesrepublik untersuchen sollten[172]. Spanien war am Ende des Jahrzehnts zu einem Ziel des beginnenden Massentourismus geworden, dessen ökonomische Bedeutung auch für die bilateralen Beziehungen zunehmend wichtiger wurde[173].

3. „Gastarbeiter" für die Bundesrepublik – Der Weg zum deutsch-spanischen Anwerbeabkommen 1960

Das wirtschaftliche Ungleichgewicht zwischen beiden Ländern spiegelte sich auch in unterschiedlich motivierten Wanderungsbewegungen wider. Während für immer mehr Deutsche eine Urlaubsreise nach Spanien in Betracht kam, wurden seit Anfang der sechziger Jahre zugleich spanische Arbeitskräfte, die in ihrem Land keine Beschäftigung fanden, in die Bundesrepublik geholt[174]. Das rasante Wachstum der westdeutschen Volkswirtschaft – die Zahl der Erwerbstätigen stieg zwischen 1950 und 1960 um ein Viertel von

---

[171] Bericht über die Wirtschaftsverhandlungen mit Spanien, 1. 6. 1960, BA, B 102, Bd. 110887.
[172] Delegationstelegramm Nr. 6, 13. 5. 1960, BA, B 102, Bd. 58146. Hier der Rohentwurf eines Protokolls über deutsch-spanische wirtschaftliche Zusammenarbeit. Das Abkommen zur Verstärkung der wirtschaftlichen Zusammenarbeit wurde am 9. Mai 1961 in Madrid unterzeichnet. Vgl. Bulletin des Presse- und Informationsamtes, 10. 5. 1961.
[173] So kamen beispielsweise im Jahr 1996 mehr als 10,7 Mio. deutsche Touristen nach Spanien. Vgl. Berliner Zeitung, 15. 3. 1997. Insgesamt waren es 1996 41,4 Mio. Besucher, die dem Land etwa 28,4 Milliarden Dollar an Devisen einbrachten. Vgl. FAZ, 8. 2. 1997.
[174] Schon 1952 hatten sich Bonn und Madrid über den Austausch von „Gastarbeitnehmern" verständigt. Das am 25. Januar 1952 unterzeichnete Abkommen sah vor, daß jährlich aus beiden Staaten bis zu 150 junge Arbeitnehmer die Gelegenheit erhalten sollten, sich im Partnerland sprachlich und beruflich fortzubilden. Ähnliche Vereinbarungen hatte die Bundesrepublik bereits mit Frankreich, Belgien und Österreich getroffen. Vermerk Bundesarbeitsministerium, 15. 7. 1952, BA, B 149, Bd. 22331. Die Übereinkunft mit Spanien war im Bundestag politisch umstritten. SPD und KPD lehnten das Abkommen aus grundsätzlichen politischen Erwägungen ab. Im Namen der SPD-Fraktion erklärte Willy Brandt, seine Partei halte Austauschverträge mit „totalitären Mächten" für fragwürdig. Zwar unterscheide sich der „falangistische Schlamper-Faschismus" sicherlich von ähnlichen Regimen, aber nicht in der „Skrupellosigkeit und Brutalität". Brandt zog die Grenze zwischen „normalen" diplomatischen und außenhandelspolitischen Beziehungen, um die sich die „deutsche Demokratie" nach allen Seiten hin bemühen müsse, und einer zu großen Nähe gegenüber Diktaturen: „Wir wollen keine Gleichgültigkeit gegenüber den Opfern der Diktaturen. Darum wollen wir auch keine Fraternisierung mit dem Franco-Faschismus." Deutscher Bundestag, 1. Wahlperiode, 226. Sitzung, 18. 7. 1952, Stenographische Berichte, Bd. 13, S. 10206–10209, hier S. 10206 f. Das Abkommen entfaltete offenbar nur geringe praktische Wirkung. Bis zum Frühjahr 1958 hatte keiner der beiden Vertragspartner den Austausch in vollem Umfang genutzt. Instruktion für Botschafter von Welck, März 1958, PA/AA, Ref. 206, Bd. 36. Im Jahr 1959 waren lediglich 19 spanische „Gastarbeitnehmer" in der Bundesrepublik beschäftigt. Vgl. Jahresbericht der Bundesvereinigung der Deutschen Arbeitgeberverbände (BDA), Köln 1960, S. 144.

20 auf 25 Millionen[175] – löste im Ausland vielerorts Hoffnungen auf einen Arbeitskräfteexport aus. Die erste von der Bundesrepublik im Dezember 1955 geschlossene Anwerbevereinbarung mit Italien[176] erschien auch anderen Ländern nachahmenswert. Mehr als 20 europäische wie außereuropäische Staaten bemühten sich bis zum Beginn der sechziger Jahre um ähnliche Absprachen[177].

Auch Spanien drängte auf den westdeutschen Arbeitsmarkt. Im April 1957 regte der Sozialattaché der spanischen Botschaft in Bonn, Sorribes, im Bundesarbeitsministerium an, ein Abkommen über die „Hereinnahme" spanischer Arbeiter für den westdeutschen Bergbau zu schließen[178]. Er bezog sich dabei auf das Vorbild einer spanisch-belgischen Vereinbarung, durch die gerade die ersten hundert Arbeitskräfte aus Spanien verpflichtet worden seien[179]. Ähnlich wie dort sollten nach den Vorstellungen Madrids auch in der Bundesrepublik die spanischen Zuwanderer den einheimischen Arbeitskräften sozialrechtlich gleichgestellt werden. Am 6. Mai präzisierte der spanische Diplomat gegenüber der Rechtsabteilung im Auswärtigen Amt die Wünsche seiner Regierung[180].

So war das Franco-Regime zwar an der Vermittlung von 1000 bis 3000 ungelernten Kräften interessiert, trat aber hierbei keineswegs als Bittsteller auf. Es machte zur „Bedingung", daß zuvor ein deutsch-spanisches Sozialversicherungsabkommen vereinbart werden müsse. Das Auswärtige Amt reagierte darauf aus verschiedenen Gründen positiv[181]. Unter anderem könnten die in Spanien lebenden deutschen Arbeitnehmer von einer solchen Übereinkunft profitieren. Vor allem sprächen jedoch, betonte die Handelspolitische Abteilung, „arbeitsmarktpolitische Gründe"[182] dafür, so bald wie möglich die Voraussetzung für die „Hereinnahme" spanischer Arbeitnehmer zu schaffen: „Die BRD hat angesichts des zunehmenden Mangels an Arbeitskräften, vor allem im Bergbau, ein Interesse an der Hereinnahme von ausländischen Arbeitskräften. Spanien vermag, da es eine bedeutende Unterbeschäftigung und somit einen beträchtlichen Arbeitskräfteüberschuß aufweist, solche Arbeitskräfte zu stellen." Außerdem – so klang es etwas gönnerhaft an – könne die mögliche Entlastung des spanischen Arbeitsmarktes, ähnlich wie im Fall Italien, auch eine „wertvolle" entwicklungspolitische Hilfe sein[183].

Als Sorribes Ende November 1957 im Bundesarbeitsministerium erneut die Frage einer Beschäftigung spanischer Arbeitskräfte im Bergbau zur Sprache brachte[184], hatten sich

---

[175] Schildt/Sywottek, „Wiederaufbau" und „Modernisierung", S. 21.
[176] Steinert, Migration und Politik., S. 220–238; Herbert, Geschichte der Ausländerbeschäftigung in Deutschland 1880 bis 1980. S. 190–192.
[177] Steinert, Migration und Politik, S. 333 und S. 335. Steinert weist nach, daß die Initiative zu den ersten Wanderungsvereinbarungen der Bundesrepublik jeweils vom Ausland ausging. Vgl. auch Steinert, Arbeit in Westdeutschland, S. 197–209.
[178] Vermerk Bundesministerium für Arbeit, 18. 4. 1957, BA, B 149, Bd. 22387.
[179] Ebenda.
[180] Aufzeichnung Abt. 5 betr. Aufnahme deutsch-spanischer Verhandlungen über den Abschluß eines Sozialversicherungsabkommens, 7. 5. 1957, PA/AA, Ref. 412, Bd. 235. Hier auch das Folgende.
[181] Aufzeichnung Ref. 412, 24. 5. 1957, PA/AA, Ref. 412, Bd. 235.
[182] Ebenda. Hier auch das Folgende.
[183] Ebenda. Überdies würden die Lohngeldtransfers der spanischen Arbeiter die Zahlungsbilanz des iberischen Landes entlasten können. Den handelspolitischen Nutzen stellte auch der Spanien-Referent im Bundeswirtschaftsministerium, Masserer, gegenüber Botschafter Aguirre heraus. Vermerk Masserer betr. Unterredung mit dem spanischen Botschafter Aguirre, 5. 8. 1957, PA/AA, Ref. 412, Bd. 244.
[184] Vermerk betr. Hereinnahme spanischer Arbeitskräfte für den Bergbau, 3. 12. 1957, BA, B 149, Bd. 22387.

beide Seiten bereits auf den Entwurf eines Sozialversicherungsabkommens geeinigt[185]. Aus Sicht der Madrider Regierung war nun der Weg frei für eine Migrationsvereinbarung. Das zuständige Bundesarbeitsministerium sah allerdings im Gegensatz zum Auswärtigen Amt in der Anwerbung spanischer Arbeiter keine Notwendigkeit. Nach einer Prognose des Unternehmensverbandes Ruhrbergbau werde 1958 der vorhandene Bedarf an „Gastarbeitern"[186] in Italien gedeckt werden können. Die Franco-Regierung wurde erst einmal mit dem Hinweis darauf, daß das Sozialversicherungsabkommen noch nicht ratifiziert sei, vertröstet[187].

Spanien stand mit seinem Wunsch nicht allein. Das Bundesarbeitsministerium orientierte sich bei der Frage nach zusätzlichen ausländischen Kräften strikt an den Bedürfnissen des westdeutschen Arbeitsmarktes[188]. Dies mußte auch ein anderes südeuropäisches Land im Herbst 1958 erfahren. Bei Gesprächen in Bonn über eine engere wirtschaftliche Zusammenarbeit hatte die griechische Botschaft Ende August ein Rahmenabkommen über die Anwerbung griechischer Arbeitskräfte vorgeschlagen. Die westdeutsche Reaktion war ähnlich wie im Fall Spanien: Während Auswärtiges Amt und Wirtschaftsministerium das Anliegen Athens unterstützten, sah das Arbeitsministerium keinen Sinn in einer Vereinbarung, deren „Realisierung angesichts der gegenwärtigen Lage des deutschen Arbeitsmarktes kaum möglich und somit ganz von der noch nicht zu übersehenden weiteren wirtschaftlichen Entwicklung in der Bundesrepublik abhängig wäre"[189]. Es verwies dabei auf das bestehende Anwerbeabkommen mit Italien, das bisher die Hoffnungen der Regierung in Rom auf eine nennenswerte Verringerung der Arbeitslosenzahl nicht habe erfüllen können[190]. In

---

[185] Nach Verhandlungen in Madrid lag seit dem 12. November 1957 ein Abkommensentwurf vor. Instruktion für Botschafter von Welck, März 1958, PA/AA, Ref. 206, Bd. 36.

[186] Vermerk betr. Hereinnahme spanischer Arbeitskräfte für den Bergbau, 3.12.1957, BA, B 149, Bd. 22387. Der später in den allgemeinen Sprachgebrauch eingegangene Begriff „Gastarbeiter" wurde in den amtlichen Quellen zunächst nicht verwendet. Im Auswärtigen Amt reagierte der Empfänger eines Berichts der deutschen Botschaft in Athen im April 1960 verwundert auf den Gebrauch dieser Wortschöpfung und versah das „Gast" mit einem Fragezeichen. Möglicherweise lag eine sprachliche Verwechslung mit dem Begriff „Gastarbeitnehmer" vor. Vgl. Steinert, Migration und Politik, S. 284.

[187] Zwar ging das Bundesarbeitsministerium in seiner Antwort auch auf die voraussichtliche Beschäftigungslage im kommenden Jahr ein, in den Vordergrund rückte es aber die sozialrechtliche Dimension. Bundesarbeitsministerium, Ehmke, an Spanische Botschaft, 20.12.1957, BA, B 149, Bd. 22387. Das bilaterale Abkommen über „Soziale Sicherheit" wurde schließlich am 29. Oktober 1959 in Bonn unterzeichnet. Deutscher Bundestag, 3. Wahlperiode, Drucksache 2570, Bd. 73, 2.3.1961. Text der Vereinbarung in: BGBl. 1961, II, S. 598.

[188] Während das Arbeitsministerium die Ansicht vertrat, daß ausländische Arbeitskräfte erst dann in die Bundesrepublik geholt werden sollten, wenn die bundesdeutschen Arbeitskraftreserven ausgeschöpft seien, schloß sich Bundeskanzler Adenauer schon früh der Meinung von BDI-Präsident Berg und des Wirtschaftsministeriums an, die beide für eine Arbeitsmarktöffnung plädierten. Bereits Ende September 1955 forderte Adenauer im Kabinett von Arbeitsminister Storch, daß er seinen Widerstand „gegen die Verwendung ausländischer Arbeiter in der Bundesrepublik aufgeben" müsse. Vgl. 98. Sitzung des Bundeskabinetts, 28.9.1955; Die Kabinettsprotokolle der Bundesregierung, Bd. 8 (1955), S. 538–539. Bei den Befürwortern einer Ausländerbeschäftigung spielten auch lohnpolitische Überlegungen eine Rolle. In dem momentanen Arbeitskräftemangel sah Franz Josef Strauß im Oktober 1955 „einen erheblichen Anreiz für die Gewerkschaften zu Lohnerhöhungsforderungen". Daher sollte man, so Strauß, „endlich den Einsatz ausländischer Arbeitskräfte zulassen". Vgl. 99. Sitzung des Bundeskabinetts, 6.10. 1955; ebenda, S. 550.

[189] Bundesministerium für Arbeit an Auswärtiges Amt, 20.10.1958, PA/AA, Ref. 505, Bd. 791. Hier auch das Folgende.

[190] So waren 1958 lediglich rund 26000 Italiener in der Bundesrepublik beschäftigt. Vgl. Herbert, Geschichte der Ausländerbeschäftigung, S. 188.

einem Moment, in dem Italien darauf warte, daß die Nachfrage der deutschen Wirtschaft nach italienischen Arbeitskräften steige, sei es für das Land nicht nachvollziehbar, wenn die Bundesrepublik nun ein Abkommen mit Griechenland schließe.

Gleiches gelte im übrigen für Spanien, dem man eine derartige Vereinbarung abgeschlagen hatte. Das Auswärtige Amt wurde daher vor „einer schweren und berechtigten Verstimmung" Italiens und Spaniens gewarnt. Diesmal konnte sich das Arbeitsministerium mit seinen Vorbehalten nur teilweise durchsetzen. Denn in dem deutsch-griechischen Abkommen über wirtschaftliche Zusammenarbeit vom 27. November 1958 war Athen zumindest eine bedingte Zusage für eine Anwerbevereinbarung gegeben worden. Verhandelt werden sollte aber erst bei einer veränderten Situation auf dem westdeutschen Arbeitsmarkt[191]. Damit hatte Griechenland immerhin einen „Fuß in der Tür".

Spanien unternahm ein halbes Jahr später einen neuen Vorstoß. Im Juli 1959 warb der Generaldirektor des „Instituto Español de Emigración", Rodríguez de Valcárcel, im Bonner Arbeitsministerium dafür, spanische Arbeitskräfte in der Bundesrepublik zu beschäftigen[192]. Augenblicklich sei die Zahl der Arbeitslosen in Spanien zwar nicht sehr hoch, doch werde sie – befürchtete er – in der nächsten Zeit unter anderem durch einen Rückgang der Exporte nach Südamerika und die strukturellen Folgen der neuen Wirtschaftspolitik um etwa 200 000 bis 300 000 Personen zunehmen. Insofern würde seine Regierung es „begrüßen", wenn ein Teil der davon betroffenen Facharbeiter bzw. ungelernten Arbeiter aus der Textil- und Papierindustrie sowie den Werften „für die Dauer des Umstellungsprozesses der spanischen Wirtschaft" in der Bundesrepublik Arbeit finden könnte. Das Angebot Madrids kam zu einem Zeitpunkt, in dem auf dem westdeutschen Arbeitsmarkt Vollbeschäftigung herrschte: Die Arbeitslosenquote war im September 1959 auf 0,9 Prozent gesunken, die Zahl der offenen Stellen hatte sich dagegen von 216 000 im Jahr 1958 auf 284 000 im Jahresdurchschnitt 1959 deutlich erhöht[193]. Unter diesen Vorzeichen verhielt sich das Bonner Arbeitsministerium aufgeschlossener als noch 1957. Der spanische Gast wurde gebeten, eine für Ende Oktober geplante Aussprache von Bundesregierung, Arbeitgebern, der Nürnberger Bundesanstalt für Arbeit und den Gewerkschaften über die künftige Entwicklung auf dem Arbeitsmarkt abzuwarten. Erst danach könnte mit einer Antwort gerechnet werden. Zugleich dämpften die Ministerialbeamten die Erwartungen, indem sie auf die innerdeutsche „Arbeitskraftreserve" aus dem anhaltenden DDR-Flüchtlingszustrom auf-

---

[191] Auswärtiges Amt an Bundesministerium für Arbeit, 4. 12. 1959, PA/AA, Ref. 505, Bd. 791.
[192] Vermerk betr. Hereinnahme spanischer Arbeitskräfte (Besuch Rodríguez de Valcárcels am 24. Juli), 1. 9. 1959, BA, B 149, Bd. 22387. Hiernach das Folgende. Spanien war ein Land mit langer Wanderungstradition. Nach dem Zweiten Weltkrieg verlagerte sich die bisherige Auswanderung nach Lateinamerika zunehmend auf die Industrieländer Europas. Dabei wurden Frankreich, die Schweiz und die Bundesrepublik nach 1960 zu den begehrtesten Aufnahmeländern. Vgl. Bernecker, Spaniens Geschichte seit dem Bürgerkrieg, S. 128. Die Madrider Regierung betrieb zumindest gegenüber der Bundesrepublik eine aktive Migrationspolitik, so daß die Forschungsmeinung, die Spanien nur die Möglichkeit zuschrieb „auf die spontane Entwicklung der Emigration zu reagieren", als überholt gelten kann. Vgl. Kammerer, Probleme von Entsendeländern im internationalen Vergleich, S. 751.
[193] Vgl. Steinert, Migration und Politik, S. 281. Bei den noch unbeschäftigten Arbeitnehmern handele es sich überwiegend um die „dritte Garnitur", mit der die Industrie wenig anfangen könne, meinte Der Spiegel im Sommer 1959. So sei „der Kampf um Arbeiter zu einer aufreibenden Dauerbeschäftigung geworden, in die sich Personalverwaltungen großer Industrieunternehmen genauso verstrickt sehen wie kleinere Betriebe mit nur wenigen Beschäftigten". Der Spiegel, Nr. 34, 29. 8. 1959, S. 26.

merksam machten[194]. Bisher sei lediglich der saisonale Spitzenbedarf, der zahlenmäßig kaum ins Gewicht falle, mit Kräften aus dem benachbarten Ausland, wie Österreich und den Niederlanden, sowie durch Anwerbungen in Italien ausgeglichen worden. Während die Arbeitnehmer aus Italien zu 95 Prozent nur zwischen Frühjahr und Herbst beschäftigt wären, käme für spanische Arbeiter angesichts der weiten Entfernung zwischen beiden Ländern nur eine „Dauerbeschäftigung" von mindesten ein bis zwei Jahren in Betracht[195].

Die Bundesanstalt für Arbeit und Arbeitsvermittlung in Nürnberg äußerte sich skeptisch zur möglichen Anwerbung von Arbeitskräften aus Spanien. Abgesehen vom Zweifel am Bedarf in den von Spanien vorgeschlagenen Industriezweigen stellte sie in ihrem Positionspapier am 18. September die Bereitschaft westdeutscher Unternehmer in Frage, neben Italienern auch Arbeiter aus Spanien einzusetzen: „Diese Betriebe haben sich nämlich zumeist auf die Besonderheiten der Italiener eingestellt und werden darum oft lieber noch mehr Italiener beschäftigen, die keine neuen Probleme bedeuten, als Spanier, die wegen ihrer Besonderheiten wahrscheinlich hinsichtlich der Betreuung, Eingewöhnung usw. wieder neue Fragen aufwerfen würden."[196] Jenseits der betrieblichen Schwierigkeiten müßte im Hinblick auf die soziale Unterstützung erst ein Netz kirchlicher und karitativer Organisationen geschaffen werden, das für Italiener bereits vorhanden sei. Überdies, vermutete die Bundesanstalt, dürfte eine „gewerkschaftliche Betreuungs-Zusammenarbeit zwischen der Bundesrepublik und Spanien [...] wohl ausgeschlossen sein". All diese Überlegungen mündeten in die Empfehlung – auch angesichts der voraussichtlich nur geringen Zahl der Anwerbungen in Spanien – vorläufig nur auf die bewährte Zusammenarbeit mit Italien zu setzen. In dem bevorstehenden Spitzengespräch über die künftige Arbeitsmarktentwicklung müßte „vordringlich" die Grundsatzfrage entschieden werden, „ob weiterhin die Anwerbung ausländischer Arbeitskräfte im wesentlichen in Italien erfolgen und nur dann in anderen Ländern eine Anwerbung versucht werden soll, wenn ausreichend geeignete Kräfte in Italien nicht gewonnen werden können".

Unterdessen setzte die spanische Botschaft in Bonn, gleichsam als flankierende Maßnahme, den Hebel bei der westdeutschen Wirtschaft an. In einem Schreiben an die Bundesvereinigung der Deutschen Arbeitgeberverbände (BDA) machte sie auf das in Spanien brachliegende Arbeitskräftepotential aufmerksam und bot zugleich ihre Vermittlungsdienste an[197]. Bei den Arbeitgebern stieß dieses Angebot hingegen durchaus auf Interesse. Bis Anfang Oktober 1959 hatten immerhin 13 westdeutsche Unternehmen Interesse an spanischen Arbeitskräften geäußert[198]. Obwohl die spanische Diplomatie die Nachfrage selbst ausgelöst hatte, konnte sie damit aber demonstrieren, daß der westdeutsche Arbeitsmarkt für Kräfte aus dem iberischen Land grundsätzlich aufgeschlossen war. Das nutzte die Madrider Regierung, um nicht länger als Bittsteller gegenüber Bonn aufzu-

---

[194] Dies waren nach Angaben des Bundesarbeitsministeriums jährlich 100 000 bis 150 000 Personen. Vermerk betr. Hereinnahme spanischer Arbeitskräfte, 1. 9. 1959, BA, B 149, Bd. 22387. Zwischen September 1949 und dem Mauerbau im August 1961 verbuchte die Bundesrepublik gegenüber der DDR einen Wanderungsgewinn von mindestens 2,7 Mio. Menschen. Vgl. Bade, Fremde Deutsche: ‚Republikflüchtlinge' – Übersiedler – Aussiedler, S. 402.
[195] Vermerk betr. Hereinnahme spanischer Arbeitskräfte, 1. 9. 1959, BA, B 149, Bd. 22387.
[196] Bundesanstalt für Arbeit an Bundesarbeitsministerium, 18. 9. 1959, BA, B 149, Bd. 22387. Dort auch das Folgende.
[197] Vermerk zur Stellungnahme des Bundesministeriums für Arbeit, 10. 11. 1959, PA/AA, Ref. 505, Bd. 997.
[198] Instituto Español de Emigración an Deutsche Botschaft Madrid, 22. 10. 1959, PA/AA, Ref. 505, Bd. 997.

treten. Die spanische Seite drehte nun sogar den „Spieß um". Kurz vor dem Deutschlandbesuch von Außenminister Castiella schlug sie Anfang November 1959 generös vor, daß Außenminister von Brentano seinem Gast doch den „deutschen Wunsch" nach Arbeitskräften aus Spanien vortragen könne[199]. Die taktisch kluge Inszenierung entfaltete im Bundesministerium für Arbeit Wirkung. Augenfällig ist zumindest ein zeitlicher Zusammenhang: Nur einen Tag, nachdem der Bericht der Botschaft in Bonn eingetroffen war, sprach es sich am 7. November angesichts des „zunehmenden Arbeitskräftemangels" in der Bundesrepublik jetzt erstmals für ein Anwerbeabkommen aus[200]. Damit konnte das Thema bei dem Treffen der beiden Außenminister nun ausgeklammert werden[201]. Um das tatsächliche Kräfteverhältnis beider Länder wieder zurechtzurücken, forderte das Bundesarbeitsministerium jedoch, daß Spanien die Initiative zu Verhandlungen ergreifen müsse, denn ein „deutscher Wunsch hat bisher nicht bestanden"[202]. Diese Vorbedingung stellte für die Regierung in Madrid kein Hindernis dar. Schon am 28. November schlug sie vor, im Januar 1960 über ein Anwerbeabkommen auf der Grundlage der deutsch-italienischen Vereinbarung zu verhandeln[203].

Das Auswärtige Amt geriet allerdings durch die bevorstehenden Verhandlungen mit Spanien gegenüber Griechenland in Zugzwang. Athen hatte Ende Oktober 1959 vor dem Hintergrund der günstigen wirtschaftlichen Entwicklung in der Bundesrepublik bereits die „bedingte Zusage" aus dem Vorjahr reklamiert[204]. Da das vom Auswärtigen Amt vereinbarte deutsch-griechische Abkommen über wirtschaftliche Zusammenarbeit eine Wanderungsvereinbarung gewissermaßen präjudizierte, sah es sich außenpolitisch jetzt in die Verantwortung genommen. Die augenblickliche Arbeitsmarktlage und die geplante Übereinkunft mit Spanien machten es nach seiner Auffassung „nicht länger möglich", Griechenland „weiterhin zu vertrösten"[205]. Das Bundesministerium für Arbeit wurde deshalb nachdrücklich zu einer Stellungnahme aufgefordert. Mit seinem Votum für ein weiteres Anwerbeabkommen rannte das Auswärtige Amt aber halbwegs offene Türen ein.

---

[199] Botschaft Madrid betr. spanische Arbeiter nach Deutschland, 6. 11. 1959, PA/AA, Ref. 505, Bd. 997.
[200] Vermerk betr. Besuch des spanischen Außenministers in der Bundesrepublik, 7. 11. 1959, PA/AA, Ref. 206, Bd. 166. Das Bundesarbeitsministerium hatte mitgeteilt, daß schon vor der endgültigen Übereinkunft spanische Arbeitnehmer von deutschen Firmen beschäftigt werden könnten.
[201] In den Delegationsgesprächen war die Frage des Arbeitsvermittlungsabkommens jedenfalls nicht behandelt worden. Auswärtiges Amt an Botschaft Madrid, 25. 11. 1959, BA, B 149, Bd. 22387.
[202] Stellungnahme des Bundesministeriums für Arbeit, 10. 11. 1959, PA/AA, Ref. 505, Bd. 997.
[203] Auswärtiges Amt an Bundesministerium für Arbeit, 11. 12. 1959, BA, B 149, Bd. 22387.
[204] Vermerk über eine Besprechung am 22. 10. 1959 betr. Beschäftigung griechischer Arbeitskräfte, PA/AA, Ref. 505, Bd. 791.
[205] Auswärtiges Amt an Bundesministerium für Arbeit, 4. 12. 1959, PA/AA, Ref. 505, Bd. 791. Anders als im Fall Griechenland kann bei Spanien von einer Einflußnahme des Auswärtigen Amtes auf das Arbeitsministerium nicht die Rede sein. Johannes-Dieter Steinert wird der Dramaturgie der Ereignisse nicht gerecht, wenn er davon spricht, daß durch das Auswärtige Amt „Druck" ausgeübt worden sei. Steinert irrt, wenn er das „deutsche Nachgeben" u. a. auf die außenpolitische Maxime zurückführt, „die wirtschaftliche und politische Annäherung Spaniens an Westeuropa zu unterstützen". Die Quellen stützen diese auf den ersten Blick plausible Annahme jedenfalls nicht. Zwar hatte sich das Auswärtige Amt am 27. November 1959 in diesem Sinne geäußert, aber erstens war die Entscheidung des Bundesarbeitsministeriums für ein Abkommen mit Spanien zu diesem Zeitpunkt bereits gefallen, und zweitens ging es dem Auswärtigen Amt hier nur darum, den Wunsch Madrids nach einer vorzeitigen Vermittlung von insgesamt 806 Arbeitnehmern zu unterstützen. Auswärtiges Amt an Bundesministerium für Arbeit, 27. 11. 1959, BA, B 149, Bd. 22387. Vgl. Steinert, Migration und Politik, S. 294 bzw. S. 335.

Während der anhaltende konjunkturelle Aufschwung die Zahl der Arbeitsplätze in die Höhe schnellen ließ, gingen der Bundesrepublik zu Beginn der sechziger Jahre mehr und mehr die einheimischen Arbeitskräfte aus[206]. Nun schlug die Stunde der „Gastarbeiter": Die verstärkte Hereinnahme ausländischer Kräfte wurde zur ökonomischen Notwendigkeit. Allein zwischen 1959 und 1960 erhöhte sich die Zahl der ausländischen Beschäftigten um 69,2 Prozent[207]. So sah sich das Bundeswirtschaftsministerium im Dezember 1959 zwar außerstande, eine konkrete Zahl der im kommenden Jahr benötigten Anwerbungen zu nennen, aber es „sollten jedoch so viele ausländische Arbeitskräfte hereingenommen werden, wie nur irgend zu bekommen sind. Die konjunkturelle Situation dürfte im Jahre 1960 weiterhin so günstig sein, daß eine der vermutlichen Nachfrageausweitung entsprechende Erhöhung der Produktion lediglich an der Enge des Arbeitsmarktes scheitert"[208]. Dieser wirtschaftlichen Wachstumslogik mochte sich das Bundesarbeitsministerium nicht verschließen. Es schlug dem Bundeskabinett am 30. Dezember 1959 vor[209], außer in Italien im nächsten Jahr auch Anwerbungen in Spanien und Griechenland durchzuführen. Nach wie vor wurde aber trotz des Mehrbedarfs in erster Linie auf die bewährte Zusammenarbeit mit Italien gesetzt. Von den insgesamt für 1960 erwarteten 100 000 ausländischen Beschäftigten sollten allein 74 000 – gegenüber 40 000 im Jahr 1959 – aus Italien kommen[210]. Die Beschäftigung südeuropäischer Arbeitnehmer in der Bundesrepublik begann sich nicht nur zahlenmäßig zu verändern. Während bislang die große Mehrheit lediglich saisonal eingesetzt wurde – 1959 galt dies noch für rund 80 Prozent der Arbeitsverträge mit italienischen Kräften – wuchs nun das Interesse der westdeutschen Industrie an längerfristigen Arbeitsverhältnissen[211], eine Entwicklung, die geographisch entfernteren Ländern wie Spanien und Griechenland zugute kam.

Da der Arbeitsmarkt möglichst rasch entlastet werden sollte, drängte das Bundesministerium für Arbeit Anfang Januar 1960 darauf, die deutsch-spanische Vereinbarung noch vor der im Frühjahr einsetzenden Nachfrage abzuschließen[212]. Wie sehr sich das innenpolitische Klima zugunsten einer verstärkten Ausländerbeschäftigung verändert hatte, zeigt die Haltung der westdeutschen Gewerkschaften. Der DGB-Bundesvorstand, der erst durch eine Rundfunkmeldung von den bevorstehenden Gesprächen mit Spanien erfuhr, rea-

---

[206] Das zurückgehende Arbeitsangebot wurde auch durch strukturelle Veränderungen verursacht: So gab es u. a. einen demographisch bedingten Rückgang der Erwerbspersonen. Die verbesserte Altersversorgung ermöglichte einen früheren Eintritt in den Ruhestand und der Aufbau der Bundeswehr brachte eine vermehrte Zahl von Wehrpflichtigen mit sich. Kabinettsvorlage des Bundesministers für Arbeit, 30. 12. 1959, BA, B 134 (Bundesministerium für Wohnungsbau), Bd. 4177.
[207] In absoluten Zahlen ausgedrückt hieß das, daß am 31. Juli 1960 rund 113 000 ausländische Arbeitskräfte mehr als im Vorjahr beschäftigt wurden. BDA-Jahresbericht 1960, S. 138.
[208] Bundesministerium für Wirtschaft an Bundesministerium für Arbeit betr. Bedarf an italienischen Arbeitskräften im Jahre 1960, BA, B 149, Bd. 6231.
[209] Kabinettsvorlage des Bundesministers für Arbeit, 30. 12. 1959, BA, B 134, Bd. 4177. Hier auch das Folgende.
[210] Die Anwerbeabkommen mit Spanien und Griechenland waren keineswegs das Ergebnis eines „leergefegten" italienischen Arbeitsmarktes, wie dies von Meier-Braun in seiner Bilanz: 40 Jahre „Gastarbeiter" und Ausländerpolitik in Deutschland unterstellt wird; vgl. S. 15. Anstelle der prognostizierten 74 000 arbeiteten 1960 bereits 141 168 Italiener in der Bundesrepublik. Vgl. Steinert, Migration und Politik, S. 287.
[211] Kabinettsvorlage des Bundesministers für Arbeit, 30. 12. 1959, BA, B 134, Bd. 4177.
[212] Bundesministerium für Arbeit an Auswärtiges Amt, 6. 1. 1960, BA, B 149, Bd. 22387.

gierte nicht mit Kritik, sondern wollte vom Bundesarbeitsministerium lediglich über die weitere Entwicklung unterrichtet werden[213]. Die Ende Januar in Madrid aufgenommenen bilateralen Verhandlungen führten rasch zu einem Ergebnis. Bereits nach vier Tagen lag am 2. Februar 1960 ein Abkommensentwurf vor. Zufrieden registrierte die deutsche Seite, daß ihr Ziel in „vollem Umfange" erreicht sei, denn Angaben über die Zahl der spanischen Arbeitnehmer seien nicht vorgesehen. Anwerbungen und Vermittlungen nach Deutschland würden sich „nach den Bedürfnissen der Wirtschaft richten"[214]. Die schließlich am 29. März 1960 in Bonn unterzeichnete Vereinbarung folgte dem Modell der deutsch-italienischen Übereinkunft. Allerdings wurde gegenüber Spanien auf jährliche Vorausschätzungen verzichtet. Die Anwerbung und Vermittlung von Arbeitskräften sollte in Spanien von einer Kommission der Bundesanstalt für Arbeit gemeinsam mit dem Instituto Español de Emigracíon organisiert werden. Verabredet wurde eine Absprache über die Zahl und die Berufe der in Frage kommenden spanischen Arbeitnehmer[215].

Die Hereinnahme spanischer Arbeiter in die Bundesrepublik war nicht, wie „Der Spiegel" anläßlich der Paraphierung der Abkommen mit Spanien und Griechenland[216] behauptete, das Ergebnis einer „mehrjährigen rastlose[n] Suchaktion in Europas wirtschaftlichen Hinterhöfen, die dem ausgedörrten westdeutschen Arbeitsmarkt frische Reserven erschließen sollte"[217], sondern ein wechselseitiger Prozeß, in dem die Bundesregierung auf das Drängen Spaniens erst einging, als die Bedürfnisse des Arbeitsmarktes es erforderlich machten.

---

[213] Deutscher Gewerkschaftsbund (Bundesvorstand) an Bundesminister für Arbeit, Theodor Blank, 11.1. 1960, BA, B 149, Bd. 22387.
[214] Vermerk betr. Verhandlungen in Madrid, 5.2.1960, BA, B 149, Bd. 22387.
[215] Vereinbarung zwischen der Regierung der Bundesrepublik Deutschland und der Regierung des Spanischen Staates über die Wanderung, Anwerbung und Vermittlung von spanischen Arbeitnehmern nach der Bunderepublik Deutschland, in: Bundesanzeiger Nr. 219, 14. November 1961. Die Zahl der spanischen Beschäftigten in der Bundesrepublik stieg von 16 500 1960 auf 190 000 Personen im Jahr des Anwerbestopps 1973 an. Vgl. Herbert, Geschichte der Ausländerbeschäftigung, S. 189.
[216] Die Vereinbarung mit Griechenland wurde am 30. März 1960, also nur einen Tag nach dem Abkommen mit Spanien unterzeichnet. Steinerts Behauptung, die Übereinkunft mit Spanien sei der „Durchbruch" für die weiteren Abkommen gewesen, entbehrt der Grundlage. Tatsächlich wurden die Verhandlungen mit Spanien und Griechenland vom Bonner Arbeitsministerium gleichberechtigt behandelt. Vgl. zur Vorgeschichte des deutsch-griechischen Abkommens detailliert Steinert, Migration und Politik, S. 299–304.
[217] Der Spiegel, Nr. 18, 27.4.1960, S. 34.

III. Militärpolitische Beziehungen

1. Spanische Rüstungslieferungen für Westdeutschland

Der mit dem NATO-Beitritt der Bundesrepublik im Mai 1955 verbundene Aufbau westdeutscher Streitkräfte löste in Madrid Spekulationen über mögliche Waffenexporte aus¹. Die Bonner Regierung war bei ihrem Beschaffungsprogramm auf Lieferungen aus dem Ausland angewiesen, da die einheimische Rüstungsindustrie angesichts der bisherigen Entmilitarisierungsauflagen der Besatzungsmächte noch in den Anfängen steckte. Erst mit der gerade erreichten Souveränität war die eigene Entwicklung und Herstellung von Waffen wieder möglich geworden².

Spanische Waffenlieferungen an den Bundesgrenzschutz (BGS) gab es bereits seit Anfang der fünfziger Jahre. Das erste Rüstungsgeschäft war im April 1951 – zwei Monate vor Beginn der Aufstellung des BGS im Juni³ – vereinbart worden. Die Suche nach einer geeigneten Pistole für die Sonderpolizeitruppe des Bundes hatte das zuständige Bundesinnenministerium unter anderem nach Spanien geführt. Regierungsdirektor Bargatzky nutzte im Dezember 1950 seinen persönlichen Kontakt zu dem früheren deutschen Militärattaché in Madrid, Generalmajor a. D. Hans Doerr. Dieser wurde gebeten, bei der spanischen Regierung ein Angebot über den Kauf von 20 000 Pistolen (Kaliber 9 mm Parabellum) einzuholen⁴. Zur Diskussion stand die „Astra"-Pistole, die zu einem Stückpreis von 70 DM verkauft werden sollte. Die Verhandlungen in Madrid mit dem spanischen Heereswaffenamt führten schnell zum Erfolg⁵. Im April 1951 kam ein Vertrag über die

---

¹ Spaniens Botschafter in Bonn, Aguirre, hatte seine Regierung 1955 auf die potentiellen Exportchancen hingewiesen. Solange die westdeutsche Rüstungsindustrie in „den Kinderschuhen steckt", müsse man das ausnutzen „und exportieren, was immer geht". Vgl. Weber, Spanische Deutschlandpolitik 1945-1958, S. 126.
² Die alliierten Restriktionen wurden erst mit dem Inkrafttreten der Pariser Verträge am 5. Mai 1955 durch den Rat der Alliierten Hochkommissare aufgehoben. Vgl. Greiner, Die militärische Eingliederung der Bundesrepublik Deutschland in die WEU und die NATO 1954 bis 1957, S. 666. Gleichwohl entfielen von den bis April 1957 erteilten Rüstungsaufträgen in Höhe von 4,769 Mrd. DM lediglich 48,4% auf das Ausland; Abelshauser, Wirtschaft und Rüstung in den fünfziger Jahren, S. 157.
³ Vgl. zur Entwicklung des Bundesgrenzschutzes bis 1955 Meyer, Zur inneren Entwicklung der Bundeswehr bis 1960/61, S. 922.
⁴ Bericht Bargatzky über die Verhandlungen betr. Lieferung spanischer Waffen für die Bereitschaftspolizeien der Länder und den Bundesgrenzschutz, 27. 4. 1951, BA, B 106 (Bundesministerium des Innern), Bd. 13883. Dort auch das Folgende. Doerr war von 1943 bis 1945 Militärattaché an der deutschen Botschaft in Madrid. Nach amerikanischer Gefangenschaft kehrte er im Sommer 1948 in die spanische Hauptstadt zurück. Seitdem arbeitete er „pro forma" als Übersetzer im dortigen Generalstab. Seine eigentliche Funktion wurde von einem Beobachter als die eines Verbindungsmanns zwischen spanischen und amerikanischen Militärstellen beschrieben. Von Nostitz an von Kessel (Anlage), 21. 3. 1951, PA/AA, 215-06, Bd. 2.
⁵ Bargatzky klagte dennoch über die zeitaufwendige Prozedur der offiziellen Verhandlungen: „Der Leiter des Heereswaffenamtes musste laufend den Kriegsminister unterrichten, der seinerseits den Spanischen Staatsrat und den Ministerrat über den Fortgang zu informieren hatte." Das „günstige" Ergebnis führte er vor allem auf die Unterstützung von Doerr zurück, der in Spanien „hohes Ansehen" genieße und mit „allen führenden Persönlichkeiten, einschließlich Francos, aufs beste bekannt" sei. Als weiteren

Lieferung von inzwischen 38 000 Pistolen und 7,6 Millionen Schuß Munition zustande. Ausschlaggebend dafür waren der konkurrenzlos niedrige Preis – vergleichbare Pistolen kosteten auf dem Weltmarkt zwischen 135 und 212 DM[6] – und der Umstand, daß Spanien im Gegensatz zu allen sonstigen Anbietern sofort liefern konnte[7]. Denn die „Astra"-Pistole lag als Produkt der deutsch-spanischen Rüstungskooperation während des Zweiten Weltkriegs[8] sozusagen „auf Halde". Seit 1942/43 war sie auf Betreiben des deutschen Heereswaffenamtes in Spanien für die Wehrmacht gefertigt[9] und seit Mai 1944 ausgeliefert worden[10]. Der Bundesgrenzschutz konnte also mit der „gut gebauten Spanierin", wie sie eine Fachzeitschrift charakterisierte[11], auf eine bereits „bewährte" Waffe zurückgreifen. Auch in den folgenden Jahren vergab das Bundesinnenministerium wiederholt Rüstungsaufträge nach Spanien. So erhielt der Bundesgrenzschutz 1955 Granatwerfer und Wurfgranaten aus dem iberischen Land[12]. Allein zwischen Oktober 1955 und September 1956 wurden Waffenkäufe in einem Umfang von 9 Millionen DM durchgeführt[13].

Vor dem Hintergrund dieser Erfahrungen hoffte die spanische Regierung ebenso von der Aufrüstung der Bundeswehr zu profitieren. Wiederholt schlugen spanische Regierungsvertreter 1956 und 1957 deshalb vor, eine Sachverständigen-Kommission nach Bonn zu entsenden, die gemeinsam mit Vertretern des Bundesverteidigungsministeriums Einzelheiten eventueller Bestellungen erörtern könnte. Geworben wurde mit dem technisch guten Stand der Fertigungsstätten in Spanien und einer ausreichenden Zahl von Arbeitskräften, die „schnelle Lieferungen" gewährleisten könnten[14]. Während die Han-

---

Grund nannte Bargatzky die „große Deutschfreundlichkeit" der Behörden und der Bevölkerung. An politischen Eindrücken nahm der Besucher aus Deutschland bei seinem achttägigen Aufenthalt mit, daß Staatschef Franco „eine allgemeine Verehrung zu genießen" scheine. Außerdem mag es, so Bargatzky, „an der Besonderheit der spanischen Verhältnisse liegen, die durch die modernen Formen der Demokratie wohl nur schwerlich geordnet werden könnten, daß wir von dem Druck der Diktatur so gut wie gar nichts bemerkten". Bericht Bargatzky, 27. 4. 1951, BA, B 106, Bd. 13883.

[6] Bundesminister des Innern an Bundeskanzler betr. Devisen für Waffenankäufe aus Spanien, 12. 6. 1951, BA, B 106, Bd. 13883. Die Kaufsumme betrug insgesamt 3,6 Mio. DM. Der Regierung in Madrid war sehr an einem Kompensationsgeschäft gelegen. Zunächst war die Rede davon, daß Westdeutschland im Gegenzug Werkzeugmaschinen liefern sollte. Bundesministerium des Innern an Bundesministerium für Wirtschaft, 14. 3. 1952, BA, B 106, Bd. 13883. Aus den vorliegenden Quellen läßt sich jedoch nur das Einverständnis des Bundeswirtschaftsministeriums zur Lieferung einer Walzwerk-Anlage im Wert von 2 Mio. DM ablesen. Vermerk Bundesinnenministerium, 13. 6. 1952, BA, B 106, Bd. 13883.

[7] Ebenda. Durch den Korea-Krieg gab es auf dem internationalen Waffenmarkt Engpässe. Die übrigen Angebote sahen seitens der 10 000 Stück Lieferfristen von über einem Jahr vor.

[8] Vgl. zu den deutsch-spanischen Beziehungen auf dem Rüstungssektor und den gegenseitigen Abhängigkeiten, die grundsätzlich auf die Formel spanische Rohstoffe gegen deutsche Waffen gebracht werden können, Ruhl, Spanien im Zweiten Weltkrieg, S. 157-165.

[9] Lemke (Leiter des Beschaffungsreferats) an Bargatzky, 28. 6. 1951, BA, B 106, Bd. 13883.

[10] Eine Serie von 28 000 Stück konnte wegen der Befreiung Frankreichs durch die Alliierten nicht mehr ausgeliefert werden. Vgl. dazu Waffenjournal, Heft 1, 1973, S. 40.

[11] Vgl. Waffenjournal, Heft 5, 1973, S. 464.

[12] Vermerk betr. Einfuhr von Granatwerfern, 14. 2. 1955, BA, B 106, Bd. 13885. Das spanische Modell hatte sich gegen die Konkurrenz aus Finnland unter anderem deshalb durchsetzen können, weil durch deren Nähe zur Sowjetunion „die letzte Sicherheit" in der Nachlieferung mit Ersatzteilen und Munition nicht gegeben sei. Aufzeichnung betr. Ausstattung der Bundesgrenzschutzes und der Bereitschaftspolizeien der Länder mit Granatwerfern, 7. 8. 1954, BA, B 106, Bd. 13885.

[13] Aufzeichnung betr. Wirtschaftsverhandlungen mit Spanien, 18. 1. 1957, PA/AA, Ref. 412, Bd. 244.

[14] Auswärtiges Amt an Bundesministerium der Verteidigung (Entwurf) betr. Rüstungskäufe in Spanien, April 1957, PA/AA, Ref. 412, Bd. 236. Schon im April 1956 war bei den bilateralen Handelsgesprächen in

delspolitische Abteilung im Auswärtigen Amt im Hinblick auf den wirtschaftlichen Nutzen aufgeschlossen reagierte, verhielt sich das Verteidigungsressort reserviert. Es scheine „auf absehbare Zeit keine Möglichkeit" zu sehen, Aufträge nach Spanien zu vergeben, resümierte das Außenministerium im Mai 1957 bedauernd[15]. Das Verteidigungsministerium war weder von den qualitativen noch von den quantitativen Möglichkeiten der spanischen Rüstungsindustrie überzeugt. Nahrung erhielten diese Bedenken auch durch Informationen der deutschen Botschaft in Madrid. Botschaftsrat von Keller hatte im April 1956[16] auf einen Artikel in der „Frankfurter Allgemeinen Zeitung" vom 14. Februar reagiert, der nach seiner Meinung „offensichtlich in der wohlwollenden Absicht, den spanischen Export von Rüstungsmaterial propagandistisch zu fördern", verfaßt worden sei. Keller bezweifelte insbesondere, „ob die spanischen Firmen im Hinblick auf Lieferfristen und Exaktheit der Ausführung den Forderungen genügen können, die an sie gestellt werden müssen, wenn der deutschen Bundeswehr nicht nachhaltiger Schaden erwachsen soll".

An den Grundlagen einer solchen Kritik hielt das Bundesverteidigungsministerium auch drei Jahre später noch unverändert fest. Kurz vor dem Deutschlandbesuch von Außenminister Castiella im November 1959 sprach es sich gegen Rüstungsaufträge nach Spanien aus[17] und verwies dabei auf den unzureichenden Stand der dortigen Rüstungstechnik: Das geringe fertigungstechnische Niveau sowie der niedrige Ausbildungsstand der spanischen Arbeitskräfte bedeuteten „ein zu großes Risiko für die Qualität des Rüstungsmaterials, an das hohe Anforderungen gestellt werde". Außerdem wurden jetzt aber auch übergeordnete politische Gesichtspunkte ins Spiel gebracht. Die Erfahrungen hätten gezeigt, daß in einer wirtschaftlichen Konkurrenzsituation zwischen NATO-Staaten und einem Nicht-NATO-Mitglied wie Spanien die Bündnispartner eine „Vorrangbehandlung" reklamierten. Aus Sicht des Verteidigungsressorts sprach die innerhalb der NATO angestrebte Standardisierung ohnehin gegen eine Zusammenarbeit mit Madrid[18].

Madrid – vermutlich von spanischer Seite angeregt – das Thema Waffenlieferungen angesprochen worden. Der Leiter der deutschen Delegation, Seeliger, bat das Auswärtige Amt um Angaben über die mögliche Höhe von Waffenbezügen, da hierin eine „echte Exportvermehrung" für Spanien liege. Zur Zeit gingen die Delegationen von etwa 30 Mio. DM aus, die nach seiner Ansicht „handelspolitisch ausgenutzt werden sollten". Delegationstelegramm Nr. 2, 20. 4. 1956, PA/AA, Ref. 412, Bd. 243. Das Auswärtige Amt teilte Seeliger mit, daß dies zur Zeit „unmöglich" sei, da die „technischen Voraussetzungen" noch nicht geklärt seien. Außerdem kämen dafür „grundsätzlich in erster Linie NATO-Länder in Betracht". Auswärtiges Amt an deutsche Delegation, 23. 4. 1956, PA/AA, Ref. 412, Bd. 243.
[15] Vermerk Böker betr. Rüstungskäufe in Spanien, 17. 5. 1957, PA/AA, Ref. 412, Bd. 236. Damit wurde ein Briefentwurf vom April 1957 an das Verteidigungsministerium als zur Zeit „nicht opportun" verworfen, der sich aus politischen wie handelspolitischen Gründen nochmals für den Deutschlandbesuch spanischer Sachverständiger ausgesprochen hatte.
[16] Botschaft Madrid an Auswärtiges Amt, 10. 4. 1956, PA/AA, Ref. 211, Bd. 8. Dort auch das Folgende.
[17] Aufzeichnung zum Besuch des spanischen Außenministers Castiella, o. D., BA, B 136, Bd. 2071 (Heft 4). Hier auch das Folgende.
[18] Angesichts der nur geringen „offenen" Quellenüberlieferung sind kleinere spanische Waffenlieferungen an die Bundeswehr nicht vollends auszuschließen. Bis Ende September 1956 trat Spanien aber als Lieferland nicht in Erscheinung. Vgl. dazu Abelshauser, Wirtschaft und Rüstung in den fünfziger Jahren, S. 162. Insofern ist die Aussage von Petra-Maria Weber, die Bundesrepublik habe seit 1955 für die Bundeswehr „beträchtliche Mengen" an Granaten, Mörsern und Munition aus Spanien bezogen, doch in Zweifel zu ziehen. Vgl. Weber, Spanische Deutschlandpolitik 1945–1958, S. 176 f.

2. Deutsche Militärtechniker in Spanien: Ansätze und Projekte einer bilateralen Rüstungskooperation

Auch wenn es nicht zu der von Spanien gewünschten Rolle als Rüstungslieferant Westdeutschlands kam, gab es in den fünfziger Jahren doch verschiedene Ansätze einer militärtechnischen Zusammenarbeit. Weitreichende Vorstellungen verfolgte ein ehemals hochrangiger Rüstungsexperte der Wehrmacht, Generalleutnant a. D. Erich Schneider. Der Ingenieur und frühere Chef der Abteilung für Ballistik, Munition und Raketen im Heereswaffenamt, inzwischen freiberuflich tätig[19], arbeitete eigenen Angaben zufolge seit Herbst 1953 als Berater für den spanischen Heeresminister Muñoz Grandes[20]. Sein Auftraggeber war daran interessiert, mit Hilfe des Know-hows deutscher Spezialisten die Rüstungsindustrie in Spanien zu modernisieren und auszubauen[21]. Das Franco-Regime sehe, so Schneider[22], in den Deutschen „gleichgestellte, ehrliche, vertrauenswürdige Partner mit sehr ähnlichen politischen und militärischen Zielen" und lege den „größten Wert auf eine gemeinsame Entwicklung neuer Waffen, besonders zur Flugabwehr und Panzerabwehr". Muñoz Grandes sei davon überzeugt, daß die „deutschen Fachleute auf diesem Gebiet mehr fertig bringen, als der Westen bisher gezeigt hat". Dies deckte sich mit der Ansicht Schneiders, der die augenblicklich zur Diskussion stehenden ausländischen Waffen für eine deutsche Armee als unbefriedigend und zum Teil „schlechter als die deutschen Waffen bei Kriegsende" empfand. Seiner Meinung nach sollte das bislang wegen der alliierten Restriktionen noch brachliegende Wissen deutscher Rüstungsexperten im Ausland als Kapital genutzt werden: „Ihr Urteil hat Gewicht, nicht nur wegen der unbestrittenen

---

[19] Schneiders Karriere als selbständiger Industrie-Berater machte ihn in der Nachkriegszeit soweit finanziell unabhängig, daß er die ihm im Sommer 1953 angebotene Stelle als Unterabteilungsleiter Technik im Koblenzer Beschaffungsamt im Rang eines Ministerialdirigenten als wirtschaftlich „uninteressant" ablehnen konnte. Unter entscheidender Mitwirkung von Schneider wurde 1956 die „Arbeitsgemeinschaft Wehrtechnik" gegründet, in der sich die naturwissenschaftlich-technisch ausgebildeten Offiziere der alten Waffenämter wiederfanden. Ihr Credo war das einer „starken, mit den besten modernsten klassischen Waffen gerüsteten deutschen Wehrmacht", die das „einzige und letzte Mittel" darstelle, „die Russen in Schach zu halten und einen neuen Weltbrand, ohne und mit Atomwaffen zu verhüten". Vgl. dazu und zur Vita Schneiders Abelshauser, Wirtschaft und Rüstung in den fünfziger Jahren, S. 138.
[20] General Agustín Muñoz Grandes war der erste Kommandeur der „Blauen Division", einer allgemein wegen der blauen Falange-Uniformen so benannten Freiwilligen-Formation aus Militärs und der Falange, die von Oktober 1941 bis zu ihrem auf Druck der Alliierten ausgelösten Rückzug im Oktober 1943 gemeinsam mit deutschen Truppen gegen die Sowjetunion kämpfte. Vgl. zur Aufstellung und zu ihrer Rückführung Ruhl, Spanien im Zweiten Weltkrieg, S. 27–34 bzw. S. 233–238.
[21] Schon Ende 1951 hatte der Chef des spanischen Generalstabs, Juan Vigón, über die Möglichkeiten einer bilateralen militärischen Verbindung spekuliert. Dabei zog er eine Parallele zur Zeit nach dem Ersten Weltkrieg, in der Deutschland seine Waffenentwicklung in der Sowjetunion vorangetrieben habe. Jetzt, so lautete das Angebot, könne Spanien dieselbe Rolle spielen. Aufzeichnung Oster betr. spanische Verbindung, 12.12.1951, BA-MA, BW 9, Bd. 2123. Tatsächlich hattes es in den zwanziger Jahren eine solche Rüstungskooperation bereits gegeben. So erprobte beispielsweise die Reichsmarine in Spanien in einem geheimen Projekt Torpedos und U-Boote. Vgl. Sepasgosarian, Eine ungetrübte Freundschaft?, S. 112–115. Siehe dazu auch Volkmann, Politik und ökonomisches Interesse in den Beziehungen der Weimarer Republik zum Königreich Spanien, S. 63 f.
[22] Nach mehreren Besuchen in Spanien, bei denen er sich unter anderem über staatliche und private Rüstungsunternehmen informiert hatte, faßte Schneider Anfang Juli 1954 seine Überlegungen und die

hervorragenden Leistungen im letzten Krieg. Auch das Primat der Osterfahrungen wird voll gewertet." Gerade Spanien bot sich nach Schneiders Überzeugung als Ausweichstandort für die waffentechnische Entwicklung und Produktion der Bundesrepublik an: „Der Ausbau der spanischen Rüstungsindustrie unter deutscher Mitwirkung ergibt eine im europäischen Raum strategisch sehr günstig gelegene, durch die Pyrenäen geschützte, kommunistisch immune Zone des westlichen Rüstungspotentials, die in erster Linie Spanien und Westdeutschland einen wertvollen Rückhalt bietet und darüber hinaus die gesamte westliche Abwehrkraft beträchtlich verstärkt."

Während Spanien also als ideologisch zuverlässiger Verbündeter den Platz für Entwicklung und Herstellung zur Verfügung gestellt hätte, sollten westdeutsche Firmen bzw. Konstrukteure vor allem ihre intellektuellen Ressourcen in diese Partnerschaft einbringen. Konkret war mit Muñoz Grandes vereinbart worden, daß die beteiligten deutschen Unternehmen lediglich die Personalkosten des von ihnen eingesetzten „Entwicklungsteams" zu tragen hätten. Die Ergebnisse der gemeinsamen Rüstungsforschung sollten beide Länder nutzen können. Obwohl die ursprünglich als „Träger und Initiator" von Schneider vorgesehene Düsseldorfer Firma Rheinmetall aus „innerbetrieblichen Gründen" inzwischen abgesagt hatte, zeigten sich kleinere Unternehmen wie Dr. Gehlen aus Kaiserslautern (Radarprojekte), Kabel-Neumeyer in Nürnberg (Munitionsherstellung), die Essener Wasag-Chemie (Pulver, Sprengstoffe) und die Firma Heckler & Koch aus Oberndorf (Sturmgewehr) an dem Spanien-Projekt nach wie vor interessiert.

Letztlich konnte Schneider aber wohl nicht genügend „entschlußfreudige deutsche Industrielle" finden, die in einer Situation, in der die „deutschen Zentralstellen nur mit Ratschlägen helfen können", bereit gewesen wären, „diese Aufgabe als selbstverantwortliche Unternehmer anzupacken" und die wirtschaftlichen Unwägbarkeiten einer Zusammenarbeit mit dem franquistischen Regime zu tragen. Die hochfliegenden Hoffnungen Schneiders auf eine größer angelegte deutsch-spanische Rüstungskooperation verliefen im Sande[23]. Schließlich machte die im Mai 1955 erreichte Souveränität der Bundesrepublik den Umweg über Spanien ohnehin überflüssig.

Ein Aspekt aus Schneiders weitreichenden Vorstellungen war jedoch, wenn auch unter anderen Vorzeichen, bereits Wirklichkeit geworden. Seit Januar 1950 arbeitete eine Gruppe von deutschen Waffenkonstrukteuren in Madrid unter dem Dach der Gesellschaft Centro de Estudios Técnicos de Materiales Especiales (CETME) an der Entwicklung eines

---

mit Muñoz Grandes vorläufig getroffenen Absprachen in einem Positionspapier zusammen, dessen Duktus den Schluß nahelegt, daß es für westdeutsche Industriekreise bestimmt war. Nach handschriftlichen Notizen Schneiders waren sowohl die Dienststelle Blank als auch das Bundeswirtschaftsministerium über sein Spanien-Engagement laufend informiert. Memorandum Schneider betr. Zusammenarbeit mit Spanien in der Waffenentwicklung und industriellen Rüstung, 7. 7. 1954, BA-MA, Nl. Schneider, N 625, Bd. 150. Dort auch das Folgende.

[23] Im Dezember 1954 berichtete Schneider in einem Gespräch mit dem Leiter der Wirtschaftsabteilung der deutschen Botschaft in Madrid, Deyhle, allerdings, die spanische Regierung habe das Projekt einer Sprengstoff-Fabrik der Wasag inzwischen genehmigt. Mittlerweile reklamierte der Rüstungslobbyist auch amerikanisches Interesse an seinem Vorhaben. Demnach wollten sich an der Errichtung von Rohstoff- und Rüstungswerken Spanien mit 50%, die USA zu 40% und die Bundesrepublik mit 10% beteiligen. Botschaft Madrid an Auswärtiges Amt betr. Errichtung von Rüstungswerken in Spanien mit deutscher Hilfe, 29. 12. 1954, PA/AA, Ref. 412, Bd. 248.

automatischen Karabiners für die spanischen Streitkräfte[24]. Ebenso wie andere Länder – dies galt insbesondere für die Siegermächte – hatte auch Spanien sich nach 1945 um die intellektuelle Konkursmasse des Deutschen Reiches bemüht[25] und einen Transfer qualifizierter Arbeitskräfte aus der Rüstungsindustrie herbeigeführt. So wurde 1949 der Ingenieur und ehemalige Generaldirektor der Gustloff-Werke, Werner Heynen, von spanischen Regierungsvertretern gebeten, eine Entwicklungsgruppe aus deutschen Spezialisten zusammenzustellen[26]. Zu seiner zehnköpfigen „Mannschaft" gehörte seit September 1950 auch Ludwig Vorgrimler, ein früherer Ingenieur der Firma Mauser, der zusammen mit einstigen Kollegen des schwäbischen Unternehmens von 1947 an militärische Forschung für Frankreich betrieben hatte[27]. Als einziger „Mauser-Mann" war er für die Konstruktion des spanischen Gewehrs besonders wichtig, weil die Waffe letztlich auf der Basis des Mauser-Sturmgewehrs 45 entwickelt wurde[28]. Die deutschen Rüstungsexperten fanden in Madrid für sie ungewohnte Arbeitsbedingungen vor. So berichtete ihr Gruppenleiter Heynen, eine Waffenentwicklung von rund zwei Jahren bis zum ersten Prototyp sei für

---

[24] Manuskript Ludwig Vorgrimler, Entwicklungsgeschichte CETME-Gewehr-Bundeswehrgewehr G-3 (1976–1977), Privatarchiv Walter Schmid, Oberndorf am Neckar. Für seine Hilfe sei Herrn Schmid herzlich gedankt. CETME war 1949 gegründet worden und gehörte zu der seit 1941 bestehenden Staatsholding Instituto Nacional de Industria (INI). Weiteren Aufschluß zur Arbeit deutscher Rüstungsexperten in Spanien zu Beginn der fünfziger Jahre könnte der (noch gesperrte) Nachlaß von Achim Oster im Freiburger Militärarchiv vermitteln. Der Bestand enthält überwiegend amtliches Schriftgut zu diesem Thema und den Plänen einer wehrwirtschaftlichen Kooperation mit dem iberischen Land. Oster betrieb seit Frühjahr 1950 für das Kanzleramt in den Dienststellen Schwerin und Blank nachrichtendienstliche Aufklärung. Vgl. Krüger/Ganser, Quellen zur Planung des Verteidigungsbeitrages der Bundesrepublik Deutschland, S. 130.
[25] Zu den Anwerbeversuchen des Franco-Regimes in den westdeutschen Besatzungszonen seit 1948 siehe Weber, Spanische Deutschlandpolitik 1945–1958, S. 76–79. Der deutsche Gemeindepfarrer in Madrid registrierte um 1950 einen größeren Zuwachs von Deutschen, die sich als „Techniker, Ingenieure, Chemiker und Forscher [...] zunächst vertraglich für einige Jahre zur Mitarbeit in der Industrie Spaniens verpflichtet haben". Vgl. 100 Jahre deutschsprachige evangelische Kirche Madrid 1864–1964, zitiert nach Weber, S. 78.
[26] Heynen hatte in den letzten Kriegsjahren auch den Vorsitz im Hauptausschuß „automatische Waffen" des von Speer geleiteten Ministeriums für Rüstung und Kriegsproduktion inne. Vgl. Vorgrimler, Entwicklungsgeschichte CETME-Gewehr, S. 4. Dort auch das Folgende. Folgt man Vorgrimler, war es keineswegs so, wie Collado Seidel annimmt, daß „einige Techniker" nach dem Zusammenbruch des Deutschen Reiches 1945 „mit Konstruktionsplänen für ein neues Sturmgewehr" nach Spanien „flüchteten". Vgl. Collado Seidel, Die deutsch-spanischen Beziehungen in der Nachkriegszeit, S. 32.
[27] Pikanterweise waren in Mülhausen im Elsaß 138 Personen der „Entwicklungsgruppe Mauser" beschäftigt, dem Werk, das von Frankreich demontiert worden war. Da die Arbeitsbedingungen dort für ihn „zu wünschen übrig ließen", kam Vorgrimler das spanische Angebot nicht ungelegen. Vorgrimler war von 1936 bis 1945 bei der Firma Mauser, einer traditionsreichen Waffenfabrik, in der Entwicklungsabteilung für leichte Waffen tätig und dort maßgeblich am Projekt „Sturmgewehr 45" beteiligt gewesen. 1956 kehrte Vorgrimler wieder nach Deutschland zurück. Vgl. zu Vorgrimlers beruflicher Vita Götz, Die deutschen Militärgewehre und Maschinenpistolen 1871–1945, S. 221.
[28] Die Expertengruppe hatte im Februar 1950 ihrem Auftraggeber empfohlen, den gewünschten automatischen Karabiner am Vorbild des deutschen Sturmgewehrs 44, der ersten deutschen Waffe, die aus Blechprägeteilen hergestellt wurde, auszurichten. Vgl. den Bericht ihres Leiters, Werner Heynen, Entwicklungsgeschichte des Sturmgewehrs „CETME" (1962), S. 1, Privatarchiv Walter Schmid. Das bei der Firma Mauser konzipierte Modell Sturmgewehr 45 war nach Aussagen Vorgrimlers gegen Kriegsende zur Fertigung vorgesehen und sollte vor allem wegen seiner wesentlich kürzeren Produktionszeiten das Sturmgewehr 44 ablösen. Vgl. Vorgrimler, Entwicklungsgeschichte CETME-Gewehr, S. 3.

Spanien „etwas völlig Neues!"[29] gewesen: „Es gab keine Versuchswerkstatt. Die militärischen Waffenfabriken lagen Hunderte von km entfernt. Weder Ingenieure noch Konstrukteure und schon gar keine Monteure mit Erfahrungen im Waffenbau standen zur Verfügung. Wohl waren bei allen Mitarbeitern guter Wille und ausgezeichnete theoretische Kenntnisse vorhanden. Normung war ein fast unbekannter Begriff, wenigstens in der Praxis. Und so wurde viel Zeit für die Anleitung benötigt." Trotz dieser Probleme konnte Vorgrimler bereits am 2. Juni 1951 Staatschef Franco den ersten Prototyp präsentieren. Dabei mußte der Konstrukteur auf persönlichen Wunsch Francos auch auf mehrere hundert Meter Entfernung schießen: „Eine Pionierkompanie hatte für diesen Zweck extra eine 600 m Schneise in den spanischen Kuschelwald schlagen müssen."[30] Das Ergebnis fand bei Franco „höchste Beachtung"[31], so daß der spanische Generalstab im Juli entschied, eine sogenannte Null-Serie von 30, später 120 Stück für einen Truppenversuch aufzulegen[32].

Auch die Bundesrepublik zeigte sich bald an dem CETME-Modell interessiert. Durch ihre Munitionskäufe in Spanien war die Beschaffungsstelle des Bundesgrenzschutzes auf die Waffe aufmerksam geworden[33]. Nachdem der Chef des spanischen Generalstabs, Vigón, einem Mitarbeiter der Beschaffungsstelle „eingehende Informationen" erlaubt und eine Zusammenarbeit zwischen beiden Ländern in Aussicht gestellt hatte[34], kam es im April 1953 zu einer ersten „offiziösen Fühlung". Sowohl der Bundesgrenzschutz als auch die Dienststelle Blank zeigten großes Interesse an dem spanischen Gewehr. Nach einer erfolgreich verlaufenen Vorführung im Dezember 1953 in Bonn wurde dort Anfang 1955 erstmals ein Vergleichstest mit dem belgischen F.N.-Modell durchgeführt. Abgesehen von der beanstandeten Munition, komme das CETME-Gewehr nach dem Urteil der Sachverständigen den „deutschen Forderungen bisher am nächsten"[35].

Diese positiven Ergebnisse veranlaßten die Bonner Militärplaner, sich nun auf eine Kooperation mit Spanien zu konzentrieren und die bislang diskret betriebene Entwicklung eines eigenen Sturmgewehrs zurückzustellen. Denn unabhängig von der Konstrukteursgruppe in Spanien hatten einige ehemalige Rüstungsbetriebe in der Bundesrepublik im Auftrag der Dienststelle Blank schon seit 1952 in „einer Grauzone zur Legalität"[36] an einer Modernisierung des Sturmgewehrs 44 gearbeitet[37]. Zu ihnen gehörte auch die Ende 1949 gegründete Oberndorfer Firma Heckler & Koch, die – gewissermaßen in der Nachfolge

---

[29] Heynen, Entwicklungsgeschichte des Sturmgewehrs „CETME", S. 5. Dort auch das Folgende.
[30] Vorgrimler, Entwicklungsgeschichte CETME-Gewehr, S. 5.
[31] Ebenda, S. 5.
[32] Heynen, Entwicklungsgeschichte, S. 7 f.
[33] Ebenda, S. 14. Dort auch das Folgende.
[34] Vigóns deutschfreundliche Einstellung mag ein Grund für die Kooperationsbereitschaft gewesen sein. So wird er von Vorgrimler mit den Worten zitiert: „Was ihr hier in Spanien entwickelt, soll auch eurem Heimatland Deutschland zugute kommen." Vorgrimler, Entwicklungsgeschichte, S. 6. Ebenso dürfte sicherlich die Überlegung eine Rolle gespielt haben, durch die Arbeit der deutschen Entwicklungsingenieure einen leichteren Einstieg in den potentiellen Rüstungsmarkt der Bundesrepublik zu bekommen.
[35] Ebenda, S. 16.
[36] Vgl. Abelshauser, Wirtschaft und Rüstung in den fünfziger Jahren, S. 66.
[37] Die Dienststelle Blank plädierte noch im Januar 1954 unter Verweis auf „deutsche Osterfahrungen" für die Weiterentwicklung des Sturmgewehrs 44, das bereits in der alten Fassung „den maximal zu stellenden Forderungen sehr nahe" gekommen sei. Vgl. ebenda, S. 74.

der demontierten Mauser-Werke – auf deren arbeitslos gewordene Fachkräfte zurückgreifen konnte[38]. Das junge schwäbische Unternehmen wurde bereits relativ früh auch in die Zusammenarbeit mit Spanien eingebunden. Im April 1954 war es CETME – dem als Entwicklungsbüro die personellen wie maschinellen Kapazitäten fehlten – von „Bonner Stellen" zur Mitarbeit an der Serienfertigung empfohlen worden[39]. Heckler & Koch und die Württembergische Metallwarenfabrik (WMF) übernahmen schließlich etwa 40 Prozent der vorbereitenden Arbeiten[40].

Das Interesse des Bundesverteidigungsministeriums nahm nun konkret Gestalt an. Bei Gesprächen in Madrid machte eine deutsche Delegation im Januar 1956 aber deutlich, daß die Waffe zuvor auf das einheitliche NATO-Kaliber 7,62 mm umgestellt werden müsse[41] – eine Forderung, die die deutschen Ingenieure in Spanien nach nur wenigen Wochen bereits erfüllen konnten[42]. Ansonsten zeigte sich die Bonner Kommission von den technischen und wirtschaftlichen Qualitäten des Gewehrs angetan. So hieß es im Abschlußprotokoll, es werde anerkannt, „daß die Waffe nach modernen Fertigungs-Grundsätzen entwickelt wurde, die ein schnelles Anlaufen der Fertigung, niedrige Herstellkosten und einen geringen Einsatz von Maschinen und Fachkräften gewährleistet"[43]. Offenkundig von den Vermarktungschancen des CETME-Modells motiviert, wollte die Bonner Regierung im Falle einer Einführung in der Bundeswehr die Herstellungslizenz nicht nur für Westdeutschland, sondern auch für den Export erwerben. Zunächst wurden, unter der Bedingung, sie bei Heckler & Koch montieren zu lassen, in Spanien 400 Sturmgewehre für einen Truppenversuch bestellt[44].

Nach erfolgreichen Tests begannen im Februar 1957 zwischen CETME und deutschen Unternehmen erste Gespräche über die Nachbaurechte[45]. Zwar hatte Heckler & Koch seit Beginn der Zusammenarbeit mit CETME auf einen Lizenzvertrag gedrängt, war aber bislang an der Höhe der „geforderten einmaligen Zahlung" gescheitert. Inzwischen stand Heckler & Koch mit der Düsseldorfer Firma Rheinmetall ein Partner zur Seite. Beide hat-

---

[38] Das Unternehmen Heckler & Koch wurde am 28. Dezember 1949 gegründet. In seinen Anfängen fertigte es zunächst Teile für Haushalts- und Industrienähmaschinen sowie Fräs-, Bohr- und Schleifmaschinen. Vgl. Daten zur Entwicklungsgeschichte von Heckler & Koch, Privatarchiv Walter Schmid.
[39] Vgl. Heynen, Entwicklungsgeschichte, S. 17 f.
[40] Ebenda, S. 18. WMF lieferte in erster Linie Prägewerkzeuge. Vgl. Vorgrimler, Entwicklungsgeschichte, S. 7.
[41] Vgl. Heynen, Entwicklungsgeschichte, S. 20.
[42] Vgl. Vorgrimler, Entwicklungsgeschichte, S. 8.
[43] Vgl. Heynen, Entwicklungsgeschichte, S. 20. Hier auch das Folgende.
[44] In Spanien war seit Juli 1955 die Fertigung einer ersten Serie von 5000 Stück für den eigenen Bedarf angelaufen. Das Franco-Regime hatte sich nach den positiv verlaufenen Versuchen und dem großen Interesse, „das das CETME-Sturmgewehr in aller Welt fand – selbst aus Japan lagen Anfragen vor", zu diesem Schritt entschlossen. Vgl. Heynen, Entwicklungsgeschichte, S. 17. Die Produktion war zeitaufwendig, sie folgte wie bei der Herstellung der Null-Serie einem System der „aufgeteilten Fertigung", in dem CETME eine koordinierende Funktion übernahm. Ebenda, S. 18. Die Unruhen in der spanischen Exklave Ifni im Süden Marokkos boten seit Ende 1957 den deutschen Konstrukteuren unverhofft die Möglichkeit, bei rund 800 Gewehren erstmals „wirklich praktische Erfahrungen unter den erschwerten Bedingungen des Wüstenkampfes" auswerten zu können. Am 20. September 1957 hatte das spanische Heer entschieden, den CETME-Karabiner einzuführen. Ebenda, S. 26. Vgl. zu den Vorgängen in Marokko Preston, Franco, S. 672 f.
[45] Vgl. Heynen, Entwicklungsgeschichte, S. 29–33. Dort auch das Folgende.

ten sich im April 1956 grundsätzlich auf eine Zusammenarbeit in der Lizenzfrage verständigt[46]. Da jedoch bis Juni 1957 noch keine vertragliche Übereinkunft zwischen den westdeutschen Firmen zustande gekommen war, teilte CETME ihnen mit, daß man die Fertigungsrechte jetzt dem Bundesverteidigungsministerium anbieten werde. Nun verlagerte sich das Geschehen auf die staatliche Ebene. Im Juli erklärte das Bonner Verteidigungsministerium bei Gesprächen in der Bundeshauptstadt, es lege Wert darauf, „mit CETME diesen Vertrag abzuschließen, möglichst einschließlich sämtlicher Rechte für den Export"[47]. CETME reagierte prompt und nannte der Bundesregierung Ende Juli 1957 einen nicht näher bezifferten „Freundschaftspreis". Nachdem in weiteren Verhandlungen vor allem die jeweiligen Entwicklungskosten von CETME und Heckler & Koch zur Diskussion gestanden hatten, wurde am 28. Januar bzw. am 4. Februar 1959 ein Vertrag unterzeichnet, mit dem die Bundesrepublik die Nachbaulizenz erwarb[48]. Das CETME-Gewehr, inzwischen von Heckler & Koch zum G-3-Gewehr weiterentwickelt, wurde seit 1959 als Standardwaffe in die Bundeswehr eingeführt[49]. Strittig war im nachhinein, ob die vom Bundesverteidigungsministerium lizenzierten Unternehmen Heckler & Koch und Rheinmetall damit auch die Waffe ohne Zustimmung von CETME an ein drittes Land verkaufen konnten[50]. Dieser Konflikt wurde schließlich durch einen „beide Teile befriedigenden" Zusatzvertrag im März 1962 beigelegt[51]. Das G-3 geriet zu einem weltweiten „Exporterfolg". Im Laufe der Zeit fand es in über 80 Staaten seine Abnehmer[52].

Auch deutsche Luftfahrtexperten nutzten zu Beginn der fünfziger Jahre die Gelegenheit, ungehindert von alliierten Verboten, in Spanien an der Entwicklung von Flugzeugen zu arbeiten[53]. Namhafte Konstrukteure und Industrielle wie Claude Dornier und Willy Messerschmitt, die ihren wirtschaftlichen Erfolg seit den dreißiger Jahren dem nationalsozialistischen Aufrüstungsprogramm zu verdanken hatten[54], verlagerten ihre Tätigkeit in

---

[46] Offenbar kam die Kooperation nicht ganz freiwillig zustande. Rheinmetall konnte aus Patentrechten gegenüber Heckler & Koch Ansprüche auf eine Fertigungsbeteiligung ableiten. Vgl. Heynen, Entwicklungsgeschichte, S. 30.
[47] Ebenda, S. 31. Dort auch das Folgende.
[48] Über die finanziellen Details der Vereinbarung wird bei Heynen und Vorgrimler nichts ausgesagt. Möglicherweise wurde dabei auch ein noch offener Betrag von zwei Mio. DM verrechnet, den Heckler & Koch CETME in Rechnung gestellt hatte. Vgl. Collado Seidel, Die deutsch-spanischen Beziehungen in der Nachkriegszeit, S. 32.
[49] Vgl. Soldat und Technik, Heft 11, 1959, S. 563.
[50] Vgl. Heynen, Entwicklungsgeschichte, S. 33.
[51] Ebenda, S. 33.
[52] Vgl.: Der Spiegel, Nr. 45, 5. 11. 1990, S. 158.
[53] Vgl. zu der Verlegung von Entwicklung und Produktion deutscher Flugzeugfirmen ins Ausland Andres, Die bundesdeutsche Luft- und Raumfahrtindustrie 1945–1970, S. 79–83.
[54] Wenn auch Dornier, der bereits seit 1914 Flugboote und Flugzeuge baute, nicht „in gleichem Maße als Protektionskind der nationalsozialistischen Rüstungspolitik wie Messerschmitt [...]" gelten kann, ist doch der „Zusammenhang zwischen dem Ausbau der [...] Firma und der Wiederaufrüstung" unverkennbar. Vgl. Hetzer, Unternehmer und leitende Angestellte zwischen Rüstungseinsatz und politischer Säuberung, S. 584. Siehe zur Vita Dorniers: Wachtel, Claude Dornier. Der Messerschmitt-Konzern hatte sich dagegen von einer „Entwicklungswerkstatt" zu einem „Kernbetrieb" der NS-Rüstungswirtschaft entwickelt. Bis April 1945 war die Zahl der Beschäftigten – einschließlich von Häftlingen aus Konzentrationslagern – auf etwa 81 000 angestiegen. Mehr als die Hälfte der 1944 insgesamt hergestellten deutschen Kampfflugzeuge stammte aus Konstruktionen der Messerschmitt-Werke. Vgl. ebenda, S. 566. Zur Entwicklung des Konzerns im Zweiten Weltkrieg siehe Schmoll, Die Messerschmitt-Werke im Zweiten Weltkrieg.

der Nachkriegszeit zumindest zeitweilig in das iberische Land. Während Dornier von 1950 bis 1955 in Madrid ein Konstruktionsbüro unterhielt[55], arbeitete Messerschmitt im Auftrag des spanischen Luftfahrtministeriums seit 1951 als Berater für das Unternehmen Hispano Aviación in Sevilla[56]. Der Flugzeugbauer, im Mai 1948 als Mitläufer und „Nutznießer wider Willen" von der „wohlwollenden" Augsburger Spruchkammer eingestuft[57], war nach dem Krieg im Ausland überaus gefragt. Obgleich ihm von allen vier Besatzungsmächten Angebote vorlagen, ging der auf seine Unabhängigkeit bedachte Messerschmitt einen anderen Weg. Seit 1949 stellte er sein Know-how Luftfahrtunternehmen in Indien, Südafrika und Ägypten zur Verfügung[58]. Sein zunächst nur für ein Jahr vorgesehenes Spanien-Engagement weitete sich 1952 zu einem längerfristigen Projekt aus. Ermuntert durch die Aussage von Theodor Blank, dem Militärbeauftragten des Bundeskanzlers[59], und dessen für die Luftwaffe zuständigen Abteilungsleiter, Panitzki, „daß man sich deutscherseits später an der spanischen Entwicklung interessiert zeigen werde"[60], vereinbarten Messerschmitt und Hispano Aviación nun eine vierjährige Arbeitsgemeinschaft, in der ein Düsenschulflugzeug und ein Düsenjäger konstruiert werden sollten[61]. Damit wurde es ihm auch möglich, „alte Mitarbeiter heranzuholen und deren Abwanderung in andere Industrien zu verhindern"[62].

Die vielversprechende Zusammenarbeit veranlaßte Messerschmitt Ende 1954 sogar dazu, gemeinsam mit einem amerikanischen Flugzeugunternehmen eine Beteiligung an Hispano Aviación zu erwägen[63]. Inwieweit dafür das Interesse des potentiellen Partners aus den USA an dem spanischen Unternehmen oder lediglich der Wunsch des finanzschwachen Regimes nach einer Kapitalerhöhung der weitgehend staatlichen Firma aus-

---

[55] Dornier besaß seit den zwanziger Jahren persönliche Verbindungen zur spanischen Armee und dem „Familienkreis um Franco". Vgl. Hetzer, Unternehmer und leitende Angestellte zwischen Rüstungseinsatz und politischer Säuberung, S. 585. Bis zur Wiederzulassung des Flugzeugbaus in der Bundesrepublik 1955 war er in Madrid mit der Entwicklung der Do 27, einem Nahaufklärer, beschäftigt, der seit 1956 in einer Stückzahl von 428 Exemplaren von der „Süd-Union" – zu der sich die „kapitalschwachen" Firmen Messerschmitt, Heinkel und Dornier 1956 zusammengeschlossen hatten – in Westdeutschland für die Bundeswehr gebaut wurde. Vgl. Abelshauser, Wirtschaft und Rüstung in den fünfziger Jahren, S. 168 f.
[56] Aufzeichnung Mallet (Beauftragter von Messerschmitt in Spanien), Anlage Bericht Militärattaché, 15. 9. 1958, BA-MA, BW 4, Bd. 744. Der Bestand Berichte Militärattaché Botschaft Madrid wurde auf Antrag des Verfassers offengelegt. Bei Hispano Aviación war im Zweiten Weltkrieg der spanische Lizenznachbau des Messerschmitt-Jägers Me 109 erfolgt. Vgl. Hetzer, Unternehmer und leitende Angestellte zwischen Rüstungseinsatz und politischer Säuberung, S. 576. Außerdem wurde in Spanien die JU 52 der Firma Junkers in Lizenz nachgebaut. Vgl. Andres, Die bundesdeutsche Luft- und Raumfahrtindustrie 1945-1970, S. 79.
[57] Vgl. Hetzer, ebenda, S. 575.
[58] Der Konstrukteur wollte sich in erster Linie den Spielraum für eigene Projekte erhalten. Deshalb kam für ihn unter anderem eine „Mitwirkung an amerikanischen Flugzeug- und Raketenbauprojekten ohne substantielle Entscheidungsbefugnis" auch nicht in Betracht. Vgl. ebenda, S. 574.
[59] Blanks offizielle Bezeichnung lautete: Der Beauftragte des Bundeskanzlers für die mit der Vermehrung der alliierten Truppen zusammenhängenden Fragen.
[60] Bericht Militärattaché Oster, 3/60, 12. 1. 1960, BA-MA, BW 4, Bd. 746. Zwischen dem „Amt" Blank und Messerschmitt sowie spanischen Regierungsvertretern bestanden seit dem Sommer 1951 Gesprächskontakte. Aufzeichnung Oster betr. Prof. Messerschmitt, 24. 7. 1951, BW 9, Bd. 2122.
[61] Aufzeichnung Mallet, Anlage Bericht Militärattaché, 15. 9. 1958, BA-MA, BW 4, Bd. 744.
[62] Ebenda.
[63] Aufzeichnung betr. Bundesbürgschaft für eine Beteiligung der Messerschmitt AG in Spanien, 22. 12. 1954, PA/AA, Ref. 211, Bd. 49.

schlaggebend waren, mag dahingestellt bleiben. Jedenfalls signalisierte die Augsburger Messerschmitt AG der Bonner Regierung im Dezember 1954, daß sie mit Hilfe einer Bundesbürgschaft in Höhe von 2 Millionen DM 20 Prozent des erweiterten Aktienkapitals erwerben wolle[64]. Die Regierung Adenauer stand dem Vorhaben aber ablehnend gegenüber. Nur das Bundeswirtschaftsministerium sprach sich aus zwei Gründen für eine Bundesbürgschaft aus: Zum einen könne die deutsche Luftfahrtindustrie dadurch „den wichtigen Anschluß an die amerikanischen Erfahrungen gewinnen". Zum anderen sei eine derartige Beteiligung den Plänen einer gemeinsamen deutsch-französischen Flugzeugindustrie in Nordafrika vorzuziehen. Für das Auswärtige Amt kam dagegen aus grundsätzlichen außen- und sicherheitspolitischen Bedenken eine aus Bundesmitteln finanzierte Kapitalinvestition in ein spanisches Luftfahrtunternehmen nicht in Betracht. Zu einem Zeitpunkt, in dem durch die Pariser Verträge vom Oktober die westdeutsche Souveränität und der Beitritt zur NATO in greifbare Nähe gerückt waren, sollte nach Ansicht der Politischen Abteilung nichts getan werden, was diesen Erfolg gefährden könnte. Denn die „Bundesbürgschaft würde quasi eine Beihilfe zur Umgehung der noch geltenden Vorschriften über das Verbot der Flugzeugindustrie darstellen". Eine Zusammenarbeit mit einem Land außerhalb der NATO könne überdies „als bewußtes Ausscheren aus der Gemeinschaft der Westeuropäischen Union gewertet werden und damit den gerade deutscherseits vertretenen politischen Integrationseffekt des Pariser Vertragswerks gefährden"[65].

Obgleich die erhoffte Bundesbürgschaft nicht zustande kam, gingen die Entwicklungsarbeiten in Sevilla unvermindert weiter. Der Beratervertrag von Messerschmitt wurde 1955 sogar vorzeitig bis 1959 verlängert. Das spanische Luftfahrtministerium baute bei seiner Entscheidung vor allem auf Zusagen aus Bonn. Verteidigungsminister Blank und sein für die Luftwaffe zuständiger Abteilungsleiter Oberstleutnant Panitzki hätten, so Messerschmitts Bevollmächtigter, Mallet, dem Flugzeugkonstrukteur versichert, das von ihm „entwickelte Düsenschulflugzeug bei der deutschen Luftwaffe einzuführen"[66]. Statt dessen gab die Bundesregierung 1956 aber dem französischen Modell Fouga „Magister" den Vorzug[67]. Dieses sicherlich auch von außenpolitischen Erwägungen bestimmte Votum für ein Fabrikat eines NATO-Partners stärkte zugleich die noch junge Flugzeugindustrie in der Bundesrepublik. Denn die im Oktober 1956 zur Beschaffung vorgesehenen 382 Exemplare der Fouga „Magister"[68] wurden seit 1957 von den in der „Süd-Union" verbundenen

---

[64] Ebenda. Das Unternehmen dachte außerdem daran, der weitgehend staatlichen Lufthansa ein „Optionsrecht" an seinem zukünftigen spanischen Aktienpaket gegen eine anteilige Darlehenszinszahlung einzuräumen. Hier auch das Folgende.
[65] Die außenpolitische Dimension dieses Vorgangs findet bei Andres hingegen keine Berücksichtigung. Zudem kann auch keine Rede davon sein, daß die Bundesregierung, wie Andres glaubt, die Übernahme einer Bürgschaft für Messerschmitt geplant habe. Vgl. Andres, Die bundesdeutsche Luft- und Raumfahrtindustrie 1945–1970, S. 81.
[66] Ebenda. Vgl. zum Versprechen Blanks auch: Der Spiegel, Nr. 48, 28. 11. 1956, S. 16.
[67] Vgl. Abelshauser, Wirtschaft und Rüstung in den fünfziger Jahren, S. 168 f. Das Bonner Verteidigungsministerium begründete die Entscheidung gegenüber Messerschmitt mit dem massiven Druck Frankreichs. So käme sein in Spanien entwickelter Düsentrainer nicht in Betracht, da Paris die Lieferung der hierzu erforderlichen Triebwerke aus französischer Produktion von einem Votum für den Fouga Magister abhängig machen würde. Vgl. Andres, Die bundesdeutsche Luft- und Raumfahrtindustrie 1945–1970, S. 186.
[68] Vgl. ebenda, S. 168.

Unternehmen Heinkel und Messerschmitt in Lizenz nachgebaut[69]. Insofern profitierte der Augsburger Flugzeugbauer über sein Stammwerk in Deutschland auch von diesem Geschäft.

In Spanien war Messerschmitt, der um seine Projekte fürchtete, auf Schadensbegrenzung bedacht. So versuchte er Anfang September 1958 gemeinsam mit Mallet über die deutsche Vertretung in Madrid Einfluß auf die Bundesregierung zu nehmen. Angesichts der spanischen Enttäuschung über das unerwartete deutsche Kaufverhalten müsse damit gerechnet werden, daß seine Pläne „scheitern und eine für die deutsch-spanischen Beziehungen unerfreuliche Verstimmung zurückbleibt"[70]. Botschaftsrat Werz bat Mallet daraufhin um Vorschläge, wie von deutscher Seite die Tätigkeit Messerschmitts gefördert werden könnte. In seinem Positionspapier unterstrich Mallet, daß der besonders deutschfreundliche Luftfahrtminister General Rodríguez de Lecea ohne ein Entgegenkommen der Bundesregierung die jahrelang von ihm bereitgestellten „ganz erheblichen" finanziellen Mittel – zeitweilig arbeiteten bis zu fünfundzwanzig deutsche Flugingenieure in Spanien – innenpolitisch nicht weiter rechtfertigen könne[71]. Er legte Bonn nahe, den Kauf von 20–30 Düsentrainern HA 200 „Saeta" oder eine Kapitalbeteiligung an Hispano Aviación zu erwägen[72].

Ende 1958 unternahm Rodríguez de Lecea dann selbst einen Vorstoß. Der für seine „Vernarrtheit in die Deutschen" in Madrid „sprichwörtlich" bekannte Minister[73] warb bei Botschafter von Welck für eine möglichst enge militärische Zusammenarbeit beider Länder und eine deutsche Beteiligung an der spanischen Luftfahrtindustrie[74]. Zudem drängte der General Bonn zum Erwerb einiger Düsenschulflugzeuge. Als Gegenleistung offerierte er der Bundesregierung, in seinem Land Flugzeuge und Raketen zu erproben sowie Forschungs- bzw. Produktionsstätten zu nutzen. Mit ungewöhnlich offenen Worten wies ihn Botschafter von Welck darauf hin, daß für ein solch weitreichendes Angebot derzeit die Voraussetzungen fehlten und erinnerte sein Gegenüber an die politischen Veränderungen nach 1945, durch die auch das deutsch-spanische Verhältnis neu definiert worden sei. In der Bundesrepublik bestehe „auch heute noch ein starkes Ressentiment nicht nur gegen Hitler, sondern gegen seine gesamte Politik, d. h. auch gegen seine Spanienpolitik [...]. Deshalb betrachteten auch jetzt noch weite Kreise in Deutschland das spanische Regime und jedes engere deutsch-spanische Zusammenwirken mit Mißtrauen. Derartige Reaktionen seien zwar unlogisch", meinte von Welck besänftigend, „aber man müsse mit

---

[69] Möglicherweise hatten dabei auch industriepolitische Interessen Bayerns eine Rolle gespielt. So übernahm das Land 1957 von Messerschmitt die Aktienmehrheit der sogenannten Süd-Union. Vgl. ebenda. Im November 1958 wurde der erste Düsentrainer an die Luftwaffe übergeben. Vgl. FAZ, 11. 11. 1958.
[70] Botschaft Madrid an Auswärtiges Amt betr. Prof. Messerschmitt, 6. 9. 1958, PA/AA, Ref. 206, Bd. 88.
[71] Aufzeichnung Mallet, Anlage Bericht Militärattaché, 15. 9. 1958, BA-MA, BW 4, Bd. 744. In einem Spiegel-Gespräch bezifferte Messerschmitt 1964 die Entwicklungskosten des Düsenschulflugzeugs HA 200 „Saeta" auf 4–5 Mio. DM. Vgl.: Der Spiegel, Nr. 3, 15. 1. 1964, S. 35.
[72] Aufzeichnung Mallet, Anlage Bericht Militärattaché, 15. 9. 1958, BA-MA, BW 4, Bd. 744. Außerdem schlug er eine anteilige Kostenübernahme Westdeutschlands an der Weiterentwicklung des bei Hispano Aviación konzipierten Düsenjägers vor.
[73] Bericht Militärattaché Oster betr. Antrittsbesuche im spanischen Luftfahrtministerium 6/58, 2. 7. 1958, BA-MA, BW 4, Bd. 744.
[74] Aufzeichnung von Welck über ein Gespräch zwischen Militärattaché Oster, Prof. Messerschmitt und dem spanischen Luftfahrtminister General Rodríguez de Lecea, 19. 12. 1958, BA-MA, BW 4, Bd. 752. Hier auch das Folgende.

ihnen als gegebene Tatsache rechnen". Der deutsche Botschafter sprach sich aber dafür aus, Messerschmitt und die spanische Flugzeugindustrie finanziell zu unterstützen. Immerhin könnte sich die Bundesrepublik durch den Kauf von etwa 30 Schulflugzeugen „auch einer gewissen moralischen Verpflichtung entledigen".

Doch weder dieser Appell noch das Liebeswerben Rodríguez de Leceas fielen in Bonn auf fruchtbaren Boden. Nachdem damit der Wunschpartner Westdeutschland ausfiel, war der Fortgang der Flugzeugprojekte in Frage gestellt. Das Franco-Regime zeigte sich im Herbst 1959 nicht mehr länger gewillt, die Entwicklungsarbeiten bei Hispano Aviación allein zu finanzieren[75]. In dieser Situation brachte Messerschmitt Ägypten ins Spiel, das sich an einer Nachbaulizenz für den HA 200 „Saeta" Düsentrainer und einer Entwicklungsbeteiligung am HA 300 Düsenjäger interessiert zeigte. Beide Länder kamen rasch zu einer Übereinkunft. Bereits am 18. Dezember 1959 wurde ein Kooperations-Vertrag mit einem Gesamtvolumen von etwa 5 Millionen Dollar abgeschlossen. Ein Jahr später – Messerschmitts Kontrakt war Ende 1959 nochmals um 12 Monate verlängert worden – zog das Luftfahrtministerium in Madrid einen Schlußstrich unter die neunjährige Zusammenarbeit, die es lange Zeit mit großen Hoffnungen begleitet hatte[76].

Gemessen an den teilweise großen Erwartungen der spanischen Politik zeitigte die Rüstungskooperation zwischen beiden Ländern nur bescheidene Resultate. Spanien kam über die Rolle eines Ausweichquartiers für deutsche Waffentechniker nicht hinaus. Aus Bonner Sicht war das technologische Entwicklungsland, dessen Rüstungsindustrie schon vor 1945 von deutschem Know-how profitiert hatte, nicht in der Lage, Westdeutschland qualitativ wie quantitativ angemessen mit Rüstungsmaterial ausstatten zu können.

3. Die Aufnahme offizieller militärpolitischer Beziehungen: Ein deutscher Militärattaché an der Botschaft Madrid

Angesichts der unmittelbar bevorstehenden Mitgliedschaft im atlantischen Bündnis stellte das Auswärtige Amt Mitte April 1955 erste Überlegungen zur Entsendung von Militärattachés ins Ausland an[77]. Dabei ging es zunächst darum, gemeinsam mit der Dienststelle Blank die institutionellen Voraussetzungen und die Aufgaben der künftigen „Diplomaten in Uniform" zu klären. Seit Februar 1956 lag eine Vereinbarung zwischen dem Auswärtigen Amt und dem neuen Bundesministerium für Verteidigung[78] vor, die die Tätigkeit der Militäratta-

---

[75] Bericht Militärattaché Oster 3/60, 12.1.1960, BA-MA, BW 4, Bd. 746. Dort auch das Folgende.
[76] Bericht Militärattaché Oster 82/60, 22.11.1960, BA-MA, BW 4, Bd. 746. Der deutsche Flugzeugbauer verlagerte nun sein Wirkungsfeld nach Ägypten. Ende Juli 1960 hatte deshalb das Auswärtige Amt von der Vertretung in Madrid Auskunft über den Mitarbeiterstab von Messerschmitt erbeten. Es wollte wissen, ob darunter auch „ehemalige bekannte Nazis und Alte Kämpfer" seien. PA/AA, Bestand Botschaft Madrid, 29.7.1960, Bd. 7606. Die Botschaft konnte wenige Tage später lediglich die Namen von zwei Ingenieuren nach Bonn übermitteln. PA/AA, Bestand Botschaft Madrid, 10.8.1960, Bd. 7606.
[77] Vermerk betr. Zusammenarbeit Auswärtiges Amt und Dienststelle Blank, 18.4.1955, PA/AA, Ref. 301, Bd. 136. Dieser Aspekt militärpolitischer Beziehungen der Bundesrepublik zum Ausland wurde in der Forschung bislang nicht behandelt. Die entsprechenden Akten des Bundesministeriums für Verteidigung standen nicht zur Verfügung, da sie als vernichtet anzusehen sind. Vgl. Schreiben BA-MA an Verfasser, 6.6.1990.
[78] Das Ministerium wurde am 7. Juni 1955 etabliert. Vgl. Greiner, Die militärische Eingliederung der Bundesrepublik Deutschland in die WEU und die NATO 1954 bis 1957, S. 669.

chés grundsätzlich regelte[79]. Der traditionellen Praxis folgend, sollten vom Verteidigungsministerium Offiziere benannt und im Einvernehmen mit dem Außenministerium in die diplomatischen Vertretungen abgeordnet werden. Für sie galt es, die Verbindungen zu den militärischen Stellen des Gastlandes zu pflegen und den Stand der dortigen Streitkräfte zu beobachten. Diese Informationsbeschaffung sollte sich allerdings aus einer vertrauensvollen Zusammenarbeit vor Ort ergeben, eine nachrichtendienstliche Arbeit, so wurde in den Richtlinien ausdrücklich betont, „insbesondere die Schaffung von Nachrichtennetzen und die Inanspruchnahme von Agenten", sei nicht Aufgabe der Militärattachés.

Obwohl kein Mitglied der NATO, gehörte Spanien zu Beginn der Planungen doch zum kleinen Kreis der als militärpolitisch besonders bedeutsam eingestuften Länder, für die das Verteidigungsministerium die größte Personalausstattung vorsah[80]. Zu diesen bevorzugten Plätzen zählten neben Madrid auch Washington, London, Paris und Ankara. Anfang Februar 1956 schaltete sich Bonns Botschafter in Madrid, Prinz Adalbert, in die Diskussion um mögliche Standorte ein[81]. Er regte an, bereits bei der ersten Gruppe der Militärattachés auch die spanische Hauptstadt zu berücksichtigen. Ihm erschien eine Entsendung „dringlich", da Spanien seit den 1953 geschlossenen Stützpunktverträgen mit den USA eine wichtige Rolle in der europäischen Verteidigung erhalten habe. Außerdem sei der iberische Staat daran interessiert, in die NATO aufgenommen zu werden, sobald die skandinavischen Länder ihre bisher ablehnende Haltung aufgeben. Vor diesem Hintergrund warnte der Botschafter vor dem „Eindruck des Nachhinkens", der durch eine abwartende Politik der Bundesregierung entstehen könnte, zumal ein deutscher Militärattaché in Madrid angesichts der zahlreichen persönlichen Bindungen aus der Zeit des Bürgerkriegs und des Zweiten Weltkriegs „freundlich" aufgenommen werden würde. Wenn auch der Einsatz der Legion Condor und der Blauen Division in die Zeit des Nationalsozialismus gefallen sei, dürfe aber „nicht übersehen werden", meinte Prinz Adalbert in einer für das damalige konservative Denken charakteristischen Deutung, „daß sich der Kampf in beiden Fällen gegen ein kommunistisch-sowjetisches Regime richtete".

Das Bonner Verteidigungsressort verfolgte bei seiner Stellenbesetzung jedoch inzwischen andere politische Prioritäten: Vorrangig waren bei dem schrittweisen Aufbau des Militärattachéstabs nun die Bündnispartner in der NATO[82]. Nach einer Einweisung im

---

[79] Vereinbarung über Aufgaben und Stellung der Militärattachés (gemäß Schreiben des Bundesministers des Auswärtigen vom 10. Januar 1956 und des Bundesministers für Verteidigung vom 6. Februar 1956), PA/AA, Ref. 301, Bd. 137. Dort auch das Folgende.
[80] Vermerk betr. Militärattachés, 14.11.1955, PA/AA, Ref. 301, Bd. 136. Je nach Bedeutung des Platzes plante das Verteidigungsministerium drei unterschiedliche Ausstattungen, deren volle Größe jedoch erst nach einigen Jahren erreicht werden sollte. Für Brüssel, Rom, Kopenhagen, Ottawa, Den Haag, Stockholm, Kairo und Tokio war die mittlere Besetzung vorgesehen, während in Bern, Athen und Belgrad nur ein kleiner Stab vertreten sein sollte.
[81] Botschaft Madrid betr. Entsendung eines Militärattachés an Auswärtiges Amt, 3.2.1956, PA/AA, Ref. 301, Bd. 136. Dort auch das Folgende.
[82] Auswärtiges Amt an Botschaft Madrid, 17.2.1956, PA/AA, Ref. 301, Bd. 136. Das Verteidigungsministerium hatte gegenüber dem Auswärtigen Amt auf „Personalschwierigkeiten" und ohnehin noch fehlende haushaltsrechtliche Voraussetzungen verwiesen. Daher gehe es zunächst darum, die wichtigsten NATO-Mitglieder zu berücksichtigen. Vgl. zu den grundlegenden Problemen bei der Aufstellung westdeutscher Streitkräfte, Greiner, Die militärische Eingliederung der Bundesrepublik in die WEU und die NATO 1954 bis 1957, S. 561–850. Schließlich war die Bundesrepublik, wie Greiner hervorhebt, NATO-Mitglied geworden, „ohne einen Soldaten zu besitzen". Ebenda, S. 749.

Auswärtigen Amt, die sie über die Beziehungen der Bundesrepublik zu den Gastländern informieren sollte[83], wurde Ende 1956 die erste Gruppe der Attachés ausschließlich in NATO-Mitgliedstaaten geschickt[84]. Die deutsche Botschaft in Madrid gehörte zu den Plätzen, für die in einem zweiten Schritt bis Ende September 1957 eine Besetzung vorgesehen war[85]. Der Haushaltsausschuß des Bundestages sprach sich bei den Etatberatungen im Frühjahr 1957 allerdings gegen einen eigenen Militärstab in Madrid aus. Die Parlamentarier waren der Ansicht, es genüge, vorläufig im NATO-Land Portugal anzufangen und Spanien durch den Militärattaché in Lissabon mit betreuen zu lassen bzw. ihm einen rangniederen Offizier in Madrid zur Seite zu stellen[86]. Das provozierte bei den deutschen Vertretungen in beiden Ländern Widerspruch. Sowohl die Botschaft in Madrid wie auch die in Lissabon wiesen auf die wechselseitigen Empfindlichkeiten der iberischen Nachbarn hin[87]. Letztlich entschied sich Verteidigungsminister Strauß im Sommer 1957 dann doch für eine von Lissabon unabhängige Lösung[88].

Anfang November wurde das Auswärtige Amt um seine Zustimmung gebeten, im Januar des folgenden Jahres einen Militärattaché nach Madrid zu entsenden. Im zuständigen NATO-Referat kam jetzt erstmals eher beiläufig die Sorge vor einer möglichen Kritik des Auslands gegenüber einer deutsch-spanischen Militärverbindung auf. Gedacht wurde dabei insbesondere an Frankreich und Belgien[89]. Nachdem man sich in beiden Ländern

---

[83] Nach Ansicht des NATO-Referats im Auswärtigen Amt sollten sich die Offiziere „nicht so sehr um politische Fragen kümmern", politisches Verständnis und eine „ausreichende Kenntnis der politischen Auffassungen der Bundesregierung" seien aber notwendig. Vermerk betr. Kolloquien für Militärattachés, 29. 9. 1956, PA/AA, Ref. 301, Bd. 136.
[84] Beabsichtigt war die Aufstellung für den 1. November 1956 in den USA, Frankreich, Großbritannien, Italien, Kanada, der Türkei und Belgien (auch zuständig für die Niederlande). Am 1. Februar 1957 sollten Portugal und Griechenland folgen. Vermerk betr. vorläufiger Aufstellungsbefehl für die ersten Militärattachéstäbe, 27. 7. 1956, PA/AA, Ref. 301, Bd. 136. Diese Planungen wurden offenbar in die Tat umgesetzt. Jedenfalls fehlten im April 1957 von den NATO-Ländern, abgesehen von Luxemburg und Island, damit nur noch Dänemark und Norwegen. Hier waren deutsche Soldaten in besonderem Maße ein Politikum. Ein „zu frühe[s] Wiederauftauchen deutscher Uniformen" erschien Bonn mit Rücksicht auf die „besondere Empfindlichkeit der öffentlichen Meinung" in den skandinavischen Staaten nicht ratsam. Aufzeichnung betr. Entsendung von Militärattachés an die deutschen Auslandsvertretungen, 12. 4. 1957, PA/AA, Ref. 301, Bd. 137.
[85] Vermerk betr. Militärattachés, 16. 8. 1956, PA/AA, Ref. 301, Bd. 136. Dies galt außerdem für Bern, Tokio, Kairo und Kopenhagen.
[86] Vermerk Löns (Leiter der Personalabteilung im Auswärtigen Amt), 18. 3. 1957, PA/AA, Ref. 301, Bd. 137.
[87] Botschafter Knappstein stellte bei seinem Protest vor allem auf die traditionelle Rivalität zwischen Spanien und Portugal ab. So werde „jeder Spanier sein eigenes Land für weitaus bedeutender halten als den kleineren Nachbarstaat". Überdies dürfe die Tatsache, daß Portugal bereits der NATO angehöre, nicht ausschlaggebend sein, da der spanische NATO-Beitritt „offensichtlich von den USA sehr stark gefördert und auch von Spanien selbst gewünscht und betrieben wird". Knappstein an Auswärtiges Amt, 5. 4. 1957, PA/AA, Ref. 301, Bd. 137. Sein Kollege Seelos begrüßte die Entscheidung Bonns, vor Spanien bereits einen Militärattaché nach Portugal entsandt zu haben, weil dadurch die Position Lissabons als NATO-Verbündeter unterstrichen worden sei. Die Portugiesen seien sehr darauf bedacht, als Staat nicht hinter Spanien zurückzustehen. In Anbetracht der bestehenden Empfindlichkeiten hielt es der Botschafter aber für richtig, beim Aufbau der militärischen Stäbe „auf eine völlige Trennung von Madrid und Lissabon" zu achten. Seelos an Auswärtiges Amt, 16. 4. 1957, PA/AA, Ref. 301, Bd. 137.
[88] Vermerk Odié, 10. 7. 1957, PA/AA, Ref. 301, Bd. 137.
[89] Allerdings sei die Möglichkeit, daß Länder wie Frankreich und Belgien durch diesen Schritt „unangenehm berührt sein würden, wahrscheinlich gering". Vermerk Jantzen, 11. 11. 1957, PA/AA, Ref. 301, Bd. 137.

rückversichert hatte[90], schloß sich die Fachabteilung dem Vorschlag des Verteidigungsressorts an[91]. Sie begründete dies unter anderem mit dem „freundschaftlichen Verhältnis" zu Spanien. Eventuellen Vorbehalten anderer Staaten könnte durch einen „äußerst klein" gehaltenen Attachéstab begegnet werden. Zwar gehöre das iberische Land nicht der NATO an, sei aber durch die militärische Zusammenarbeit mit den Vereinigten Staaten doch mittelbar dem Bündnis verbunden. Ähnlich wie schon Prinz Adalbert stellte das NATO-Referat ebenfalls die „Sympathien" zwischen spanischen und deutschen Militärs heraus, die noch „auf die Zeit der deutschen Hilfe im Spanischen Bürgerkrieg (Legion Condor) zurückgehen". Für den Leiter der Personalabteilung im Auswärtigen Amt, Josef Löns, war diese Verbundenheit aus der „Kondorzeit" hingegen Anlaß zu warnen[92]. Er riet dazu, die Entsendung des Militärattachés vorläufig zurückzustellen, da im Ausland mit „unangenehmer Publizität" gerechnet werden müsse[93]. Nachdem die Madrider Botschaft – informiert über die wahrscheinlich negativen Stimmen aus Belgien – jedoch nach wie vor auf eine baldige Besetzung drängte, stellte Löns schließlich seine Bedenken zurück[94].

Ende Februar 1958 wurde bei der spanischen Regierung das Agrément für Oberstleutnant Achim Oster, einen langjährigen Bekannten von Verteidigungsminister Strauß[95], beantragt[96]. Damit hatte die Bundesregierung den ersten Schritt getan, denn Spanien war seinerseits noch nicht mit einem Militärattaché in Bonn vertreten[97]. Für den politisch

---

[90] Aus Paris und Brüssel war weitgehend Entwarnung gegeben worden: Dank der zu beobachtenden Entspannung im französisch-spanischen Verhältnis dürfte nach Meinung von Botschafter Malzan die beabsichtigte Entsendung „keine unfreundliche Reaktion auslösen". Botschaft Paris an Auswärtiges Amt, 4.12. 1957, PA/AA, Ref. 301, Bd. 137. Dagegen berichtete die deutsche Vertretung aus Brüssel einschränkend, daß die belgische Regierung zwar mit Kritik aus ihrer „sozialistischen Anhängerschaft" rechnen müsse, die in ideologischem Gegensatz zu Spanien stehe, sie selbst sei jedoch „verständnisvoll und realistisch eingestellt". Aufzeichnung betr. Militärattachéstab für Madrid, 17.12.1957, PA/AA, Ref. 301, Bd. 137.
[91] Aufzeichnung betr. Militärattachéstab für Madrid, 17.12.1957, PA/AA, Ref. 301, Bd. 137. Dort auch das Folgende.
[92] Löns an Grewe betr. Militärattachéstab für Madrid, 3.1.1958, PA/AA, Ref. 301, Bd. 137.
[93] Ebenda. Im Gegensatz zum NATO-Referat fühlte sich Löns durch die Einschätzung der Brüsseler Botschaft in seinen Befürchtungen eher bestätigt. Er hielt es für möglich, daß unter anderem die belgische Presse „unfreundliche Kommentare schreibt".
[94] Löns an Staatssekretär betr. Entsendung eines Militärattachés nach Madrid, 7.2.1958, PA/AA, Ref. 301, Bd. 137.
[95] Vgl. zur Verbindung zwischen Oster und Strauß, Baring, Im Anfang war Adenauer, S. 54. Nach seiner Gefangenschaft war Oster 1946 durch Josef Müller, den Mitbegründer und späteren Vorsitzenden der CSU, in der Parteiarbeit untergebracht worden. Bis 1948 arbeitete er als Sekretär der CSU-Landesleitung. Seit Frühjahr 1950 war er innerhalb des Bundeskanzleramts für die Dienststellen Schwerin und Blank nachrichtendienstlich tätig gewesen. Vgl. zur Vita: Krüger, Das Amt Blank, S. 194.
[96] Oster sollte in der spanischen Hauptstadt in Personalunion die Aufgaben für Heer, Luftwaffe und Marine wahrnehmen. Sein Stab umfaßte lediglich einen Feldwebel als Büroleiter, eine Schreibkraft und einen Fahrer. Vermerk Jantzen, 17.3.1958, PA/AA, Ref. 301, Bd. 85. Dieser kleine Stab war jedoch nicht nur auf den Argwohn des Auslands gegenüber einer zu engen deutsch-spanischen Verbindung zurückzuführen. So wurden verschiedene deutsche Botschaften im Sommer 1958 darüber informiert, daß das Auswärtige Amt Militärattachéstäbe „grundsätzlich klein" halten wolle. Neben der Schwierigkeit, geeignete Offiziere zu finden, hielt man es für politisch geboten, sich „in militärischen Fragen dem Ausland gegenüber zurückzuhalten". Von Etzdorf an diverse Auslandsvertretungen betr. Entsendung von Militärattachés, 18.8.1958, PA/AA, Ref. 301, Bd. 137.
[97] Anfang April 1958 äußerte die spanische Regierung erstmals ihr Interesse, einen militärischen Vertreter in die Bundesrepublik zu entsenden. Aufzeichnung betr. spanischer Militärattaché für Bonn, 8.4. 1958, PA/AA, Ref. 301, Bd. 137.

heiklen Madrider Posten bot Oster, dessen Vater Generalmajor Hans Oster dem militärischen Widerstand gegen Hitler angehört hatte, dem Ausland keine Angriffsfläche. Ob das für das Auswärtige Amt, das bei der deutsch-spanischen Zusammenarbeit eine große Unbefangenheit an den Tag legte, ausschlaggebend gewesen war, ist allerdings zweifelhaft. Während seiner Anreise nutzte der neue Militärattaché, der noch nie zuvor in Spanien gewesen war, im Juni 1958 die Gelegenheit, sich von Generalmajor a. D. Hans Doerr, seinem Vorgänger in Madrid zwischen 1943 und 1945, über „Mentalität, Gebräuche, Sitten und Charakteristik der wesentlichen Persönlichkeiten des spanischen Heeres" informieren zu lassen[98]. Bei seinen Antrittsbesuchen in der spanischen Hauptstadt fühlte er sich herzlich aufgenommen. Oster fand ein für die verteidigungspolitischen Beziehungen zwischen beiden Ländern günstiges Klima vor. Die „offene und oft dokumentierte Achtung für Deutschland"[99] und die „stark gefühlsmäßig" bedingten positiven Erinnerungen seiner Gesprächspartner an die Legion Condor und die Blaue Division ließen ihn in einer ersten Bilanz im September 1958 bereits über eine engere militärische Zusammenarbeit spekulieren. Seiner Betrachtung schickte er allerdings einschränkend voraus, daß das eine „klare" politische Entscheidung der Bundesregierung erfordere und diese Überlegungen „ungeachtet der in beiden Staaten z. Zt. herrschenden innerpolitischen Systeme" erfolgt seien. Neben direkten Kontakten zwischen der spanischen Armee und der Bundeswehr – u. a. durch die Teilnahme deutscher Offiziere an der Generalstabsausbildung in Spanien – dachte Oster an einen Ausbau der rüstungswirtschaftlichen Kooperation. All diesen Vorhaben setze aber die große militärische Präsenz der USA auf der iberischen Halbinsel sehr enge Grenzen: „Ohne eingehende Absprache mit den Amerikanern", sei, so Oster, eine wesentliche Intensivierung „nicht möglich". Diese Erfahrung stand der Bundesregierung bei ihrem Versuch einer direkten militärischen Verbindung mit Spanien noch bevor.

4. Die Bundesrepublik als Fürsprecher einer spanischen NATO-Mitgliedschaft

Wenige Wochen nach dem Scheitern der Europäischen Verteidigungsgemeinschaft in der Pariser Nationalversammlung äußerte Adenauer im September 1954 bei einem Zusammentreffen mit dem amerikanischen Außenminister John Foster Dulles in Bonn Zweifel an der Struktur der NATO[100]. In einer „ernsten Krise" werde sie seiner Ansicht nach „nicht richtig funktionieren". Als „absolut zuverlässig" galten dem Kanzler in Europa damals nur

---

[98] Bericht Oster 1/58 (Reisebericht 7.–16. 7. 1958), BA-MA, BW 4, Bd. 744. Zudem erhielt er von Doerr persönliche Empfehlungsschreiben an die führenden spanischen Militärs. Im Verlauf seiner Reise nach Madrid war Oster bei einer Besichtigung der Kathedrale von Saragossa unerwartet auf den spanischen Staatschef getroffen: „Braungebrannt, untersetzt, in sehr elegantem Sommerzivil, macht General Franco einen wohltuend natürlichen, fast etwas schüchternen Eindruck. Ein ruhiges, gutes Gesicht, in dem ein klarer Wille steht, ganz natürliche, ungezwungene Bewegungen, ein Herr, der in Würde ein in der Geschichte Spaniens berühmtes Gotteshaus durchschritt." Aus den Bemerkungen klingt an, daß Oster, dessen Selbstverständnis von Reichswehr und Wehrmacht geprägt war, in Franco weniger den Diktator, sondern in erster Linie den Militär und „augenblicklichen Herrn Spaniens" sah. Ebenda.
[99] Bericht Oster 32/58 betr. Ausbau spanisch-deutscher Beziehungen im Hinblick auf gemeinsame Verteidigungsanstrengungen, 2. 9. 1958, BA-MA, BW 4, Bd. 744. Dort auch das Folgende.
[100] Aufzeichnung Gespräch Adenauer-Dulles, 17. 9. 1954, BA, Nl. Blankenhorn, Bd. 33a. Dort auch das Folgende.

die „Benelux-Staaten, die Türkei, Griechenland, Spanien und die Bundesrepublik. In eingeschränktem Maße auch England". Frankreich gehörte für ihn nach der Enttäuschung über das Ende der EVG nicht dazu.

Auch wenn dies lediglich eine Momentaufnahme war, nahm das Vertrauen in Spanien als verläßlichen Partner doch einen festen Platz im außen- und sicherheitspolitischen Denken Adenauers ein. Die Frage einer spanischen Beteiligung an dem westlichen Verteidigungsbündnis hatte ihn bereits in den Anfängen der NATO beschäftigt. Gegenüber dem damaligen britischen Hochkommissar Sir Brian Robertson konnte er Anfang 1950 sein Unverständnis darüber nicht verhehlen, daß dem iberischen Land der Beitritt verwehrt wurde. Der Kanzler wollte wissen, „warum man denn Spanien nicht in die NATO aufnehmen könnte"[101]. Schließlich hätten die „Spanier 450 000 ausgezeichnete Soldaten, die nur schlecht ausgerüstet seien"[102]. Vom militärischen Standpunkt habe ihm Robertson völlig recht gegeben. Wenn aber in London auch nur der Name Franco fiele, „sähen alle Leute rot".

Obgleich Madrid durch ein Militärabkommen mit Washington seit 1953 aus der Sicht des Auswärtigen Amts „praktisch an die Verteidigungsgemeinschaft des Westens angeschlossen"[103] war, zeigte sich die Bundesregierung weiterhin an einer spanischen NATO-Mitgliedschaft interessiert. Aufmerksam wurde die Einstellung der Bündnispartner zu Spanien registriert. Dabei kam das Auswärtige Amt im September 1956 allerdings zu dem Schluß, daß ein „formeller Beitritt" des südeuropäischen Staates „nicht aktuell"[104] sei. Auf dem internationalen Parkett herrsche in dieser Frage Stillstand. Zwar sehe es die Regierung in Madrid sicherlich aus „Prestigegründen" gern, wenn sie zu einem Eintritt in die NATO aufgefordert werden würde, sie selbst habe aber bisher keinen Schritt in diese Richtung getan. Auch die beiden offenen Befürworter Spaniens, die Vereinigten Staaten und Portugal seien angesichts des Widerstands von Dänemark, Norwegen und Belgien gegen das Franco-Regime nicht bereit, das Thema voranzutreiben[105].

Bei einer solchen Konstellation lag es für die gerade erst souverän gewordene Bundesrepublik nahe, sich als jüngstes Bündnismitglied zunächst auf die Beobachterrolle zu beschränken. Diese Zurückhaltung wurde aber nicht immer konsequent eingehalten. Als Gastgeber der im Mai stattfindenden NATO-Ministerratstagung erklärte die Bundesregie-

---

[101] Aufzeichnung Gespräch Adenauer-US-Staatssekretär Gilpatric (amerikanisches Verteidigungsministerium), 13. 2. 1963, in: Akten zur Auswärtigen Politik der Bundesrepublik Deutschland (AAPD) 1963, S. 302–312, hier S. 310. Dort auch das Folgende. Adenauer betonte bei der Unterredung mit Gilpatric: „Wenn es nach ihm gegangen wäre, wäre Spanien schon längst in der NATO." Ebenda.
[102] Adenauers positives Urteil über die spanischen Soldaten entsprach einem Vorstellungsmuster, das bereits der preußische General August Karl von Goeben 1861 in einem Erlebnisbericht über seine Erfahrungen in der spanischen Armee („Vier Jahre in Spanien") dem deutschen Publikum vermittelt hatte. Demnach seien die Spanier wenig diszipliniert, aber sehr tapfer. Vgl. Peter, Das Spanienbild in den Massenmedien des Dritten Reiches 1933–1945, S. 183 f.
[103] Aufzeichnung betr. internationale Stellung Spaniens, 20. 5. 1955, PA/AA, Ref. 206, Bd. 40. Bundeskanzler und Außenminister Adenauer entschied sich im September 1953 aus Rücksichtnahme auf Paris gegen die Absendung eines bereits im Entwurf vorliegenden Glückwunschtelegramms an Madrid. Französischen Befürchtungen, daß die Bundesrepublik im Falle eines Scheiterns der EVG – ähnlich wie Spanien – durch ein zweiseitiges Abkommen mit den USA in die westliche Verteidigungsgemeinschaft einbezogen werden könnte, sollte keine Nahrung gegeben werden. Vgl. Heinemann, Vom Zusammenwachsen des Bündnisses, S. 141 f.
[104] Instruktion für Botschafter Knappstein, 7. 9. 1956, PA/AA, Ref. 206, Bd. 38. Hier auch das Folgende.
[105] Die Haltung Englands und Frankreichs wurde hier sehr zurückhaltend als „keineswegs mehr a priori ablehnend" gedeutet. Ebenda.

rung im Bulletin des Presse- und Informationsamtes am 9. April 1957 überraschend, daß sie einem möglichen Antrag, Spanien in das Verteidigungsbündnis aufzunehmen, nicht nur jederzeit zustimmen würde, sondern dies auch für einen „Akt europäischer Konsequenz"[106] halte. Offensichtlich war aber der Boden für einen derartigen Vorstoß politisch nicht bereitet worden[107]. Denn bereits einen Tag nach der Veröffentlichung begann ein Rückzug auf Raten, von Regierungsseite wurde beschwichtigend erläutert, der Bulletin-Artikel sei lediglich als „Geste" gegenüber Spanien zu verstehen[108]. Der persönliche Referent von Außenminister Brentano, Limbourg, dementierte in einem Routinegespräch mit den skandinavischen Missionschefs am 12. April den amtlichen Charakter der Nachricht und sprach schon von einer „publizistische[n] Panne"[109], ehe Regierungssprecher Felix von Eckardt, ohne allerdings in der Sache zu widersprechen, die Öffentlichkeit wenig später darüber unterrichtete, daß der „Bulletin"-Beitrag nur eine Meinungsäußerung des Verfassers darstelle und nicht mit einer offiziellen Stellungnahme der Bundesregierung verwechselt werden dürfe[110]. Von „befreundeter Seite" mußte Außenminister Brentano sich nach diesem Fauxpas Kritik gefallen lassen[111]. So stand Bonn schließlich wie ein ertappter Sünder da, der seine spanienfreundliche Einstellung zum falschen Zeitpunkt unfreiwillig publik gemacht sah.

Dementsprechend ließ das Auswärtige Amt öffentlich nun Vorsicht walten, zumal sich im Kreis der NATO-Mitglieder auch keine Neubewertung des franquistischen Regimes abzeichnete. Zwar gab es gelegentlich Stimmen, wie die des amerikanischen Botschafters in Madrid, Lodge, der im März 1958 dazu aufforderte, Spanien in die atlantische Gemeinschaft einzubeziehen[112]. Letztlich blieben die Fronten aber unverändert. Selbst die amerikanische Administration verhalte sich, hieß es in einer internen Stellungnahme zu dem bevorstehenden Besuch von Außenminister Brentano in Spanien, vollkommen zurückhaltend. Sie würde der Aufnahme des südeuropäischen Landes „nichts in den Weg legen", jedoch „keineswegs die Initiative ergreifen"[113] wollen. Im Augenblick sei die dafür notwen-

---

[106] Vgl. Bulletin des Presse- und Informationsamtes der Bundesregierung „Europa und Spanien", 9. 4. 1957.
[107] Die Regierungen in Washington, London und Paris zeigten sich verwundert. Während Frankreich sofort in Washington nachfragte, sondierten das State Department und das Foreign Office direkt in Bonn, woraufhin sich Auswärtiges Amt und Bundeskanzleramt umgehend von dem Beitrag distanzierten. Vgl. Heinemann, Vom Zusammenwachsen des Bündnisses, S. 157 f.
[108] Vgl. SZ, 10. 4. 1957. In der spanischen Ausgabe des Bulletin war das NATO-Plädoyer schon eine Woche zuvor erschienen. Angeblich wollte der Verfasser, der den Inhalt seines Kommentars mit dem Spanienreferenten im Auswärtigen Amt vorher abgestimmt habe, damit die gerade in Madrid laufenden bilateralen Verhandlungen über das deutsche Eigentum positiv beeinflussen. Vgl. FAZ, 12. 4. 1957. Die Deutsche Zeitung und Wirtschafts-Zeitung sprach vom Bonner „Augenzwinkern nach Madrid". Vgl. dies., 17. 4. 1957. Auf die Madrider Regierung wirkten die offiziellen Reaktionen aus der Bundeshauptstadt enttäuschend, wie Außenminister Castiella verstimmt zu Protokoll gab: „Wir haben kein Glück mit Deutschland." Botschaft Madrid an Auswärtiges Amt, 12. 4. 1957, PA/AA, Ref. 412, Bd. 244.
[109] Vermerk Limbourg, 12. 4. 1957, PA/AA, Ministerbüro, Bd. 156.
[110] Das Auswärtige Amt habe nach Angaben Eckardts von der deutschsprachigen Veröffentlichung nichts gewußt. Vgl. FAZ, 15. 4. 1957.
[111] Vermerk Limbourg, 9. 5. 1957, PA/AA, Ministerbüro, Bd. 62. Wer damit gemeint war, muß offenbleiben. Erst jetzt bat der Minister um Aufklärung, wie es zu dem Bulletin-Artikel gekommen sei.
[112] Aufzeichnung Ref. 211 betr. Besuch des Bundesministers in Madrid, 17. 3. 1958, PA/AA, Ref. 206, Bd. 163.
[113] Aufzeichnung betr. deutsch-spanische Beziehungen, o. D. (1958), PA/AA, Ref. 600, Bd. 197.

dige Zustimmung aller Bündnispartner nicht zu erreichen, urteilte das NATO-Referat im März 1958[114]. Insbesondere das „Ressentiment der sozialistischen Parteien" in verschiedenen NATO-Staaten, vor allem in Norwegen und Dänemark gegen das „reaktionäre System des Caudillo" habe bisher den spanischen Wunsch „vereitelt". An sich würde die Bundesregierung einen Beitritt Spaniens begrüßen. Sie halte sich „jedoch völlig zurück", da eine Diskussion über diese Frage gegenwärtig „die NATO nur belasten und ihr unnötigen Schaden zufügen könnte".

Vor seiner Reise äußerte sich Brentano gegenüber Adenauer ähnlich[115]. Obwohl die Vermögensregelung mit Madrid „nicht völlig befriedigend" ausgefallen sei, sah er den Besuch in Spanien als „wichtig" an. Denn nach seiner Überzeugung könne das NATO-Bündnis auf Dauer nicht auf Spanien verzichten. Während es wohl noch „psychologische Hemmungen" in Belgien und den beiden skandinavischen Ländern gebe, sei man in Frankreich, Großbritannien und vor allem in den Vereinigten Staaten schon „seit geraumer Zeit zu der Erkenntnis gekommen, daß die besondere geostrategische Lage Spaniens eine Einbeziehung in die NATO aus militärisch-strategischen, aber ebenso auch aus politischen Gründen verlangt". Dem Kanzler versicherte er allerdings, darüber keinerlei Erklärungen abzugeben. Auf mögliche Fragen der Regierung in Madrid wollte der Außenminister nur ausweichend antworten. Die Bundesregierung, so lautete sein Vorschlag zur Sprachregelung, begrüße den Beitritt Spaniens, „vorausgesetzt, daß alle anderen Mitgliedstaaten sich unserer Auffassung anschließen"[116].

Ganz so passiv gab sich Bonn wenige Monate später gegenüber den wichtigsten NATO-Staaten nicht mehr. Im Sommer 1958 versuchte das Auswärtige Amt erstmals selbst die Spanien-Frage voranzutreiben. NATO-Botschafter Blankenhorn wurde angewiesen, bei seinen amerikanischen, französischen und englischen Kollegen die Haltung im Bündnis zu einem möglichen Eintritt Spaniens auszuloten[117]. Die Meinungen waren und blieben aber geteilt, sehr zum Verdruß des Kanzlers. Angesichts des seit Ende November schwebenden sowjetischen Berlin-Ultimatums, das sich gegen den Vier-Mächte-Status der Stadt richtete, klagte Adenauer am 11. März 1959 vor dem CDU-Bundesvorstand auch mit Blick auf die Widerstände gegen Spanien über die fehlende Geschlossenheit der NATO[118]. Schließlich sei das „Ganze [...] natürlich auch eine Probe aufs Exempel, ob die NATO zu-

---

[114] Aufzeichnung Ref. 211 betr. Besuch des Bundesministers in Madrid, 17. 3. 1958, PA/AA, Ref. 206, Bd. 163. Dort auch das Folgende.
[115] Brentano an Adenauer, 26. 3. 1958, PA/AA, Ministerbüro, Bd. 17. Hier das Folgende.
[116] Nach dem Eindruck des britischen Botschafters in Madrid, Sir Ivo Mallet, blieben die Gespräche Brentanos mit der spanischen Regierung in der NATO-Frage denn auch unverbindlich. Ein Mitglied der westdeutschen Delegation habe zu verstehen gegeben, die Bundesregierung wisse, obwohl sie Spaniens Kandidatur unterstütze, daß sie nicht in der Position sei, selbst die Initiative zu ergreifen. Mallet wertete den Besuch von Außenminister Brentano insgesamt aber als Erfolg für das Franco-Regime: Er sah in ihm einen „formal act of reconciliation with a traditional ally as well as a further demonstration of Spain's gradual re-entry into European society". Mallet an Außenminister Selwyn Lloyd, Foreign Office, 17. 4. 1958, Public Record Office (PRO), FO 371/137370.
[117] Die Initiative war vom deutschen Botschafter in Madrid, von Welck, ausgegangen, der im Juli Außenminister Brentano persönlich berichtet hatte, die spanische Regierung würde eine „Einladung" zum Eintritt in die NATO begrüßen. Brentano erkärte sich daraufhin mit der von Welck vorgeschlagenen Sondierung einverstanden und beauftragte ihn, eine entsprechende Weisung an Blankenhorn in die Wege zu leiten. Vortragsnotiz von Welck betr. Eintritt Spaniens in die NATO, 10. 7. 1958, PA/AA, Ref. 206, Bd. 86.
[118] Protokolle des CDU-Bundesparteivorstands, 11. 3. 1959, ACDP, VII-001, Bd. 008/1.

sammenhält"[119]. Gerade in einer solchen Konstellation war für ihn die Frage des einheitlichen politischen Willens des Westens der entscheidende Maßstab[120]. „Extratouren"[121], wie die Disengagement-Pläne der britischen Regierung oder die Ankündigung, daß Frankreich, belastet durch den kolonialen Krieg in Algerien, seine Mittelmeerflotte dem NATO-Oberbefehl entziehen wolle, waren Adenauer höchst suspekt: „Wenn ein Gefüge sich lockert, dann lockert es sich hier und dort." In dem antikolonialen Aufstand sah er, ganz dem Ost-West-Gegensatz verhaftet, in erster Linie ein Anzeichen für sowjetische Expansionsbestrebungen im Mittelmeerraum[122].

Um so wichtiger erschien es dem Kanzler deshalb, vor allem aus geostrategischen Überlegungen, Spanien in die NATO einzubinden. Gegenüber seinen Parteifreunden äußerte er sich ähnlich verständnislos über die Widerstände im Bündnis, wie schon 1950 im Gespräch mit dem britischen Hochkommissar Robertson: „Stellen Sie sich folgende Absurdität vor, die wir jetzt haben. Ich spreche im Vertrauen darauf, daß Sie die Diskretion respektieren. Spanien hat 400 000 gute Soldaten, die aber schlecht ausgerüstet sind. Amerika hat in Spanien ungeheure Mengen von Kriegsmaterial, auch von Soldaten. Spanien will in die NATO hinein. Norwegen sagt: Nein wegen des Regimes, das dort ist, bin ich dagegen, daß Spanien in die NATO kommt. Früher waren es Großbritannien und Frankreich, die widersprochen haben [...]. Da sehen Sie also die ganze Schwäche der NATO. Wenn einer widerspricht, dann hört es auf, und die Widersprüche kommen nicht aus sachlichen Gründen, sondern sie kommen aus politischen Gründen."[123]

Diesmal blieb es nicht allein beim Räsonieren hinter verschlossenen Türen. Entscheidend dafür, daß Bonn nun offen als Fürsprecher Madrids auftrat, waren die politischen Veränderungen in Frankreich. Mit der Regierungsübernahme General de Gaulles im Sommer 1958 wurde die bis dahin eher spanienkritische Haltung Frankreichs durch eine Politik der Annäherung abgelöst[124]. In Charles de Gaulle sah Adenauer einen Verbündeten für seinen Wunsch, Spanien an der politischen und militärischen Entwicklung des

---

[119] Ebenda.
[120] Vgl. zu Adenauers Sicht der internationalen Politik in den fünfziger Jahren Niedhart, „Damit noch eine neue Macht da ist", S. 27–42.
[121] Protokolle des CDU-Bundesparteivorstands, 11. 3. 1959, ACDP, VII-001, Bd. 008/1. Dort auch das Folgende.
[122] Vgl. zur westdeutschen Haltung im Algerien-Konflikt: Müller, Die Bundesrepublik Deutschland und der Algerienkrieg, S. 628 f. Vor dem Hintergrund der Suez-Krise 1956 hatte Adenauer Ende 1956 bereits die Befürchtung geäußert: „Die Beherrschung des Mittelmeerbeckens durch Sowjetrußland wäre für Europa einfach das Ende." Vgl. Schwarz, Adenauer. Der Staatsmann, S. 239. Adenauer sah angesichts des heraufziehenden Endes westlicher Kolonialmacht vor allem die Gefahr, daß die sowjetische Außenpolitik sich diese Entwicklungen zunutze machen könnte. Vgl. Altmann, Konrad Adenauer im Kalten Krieg, S. 205–214.
[123] Protokolle des CDU-Bundesparteivorstands, 11. 3. 1959, ACDP, VII-001, Bd. 008/1.
[124] Während die deutsche Botschaft in Madrid noch 1956 das spanisch-französische Verhältnis als „nicht ungetrübt" beschrieb und daran erinnerte, daß Frankreich im Bürgerkrieg die „rote Seite" unterstützt sowie nach dem Sieg Francos den politischen Emigranten Asyl gewährt habe, fiel das Urteil des Auswärtigen Amtes Ende 1959 doch bereits anders aus. So setze sich die deutlich fühlbare Besserung der politischen Beziehungen zwischen Paris und Madrid seit 1958 „in verstärktem Maße" fort. General de Gaulle und die autoritäre Form seiner Regierung seien in Spanien „sehr herzlich begrüßt" worden: „Verständlicherweise fühlt das spanische Regime sich zu den Vertretern einer geistesverwandten autoritären Demokratie entschieden mehr hingezogen als zu den ihm stets weniger wohlgesinnten Politikern der französischen Linken." Botschaft Madrid an Auswärtiges Amt, 8. 2. 1956, PA/AA, Ref. 206, Bd. 36. Aufzeichnung betr. Besuch Außenminister Castiella (November 1959) o. D., BA, B 136/2071, Bd. 4.

Westens zu beteiligen. So kamen die Bemerkungen des Kanzlers vor dem Führungsgremium seiner Partei nicht von ungefähr: Nur wenige Tage zuvor war das Thema Spanien bei einem Treffen mit dem französischen Staatspräsidenten erörtert worden[125]. Die Bundesregierung dachte nun offenbar daran, auf der bevorstehenden NATO-Frühjahrstagung in Washington eine Initiative für die Aufnahme Spaniens einzuleiten. Wenigstens glaubte das britische Außenministerium, mit einem deutschen Vorstoß rechnen zu müssen.

Die konservative Regierung in London, durch Frankreichs Außenminister Couve de Murville informiert[126], zeigte keine Neigung einen solchen Schritt zu unterstützen. Ihr erschienen die politischen Kosten einer Aufnahme eines nicht demokratischen Landes zu hoch. Das Foreign Office sah in der NATO nicht allein das militärische Bündnis, sondern eine Gemeinschaft von Staaten, die sich an den von ihr postulierten demokratischen Werten auch messen lassen müsse: „We have increasingly been attempting to represent N.A.T.O. as more than a military alliance directed against Russia and to claim that it defends and fosters common political principles of democracy and personal liberty. The admission of Spain would make this claim impossible to maintain."[127] Abgesehen von diesen grundsätzlichen Vorbehalten gegen das Franco-Regime sei, so der britische NATO-Botschafter Roberts, besonders im Augenblick – angesichts der angespannten internationalen Lage um Berlin – eine Diskussion um Spanien politisch kontraproduktiv. Er warnte vor dem propagandistischen Nutzen, den die Sowjetunion vor allem dann erzielen würde, „if it were the Germans who sponsored the admission of Spain"[128]. Hinzu kam bei ihm die Sorge, daß durch eine NATO-Mitgliedschaft Madrids sich der Einfluß Londons im Bündnis verringern könnte, da der bereits erkennbare „Catholic continental bloc" unter Führung von de Gaulle und der Hilfe von Adenauer Verstärkung erhielte[129]. Die britische Regierung spielte auf Zeit, sie hoffte darauf, dieses für sie unliebsame Problem vertagen zu können[130].

---

[125] Memorandum Addis: Spain and NATO, 25. 3. 1959, PRO, FO 371/144944. Hier auch das Folgende. Nach Lage der Dinge kann es sich dabei nur um die Begegnung in Marly-le-Roi gehandelt haben. Dieses Gespräch, das am 5. März 1959 stattfand, hat in der Literatur kaum Spuren hinterlassen. Der langjährige Dolmetscher der Unterredungen zwischen Adenauer und de Gaulle vermutet in seinen Memoiren, es gebe dafür den einfachen Grund, daß auf deutscher Seite – wie auch für die Begegnung in Bad Kreuznach – keine Dolmetscheraufzeichnung existiere. Vgl. Kusterer, Der Kanzler und der General, S. 74.

[126] Die amerikanische Administration wollte sich abwartend verhalten. Sie werde die Spanien-Frage selbst nicht aufwerfen, hieß es im Foreign Office, einen Vorstoß der Bundesregierung aber unterstützen. Vgl. Memorandum Addis, ebenda.

[127] Memorandum Campbell: The Admission of Spain into NATO, 20. 3. 1959, PRO, FO 371/144944. Daß mit Portugal und der Türkei bereits autoritäre Regime Mitglieder in der NATO waren, scheint dagegen in den Überlegungen des Foreign Office keine Rolle gespielt zu haben. Angesprochen wurde dieses Thema hingegen von NATO-Generalsekretär Paul-Henri Spaak – einem erklärten Gegner eines spanischen Beitritts – gegenüber dem britischen NATO-Botschafter Frank Roberts. Zwar gebe es mit Portugal und der Türkei bereits problematische Mitglieder in der Allianz, aber keines der beiden Länder „[...] were so ostentatiously Fascist and neither of them had a leader who had at the best been less than symphatic the allied cause during the war". Roberts an Foreign Office, 13. 5. 1959, PRO, FO 371/144944. Der belgische Sozialist Spaak hatte im Zweiten Weltkrieg seine persönlichen Erfahrungen mit dem Franco-Regime gemacht: Während seiner Flucht über Frankreich, Spanien und Portugal nach England, war er in Madrid nur knapp der Verhaftung und Auslieferung an die Deutschen entkommen. Vgl. Spaak, Memoiren eines Europäers, S. 83–88.

[128] Roberts an Foreign Office, 23. 3. 1959, PRO, FO 371/144944.

[129] Ebenda.

[130] Das Foreign Office ging davon aus, daß bei der Sitzung in Washington noch keine endgültige Entscheidung getroffen werde. Obwohl es auch das schlimmstmögliche Szenario benannte – nämlich bei

4. Die Bundesrepublik als Fürsprecher einer spanischen NATO-Mitgliedschaft 147

Der Fall Spanien blieb in der Schwebe. Auch wenn er Anfang April 1959 in Washington nicht auf die Agenda kam, wurde nach dem Eindruck von NATO-Generalsekretär Spaak hinter den Kulissen doch eifrig für Madrid geworben[131].

Bonn und Paris demonstrierten ihr Interesse nun auch öffentlich. Nachdem sich die französische Regierung Ende April für einen NATO-Beitritt Spaniens ausgesprochen hatte[132], nahm Adenauer den Ball prompt auf. An seinem Urlaubsort Cadenabbia erklärte der Kanzler in einem Fernsehinterview, er habe den Vorschlag mit großem Interesse zur Kenntnis genommen und wäre seinerseits „sehr froh, [...] wenn Spanien in diese Verteidigungsgemeinschaft aufgenommen werden würde"[133]. Im Auswärtigen Amt wurde die neue Entwicklung unterschiedlich beurteilt. Während der stellvertretende Staatssekretär und frühere Botschafter in Madrid, Knappstein, sofort an eine weitere öffentliche Stellungnahme dachte und auch „politische Aktionen" nicht ausschließen wollte[134], rieten die Fachabteilungen zur Vorsicht[135]. Der Leiter des NATO-Referats, Sahm, richtete in seiner detaillierten Stellungnahme – die in vielem den Überlegungen im Foreign Office ähnelte[136] – den Blick auch auf die fragile Position der Bundesrepublik im Bündnis. Er erinnerte daran, daß das jüngste NATO-Mitglied von einigen Staaten nur mit erheblichen Vorbehalten als Partner akzeptiert worden sei: „Die 12 Jahre des Dritten Reiches sind auch unter den Verbündeten noch in keiner Weise vergessen worden." Ohne dabei direkt auf den Spanischen Bürgerkrieg und die Parteinahme des nationalsozialistischen Deutschlands zu verweisen, erklärte Sahm, daß es seiner Meinung nach unter diesen Umständen der Bundesregierung nicht anstehe, „initiativ auf die Aufnahme eines Staates hinzuwirken, gegen den wegen seiner totalitären Staatsform immer wieder Vorwürfe gemacht werden".

---

einer Entscheidung über die Aufnahme Spaniens von der Mehrheit überstimmt zu werden – hoffte die britische Diplomatie darauf, die Spanien-Frage gar nicht behandeln zu müssen: „We must hope therefore that the question of Spanish membership will not be raised." Memorandum Campbell: The Admission of Spain into NATO, 20. 3. 1959, PRO, FO 371/144944.

[131] Roberts an Foreign Office, 13. 5. 1959, PRO, FO 371/144944. Zu den Lobbyisten gehörte auch die amerikanische Administration. So versicherte der Stellvertretende Staatssekretär für Europäische Angelegenheiten im State Department, Livingston T. Merchant, dem britischen Außenminister Selwyn Lloyd bei einem Treffen in Paris Ende April, „that only the Scandinavians were now opposed". Merchant hoffe daher darauf, daß London seinen Einfluß auf Norwegen geltend machen könne. Memorandum Addis: Spain and NATO, 8. 5. 1959, PRO, FO 371/144944.

[132] Vgl. AdG, 1. 5. 1959, S. 7689.

[133] Vgl. ebenda.

[134] Knappstein an Brentano, 2. 5. 1959, PA/AA, Ref. 206, Bd. 86.

[135] Das Spanien-Referat wie auch die Politische Abteilung stimmten darin überein, daß ein Aufnahmegesuch Madrids zum gegenwärtigen Zeitpunkt keine Aussicht auf Erfolg haben dürfte. Augenblicklich würde ein Antrag vermutlich zu Auseinandersetzungen der NATO-Staaten führen, „die der Weltöffentlichkeit das Schauspiel der Uneinigkeit bieten" und daher unbedingt vermieden werden sollten. Auch zu einem späteren Zeitpunkt sollte aber die Initiative „nach außen nicht von der Bundesregierung ausgehen, sondern anderen NATO-Regierungen (USA oder Frankreich) überlassen bleiben". Aufzeichnung Nostitz, 16. 5. 1959, PA/AA, Ref. 206, Bd. 86.

[136] Aufzeichnung Ulrich Sahm betr. Spanien und die NATO, 15. 5. 1959, PA/AA, Ref. 206, Bd. 86. Hier auch das Folgende. Sahm war sicherlich unter anderem durch seine Erfahrungen an der deutschen Botschaft in London geprägt. Auf seinem ersten diplomatischen Auslandsposten hatte er zwischen Ende 1954 und Oktober 1958 als Referent für die Westeuropäische Union (WEU) einen ständigen Gedankenaustausch mit seinen europäischen Kollegen über die sicherheitspolitische Entwicklung geführt. Vgl. Sahm, „Diplomaten taugen nichts", S. 149–163.

Im übrigen sei die militärische Bedeutung Spaniens für die NATO eher gering. Die spanischen Streitkräfte stufte der NATO-Referent als „unbeachtlich" ein. Durch einen Beitritt würde wenig bewegt werden. Von der strategisch-logistisch wichtigen Tiefe des Raums hätte das Verteidigungsbündnis bei einem Beitritt keinen zusätzlichen Nutzen, da davon im wesentlichen nur die USA profitieren könnten, die ohnehin bereits Stützpunkte in Spanien unterhielten. Insofern zweifelte Sahm insgesamt am Sinn einer Diskussion über den politisch fragwürdigen Kandidaten, „die mit Sicherheit zu inneren Auseinandersetzungen führen wird und für die kein unbedingt dringender Anlaß besteht". Ein Vorpreschen Bonns wäre nur dazu angetan, Ressentiments im Ausland hervorzurufen, „ohne, daß der Politik der Bundesregierung irgendein Vorteil erwüchse".

Schließlich sorgte das negative internationale Echo auf den deutsch-französischen „Versuchsballon"[137] dafür, daß sich im Auswärtigen Amt die Erkenntnis durchsetzte, daß ein spanischer NATO-Beitritt zumindest im Augenblick nicht zu erreichen sei[138].

Dennoch behandelte das Bundesverteidigungsministerium Madrid bei den zweiseitigen militärischen Kontakten quasi als Mitglied der Allianz. So konnte der deutsche Militärattaché Oster die Teilnahme spanischer Offiziere an Kursen der Schule für Innere Führung mit dem Argument durchsetzen, daß dies der Angleichung an NATO-Verhältnisse förderlich sei[139].

Mit allzu weitreichenden Stellungnahmen hielt sich Bonn aber nun zurück. Ende 1959 erklärte ein Sprecher des Auswärtigen Amtes vor dem Deutschlandbesuch von Außenminister Castiella bescheiden, die Bundesregierung würde Spanien als Partner in der atlantischen Verteidigungsgemeinschaft begrüßen, es stehe der Bundesrepublik als jüngstem NATO-Mitglied allerdings nicht an, als „Initiator und Pate"[140] aufzutreten. Auch der Kanzler blieb in seinem Gespräch mit dem spanischen Gast bei diesem Punkt relativ unbestimmt. Adenauer versicherte Castiella, es sei sein Wunsch, daß Spanien der NATO beiträte

---

[137] Kritische Stimmen waren unter anderem aus Dänemark und Schweden zu vernehmen. Die deutsche Botschaft in Kopenhagen berichtete, daß in den Kommentaren der dänischen Presse – auch in konservativen Publikationen – die bekannten Vorbehalte zum Ausdruck gekommen seien. Die der Regierung nahestehende „Aktuelt" habe auf die Präambel des NATO-Pakts verwiesen, die die Bündnismitglieder dazu verpflichte, die auf den Grundsätzen der Demokratie und der persönlichen Freiheit beruhende Freiheit ihrer Völker zu sichern, und erklärt, daß man meinen solle, daß dieser Grundsatz jede Diskussion über die Aufnahme Spaniens ausschließen müsse. Botschaft Kopenhagen an Auswärtiges Amt, 6.5. 1959, PA/AA, Ref. 206, Bd. 86. Die regierungsnahe schwedische Zeitung „Stockholm Tidningen" hielt für den Fall der Aufnahme Spaniens sogar die Anerkennung der „Sowjetzone" für „mindestens diskutabel [...]. Wenn jedoch das faschistische Spanien in eine Gemeinschaft aufgenommen werden kann, so dürfte auch das kommunistische Ostdeutschland – um nicht zu sagen das kommunistische China – für den Umgang zwischen den Völkern akzeptabel werden können". Botschaft Stockholm an Auswärtiges Amt, 12.5.1959, BA, B 136, Bd. 3652.
[138] Aufzeichnung für den Bundespräsidenten betr. Amtsantritt für Botschafter Marqués de Bolarque, 5.5.1959, PA/AA, Ref. 206, Bd. 86. Gleichwohl wurde hier wiederum Unverständnis über die „Selbstblockade" der NATO laut, die einem der „unerbittlichsten Gegner des Kommunismus" trotz seiner geographischen Bedeutung als „Brückenkopf nach Nordafrika" die Aufnahme verwehre.
[139] Bericht Oster 6/1959, 11.3.1959, BA-MA, BW 4, Bd. 745. In den Kursen wurden die spanischen Offiziere mit dem Bild und Denken einer demokratischen Armee konfrontiert, auf das sie mit Unverständnis reagierten. So konnte Oster Ende 1960 nur unfreiwillig satirisch die Empfindung eines spanischen Hauptmanns schildern: „Der Kursus hat ihn sehr interessiert, aber die Themenstellung trifft in Spanien auf wenig Interesse, sie wird hier nicht verstanden." Bericht Oster, 17.11.1960, BA-MA, BW 4, Bd. 746.
[140] Vgl. NZZ, 11.11.1959.

und er hoffe darauf, daß dieser Schritt „nunmehr bald" vollzogen werden könne[141]. Dazu kam es jedoch nicht. Die Bonner Spanienpolitik mußte widerstrebend akzeptieren, daß das Franco-Regime nicht allen Verbündeten als Partner zu vermitteln war. So dauerte es noch dreiundzwanzig Jahre, ehe 1982 das inzwischen demokratische Spanien der NATO beitreten konnte.

5. Das Projekt deutscher Militärbasen in Spanien 1959/60

Nachdem das deutsche und französische Werben für einen Beitritt Spaniens zur NATO im Bündnis erfolglos geblieben war, strebte Bonn, getreu dem Vorbild der USA, Ende 1959 nun eine bilaterale militärische Zusammenarbeit mit Madrid an[142]. Diese Annäherung an ein Land, das nicht zu den demokratischen Staaten gehörte und deshalb der Nordatlantischen Allianz fernbleiben mußte, führte zu einem heftigen Konflikt zwischen der Bundesrepublik und den drei Westmächten, in dem es um das deutsch-spanische Verhältnis, letztlich aber um Möglichkeiten und Grenzen der westdeutschen Außen- und Sicherheitspolitik insgesamt ging.

Die Anfänge des Projekts

Das für Verteidigungspolitik zuständige Referat im Auswärtigen Amt hatte noch im Frühjahr 1958 eine engere Kooperation vor allem wegen der damit verbundenen außenpolitischen Risiken ausgeschlossen. Angesprochen wurden hier die „Vorbehalte"[143] einiger NATO-Staaten gegen die Bundesrepublik und der politisch-ideologische Gegensatz zwi-

---

[141] Unterredung Adenauers mit Castiella, 10.11.1959, StBkAH III 57. Der spanische Außenminister erläuterte seinerseits, Madrid sei bereit, „alles für die Verteidigung der freien Welt" zu tun, wolle selbst aber keinen Aufnahmeantrag stellen.
[142] Aufzeichnung Auswärtiges Amt betr. Besuch Außenminister Castiella, o. D. (November 1959), BA, B 136/2071, Bd. 4. Wie die in einer Anlage als „Geheimsache" gekennzeichneten Vorschläge des Bundesministers für Verteidigung im einzelnen aussahen, muß offenbleiben, da die wichtigsten Aktenbestände zu diesem Thema im Politischen Archiv des Auswärtigen Amtes der Forschung vorenthalten bleiben. Dennoch konnte der Verlauf der Auseinandersetzung um die beabsichtigten deutschen Stützpunkte auf spanischem Territorium, die vor allem zwischen der Bundesrepublik und ihren wichtigsten NATO-Partnern geführt wurde, weitestgehend rekonstruiert werden. Als entscheidend erwies sich dabei der Zugang zu den unveröffentlichten Quellen aus dem Bestand des Foreign Office in London, die zugleich einen umfassenden Einblick in die bei den NATO-Partnern verbreitete Beunruhigung und Sorge über die deutsch-spanischen Absichten vermitteln. Dies rückt die bisher erschienenen Darstellungen von Carlos Collado Seidel und Birgit Aschmann zurecht, die sich auf die bilaterale deutsch-spanische Perspektive beschränken. Während Collado Seidel nur auf der Grundlage der – offenbar spärlichen – spanischen Akten urteilt, schildert Aschmann die Absprachen zwischen Bonn und Madrid vor allem aus der deutschen Warte. Dabei verkennt sie aber weitgehend die internationale und politisch-psychologische Konstellation, in die diese Vorgänge einzuordnen sind. So vernachlässigt sie den Umstand, daß das franquistische Spanien nicht der NATO angehörte und westdeutsche Streitkräfte im Falle eines Abkommens außerhalb des NATO-Bereichs stationiert worden wären. Vgl. Collado Seidel, Die deutsch-spanischen Beziehungen in der Nachkriegszeit; Aschmann, „Treue Freunde..."?, S. 361-373.
[143] Vermerk von Dziembowski, 17.3.1958, PA/AA, Ref. 301, Bd. 85. Der Anlaß für diese Stellungnahme war eine Anfrage von Botschafter Knappstein. Er hielt es für möglich, daß Außenminister Brentano bei seinem Spanien-Besuch im April auf dieses Thema angesprochen werden könnte.

schen Spanien und Ländern wie Norwegen, Dänemark oder Belgien. Außerdem sei eine militärische „Notwendigkeit" ohnehin nicht gegeben. Daher sollte das Verhältnis zu Spanien auf eine „lockere" Verbindung durch die Tätigkeit von Militär-Attachés beschränkt bleiben. Verteidigungsminister Strauß schätzte aber die Lage offensichtlich anders ein. Beim Aufbau der Bundeswehr sah er sich – angesichts der geographischen Enge Westdeutschlands und der Anwesenheit ausländischer Streitkräfte – vor das Problem gestellt, eine adäquate Ausbildung und Versorgung zu sichern. Verschiedene NATO-Übungen hatten Mängel auf dem Gebiet der Logistik offenbart[144], die ohne Hilfe des Auslands nicht zu lösen waren. Die Vereinbarungen im Bündnis sahen vor, daß jedes Mitglied in nationaler Verantwortung Vorsorge treffen sollte[145]. Die Bundesrepublik hatte sich zwar seit längerem gegen die Trennung von operativer und logistischer Führung ausgesprochen und für ein vollständig integriertes Logistik-System plädiert, konnte aber in der Allianz dafür keine Mehrheit finden[146]. Bonn blieb somit auf Absprachen mit einzelnen Bündnispartnern angewiesen.

Diesen Spielraum wollte Strauß nutzen, um nun auch Gespräche mit Spanien zu führen, das er – allen Widerständen zum Trotz – ohnehin in „zwei oder drei Jahren" als Mitglied der Allianz erwartete[147]. Das iberische Land stand seit geraumer Zeit im Blickpunkt der logistischen Fachleute der Bundeswehr. Sie sahen Spanien – gerade im Hinblick auf die erforderliche Tiefengliederung des Nachschubsystems in der NATO – als geostrategisch unverzichtbar an[148]. Es lag außerhalb der Reichweite der sowjetischen Mittelstreckenraketen und es bot „mit seinen endlosen, menschenleeren Flächen ideale Bedingungen für Tiefflugübungen, die im dichtbesiedelten Westdeutschland nicht möglich waren"[149]. Der Bonner Verteidigungsminister orientierte sein Handeln außerdem demonstrativ am Vorbild der westlichen Führungsmacht. Schließlich waren, heißt es in seinen Memoiren, „die über jeden demokratischen Zweifel erhabenen Amerikaner" durch ein Stützpunktabkommen seit 1953 eng „mit dem autoritären Franco-Regime" verbunden. „Warum sollten nicht

---

[144] Vgl. Strauß, Logistik im NATO-Rahmen, S. 98. Logistik wurde von Strauß als „materielle Versorgung und Materialerhaltung" definiert. Außerdem gehe es dabei „um das militärische Transport- und Verkehrswesen, um das Sanitätswesen, um die Fernmeldeverbindungen und um bodenständige militärische Einrichtungen, besonders um Flugplätze, Übungsplätze, Pipelines, Depots usw.". Vgl. S. 93.
[145] Ebenda. Vgl. zu den Grundlagen des westdeutschen Verteidigungsbeitrags: Greiner, Die militärische Eingliederung der Bundesrepublik Deutschland in die WEU und die NATO 1954 bis 1957, S. 594.
[146] Vgl. Strauß, Logistik im NATO-Rahmen, S. 94. Der britische NATO-Botschafter Sir Frank Roberts erinnerte in einer Sitzung des NATO-Rats im März 1960 – ohne dabei jedoch auf das Für und Wider einzugehen – daran, daß die Bundesregierung dies erstmals im Dezember 1957 vorgeschlagen hatte. Roberts an Foreign Office, 2. 3. 1960, PRO, FO 371/154159.
[147] Diese Erwartung äußerte er jedenfalls gegenüber dem britischen Botschafter in Bonn, Sir Christopher Steel. Steel an Foreign Office, 11. 2. 1960, PRO, FO 371/154155.
[148] Derartige Überlegungen entsprachen nach Auskunft von General a. D. Albert Schnez auch der Position von Verteidigungsminister Strauß. Da die NATO, laut Schnez, eine Bevorratung von 90 Tagen erwartete, war dies in der Bundesrepublik allein nicht zu leisten. Schnez leitete von November 1957 bis April 1960 die Unterabteilung Logistik im Führungsstab der Bundeswehr. Gespräch Schnez mit dem Verfasser am 31. 5. 1989 in Bonn. Der deutsche NATO-Botschafter Gebhardt von Walther erläuterte seinem britischen Kollegen später, daß der Ausgangspunkt der Absicht Bonns gewesen sei, in Spanien Munition zu kaufen, „which had led on to a study of Spanish port facilities and thence to the seperate question of air training facilities, test grounds for firing and hospitals". Roberts an Foreign Office, 29. 1. 1960, PRO, FO 371/154155.
[149] Gespräch Schnez mit dem Verfasser, 31. 5. 1989.

5. Das Projekt deutscher Militärbasen in Spanien 1959/60

auch wir, die wir östlich des Rheins keine Dauerdepots anlegen sollten, mit Spanien oder Portugal verhandeln?" Nach seiner Überzeugung waren das „politische System in Spanien [...] und die strategische Situation der NATO zwei verschiedene Dinge"[150].

Diese Überlegungen auf deutscher Seite fielen Anfang 1959 mit einer spanischen Initiative einer weitreichenden militärischen Kooperation zusammen. Generalstabschef Muñoz Grandes schlug Militärattaché Oster im März vor, daß beide Länder „auf den wesentlichen Gebieten der modernen Kriegsführung zusammenarbeiten"[151] sollten. Damit meinte er nicht nur eine gemeinsame Rüstungsentwicklung, für die Spanien den geeigneten Raum biete, da man „unmittelbar am eisernen Vorhang" seiner Ansicht nach „weder entwickeln noch produzieren" könne. Muñoz Grandes bot auch an, „Depots in Spanien fernab von der ersten unmittelbaren Kampfzone" einzurichten. So sei der Nachschub aus den USA durch die sowjetischen U-Boote „immer noch ernsthaft gefährdet". Europa werde im Kriegsfall daher „über einen gewissen Zeitpunkt ganz auf sich gestellt sein". Osters vorsichtigen Einwand, „daß der Soldat bei uns die Dinge bei uns auch so sähe", wir aber dabei auch „politische Stimmen" berücksichtigen müßten, konterte Muñoz Grandes, er habe nur als Soldat zu urteilen. Der Militärattaché war beeindruckt. Dem Votum des einflußreichen Generalstabschefs sei im Gegensatz zu den Äußerungen des als notorisch deutschfreundlich geltenden Luftfahrtministers Rodriguez de Lecea „Gewicht beizumessen". Dessen Angebot zu einer engen Zusammenarbeit vom Oktober 1958 war noch ohne deutsche Antwort geblieben[152].

Im Gegensatz zu Botschafter von Welck, der damals auf die fehlenden politischen Voraussetzungen für einen solchen Schritt verwiesen hatte[153], sah der Bonner Verteidigungsminister mittlerweile keinen Grund mehr, sich antifranquistischer als die USA zu verhalten. Bereits im Februar 1959 brachte er das Thema bei dem stellvertretenden amerikanischen Verteidigungsminister Quarles zur Sprache[154]. Strauß zufolge äußerte sein Kollege „formell keine Bedenken"[155]. Das nahm Strauß ganz offensichtlich als ausreichende Ermutigung, den eingeschlagenen Weg weiterzuverfolgen. Der bayerische Politiker nutzte jetzt seine persönlichen Kontakte nach Madrid um die Dinge voranzutreiben. Dabei half der

---

[150] Vgl. Strauß, Die Erinnerungen, S. 323. Für den Verteidigungsminister, so sein früherer Mitarbeiter Schnez, sei dies ein entscheidendes Motiv für sein Handeln gewesen. Strauß habe immer wieder gleiches Recht für alle gefordert und wollte sich nicht in der NATO „diskriminieren" lassen. Gespräch Schnez mit dem Verfasser, 31. 5. 1989.
[151] Bericht Oster 2/1959, 11. 3. 1959, BA-MA, BW 4, Bd. 745. Hier auch das Folgende.
[152] Bericht Oster 6/1958, 17. 10. 1958, BA-MA, BW 4, Bd. 752. Das „weitherzige" Gesprächsangebot von Rodriguez de Lecea war von Oster im Oktober 1958 mit „Blick auf die Landkarte" allerdings grundsätzlich begrüßt worden. Es sei nicht die Frage zu stellen, ob „Regime, militärischer Stand, wirtschaftliche Lage uns genehm sind, sondern auf Grund der geografischen Lage die Entwicklungen voranzutreiben, die in einem Verteidigungsfall für uns wesentlich werden können". Bericht Oster 6/1958, 17. 10. 1958, BA-MA, BW 4, Bd. 752.
[153] Aufzeichnung von Welck betr. Gespräch mit Prof. Messerschmitt, Oster und Rodriguez de Lecea, 19. 12. 1958, BA-MA, BW 4, Bd. 752. Später teilte Welck dem Militärattaché sogar mit, er habe über dieses Gespräch bisher nicht berichtet, da ihm das Thema für eine schriftliche Berichterstattung „als zu heikel" erscheine. Welck an Oster, 9. 1. 1959, BA-MA, BW 4, Bd. 752.
[154] Aufzeichnung betr. logistische Verhandlungen mit Spanien, o. D., PA/AA, Ref. 206, Bd. 85. Hier ist der zeitliche Ablauf – aus Sicht des Auswärtigen Amtes – beginnend im Februar 1959, genauestens dokumentiert.
[155] So Strauß zumindest vor dem Bundestags-Verteidigungsausschuß am 25. 2. 1960. Bestand Helmut Schmidt (Notizen zur Aussage von Strauß), AdSD, Bd. 1866.

Spaniendeutsche Hans (Juan) Hoffmann. Der „Vertraute mehrerer Minister"[156], von dem Strauß überzeugt war, daß er „unter allen in Spanien lebenden Deutschen" über „die besten Beziehungen zu den maßgebenden spanischen Politikern und Generalen verfügte"[157], hatte auf diskretem Wege schon früher Verbindungen hergestellt. Durch Vermittlung von Hoffmann war Strauß bereits seit 1955 häufiger zu inoffiziellen Treffen mit Muñoz Grandes in Spanien zusammengekommen.[158] So erscheint es nicht abwegig, anzunehmen, daß auch Muñoz Grandes' Vorschlag vom März 1959 über diesen Kanal abgesprochen war. Jedenfalls erleichterte die Verbindung über Hoffmann sicherlich die Gesprächsatmosphäre, als die beiden Verteidigungspolitiker seit dem Frühjahr 1959 daran gingen, informell die Chancen für ein gemeinsames Abkommen auszuloten[159].

Die NATO wurde über diese Absichten und Gespräche zunächst im Dunkeln gelassen. Zwar hatte Bonn noch im Oktober 1959 in den Gremien der Allianz die schwierige logistische Situation angesprochen; zugleich aber auf die noch laufenden Verhandlungen mit NATO-Mitgliedern wie Frankreich, Belgien, Norwegen, den Niederlanden und Dänemark verwiesen, ohne allerdings zu erwähnen, daß Spanien vielleicht eine Alternative sein könnte: „There was no question at this time of seeking facilities in Spain."[160]

---

[156] Gespräch Botschafter a. D. Lothar Lahn mit dem Verfasser am 26. 1. 1990 in Bonn. Lahn, der zwischen 1959 und 1962 als Botschaftsrat in Madrid wirkte, unterstrich den großen Einfluß von Hoffmann auf die deutsch-spanischen Nachkriegsbeziehungen. Durch seine zahlreichen Kontakte sei der ehemalige Dolmetscher bei der Blauen Division sozusagen zu einer „grauen Eminenz" geworden. Hoffmann und Strauß hatten sich 1954 während des Deutschlandbesuchs von Landwirtschaftsminister Cavestany – den Hoffmann als Übersetzer begleitete – auf dem Schloß des CSU-Abgeordneten Fürst Fugger von Glött kennengelernt. Vgl. den Nachruf von Juan Hoffmann auf Franz Josef Strauß: Franz Josef Strauß und seine Beziehungen zu Spanien, S. 3.
[157] Strauß an Brentano, 14. 8. 1958, BA, Nl. Brentano, Bd. 181. Hoffmann, der hier von Strauß als deutscher Honorarkonsul in Málaga ins Gespräch gebracht wurde, habe bereits in der Vergangenheit „wertvolle Informationen über die deutsch-spanischen Beziehungen geliefert". Zu den Vorwürfen, der spätere Honorargeneralkonsul in Málaga, Hoffmann, sei NSDAP-Mitglied und Gestapo-Agent gewesen, El País, 30. 3. 1997, 11. 10. 1998, und FAZ, 4. 4. 1997. Vgl. weiterführend: Collado Seidel, Zufluchtsstätte für Nationalsozialisten?, S. 131–157.
[158] Gespräch Juan Hoffmann mit dem Verfasser am 12. 10. 1990 in Torremolinos. Strauß war während der Ostertage 1955 erstmals „privat" mit dem damaligen Heeresminister Muñoz Grandes zusammengetroffen. Blankenhorn an Brentano, 1. 7. 1955, PA/AA, Ministerbüro, Bd. 60. Blankenhorn war von Strauß über den Inhalt des „sehr vertraulichen, aber inoffiziellen" Gesprächs mit Muñoz Grandes informiert worden. Berichte der Botschaft Madrid, der damalige Minister für besondere Aufgaben habe mit dem spanischen Heeresminister und Arbeitsminister Girón über die Errichtung deutscher Rüstungsfabriken in Spanien verhandelt, hätten sich, so Außenminister Brentano später, „als falsch erwiesen". Brentano an Adenauer (Entwurf), 10. 7. 1956, PA/AA, Ref. 206, Bd. 39. Die gegen den Rat des Kanzlers erfolgte „Informationsreise" wurde von Adenauer als ein Beispiel für unnötige „außenpolitische Eskapaden" seiner Minister verurteilt. Vgl. Gespräch Heuss mit Adenauer, 27. 6. 1955, in: Adenauer, Theodor Heuss, S. 167. In seinen Erinnerungen geht Strauß im übrigen weder auf Juan Hoffmann noch auf diese Reise ein. Vgl. zu dem offiziellen Spanienbesuch von Strauß als Minister für Atomfragen, bei dem es im Juli 1956 – allerdings ergebnislos – um die mögliche Lieferung von Uranerzen in die Bundesrepublik gegangen war, den Bestand Bundesministerium für Atomfragen, BA, B 138, Bd. 679.
[159] Gespräch Juan Hoffmann mit dem Verfasser am 12. 10. 1990.
[160] Roberts an Foreign Office, 26. 2. 1960, PRO, FO 371/154157. Über den weiteren Verlauf der logistischen Verhandlungen mit den NATO-Partnern – so die damalige Absprache – sollte dann im März 1960 berichtet werden. Daher erscheint die von Aschmann – ohne Quelle – vorgebrachte Behauptung: „Die logistischen Probleme hatten in den Nachbarstaaten keine befriedigende Lösung finden können" als untauglicher Versuch die Gespräche mit Spanien unvermeidlich erscheinen zu lassen. Vgl. Aschmann, „Treue Freunde...?, S. 363.

Gespräche auf offizieller Ebene

Dabei war das Vorhaben im September bereits so weit gediehen, daß jetzt das Auswärtige Amt eingebunden wurde. Den Anlaß dazu bot der Verlauf der NATO-Übung „Side step" (17.–25. September), bei der die logistischen Probleme der Bundeswehr erneut deutlich zu Tage traten. Sie habe gezeigt, erklärte Strauß später vor dem Verteidigungsausschuß, daß das Versorgungssystem auf „große Tiefe unter Einschluß atlantischen Seeumschlags" abgestellt werden müsse. Die Häfen im Bereich Kanal und Nordsee würden nicht mehr erreicht werden, sondern „nur noch Mittel- und Südfrankreich und die iberische Halbinsel"[161]. Das Auswärtige Amt wandte sich nun – vermutlich nach einer ersten Klärung zwischen Strauß und Brentano – mit der Frage an das Bundesverteidigungsministerium, inwieweit der für Anfang November vorgesehene Deutschlandbesuch von Außenminister Castiella der geeignete Zeitpunkt sei, das Logistik-Thema mit der spanischen Regierung zu erörtern[162]. Anders als Strauß später behauptete, hatte das Auswärtige Amt damit aber nicht den Weg nach Spanien „empfohlen"[163], sondern nur eine Idee aufgegriffen, die eigentlich vom Verteidigungsministerium ausgegangen war. Bedenken äußerte das Auswärtige Amt allerdings nicht; offenbar hatten sich die Koordinaten der Spanienpolitik verändert. Ganz im Gegensatz zur außenpolitischen Vorsicht vergangener Jahre, begrüßte das Spanien-Referat eine bilaterale militärische Zusammenarbeit nun uneinge-

---

[161] Strauß-Aussage im Verteidigungsausschuß, 25. 2. 1960, Bestand Helmut Schmidt, AdSD, Bd. 1866.
[162] Aufzeichnung betr. logistische Verhandlungen mit Spanien, o. D., PA/AA, Ref. 206, Bd. 85. Die Resultate der Übung konnten für Fachleute allerdings kaum Überraschungen bieten, umfaßte die Vorbereitung doch bereits mindestens sechs Monate. Nach Auskunft von General a. D. Ulrich de Maizière war im Normalfall der Ablauf bekannt, so daß „nichts grundlegend Neues passierte". Deshalb sei „Side step" auch „keinesfalls ursächlich" für die Entscheidung gewesen, mit Spanien in offizielle Gespräche einzutreten. Gespräch de Maizière mit dem Verfasser am 9. 3. 1992 in Bonn. Diesen Eindruck bestätigt auch Ulrich Sahm, der zwischen 1958 und 1962 das NATO-Referat im Auswärtigen Amt leitete und dabei, auf Referentenebene, die Tagesordnung des Bundesverteidigungsrats – unter Vorsitz von Adenauer – festlegte. In seinen Tagebuchnotizen war eine Unterrichtung über „Side step" am 8. 10., 28. 10. und 10. 12. 1959 vorgesehen, die „anscheinend bei den ersten beiden Gelegenheiten verschoben worden war". Demnach wurde das Gremium wohl erst nach dem Castiella-Besuch im November über diese Übung informiert. Vgl. schriftliche Mitteilung Ulrich Sahm an den Verfasser, 31. 5. 1991.
[163] Vgl. Strauß, Die Erinnerungen, S. 323. Der Streit um die politische Verantwortung für das Depot-Projekt setzt sich in den Memoiren der damals beteiligten Personen fort. Während Strauß den Versuch unternimmt, sich selbst zu exkulpieren, in dem er das Auswärtige Amt als den Urheber der Spanien-Pläne ausmacht, bürdet Ulrich Sahm – der damalige Leiter des NATO-Referats im Außenamt – dem Verteidigungsminister, der seine Absicht dem Auswärtigen Amt „zunächst verheimlicht" habe, allein die politischen Lasten auf. Vgl. Sahm, „Diplomaten taugen nichts", S. 168. Sahm erinnert sich inhaltlich nur an der Vorbereitung des Castiella-Besuchs beteiligt und in der Spanien-Angelegenheit nur „halb informiert" gewesen zu sein. Trotz der „scheinbaren Initiative" des Auswärtigen Amtes könne „die Idee nach sachlichem Zusammenhang, Gegenstand und Methode des Vorgehens nur von Strauß stammen. Dieser muß dann Adenauer davon überzeugt haben. Brentano war der loyale Erfüllungsgehilfe, der dann alles tat, um die einmal beschlossene Politik korrekt durchzuführen." Gespräch Ulrich Sahm mit dem Verfasser am 3. 11. 1989 in Hameln. Entgegen Birgit Aschmanns Feststellung: „Die Initiative ging hier [...] vom Auswärtigen Amt aus", beschränkte sich dieses darauf, die inhaltlichen Vorbereitungen für den Besuch des spanischen Außenministers zu koordinieren und griff dabei natürlich auch Themen aus anderen Ressorts auf. Eine Antwort auf die Frage nach der Verantwortung von Strauß bleibt Aschmann schuldig. Im Widerspruch zu der ihr ebenfalls vorliegenden Chronologie des Auswärtigen Amtes über die logistischen Gespräche mit Spanien, vernachlässigt sie dabei vollkommen die Unterredung zwischen Strauß und Quarles. Vgl. Aschmann, „Treue Freunde..."?, S. 364.

schränkt[164]. Ein solcher Schritt werde das „Gefühl der Zugehörigkeit Spaniens zum Westen verstärken" und seine militärische Kooperation vor allem mit den USA und Portugal ergänzen. Außerdem, so die bemerkenswert optimistische Annahme, könnte dies die „in den nächsten ein bis zwei Jahren" erwartete NATO-Mitgliedschaft Spaniens „erleichtern".

Die Bundesrepublik als eine Art Türöffner Spaniens in das Nordatlantische Bündnis? Warum jetzt diese Zuversicht angesichts der bekannten Widerstände gegen das Franco-Regime? Die Bundesregierung wähnte sich am Ende der fünfziger Jahre mit ihrer Spanienpolitik augenscheinlich im Einklang mit ihren wichtigsten Verbündeten. So schien der bevorstehende Madrid-Besuch von US-Präsident Eisenhower im Dezember ein deutliches Signal dafür zu sein, daß das Spanien Francos von den westlichen Staaten mehr und mehr akzeptiert wurde. Bonn sah sein wohlwollendes Bild bestätigt: Angelehnt an die franquistische Rhetorik hieß es im Auswärtigen Amt, Spanien sei „stolz darauf, daß die außenpolitische Isolierung ohne jegliche Preisgabe aufgehoben wurde," das Land „heute im selben Zuge wie andere große Mächte genannt wird, und daß die Welt beginnt, es als gleichberechtigt anzusehen". Es sei ein besonderer Wunsch der Regierung in Madrid, „nicht mehr als ein ‚Regime' zu gelten, sondern als ein ‚normales' Land, dessen Obrigkeit bezüglich der Regierungsform zwar andere Ansichten vertritt als die meisten westeuropäischen Staaten, daß aber die Gefahr aus dem Osten solche Unterschiede in den Schatten stelle [...]". Ähnlich euphorisch fiel 1959 auch der Jahresbericht der deutschen Botschaft aus: Spanien sei in das „Konzert der Westmächte" aufgenommen. Den Besuch des amerikanischen Präsidenten würdigten die Diplomaten als „Krönung" der außenpolitischen Erfolge Francos. Das Land habe damit eine „weltpolitische Stellung" erreicht, so daß seine „Partnerfähigkeit" international kaum noch bestritten werde[165]. Derart apologetische Floskeln belegen die Leerstellen der westdeutschen Spanienpolitik, die unbedacht davon ausging, den eigenen historischen Ballast nunmehr über Bord werfen zu können.

In den Gesprächen der beiden Außenminister in Bonn am 10. und 11. November nahm die Frage der Militärbasen keinen breiten Raum ein, zumal die grundsätzliche Bereitschaft beider Seiten nicht mehr diskutiert werden mußte[166]. Für Unruhe sorgte auf Seiten Castiellas jedoch ein Presseartikel, der diesen diskreten Gegenstand der Beratungen bereits öffentlich machte. Die bemerkenswert gut informierte „Frankfurter Allgemeine Zeitung" hatte am 11. November unter Hinweis auf Vorschläge des Bundesverteidigungsministeriums berichtet, daß möglicherweise das Thema einer bilateralen militärischen Zusammenarbeit zwischen den beiden Politikern zur Sprache gekommen sei[167]. Brentano versicherte seinem Gast, die Meldung könne nur durch „Vermutungen"[168] entstanden sein und

---

[164] Aufzeichnung Auswärtiges Amt betr. Besuch Außenminister Castiella, o. D. (November 1959), BA, B 136/2071, Bd. 4. Hier auch das Folgende.
[165] Jahresbericht Botschaft Madrid (1959) an Auswärtiges Amt, 9. 2. 1960, PA/AA, Ref. 206, Bd. 86. Zum Eisenhower-Besuch aus amerikanischer Sicht die Darstellung des Diplomaten Vernon A. Walters, der den Präsidenten als Dolmetscher nach Europa begleitet hatte. Vgl. Walters, In vertraulicher Mission, S. 192–194. Ein persönliches Resümee Eisenhowers findet sich in seinen Memoiren. Vgl. Eisenhower, Wagnis für den Frieden 1956–1961, S. 418.
[166] Dolmetscher-Aufzeichnung Gespräch Brentano-Castiella, 11. 11. 1959, PA/AA, Ref. 206, Bd. 164. Vgl. aus spanischer Sicht: Collado Seidel, Die deutsch-spanischen Beziehungen in der Nachkriegszeit, S. 36–40.
[167] Vgl. FAZ, 11. 11. 1959. Abgesehen von der Sorge des spanischen Außenministers über die Weiterungen solch unliebsamer Publizität blieb der Bericht jedoch ohne öffentliches Echo.
[168] Dolmetscher-Aufzeichnung Gespräch Brentano-Castiella, 11. 11. 1959, PA/AA, Ref. 206, Bd. 164. Hier auch das Folgende.

5. Das Projekt deutscher Militärbasen in Spanien 1959/60 155

sie werde „selbstverständlich dementiert werden". Schließlich wolle man die Angelegenheit „ohne jede Publizität regeln". Eine „kleine Gruppe" von Experten werde nach Spanien geschickt, „sobald die Sache in Vergessenheit geraten sei". Das Hauptaugenmerk legte der spanische Außenminister allerdings auf die politische Absicherung durch die Vereinigten Staaten. Er betonte den Wunsch seiner Regierung, Washington vorab „in loyaler Form" zu informieren. Verabredet wurde letztlich, daß Bonn danach seinerseits die amerikanische Administration benachrichtigen solle[169]. Für Brentano schien das Einverständnis der westlichen Führungsmacht überhaupt nicht fraglich zu sein. Gegenüber Castiella gab er sich vollkommen selbstsicher: „Natürlich müsse man sie informieren", unterstrich aber gleichzeitig, daß die „Regierung der Vereinigten Staaten nichts einzuwenden habe".

Es erscheint im nachhinein rätselhaft, warum sich Brentano zu diesem Zeitpunkt seiner Sache so sicher glaubte. Vertraute er auf die spanienfreundliche Politik Washingtons, die Übereinstimmung in der Frage eines spanischen Eintritts in die NATO? Verließ er sich auf das Urteil von Strauß, der schon im Februar mit dem stellvertretenden US-Verteidigungsminister Quarles über die Angelegenheit gesprochen hatte? Oder wollte Brentano seinem Kollegen lediglich Zuversicht demonstrieren? In jedem Fall muß die hier an den Tag gelegte Gewißheit verwundern.

Tatsächlich wurde die amerikanische Administration erst im Dezember, also nachdem man bereits mit Madrid den Besuch einer Sachverständigen-Delegation vereinbart hatte, am Rande der NATO-Ministerratstagung in Paris, über die deutschen Absichten unterrichtet[170]. Unklar bleiben jedoch der Verlauf und das Ergebnis des Gesprächs zwischen Brentano und Außenminister Christian Herter. Die Wahrnehmung der Beteiligten wich jedenfalls stark voneinander ab: Das State Department stellte später fest, Herter gegenüber sei zwar in Paris das Spanien-Vorhaben erwähnt worden, damals habe es sich aber erst im Anfangsstadium befunden. Außerdem habe der US-Außenminister darauf hingewiesen, daß vor einer Entscheidung die Angelegenheit in der NATO behandelt werden sollte[171]. Möglicherweise waren Herter und seinem Unterstaatssekretär Livingston T. Merchant aber auch das Ausmaß der Vorstellungen Bonns nicht bewußt geworden. Diesen Eindruck vermittelte später zumindest der NATO-Oberbefehlshaber in Europa, Lauris Norstad: „Mr. Herter and Mr. Merchant were informed of this proposal by the Germans December 20 in the context of the President's forthcoming visit to Madrid. They had not apparently commented and appeared to have forgotten all about it afterwards"[172]. Demgegenüber war der deutsche Außenminister der Ansicht, von der amerikanischen Regie-

---

[169] Anscheinend überließ es die spanische Regierung letztlich dann doch Bonn allein, die USA von dem deutsch-spanischen Vorhaben in Kenntnis zu setzen. Vgl. Collado Seidel, Die deutsch-spanischen Beziehungen in der Nachkriegszeit, S. 40.
[170] Aufzeichnung betr. logistische Verhandlungen mit Spanien, o. D., PA/AA, Ref. 206, Bd. 85. In der Chronologie wird nur die Unterrichtung von US-Außenminister Herter durch Brentano vermerkt.
[171] Botschaft Washington an Auswärtiges Amt, 26. 2. 1960, PA/AA, Ref. 206, Bd. 85. Auch die Aktenedition des State Department „Foreign Relations of the United States" vermittelt bislang keinen Aufschluß über diesen Vorgang.
[172] Aufzeichnung Gespräch Norstad mit dem britischen NATO-Botschafter Roberts. Roberts an Foreign Office, 26. 1. 1960, PRO, FO 371/154154. Gegenüber dem britischen Außenminister Selwyn Lloyd äußerte sich Norstad im März noch konkreter: „Mr. Herter and Mr. Merchant had not reacted when they were told about the project just before the President left for Madrid after the December NATO meeting." Durch eine administrative Panne sei er über die Unterredung mit Brentano auch gar nicht informiert gewesen. Gespräch Norstad-Selwyn Lloyd, 7. 3. 1960, PRO, FO 371/154162.

rung gewissermaßen grünes Licht für die Spanien-Pläne bekommen zu haben. Jedenfalls wies Strauß vor dem Verteidigungsausschuß des Bundestages im Februar 1960 darauf hin, daß Herter in Paris nicht nur keine Bedenken geäußert, sondern das Vorhaben sogar ausdrücklich „gebilligt" habe: Der spanische „Raum muß ausgenutzt werden"[173]. Für die Bundesregierung schienen damit die Voraussetzungen gegeben zu sein, nunmehr mit Spanien weitere Gespräche zu führen. In jedem Fall bleibt bei der Vorgeschichte vieles offen – gerade was das Wissen und die Zustimmung Washingtons anlangt. Es drängt sich aber der Eindruck auf, als hätte die Bundesrepublik hier Politik ohne Netz und doppelten Boden betrieben.

Irritation und Widerstände bei den wichtigsten NATO-Partnern

Bonn und Madrid hatten sich kurzfristig darauf verständigt, die bilateralen Besprechungen am 18. Januar zu beginnen. Vor der Unterrichtung der anderen NATO-Staaten informierte die Bundesregierung zunächst ihre Hauptverbündeten in Washington, London und Paris[174]. In einem Aide mémoire[175] teilte sie am 13. Januar 1960 ihre Absicht mit, in der folgenden Woche Gespräche über logistische Anlagen in Spanien einzuleiten. Dabei denke man beispielsweise an Vorbereitungen, um Militärkrankenhäuser einzurichten und die gemeinsame Nutzung spanischen Übungsgeländes durch die Luftwaffe, möglicherweise auch durch „missile units". Darüber hinaus, präzisierte der deutsche militärische Repräsentant bei der NATO vier Tage später gegenüber Norstad, wolle man spanische Häfen als Umschlagsplatz nutzen und Vorratslager für die Bundeswehr einrichten[176]. Bonn rechnete offenbar nicht mit Widerständen. Dies zeigt die Weisung des Auswärtigen Amts an die NATO-Vertretung in Paris, bereits – zeitgleich mit den ersten Sondierungen in der spanischen Hauptstadt – für den 18. Januar eine Geheimsitzung des NATO-Rats zu veranlassen[177]. Die Reaktion der „Großen Drei" auf das Aide mémoire war unterschiedlich: Während Paris zunächst indifferent blieb[178], standen die angloamerikanischen Alliierten einer deutsch-spanischen Verbindung ablehnend gegenüber. Allerdings vertrat London dies vorerst nicht öffentlich und ließ Washington bei der Auseinandersetzung mit Bonn den Vortritt.

---

[173] Aussage Strauß, 25. 2. 1960. Bestand Helmut Schmidt, AdSD, Bd. 1866. Der Verteidigungsminister klagte zudem über die „grobe Diskrepanz zwischen Herter und seinem Apparat, zwischen Militär-Fachleuten und Politikern". Der Darstellung vom Einverständnis Herters widersprach allerdings NATO-Botschafter Gebhardt von Walther. Gegenüber dem britischen Vertreter bei der NATO gab er zu, daß die Präsentation der Spanien-Pläne in den drei Hauptstädten vielleicht nicht ganz glücklich gewesen sei. Dazu komme noch, daß die Reaktion auf die Informationen, die Herter und Merchant im vorigen Monat erhalten hätten, noch ausgeblieben sei. Roberts an Foreign Office, 29. 1. 1960, PRO, FO 371/154155.
[174] Aufzeichnung betr. logistische Verhandlungen mit Spanien, o. D., PA/AA, Ref. 206, Bd. 85.
[175] Telegramm Foreign Office an NATO-Vertretung, 13. 1. 1960, PRO, FO 371/154154. Verwiesen wurde dabei auf den Castiella-Besuch in Bonn, bei dem die Frage einer militärischen Kooperation zwischen beiden Ländern erstmals zur Sprache gekommen sei. Hier auch das Folgende.
[176] Schließlich dienten die Gespräche mit Madrid auch einer – von ihm nicht näher erläuterten – industriellen Zusammenarbeit. Roberts an Foreign Office, 18. 1. 1960, PRO, FO 371/154154.
[177] Aufzeichnung betr. logistische Verhandlungen mit Spanien, o. D., PA/AA, Ref. 206, Bd. 85. Ebenso sollten am 13. Januar auch NATO-Generalsekretär Spaak und der Supreme Allied Commander Europe, Norstad, informiert werden.
[178] Ebenda.

5. Das Projekt deutscher Militärbasen in Spanien 1959/60

Das Foreign Office stellte angesichts der „rather disquieting information"[179] durchaus befremdet die Frage, ob es für die Bundesrepublik nicht viel mehr Sinn mache, solche Arrangements mit ihren NATO-Partnern, als ausgerechnet mit Spanien zu treffen. Jede, wie auch immer geartete militärische Kooperation zwischen Bonn und Madrid trage nur dazu bei, die Sorgen, die man sich ohnehin in diesem Land über die Wiederaufrüstung Deutschlands mache, zu vermehren. Ferner sei damit ein offenkundiges Sicherheitsproblem verbunden. Außerdem, so befürchtete London, könnten durch einen solchen Schritt die Spekulationen um eine spanische NATO-Mitgliedschaft erneut belebt werden. Andererseits wurde eingeräumt, daß es der Bundeswehr in der Tat an Trainings- und Ausbildungsmöglichkeiten fehle. Falls also der Supreme Allied Commander Europe (SACEUR) zustimme, sei es schwierig, überhaupt einen Grund für einen Widerspruch zu finden. Bei all diesen Umständen hielt es das britische Außenministerium für angebracht, auf der von Bonn vorgeschlagenen Sitzung des NATO-Rats eine abwartende Haltung einzunehmen[180]. Doch dazu sollte es erst einmal gar nicht kommen. Denn inzwischen hatten die Vereinigten Staaten, die nicht so vorsichtig agierten, keinen Hehl aus ihren Bedenken gemacht und am 16. Januar sogar angekündigt, bei einer möglichen Diskussion im NATO-Rat, „die deutschen Absichten nicht zu unterstützen"[181]. Angesichts der Widerstände entschloß sich das Auswärtige Amt, in Abwesenheit von Verteidigungsminister Strauß, die Gespräche mit Madrid vorerst zu vertagen[182].

Mit ihrer unzureichend vorbereiteten Spanien-Initiative war die Bundesregierung an politische Grenzen gestoßen. Die Bonner Absicht offenbarte gleich eine doppelte Fehleinschätzung: erstens verkannte man – bedingt durch das vom NS-Kontext weitgehend entlastete Spanienbild – völlig die geschichtspolitische Brisanz, die gerade in einer militärischen Verbindung zu Franco-Spanien lag. Zweitens überschätzte der westdeutsche Staat seine eigene Position in der Nordatlantischen Allianz. Eine Kooperation mit einem Land, das außerhalb der Bündnis- und damit auch Kontrollstrukturen stand, war für den Neuankömmling Bundesrepublik, der mit seiner Vorgeschichte nur bedingt vertrauenswürdig erschien, ein gewagtes Unterfangen. Schließlich galt in der NATO nach wie vor das Prinzip: Sicherheit für und vor Deutschland[183]. So hatten erst der Beitritt Bonns und das Bemühen, den deutschen Verteidigungsbeitrag wirksam „einzuhegen"[184], die Allianz „von einem lockeren Sicherheits-

---

[179] Foreign Office an NATO-Vertretung, 18. 1. 1960, PRO, FO 371/154154. Dort auch das Folgende.
[180] Der britische Botschafter bei der NATO war da weniger zurückhaltend in seinem Urteil über das Verhalten der Deutschen: „I can think of nothing better calculated to get them into serious trouble with the Canadians, Scandinavians and Benelux than this revival of Spanish civil war memories which General Norstad clearly regarded as exeptionally foolish although at the same time serious." Roberts an Foreign Office, 16. 1. 1960, PRO, FO 371/154154.
[181] Aufzeichnung betr. logistische Verhandlungen mit Spanien, o. D., PA/AA, Ref. 206, Bd. 85. Auch NATO-Generalsekretär Spaak und der Oberbefehlshaber der Allianz in Europa, Norstad, waren bereits gegen die Spanien-Pläne aufgetreten.
[182] Ebenda. Für die Absage in letzter Minute wurden Madrid offiziell Krankheitsgründe genannt. Roberts an Foreign Office, 18. 1. 1960, PRO, FO 371/154154.
[183] Vgl. zur Strategie der Doppeleindämmung, die sich eben nicht nur auf die Sowjetunion richtete: Hanrieder, Deutschland, Europa, Amerika, S. 27 ff. Der erste Generalsekretär, Lord Ismay, hatte die Funktion der NATO aus britischer Sicht damals so beschrieben: „To keep the Americans in, the Russians out, and the Germans down." Vgl. Niedhart. Deutsche Außenpolitik: Vom Teilstaat mit begrenzter Souveränität zum postmodernen Nationalstaat, S. 19.
[184] Vgl. Greiner, Die militärische Eingliederung der Bundesrepublik Deutschland in die WEU und die NATO 1954 bis 1957, S. 575.

pakt in ein integriertes Militärbündnis verwandelt"[185]. Daher ging es der amerikanischen Führungsmacht bei ihrem Veto nicht so sehr um Madrid, sondern um das, was man dem deutschen Partner zubilligen wollte. Hinzu kam, daß die Vereinigten Staaten aus eigener Erfahrung wußten, welches Konfliktpotential allein in der Frage einer spanischen NATO-Mitgliedschaft lag. Gegen den Widerstand der meisten Partnerländer hatte selbst Washington einen Beitritt nicht durchsetzen können[186]. Um so mehr mußte eine mögliche militärische Zusammenarbeit der Bundesrepublik mit dem Franco-Regime für größte Unruhe sorgen.

Trotz der ausbleibenden Zustimmung des wichtigsten Bündnispartners hielt Bonn unbeirrt an seinen Spanien-Plänen fest, und dies, obwohl die Regierung in Paris inzwischen sogar einen Ausweg aus dem Dilemma aufgezeigt hatte. Außenminister Couve de Murville bekräftigte gegenüber einem hochrangigen Beamten des Auswärtigen Amts ein schon zwei Monate vorher unterbreitetes Angebot. Die französische Regierung hatte das bisher von den Amerikanern genutzte „Cognac Airfield" und zusätzliche „specific facilities for shooting ranges and testing weapons" angeboten, ohne seitdem eine Antwort erhalten zu haben[187]. Frankreich sei bereit, die erforderlichen Einrichtungen zur Verfügung zu stellen, „wenn wir mit der Verwirklichung des Spanien-Projekts zu große Schwierigkeiten hätten"[188]. Doch die Hilfe wurde ausgeschlagen. Vor dem Verteidigungsausschuß erwähnte Strauß, daß die zur Diskussion gestandene Luftwaffenausbildungsstelle in Cognac „kaum brauchbar" sei. Zusätzlich habe Paris angeboten, zwei Ausbildungsstätten für die Luftwaffe in der Sahara einzurichten. Dies sei aber „aus politischen Gründen" abgelehnt worden[189]. Die Chance, das politisch fragwürdige Spanien-Vorhaben diskret zu beenden, wurde von der Bundesregierung nicht genutzt.

Der Konflikt Norstad-Strauß

Der amerikanische NATO-Oberbefehlshaber in Europa, Norstad, wurde jetzt immer mehr zur zentralen Figur des Widerstands gegen das deutsche Projekt. Er hatte bereits bei der ersten Unterrichtung durch den deutschen General von Butler am 16. Januar „ernste Bedenken gegen Zeitpunkt und Verhandlungspläne" angemeldet[190] und hielt eine „einge-

---

[185] Vgl. Hanrieder, Deutschland, Europa, Amerika, S. 44.
[186] „Die vergeblichen Vorstöße in dieser Sache sind Beleg dafür, daß Mitte der fünfziger Jahre angesichts eines Gefühls nachlassender militärischer Bedrohung die Notwendigkeit politischer Kohärenz im Bündnis an Bedeutung gewann. Die USA sahen durch das bilaterale Abkommen mit Spanien ihre Interessen hinreichend gewahrt und zogen es vor, den Integrationsprozeß im Bündnis nicht durch ein Insistieren auf einer spanischen Mitgliedschaft zu gefährden." Vgl. Heinemann, Die NATO und westliche Neutrale: Spanien und Irland, S. 159. Diese Studie des Militärgeschichtlichen Forschungsamtes ist der Beginn eines größeren Projekts, in dem erstmals die Binnengeschichte des Bündnisses untersucht wird.
[187] Roberts an Foreign Office, 29. 1. 1960, PRO, FO 371/154155. Auch die Administration in Paris war nach Angaben ihres NATO-Botschafters nicht gerade glücklich über das deutsche Spanien-Interesse: „his Government did not like this proposal at all". Roberts an Foreign Office, 29. 1. 1960, PRO, FO 31/154155.
[188] Aufzeichnung betr. logistische Verhandlungen mit Spanien, o. D., PA/AA, Ref. 206, Bd. 85. Couve de Murville hatte dies Ministerialdirigent Carstens, dem Leiter der Politischen Abteilung, bei einer Unterredung in Rom mitgeteilt. Darüber hinaus habe Couve de Murville nach Angaben eines engen Mitarbeiters sich besorgt über die Bonner Spanienpolitik geäußert. Britische Botschaft Paris an Foreign Office, 13. 2. 1960, PRO, FO 371/154155.
[189] Aussage Strauß, 25. 2. 1960. Bestand Helmut Schmidt, AdSD, Bd. 1866.
[190] Aufzeichnung betr. logistische Verhandlungen mit Spanien, o. D., PA/AA, Ref. 206, Bd. 85. Hier auch das Folgende.

hende militärische Prüfung" für notwendig. Norstad sah in den deutschen Spanien-Plänen einen Verstoß gegen seine Kontroll- und Inspektionsrechte. Er erinnerte an die vertraglichen Bindungen, die die Bundesrepublik gegenüber der NATO in der Londoner Schlußakte 1954 eingegangen war. Ohne die Zustimmung des SACEUR, hieß es dort in Abschnitt IV, dürfen die ihm unterstellten NATO-Streitkräfte – also auch die der Bundeswehr – „auf dem Kontinent weder umdisloziert noch operativ eingesetzt werden"[191]. Die Bonner Überlegungen hätten aber in der Konsequenz die Anwesenheit deutscher Truppen in Spanien bedeutet.

In einem Gespräch mit dem britischen NATO-Botschafter Roberts[192] ließ Norstad seinem Ärger über die eigenmächtige Vorgehensweise der deutschen Regierung freien Lauf. Denn abgesehen von den Überlegungen zu einer industriellen Kooperation berührten schließlich alle zur Diskussion stehenden Punkte die militärischen Interessen der NATO. Deshalb hätte er erwartet, daß Rücksprache mit ihm gehalten werde, bevor Gespräche mit anderen Ländern geführt würden. Obwohl er noch weitere Informationen benötige, bevor er offiziell Stellung nehme, sagte Norstad inoffiziell, daß kein anderer Schritt so gut dazu geeignet wäre, die schlimmsten Befürchtungen der Verbündeten Deutschlands zu wecken. Der NATO-Oberbefehlshaber sei, so Roberts, vehement gegen die ganze Sache. Norstad räume dem Vorhaben allerdings politisch kaum Chancen ein: „Germany's allies would never approve this proposal unless he, SACEUR, fought for it as military necessary." Insofern wäre die Bundesregierung seiner Ansicht nach gut beraten, wenn sie auf eine Diskussion im NATO-Rat verzichten würde, die nur mit einer Bonner Blamage enden könnte: „it would be madness for the German Government to raise the matter in the North Atlantic Council". Norstad war zu diesem Zeitpunkt offenbar fest davon überzeugt, die Deutschen allein zur Räson bringen zu können. Jedenfalls versicherte er Roberts großzügig, daß wir es ruhig ihm überlassen könnten, diesem geisteskranken Plan weiterhin entgegenzutreten. Im übrigen empfahl der SACEUR den Briten sogar Zurückhaltung zu wahren: „it would be wiser for us not to be too prominent in opposition". Diesen Ratschlag nahm das Foreign Office denn auch gerne an. So konnte es sich vorerst erleichtert auf eine Zuschauerposition zurückziehen: „We should certainly support General Norstad but it is important that it should be he and not we who leads the opposition to this German scheme."[193]

Ungeachtet der ersten Reaktion aus dem NATO-Hauptquartier sah Verteidigungsminister Strauß keinen Anlaß, vor Norstad, der in der Bundeshauptstadt als „heimlicher Kaiser von Europa"[194] galt, zurückzuweichen. Am 18. Januar schlug er Norstad deshalb in einem Telefongespräch vor, das Spanien-Projekt, das seine volle Unterstützung habe, doch persönlich zu erörtern[195]. Der Minister argumentierte, daß nicht nur die Vereinigten Staaten,

---

[191] Vgl. Wortlaut der Schlußakte der Londoner Neunmächtekonferenz, in: AdG, 3. 10. 1954, S. 4767. Der britische NATO-Botschafter verwies darauf, daß die weitgehenden Kontrollrechte des SACEUR in erster Linie mit Blick auf die zukünftigen deutschen Streitkräfte definiert worden seien. Damals sei es hauptsächlich darum gegangen „to ensure that he had full control over German forces". Roberts an Foreign Office, 16. 1. 1960, PRO, FO 371/154154.
[192] Roberts an Foreign Office, 18. 1. 1960, PRO, FO 371/154154. Dort auch das Folgende.
[193] Aufzeichnung Campbell an Roberts, 20. 1. 1960, PRO, FO 371/154154.
[194] Diese Charakterisierung findet sich bei Gerd Schmückle, damals Pressesprecher und einer der engsten Vertrauten von Strauß; General Norstad „dachte politisch. Seine spektakulären Auftritte hatten Hollywood-Stil", heißt es halb bewundernd, halb spöttisch. Vgl. Schmückle, Ohne Pauken und Trompeten, S. 234.
[195] Roberts an Foreign Office, 18. 1. 1960, PRO, FO 371/154154. Hier auch das Folgende.

sondern eben in den letzten Wochen auch Großbritannien und Frankreich mit Spanien militärische „special secret arrangements"[196] getroffen hätten. Daher sehe er keinen Grund, warum die Bundesrepublik dies für sich nicht in gleicher Weise beanspruchen könne. Die Atmosphäre blieb angespannt. Ein Treffen sei in etwa zehn Tagen möglich, räumte der SACEUR ein, wenn er ohnehin Wiesbaden besuche. Ansonsten gab er sich sehr beschäftigt und nahm die Rechtfertigung von Strauß nur kommentarlos zur Kenntnis.

Der Ton sollte sich noch verschärfen. Strauß, der offenbar erst im nachhinein von der Absage der deutschen Mission nach Madrid erfahren hatte, stellte vier Tage später den NATO-Oberbefehlshaber am Telefon empört zur Rede[197]. Für Norstads Widerstand gebe es aus seiner Sicht überhaupt keinen Anlaß. Eine weitere Verzögerung und zusätzliche Diskussionen wollte Strauß zu diesem Zeitpunkt nicht mehr hinnehmen. So kündigte er unvermittelt an, die Delegation bereits in der kommenden Woche nach Spanien zu entsenden. Dies sei aber noch immer eine Frage, gab Norstad zu bedenken, die nicht nur andere Mitglieder in der Allianz anginge, sondern auch direkt seine Interessen und Kontrollrechte berühre. Insofern wäre es für beide Seiten sinnvoll, zunächst den vorgesehenen Meinungsaustausch abzuwarten[198]. Am Ende gab der Bonner Verteidigungsminister widerstrebend nach. Denn an sich sei der Sachverhalt ja wohl kaum noch fraglich, schließlich wäre die ganze Angelegenheit auf diplomatischer Ebene abgestimmt worden. Norstad zeigte Wirkung. Die Unnachgiebigkeit von Strauß und sein Hinweis auf eine politische Vorabklärung hatten den bis dahin überaus selbstsicher auftretenden SACEUR stark verunsichert: Obwohl er weiterhin sein Bestes tun werde, hieß es in seiner Umgebung, die Sache zu verzögern, könne Norstad letztendlich die Regierung eines NATO-Landes nicht davon abhalten, wie von Strauß gewünscht zu handeln.

Norstad suchte jetzt – wie sein politischer Berater einräumte – diplomatische Rückendeckung durch die Regierungen der drei Westmächte. Trotz dieser Bitte waren sich State Department und Foreign Office aber darin einig, ihm das Krisenmanagement vorerst allein zu überlassen. Die westliche Politik stand zu diesem Zeitpunkt augenscheinlich vor dem Problem, wie sie ihre ablehnende Haltung gegenüber dem deutschen Projekt inhaltlich begründen sollte. Washington befand sich angesichts der eigenen Militärbasen in Spanien in einer besonders delikaten Situation. So wurden die Bonner Pläne zwar hinter den Kulissen mißbilligt, gleichzeitig wußten die „Großen Drei" aber nicht recht, „on what grounds they could intervene"[199]. Auf direkten Beistand konnte Norstad also nicht hoffen. Das zusätzliche Dilemma, in dem sich die amerikanische Administration seit dem Gespräch

---

[196] In seinen Anmerkungen vor dem Verteidigungsausschuß sprach Strauß jedoch nur noch vage von gemeinsamen britisch-spanischen Flottenmanövern und davon, daß es seit geraumer Zeit zu Besprechungen zwischen London und Madrid gekommen sei. Außerdem seien französische Verhandlungen mit Spanien „im Gange". Strauß-Aussage, 25. 2. 1960, Bestand Helmut Schmidt, AdSD, Bd. 1866. Das Foreign Office hatte der Behauptung des Bonner Verteidigungsministers prompt widersprochen: „There is of course no kind of military agreement between the United Kingdom and Spain, secret or otherwise." Foreign Office an Roberts, 25. 1. 1960, PRO, FO 371/154154.
[197] Roberts an Foreign Office, 22. 1. 1960, PRO, FO 371/154154. Dort auch das Folgende. Der britische Botschafter war unmittelbar zuvor von Norstads politischem Berater über die neuesten Entwicklungen informiert worden.
[198] Zur inhaltlichen Vorbereitung wurden Expertengespräche zwischen Bonn und der NATO vereinbart; ebenda.
[199] So die Quintessenz im Gespräch zwischen dem politischen Berater Norstads, Thurston, und Londons NATO-Botschafter Roberts. Ebenda.

5. Das Projekt deutscher Militärbasen in Spanien 1959/60

zwischen Herter und Brentano im Dezember 1959 gegenüber Bonn befand, war ihm – der sich von Washington eine schärfere Reaktion gewünscht hätte – durchaus bewußt[200].

Am 27. Januar kam es in Wiesbaden zum Treffen mit Strauß. Erneut betonte der NATO-Oberbefehlshaber[201] – und hier sah er sich durch die militärischen Experten beider Seiten bestätigt –, daß die von der Bundesrepublik in Spanien geplanten Einrichtungen seiner Meinung nach alle ihn angingen und einige davon in seinen direkten Zuständigkeitsbereich fielen. Er wisse um die logistischen Probleme der Bundeswehr, räumte Norstad ein, bezweifele aber, ob sie allein in Spanien zu lösen seien. Aus militärischer Sicht könne er die deutsch-spanischen Gespräche nicht beanstanden, fügte jedoch einschränkend hinzu, vorausgesetzt, sie besäßen einen nur explorativen Charakter und ihre Ergebnisse würden der NATO vorgelegt werden. Politisch wäre ein solcher Schritt allerdings ein großer Fehler. Die Bundesregierung dürfe die bisherige Zurückhaltung ihrer Alliierten nicht mit einer stillschweigenden Unterstützung verwechseln, denn sie seien alle genauso um die deutschen Interessen wie um die Interessen der Allianz insgesamt ernsthaft besorgt. Falls Bonn immer noch auf einer Mission nach Madrid bestehe, hoffe er darauf, daß sie auf einem „low level"[202] stattfinde und mit der größtmöglichen Diskretion durchgeführt werde, aber nach seiner Überzeugung, so appellierte Norstad an den Bonner Verteidigungsminister, sollte das Projekt aufgegeben werden.

Strauß blieb davon völlig unbeeindruckt. Für die politische Beurteilung fühlte er sich allein zuständig. Bereits zu Beginn hatte der Verteidigungsminister seinen Unmut über die von ihm als bevormundend wahrgenommene Haltung der Westmächte geäußert. Er pochte darauf, daß die Bundesrepublik inzwischen ein unabhängiger Staat sei und daß sie sich nicht der Belehrung der drei ehemaligen Besatzungsmächte unterwerfen könne, wenn es um Deutschlands Beziehungen zu einem anderen Land gehe[203]. Strauß wähnte sich im Recht und wollte im Hinblick auf die immer wieder unter Beweis zu stellende Gleichrangigkeit das politisch umstrittene Anliegen unbedingt durchsetzen. Überdies mag für den machtbewußten Verteidigungsminister – der häufig den Primat der Politik beton-

---

[200] Roberts an Foreign Office, 21. 1. 1960, PRO, FO 371/154154.
[201] Norstad informierte am nächsten Tag den britischen NATO-Botschafter persönlich über den Verlauf des Gesprächs mit dem deutschen Verteidigungsminister. Roberts an Foreign Office, 28. 1. 1960, PRO, FO 371/154154. Hier auch das Folgende.
[202] Später erläuterte Norstad, daß er Strauß – ohne darauf eine konkrete Antwort zu bekommen – gefragt habe, warum eine solche Sondierung nicht auch von den Militärattachés geleistet werden könne. Roberts an Foreign Office, 29. 1. 1960, PRO, FO 371/154155.
[203] So beschrieb jedenfalls der bei der Unterredung anwesende politische Berater Norstads die grundsätzliche Position von Strauß. Roberts an Rumbold, 29. 1. 1960, PRO, FO/371/154155. Daß der hier deutlich werdende Anspruch auf Normalität zwischen der Bundesrepublik und dem Ausland für das politische Denken von Strauß prinzipielle Bedeutung besaß, belegt seine – wenn auch in einem ganz anderen Zusammenhang vorgebrachte – Klage gegenüber Adenauer im August 1960. Anlaß war die negative Wirkung, die Formulierungen des Informationsdienstes für die Truppe in Paris, London und Moskau hervorgerufen hatten. Der Verteidigungsminister prangerte das westdeutsche Schielen nach dem Ausland heftig an: „Wir sind seit Jahren, nicht zuletzt unter dem Einfluß der sowjetischen Propaganda, wieder in einer Rückentwicklung begriffen, die allmählich dazu führt, daß wir uns täglich für unsere Existenz entschuldigen sollten. Diese zur Gewohnheit gewordene Art der Bevormundung und politischen Sonderbehandlung der Bundesrepublik droht zu einer Dauererscheinung zu werden, von der wir uns nicht mehr frei machen können. Wir können keinen Staat aufbauen, der kein Staat sein darf, weil die Anerkennung seiner Lebensinteressen und seine Stabilität sozusagen nur auf Abruf existieren." Strauß an Adenauer, 26. 8. 1960, PA/AA, Büro Staatssekretär, Bd. 292.

te – eine Rolle gespielt haben, daß er sich sein Handeln nicht von einem Militär vorschreiben lassen wollte.

Der Verteidigungsminister hatte es nun besonders eilig. Noch am selben Tag wurde der Bundesverteidigungsrat[204], unter Vorsitz des Kanzlers, über das Gespräch in Wiesbaden informiert[205]. Es bleibt offen, inwieweit dabei auch die Bedenken von Norstad zur Sprache kamen oder inwieweit Strauß die differenzierte Position des NATO-Oberbefehlshabers einseitig in seinem Sinne auslegte[206]. Denn überraschenderweise wurde den drei Westmächten kurz darauf mitgeteilt[207], daß das Spanien-Projekt bei der Begegnung von Norstad und Strauß am 27. Januar übereinstimmend als militärisch wünschenswert eingestuft worden sei. Deshalb habe der Bundesverteidigungsrat entschieden, nun mit der spanischen Regierung das Gespräch aufzunehmen. General Schnez, ein Logistik-Experte, werde am 14. Februar nach Madrid reisen, um dort die Möglichkeiten für weitere Verhandlungen auszuloten. Bei diesem zweiten Anlauf wollte Bonn sicherheitshalber unnötige Störungen vermeiden. Daher sollten der NATO-Rat und Generalsekretär Spaak erst zu einem späteren Zeitpunkt über die Kontakte zu Spanien informiert werden[208]. Obwohl Norstad vehement bestritt, sein Einverständnis gegeben zu haben[209] und sich von Strauß „completely misinterpreted"[210] fühlte, schien er erleichtert, nach der direkten Konfrontation mit dem Bonner Verteidigungsminister jetzt nicht mehr allein in der Verantwortung stehen zu müssen. Schließlich, so merkte der SACEUR an, habe er inzwischen alles Mögliche getan und müsse die Angelegenheit nun den Regierungen überlassen[211].

Der Widerstand verschärft sich

Das Tauziehen zwischen der Bundesrepublik und ihren wichtigsten Verbündeten ging nun auf der diplomatischen Bühne weiter. Während Paris sich aufs Zuschauen beschränkte, legten die Regierungen in London und Washington ihre Zurückhaltung ab und erhöhten jetzt den politischen Druck auf Bonn. Das Foreign Office wies bereits am 1. Februar

---

[204] Dem seit Oktober 1955 bestehenden Gremium, das den Bundeskanzler in sicherheitspolitischen Fragen beraten sollte, gehörten außerdem die Bundesminister für Verteidigung, des Äußeren, des Inneren, für Wirtschaft und der Finanzen an. Vgl. zu seiner Gründung: Greiner, Die militärische Eingliederung der Bundesrepublik Deutschland in die WEU und die NATO 1954 bis 1957, S. 690 f.

[205] Aufzeichnung betr. logistische Verhandlungen mit Spanien, o. D., PA/AA, Ref. 206, Bd. 85. Als Ergebnis wurde vermerkt: „Norstad gibt militärische Notwendigkeit zu".

[206] Insofern scheint die Vermutung von Aschmann, Strauß habe sich durch das Gespräch mit Norstad „offensichtlich ermutigt" gefühlt, doch allzu sehr am Handeln von Strauß orientiert zu sein. Im übrigen entschied nicht das Bundesverteidigungsministerium, sondern der Bundesverteidigungsrat unter Vorsitz von Bundeskanzler Adenauer über die Reise der deutschen Sachverständigen nach Madrid. Vgl. Aschmann, „Treue Freunde..."?, S. 365.

[207] Aufzeichnung Steel (britischer Botschafter in Bonn) an Foreign Office, 30.1.1960, PRO, FO 371/154155. Hier auch das Folgende.

[208] Aufzeichnung betr. logistische Verhandlungen mit Spanien, o. D., PA/AA, Ref. 206, Bd. 85.

[209] Roberts an Foreign Office, 3.2.1960, PRO, FO 371/154155. Der SACEUR stellte gegenüber Roberts noch einmal klar: „He had not agreed to Strauss's proposals but had only said that he could find no overriding military objection to exploratory talks taking place although he insisted on being consulted afterwards and had raised some very serious political objections."

[210] Roberts an Foreign Office, 8.2.1960, PRO, FO 371/154155.

[211] Roberts an Foreign Office, 29.1.1960, PRO, FO 371/154155.

Botschafter Steel an[212], die amerikanischen Bemühungen „at whatever level" zu unterstützen. Die Bundesregierung sollte dabei vor allem an die geschichtspolitische Dimension einer deutsch-spanischen Verbindung erinnert werden: „Pre-war and wartime memories of German-Spanish collaboration would rightly or wrongly be likely to revive suspicion of German policy". Insofern, hoffte London, müsse es doch im eigenen Interesse der Deutschen sein, ihre Pläne – wenigstens für den Augenblick – aufzugeben. Außenminister Selwyn Lloyd hatte zwei Tage später allerdings Mühe, das Verhalten Bonns halbwegs gelassen zu kommentieren. Auf einer Sitzung des WEU-Rats bedachte er seinen Kollegen Brentano mit so harschen Worten, daß Lloyd sich danach außerstande sah, den Gesprächsverlauf wiederzugeben[213].

In Washington unterrichtete das State Department den deutschen Botschafter Grewe am 6. Februar über die amerikanischen Einwände und warnte vor einem möglichen „Bekanntwerden"[214] der deutschen Spanien-Initiative. Die Bundesregierung mußte sich jetzt nahezu tagtäglich mit Protesten ihrer engsten Verbündeten beschäftigen[215]: US-Botschafter Walter Dowling intervenierte am 8. Februar bei Außenminister Brentano; der US-Gesandte Tasca am 9. Februar bei Verteidigungsminister Strauß, der immerhin in Aussicht stellte, die Angelegenheit nochmals mit Bundeskanzler Adenauer besprechen zu wollen. Dowling wurde einen Tag später gegenüber AA-Staatssekretär van Scherpenberg deutlich: „Schwere Bedenken"[216] hätten nicht nur die USA, sondern ebenso Großbritannien und Frankreich. Auch bei ihm fehlte nicht der Hinweis auf eine drohende „Indiskretion". Die diplomatischen Vertreter Großbritanniens und der Vereinigten Staaten in Bonn, Steel und Dowling, setzten die mühsame Überzeugungsarbeit auch am 11. und 12. Februar in Gesprächen mit Strauß fort. Steel warnte den Minister vor allem davor, daß die Bundesrepublik mit ihrer Spanienpolitik einen handfesten Krach im NATO-Rat provoziere und sich dort isoliert finden werde[217]. Doch all diese Warnungen stießen bei der Bundesregierung auf verschlossene Ohren: Strauß entschied noch am 12. Februar „mit Billigung des Bundeskanzlers"[218], daß General Schnez, wie vorgesehen, einen Tag später nach Madrid abreisen werde.

---

[212] Foreign Office an Steel, 1. 2. 1960, PRO, FO 371/154155. Dort auch das Folgende.
[213] Vermerk Pemberton-Pigott, 5. 2. 1960, PRO, FO 371/154155.
[214] Aufzeichnung betr. logistische Verhandlungen mit Spanien, o. D., PA/AA, Ref. 206, Bd. 85. Grewe hatte das Auswärtige Amt sofort informiert und seinerseits vor dem Spanien-Projekt gewarnt. Sein Telegramm habe aber nur die „Auffassung des Beobachters" in Washington, „nicht aber die Politik des Amtes" wiedergegeben, urteilte er im nachhinein. Mitteilung Prof. Wilhelm Grewe an Verfasser, 10. 4. 1989.
[215] Aufzeichnung betr. logistische Verhandlungen mit Spanien, o. D., PA/AA, Ref. 206, Bd. 85. Hier das Folgende. Fraglich bleibt, inwieweit Brentano und Strauß in dieser Zeit immer noch an einem Strang zogen oder ob es nicht angesichts der Einwände aus dem Ausland Streit über das Verfahren gab. Bemerkenswert ist jedenfalls, daß in der Zeittafel des Auswärtigen Amtes ein Brief Brentanos vom 8. Februar an Strauß erwähnt wird, über den AA-Ministerialdirektor von Etzdorf, der in der Politischen Abteilung u. a. den Bereich NATO und Verteidigung verantwortete – und wohl ein Gegner der Spanien-Pläne – am 12. Februar Staatssekretär Globke aus dem Bundeskanzleramt unterrichtete. Ebenda. Zu Etzdorfs Haltung in der Depot-Frage vgl. Mitteilung Ulrich Sahm an den Verfasser, 31. 5. 1991. Vgl. zum Lebensweg von Etzdorfs: Blasius (Hrsg.), Ein deutscher Diplomat im 20. Jahrhundert; die FR berichtete im März 1960, daß das Auswärtige Amt Bundesverteidigungsminister Strauß davor gewarnt habe, sich gegen die Westalliierten zu stellen. Vgl. FR, 3. 3. 1960.
[216] Aufzeichnung betr. logistische Verhandlungen mit Spanien, o. D., PA/AA, Ref. 206, Bd. 85. Hier auch das Folgende.
[217] Steel an Foreign Office, 11. 2. 1960, PRO, FO 371/154155.
[218] Aufzeichnung betr. logistische Verhandlungen mit Spanien. o. D., PA/AA, Ref. 206, Bd. 85.

Bonn wollte offensichtlich nicht verstehen[219]. Außerdem wog der Gedanke an einen Gesichtsverlust gegenüber Spanien wohl schwerer als der Widerstand der Westmächte[220]. So argumentierte Adenauer in einer Aussprache mit Dowling am 15. Februar[221] denn auch damit, daß das Hin und Her jetzt ein Ende haben müßte: „Man könne den Spaniern gegenüber schlecht heute so und morgen so reden. Es wäre falsch, die Spanier vor den Kopf zu stoßen, da sie sehr empfindlich seien." Dowlings Kritik an seinem Entschluß konterte der Kanzler kühl mit dem Hinweis, daß man „die ganze Sache mit Spanien" doch „mit Billigung des State Department angefangen" habe. Im übrigen, so spielte Adenauer die politische Bedeutung der Schnez-Mission herunter, sollten die Offiziere auf seine Anweisung „in Zivil fahren und keine Verhandlungen, auch nicht inoffiziell" führen. „Vielmehr" gehe es darum, sich „einen allgemeinen Eindruck" zu „verschaffen".

Trotz dieser Einstimmung warnte der amerikanische Botschafter den Bonner Regierungschef vor den möglichen politischen Folgen einer solchen Entscheidung: „Washington sei besorgt wegen der Auswirkungen, die diese Angelegenheit für die Bundesregierung und die spanische Regierung haben könnte. Die Vereinigten Staaten wollten Spanien auch in der NATO sehen, wenn aber durch Verhandlungen außerhalb der NATO ein Verdacht erregt werde, leiste man dieser Absicht keinen guten Dienst". Daher hoffe er, daß die Gespräche in Madrid „sehr diskret" geführt würden. Adenauer sagte auf Drängen von Dowling schließlich zu, Washington vor dem Beginn „wirklicher Verhandlungen" zu konsultieren.

Deutsch-spanische Sondierungen in Madrid

So unverbindlich, wie Adenauer glauben machen wollte, war der Auftrag der deutschen Delegation indes nicht. General Schnez und seine beiden Begleiter[222] hatten für ihren zweitägigen Aufenthalt in der spanischen Hauptstadt eine umfangreiche Wunschliste im Gepäck. Generalstabschef Muñoz Grandes, dekoriert mit dem deutschen Ritterkreuz[223], empfing die Gäste aus Bonn am 15. Februar überaus herzlich: Er freue sich sehr, wieder mit deutschen Militärs in Kontakt zu kommen, denen er sich besonders verbunden fühle. Der frühere Kommandeur der Blauen Division brachte auch in diese Verhandlungen das antibolschewistische Pathos vergangener Zeiten ein. Als Motto wählte er den letzten Satz

---

[219] Strauß verschaffte seinem Ärger Luft, indem er den deutschen NATO-Botschafter Gebhardt von Walther zum Sündenbock für die wohl unerwartete Wendung machte. Walther klagte seinem britischen Kollegen, daß ihn der Verteidigungsminister bei Adenauer beschuldige, gegen die deutschen Interessen zu arbeiten und sogar von Hochverrat spreche. Roberts an Foreign Office, 10. 2. 1960, PRO, FO 371/154155. Vgl. zum Werdegang und zur Persönlichkeit des deutschen Vertreters bei der NATO die Bemerkungen von Sahm, „Diplomaten taugen nichts", S. 183–185.
[220] Vor dem Verteidigungsausschuß rechtfertigte sich Strauß später damit, daß die Bedenken der USA und Großbritanniens „zu spät" gekommen seien. Ohnehin hätten die doch nur „Angst vor ihrer Presse". Strauß-Aussage, 25. 2. 1960, Bestand Helmut Schmidt, AdSD, Bd. 1866.
[221] Unterredung Adenauer mit Dowling, 15. 2. 1960, StBkAH III 58. Dort auch das Folgende. Der Gesprächstermin war eigentlich im Hinblick auf die Vorbereitungen für die Pariser Gipfelkonferenz verabredet worden, doch Dowling hatte unmittelbar zuvor durch einen Brief von Strauß von der Entscheidung erfahren.
[222] Aufzeichnung betr. logistische Verhandlungen mit Spanien, o. D., PA/AA, Ref. 206, Bd. 85. Vermutlich handelte es sich dabei um Offiziere aus dem Führungstab der Luftwaffe. Zumindest sollten im Januar – dem ursprünglichen Gesprächstermin – zwei Angehörige der Luftwaffe gemeinsam mit Schnez nach Madrid reisen. Bericht Oster, 16. 1. 1960, BA-MA, BW 4, Bd. 750.
[223] Gespräch Schnez mit dem Verfasser am 31. 5. 1989 in Bonn. Hier auch das Folgende.

eines sterbenden spanischen Soldaten im Krieg gegen die Sowjetunion: „Ich sterbe für Spanien und Deutschland." Nach diesem emotionalen Auftakt ging es in den anschließenden Besprechungen jedoch um konkrete Inhalte. Das deutsche Interesse an militärischen Einrichtungen in Spanien galt neben einer Lazarettbasis, Anlagen für Heer, Luftwaffe und Marine[224]. Gesucht wurden unter anderem Übungsschießplätze für Flugabwehrraketen vom Typ Nike, Hawk und Sergeant, Nachschubdepots für Ersatzteile sowie Umschlagplätze in Häfen an der Atlantikküste.

Wichtigster Punkt der deutschen Agenda war jedoch der Wunsch nach Ausbildungs- und Trainingsmöglichkeiten der Luftwaffe, einschließlich einer geeigneten Tiefflugstrecke für „Kampfverbände". Deutsche Flugzeuge über Spanien – eine Vorstellung, die zwar militärisch plausibel gewesen sein mag, aber im Hinblick auf den Einsatz der Legion Condor im Spanischen Bürgerkrieg nur als Ausdruck historischer Ignoranz gedeutet werden kann. Als wirtschaftliche Gegenleistung stellte Bonn Madrid den Kauf von Munition und „leichten Waffen" in Aussicht[225]. Die spanische Seite schien von der Fülle der Fragen geradezu „erdrückt"[226] zu sein, wie sich die deutsche Delegation eingestehen mußte. Offensichtlich, bilanzierte Schnez[227], seien den Spaniern „erst bei der Detailbesprechung Umfang und Tragweite der deutschen Vorschläge bewußt" geworden. Spanien habe sich dort aber keineswegs aufs Zuhören beschränkt, sondern seine wirtschaftlichen Interessen betont, indem „erwartungsgemäß Munitions- und Waffenkäufe in den Vordergrund" gerückt wurden. Am Ende des Kurzbesuchs war nichts entschieden; die Regierung in Madrid brauchte Zeit, um Antworten zu finden.

Gezielte Indiskretion als Ausweg: Washington nutzt die Öffentlichkeit

Unterdesssen war in der amerikanischen Hauptstadt die Entscheidung gefallen, den Bonner Spanien-Plänen durch eine entsprechende Informationspolitik ein Ende zu bereiten. Washington fürchtete nach dem Treffen in Madrid offenbar eine Eigendynamik, die nicht mehr so ohne weiteres zu stoppen gewesen wäre. Die Lunte ans Pulverfaß legte NATO-Oberbefehlshaber Norstad. Am 18. Februar informierte er – sicherlich nicht ohne Wissen der US-Administration – Cyrus L. Sulzberger, den außenpolitischen Kolumnisten der „New York Times" mit Sitz in Paris, ausführlich über die bisherige Entwicklung[228]. So woll-

---

[224] Sprechzettel Schnez für die deutsch-spanischen Unterredungen, o. D., BA-MA, BW 4, Bd. 750. Das Militärkrankenhaus sollte für die Aufnahme von 15 000 Verwundeten ausgestattet sein. Dort auch das Folgende.
[225] Diese Kaufbereitschaft mutet seltsam an. So hatte das Verteidigungsministerium in Bonn noch Ende 1959 die Anschaffung spanischer Rüstungsgüter mit dem Hinweis auf das unzureichende Niveau der spanischen Rüstungstechnik abgelehnt. Aufzeichnung zum Besuch des spanischen Außenministers Castiella, o. D., BA, B 136, Bd. 2071 (Heft 4).
[226] Bericht Oster betr. logistische Besprechungen, 19. 2. 1960, BA-MA, BW 4, Bd. 746.
[227] Kurzbericht von Schnez an den Verteidigungsminister, Staatssekretär und Generalinspekteur, 18. 2. 1960, BA-MA, BW 4, Bd. 750. Als Erfolg wurde vermerkt, daß die Gespräche geheim geblieben seien. Hier auch das Folgende.
[228] Vgl. dazu die Memoiren von Cyrus L. Sulzberger, The Last of the Giants, S. 644. Sulzberger, Neffe des Herausgebers und zwischen 1944 und 1954 Chefkorrespondent des Blattes, gehörte zu den international renommiertesten und einflußreichsten Journalisten mit guten Verbindungen zum politischen Establishment. So schätzte Adenauer ihn „als einen der bestinformierten Publizisten und Kenner der amerikanischen Politik". Vgl. Küsters, Konrad Adenauer, die Presse, der Rundfunk und das Fernsehen, S. 26. Vgl. zur Geschichte und Wirkung der New York Times: Elfenbein, The New York Times.

ten die Deutschen „special help for training their new air force, for supporting it, and for practicing with new missiles". Dies alles, erläuterte Norstad, sei ihnen auch von Frankreich und in einem geringeren Umfang ebenso von Portugal angeboten worden, doch die Bundesregierung klage, daß Frankreich unzuverlässig sei und Verhandlungen mit Paris zu lange dauerten. Deshalb beharre Strauß auf Spanien. Die Situation sei zwar im Moment noch in der Schwebe, sollte das Projekt aber weiter verfolgt werden, seien „the propaganda and psychological implications" sehr beunruhigend. Die Bundesrepublik könne wohl das amerikanische Militärabkommen mit Spanien als Präzedenzfall betrachten, bewege sich damit jedoch auf heiklem Terrain. Sulzberger bot seine Hilfe an. Er werde das Thema aufgreifen – „and I thought my column might very well raise enough reaction to kill the entire project". Norstad antwortete mit einem vielsagenden Lächeln[229].

Wenige Tage später gab es den versprochenen Eklat: Am 23. Februar 1960 erschien auf der Titelseite der „New York Times" die außenpolitische Kolumne von Sulzberger mit der Überschrift „A Foolish Project: West German Negotiations For Facilities in Spain Should Be Canceled"[230]. Darin wurde die Öffentlichkeit eingehend über die deutschen Absichten in Spanien und das Unbehagen der drei Westmächte unterrichtet. Sulzberger kritisierte aber auch deren unentschiedene Haltung gegenüber der Bonner Geheimpolitik, die eine Erörterung im NATO-Rat verhindert hätte. Unklar bleibe eben, ob die Bundesrepublik nicht weitergehende militärische Ziele in Spanien verfolge. Denn dort, außerhalb des NATO-Bereichs, so spekulierte der Journalist argwöhnisch, könne sie sich unter Umständen den alliierten Rüstungskontrollauflagen entziehen wollen: „Spain is neither German territory nor subject to the Allied controls that govern Germany's new arms". Ähnliche Befürchtungen gab es offenbar auch bei Frankreichs Außenminister Couve de Murville. Dieser habe den Eindruck, teilte der französische Botschafter in London mit, daß hinter der sehr törichten Aktion der Deutschen der Wunsch der Bundeswehr stecke, aus den NATO-Strukturen auszubrechen[231]. Bonn mußte sich überdies die Frage gefallen lassen, welches Interesse es angesichts des immer wiederkehrenden Faschismusvorwurfs von Seiten der Sowjetunion daran haben könne, „to align itself militarily with one of the few remaining Fascist powers?"

Bemühen um Schadensbegrenzung

Die Regierung in Bonn wirkte hilflos. Sie reagierte wie ein ertappter Sünder, der verzweifelt nach Ausflüchten sucht und es dann mit der Wahrheit nicht so genau nimmt. Noch am 23. Februar erklärte das Presse- und Informationsamt, wohl auch mit Rücksicht auf Madrid: „Die in der Presse aufgetauchten Behauptungen, es sei mit Spanien über militärische Stütz-

---

[229] Vgl. Sulzberger, The Last of the Giants, S. 645. NATO-Generalsekretär Spaak hatte Sulzberger bereits am 28. Januar auf „the great problem of NATO" hingewiesen, mußte aber überrascht feststellen, daß die Bonner Spanien-Pläne für den gut informierten Journalisten keine Überraschung mehr waren. Vgl. ebenda, S. 637. Unmittelbar nach der Veröffentlichung seines Artikels gab Sulzberger zu verstehen, er habe so lange mit seiner Story gewartet, weil er hoffte, der gemeinsame Druck auf Bonn würde Herrn Strauß zwingen, den Plan aufzugeben. Roberts an Foreign Office, 26. 2. 1960, PRO, FO 371/154157. Daher ist nicht anzunehmen, daß der Zeitpunkt des Sulzberger-Kommentars tatsächlich „purem Zufall" zu verdanken ist, wie dies Aschmann meint. Auch ihre Annahme, daß Norstad als amerikanischer NATO-Oberbefehlshaber „über konkrete Schritte" der Deutschen „nicht informiert" gewesen sei, trifft nicht zu. Vgl. Aschmann, „Treue Freunde..."?, S. 370.
[230] NYT, 23. 2. 1960. Hier auch das Folgende.
[231] Aufzeichnung Western Department, 12. 2. 1960, PRO, FO 371/154155.

punkte oder über Ausbildungsmöglichkeiten der Luftwaffen- und Raketeneinheiten verhandelt worden, sind unzutreffend."[232] Einen Tag später kam auch aus dem spanischen Außenministerium ein kategorisches Dementi[233]. Doch das Leugnen war vergebens, Washington und London bestätigten umgehend, daß Bonn derartige Pläne verfolge, über die sie und die Regierung in Paris durch die Bundesrepublik seit Januar informiert seien[234].

Verteidigungsminister Strauß gab sich am 24. Februar gegenüber dem britischen Botschafter Steel[235] weiterhin gelassen. Bisher habe es keine Verhandlungen mit Spanien gegeben und er versicherte, daß ohne eine umfassende Konsultation der NATO nichts unternommen werde. Strauß warb um Verständnis für die schwierige Entscheidung, vor der Bundeskanzler Adenauer jetzt gestanden habe: „The Chancellor had been faced with the disagreeable alternatives of backing-down on all the measures previously taken with the Spaniards, NATO, etc. or facing the newspaper storm." Der Sturm sollte sich allerdings nicht so bald legen. Das „spanische Abenteuer"[236], wie es der SPD-Abgeordnete Helmut Schmidt nannte, löste im In- und Ausland nahezu einhellig Unverständnis aus[237]. Die Bundesrepublik stand am Pranger: „Lebensraum required" hieß es im britischen „Guardian"[238], die „Times" sprach von „Elephantine ineptitude"[239], „Tempest in NATO" schrieb die „New York Times"[240] und das niederländische „Algemeen Handelsblad" nannte den deutschen Gang nach Spanien einen „unüberlegten, ungeschickten und unglücklichen Schritt"[241]. Selbst die vom Kanzler so geschätzte „Neue Zürcher Zeitung"[242] hielt der Bonner Regierung den Spiegel vor: Nach Ansicht des Blattes hätten die Verantwortlichen die „politischen und psychologischen Gegebenheiten der Situation völlig verkannt und einen groben

---

[232] Presse- und Informationsamt der Bundesregierung, 23. 2. 1960.
[233] Vgl. NZZ, 25. 2. 1960. Dabei blieb es; die Regierung in Madrid zog es fortan vor, zu diesem Thema in der Öffentlichkeit zu schweigen.
[234] Vgl. zur Stellungnahme des Foreign Office: Der Tagesspiegel, 24. 2. 1960; zu Aussagen amerikanischer Regierungskreise: NZZ, 25. 2. 1960.
[235] Steel an Foreign Office, 24. 2. 1960, PRO, FO 371/154156. Hier auch das Folgende.
[236] Vgl. SPD-Pressedienst, 26. 2. 1960. Nach dessen Auffassung sollte Bonn sich darüber klar sein, daß Franco in der ganzen Welt „als ein Überbleibsel aus der Zeit Hitlers und Mussolinis" angesehen werde: „Wir Deutschen haben deshalb besonderen Grund, den Anschein von Intimitäten und Affinitäten gegenüber Madrid peinlichst zu vermeiden." In einem ersten Kommentar hatte die SPD sogar von einem „Akt ungeheurer Torheit und Instinktlosigkeit" gesprochen, „vergleichbar nur mit wilhelminischen Tölpeleien". Diese „Initiative sei dazu geeignet, das Mißtrauen gegen die Bundesrepublik bei ihren Freunden neu zu entfachen, da eine Verbindung Franco-Adenauer böse Erinnerungen an die Zusammenarbeit Hitlers mit Franco-Spanien wachrufen müsse". Vgl. SPD-Pressedienst, 24. 2. 1960.
[237] Die deutsche Presse zeigte zwar Verständnis für die militärischen Probleme der Bundeswehr, bemängelte aber fast unisono das fehlende politische Fingerspitzengefühl der Bundesregierung. So kommentierte beispielsweise die Stuttgarter Zeitung, es sei „nicht gerade die Aufgabe einer deutschen Regierung, Franco-Spanien im Kreise der westlichen Demokratien salonfähig machen zu wollen. Denn schließlich ist Francos Regime für weite Kreise auch im Westen identisch mit autoritärer Alleinherrschaft, die auch unter anderem Erinnerungen an die Zeit der Legion Condor weckt." Vgl. Stuttgarter Zeitung, 25. 2. 1960.
[238] Zitiert nach Moritz Pfeil (d. i. Rudolf Augstein): „Ein Straussen-Ei", in: Der Spiegel, Nr. 10, 2. 3. 1960. Dem Kommentar vorangestellt war bezeichnenderweise die englische Redensart für einen Tagträumer: „He builds castles in Spain".
[239] The Times, 25. 2. 1960.
[240] NYT, 27. 2. 1960.
[241] Deutsche Botschaft Den Haag an Auswärtiges Amt, 25. 2. 1960, PA/AA, Ref. 206, Bd. 85. Dort finden sich weitere Berichte der deutschen Auslandsvertretungen zum weltweiten Presseecho auf die deutschen Sondierungen in Spanien.
[242] Vgl. Küsters, Konrad Adenauer, die Presse, der Rundfunk und das Fernsehen, S. 26.

Mißgriff begangen"[243]. Erklärt wurde dies mit dem Umstand, daß „ein großer Teil des deutschen Volkes" sich „auch heute nicht Rechenschaft darüber" gebe „wie tief noch immer die Spuren sind, die die Intervention des italienischen Faschismus und Hitler-Deutschlands in dem politischen Bewußtsein der demokratischen Nationen hinterlassen hat".

Die Bundesregierung hatte sich inzwischen gezwungen gesehen, Vorgespräche mit Madrid zu bestätigen. Allerdings wurde öffentlich – ganz im Gegensatz zu den tatsächlichen Wünschen – nur von Nachschub- und Versorgungsdepots gesprochen[244]. Das Interesse galt nun zunehmend der Frage der politischen Verantwortung für das Spanien-Debakel. Verteidigungsminister Strauß war es nach einigen Tagen offensichtlich leid, allein als Sündenbock dazustehen und ließ demonstrativ auf die Mitwirkung von Außenminister Brentano verweisen. Sein Pressesprecher, Oberst Schmückle, verwahrte sich gegen die Unterstellung, es sei von „Soldaten" in „dieser Angelegenheit Politik gemacht worden"[245]. Er betonte nachdrücklich, das Auswärtige Amt sei „von Anfang an voll und mit bestimmendem Einfluß eingeschaltet gewesen".

Am 27. Februar griff Bundeskanzler Adenauer, auf Anraten des CDU/CSU-Fraktionsvorsitzenden Heinrich Krone[246] selbst in die öffentliche Diskussion ein. Krone war von dem Bekanntwerden der Depot-Pläne in Großbritannien überrascht worden[247] und hatte sich zunächst bei Premierminister Macmillan um Schadensbegrenzung bemüht[248]. Der englischen Regierung, so teilte Krone dem Kanzler nach seiner Rückkehr aus London mit, liege sehr daran, die Situation vor der Spanien-Debatte im Unterhaus „zu entschärfen"[249]. Daher wäre es „im Interesse der Beruhigung" sinnvoll, auf die Anregung von Macmillan nach einer „abschwächende[n] Erklärung"[250] einzugehen. Ohne Spanien dabei direkt zu

---

[243] Vgl. NZZ, 28. 2. 1960. Hier auch das Folgende.

[244] Vgl. Bericht zur Geheimsitzung des Verteidigungsausschusses in: FAZ, 26. 2. 1960. Hier wurde die offizielle Darstellung aber bereits korrigiert und darauf hingewiesen, daß Bonn nicht nur an Versorgungslagern sondern auch an Schieß- und Übungsplätzen für die Luftwaffe interessiert sei. Vgl. zur Entwicklung der Absprachen mit Madrid und den Dementis der Bundesregierung den kenntnisreichen Bericht: „Spanien-Eklat", in: Der Spiegel, Nr. 11. 9. 3. 1960, S. 15–18.

[245] Vgl. FAZ, 27. 2. 1960. Dort auch das Folgende. Im nachhinein hatte der Konflikt zwischen Verteidigungsministerium und Auswärtigem Amt für Schmückle auch durchaus eine komische Note: „Und da haben dann AA-Sprecher von Hase und ich der Presse immer Informationen gegeben, die sich vollkommen widersprochen haben. Der Hase hat dann einen Brief von Strauß gezeigt und ich hatte dann keinen Brief vom Außenminister. Also, das war ein Hin und Her und ich war selber unsicher, wer eigentlich in der ganzen Geschichte nun recht hatte." Gespräch General a. D. Schmückle mit dem Verfasser, 4. 10. 1989.

[246] Krone an Adenauer, 27. 2. 1960, BA, B 136, Bd. 6897. Zu diesem Zeitpunkt hatte die in der Bundesrepublik Ende 1959 einsetzende Welle von antisemitischen Schmierereien für heftige Proteste im Ausland gesorgt. Dadurch stand die NS-Vergangenheit ohnehin im Blickpunkt. Das Auswärtige Amt reagierte am 10. März 1960 in einem Rundschreiben an die deutschen Vertretungen besorgt: „Es zeigt sich deutlich, daß auch im westlichen Ausland nichts vergessen worden ist und daß die Decke des Vertrauens, auf der die Bundesrepublik steht, äußerst dünn ist." Vgl. weiterführend: Brochhagen, Nach Nürnberg, S. 295.

[247] Nach seinen Gesprächen mit Premierminister Macmillan und Außenminister Lloyd notierte sich Krone: „Unruhig und kritisch wurden die Briten, als es von Strauß hieß, er wolle in Spanien Stützpunkte für deutsche Flugzeuge errichten. Man traut ihm nicht und den Spaniern auch nicht, und dann diese beiden Hand in Hand. Die Frage nach Luftbasen muß im Rahmen der NATO beantwortet werden." Vgl. Krone, Tagebücher 1945–1961, S. 406 f.

[248] Vgl. Bericht Herwarth an Auswärtiges Amt, 25. 2. 1960, ACDP I-028-005/6, Nl. Krone.

[249] Krone an Adenauer, 27. 2. 1960, BA, B 136, Bd. 6897. Hier auch das Folgende.

[250] Herwarth an Auswärtiges Amt, 25. 2. 1960, ACDP I-028-005/6, Nl. Krone. Die weitergehende Bitte Macmillans: „Am besten wäre es wohl, wenn der Herr Bundeskanzler zum Ausdruck bringe, daß diese Pläne nicht weiter verfolgt würden", ließ Krone in seinem Brief an Adenauer unerwähnt. Der Premier-

erwähnen, betonte Adenauer in seiner Mitteilung an die Presse, daß seine Regierung wie bisher bei allen militärpolitischen Fragen auch in diesem Fall „nur in engstem Einvernehmen mit der NATO"[251] handeln werde. Ansonsten ließ er deutlich seinen Unmut über die Kritik erkennen. Bonn habe schließlich bei allen NATO-Konferenzen vorgeschlagen, die Versorgung und den Nachschub aus der nationalen Verantwortung herauszunehmen. Solange dies nicht angenommen werde, bleibe das Gebiet „leider entgegen der deutschen Auffassung in nationaler Verantwortung". Im übrigen verwies der Kanzler auf die Verantwortung der Allianz. Die Bundesregierung werde die NATO „nochmals" bitten, der Bundeswehr „die Möglichkeit zu verschaffen", daß sie „den von der NATO gestellten Forderungen entsprechen kann".

Wenige Tage später wurden erstmals alle Bündnispartner im NATO-Rat von Bonn über die Sondierungen mit Madrid unterrichtet. Erleichtert konnte das Auswärtige Amt vermerken[252], daß in der Debatte „volles Vertrauen" in die „NATO-Treue" der Bundesregierung zum Ausdruck gekommen sei. In der Tat war ein offener Streit ausgeblieben, obwohl die Bundesrepublik sich nicht eindeutig von ihren Spanien-Überlegungen verabschiedet hatte. Botschafter von Walther bekräftigte allerdings zu Beginn, daß es weitere Gespräche mit Spanien nur mit dem Einverständnis der NATO geben werde[253]. So entspann sich eine Diskussion, die von dem Bemühen bestimmt war, die entstandene Vertrauenskrise zu entschärfen. Bonn wurde geschont.

Washington, London und Paris gingen in dieser Sitzung stillschweigend über ihre Differenzen mit der Bundesregierung hinweg[254]. Im Vergleich zur großen öffentlichen Aufregung wurde hier nur diplomatisch zurückhaltend von einem unglücklichen Schritt gesprochen, der nicht hilfreich für die Allianz gewesen sei[255]. Insbesondere Kanada und Norwegen, aber auch Belgien, Dänemark und die Niederlande, übten Kritik an dem westdeutschen Spanien-Projekt wie an der mangelhaften Informationspolitik. Es gehe nicht an, klagte der kanadische Botschafter, daß die Presse mehr als der Rat wisse. Die logistischen Probleme der Bundesrepublik sollten, so der allgemeine Tenor, innerhalb der Alli-

---

minister hatte gegenüber Krone noch angefügt: „If something of this sort could be said soon, it would probably kill the whole business." Gespräch Macmillan und Krone, 24. 2. 1960, PRO, PREM 11/3007.
[251] Erklärung Bundeskanzler Adenauer, 27. 2. 1960, in: AdG 1960, S. 8237. Hier auch das Folgende.
[252] Aufzeichnung betr. logistische Verhandlungen mit Spanien, o. D., PA/AA, Ref. 206, Bd. 85.
[253] Zusammenfassender Bericht von Roberts über die Sitzung des NATO-Rats, 2. 3. 1960, PRO, FO 371/154159. Dort auch das Folgende. Zugleich wollte von Walther auf Nachfrage mögliche Verhandlungen mit Spanien auch nicht ausschließen. Aufzeichnung Roberts über den Verlauf der Diskussion im NATO-Rat, 3. 3. 1960, PRO, FO 371/154160.
[254] Verständlicherweise ging auch von Walther in seiner Erklärung nicht auf diese Spannungen ein. Die nicht erfolgte Konsultation des NATO-Rats rechtfertigte er damit, daß die Angelegenheit dafür noch nicht reif gewesen sei. Außerdem seien die logistischen Probleme „not political" sondern „purely technico-military". Gleichwohl wisse die Bundesregierung – und kam damit auch der ausländischen Kritik entgegen – um die „special political aspects of concluding a logistic agreement with the Spanish Government". Statement NATO-Botschafter von Walther (Rohübersetzung des französischen Redetexts), 3. 3. 1960, PRO, FO 371/154160.
[255] Aufzeichnung Roberts über den Verlauf der Diskussion im NATO-Rat, 3. 3. 1960, PRO, FO 371/154160. Hier auch das Folgende. Hinter den Kulissen hatte es aber heftig rumort. Friedrich Karl von Plehwe – damals Legationsrat bei der deutschen NATO-Vertretung – bekräftigte, daß die Aufregung groß gewesen sei. Vor allem Norwegen und Belgien hätten empört reagiert: „Die Belgier haben sich sogar erst überlegt, ob sie darin einen Grund sehen könnten, aus der NATO auszutreten." Gespräch Botschafter a. D. Karl Friedrich von Plehwe mit dem Verfasser am 26. 6. 1990 in Krefeld.

anz nicht nur behandelt, sondern auch gelöst werden. Sein amerikanischer Kollege setzte sich am Ende denn auch ausdrücklich für eine Rückkehr zum politischen Alltag ein: „He seemed primarily interested in how to correct distortions in the Press[256] and get the question off the front pages of the newspapers. He thought a press announcement should be made at the end of the present meeting, on the lines that the question of German logistic needs had been raised in NATO and had been referred to the military authorities." Während General Norstad zu diesem Zeitpunkt davon ausging, „that the matter was now under control again"[257], hielt Bonn aber offenbar immer noch an seinen Spanien-Plänen fest. Jedenfalls bekundete die deutsche Botschaft in Madrid der spanischen Regierung am 22. März ihr Interesse, die bilateralen Gespräche fortzusetzen[258]. Die NATO-Partner setzten Bonn indes Grenzen. Für sie war entscheidend, daß das Thema nun innerhalb der Allianz geregelt werden sollte. Dementsprechend beschlossen die NATO-Verteidigungsminister auf ihrer Tagung am 31. März und 1. April, eine Lösung des deutschen Versorgungs- und Ausbildungsproblems solle „innerhalb der NATO auf dem Territorium der NATO-Staaten gefunden werden"[259]. Weitere Eigenmächtigkeiten der Bundesrepublik wollte das Bündnis in Zukunft ausschließen.

Das Nachspiel

Die Bundesregierung mußte sich unterdessen auch mit einer Großen Anfrage der SPD-Fraktion im Bundestag auseinandersetzen. Die beabsichtigte militärische Zusammenarbeit mit Spanien hatte – ausgelöst durch den Sulzberger-Kommentar in der „New York Times" – großes Aufsehen hervorgerufen[260]. Daher lag es für die sozialdemokratische Opposition nahe, die Regierung im Parlament mit diesem öffentlichkeitswirksamen Thema zu konfrontieren. Mit ihren Fragen zielte sie in erster Linie auf die Verantwortung für den außenpolitischen Vertrauensverlust, den die Bundesrepublik hatte hinnehmen müssen.

---

[256] So hatte die Behauptung des britischen Labour-Abgeordneten Edwards vom 25. Februar, in Bilbao existiere eine deutsch-spanische Anlage für ferngelenkte Raketen, in der internationalen Presse ein großes Echo ausgelöst. Vgl. u. a.: The Times, 3. und 4. 3. 1960. Ein Sonderkorrespondent der Times fand bei seinen Recherchen in Bilbao und Umgebung jedoch keinen Nachweis für die Existenz einer solchen Produktionsstätte, wie das deutsche Konsulat in Bilbao zufrieden vermerkte: „Es scheint, daß die ‚Aktion' der Gerüchte nun als abgeschlossen gelten kann." Konsulat Bilbao betr. Gerüchte über deutsch-spanische Verhandlungen an Auswärtiges Amt, 8. 3. 1960, PA/AA, Ref. 206, Bd. 85.
[257] Besprechung zwischen Außenminister Selwyn Lloyd und General Norstad, 7. 3. 1960, PRO, FO 371/154162. Zudem hoffte Norstad auf eine pädagogische Wirkung der öffentlichen Kritik an Bonn: „He hoped it would be a lesson to the Germans. He was worried about their insensitivity."
[258] Vgl. Collado Seidel, Die deutsch-spanischen Beziehungen in der Nachkriegszeit, S. 71.
[259] Vgl. AdG, 1. 4. 1960, S. 8308. Das NATO-Militärkomitee sollte feststellen, welche Beiträge die einzelnen Mitgliedsländer leisten könnten, um den westdeutschen Bedarf zu decken. Die Bundesrepublik wurde aufgefordert, dem NATO-Rat nach drei Monaten eine Zwischenbilanz vorzulegen. Mit seiner Forderung nach einem integrierten Nachschubsystem hatte sich Franz Josef Strauß erneut nicht durchsetzen können. So verfügten die meisten der übrigen Staaten – im Unterschied zu Westdeutschland – über rein nationale Streitkräfte. Außerdem mangelte es an der dafür notwendigen Standardisierung der Ausrüstung. Vgl. SZ, 2. 4. 1960.
[260] Wie sehr der Plan, deutsche Truppenstützpunkte in Spanien zu errichten, auch in der westdeutschen Öffentlichkeit diskutiert wurde, zeigt eine repräsentative Meinungsumfrage des Allensbach-Instituts vom März 1960. Danach gaben immerhin 64% der Befragten an, davon gehört zu haben. Von diesen wiederum stimmten 35% der folgenden Aussage zu: „Ich finde, die Engländer und Amerikaner, die gegen unseren Plan mit den Spanien-Stützpunkten protestiert haben, haben im Grunde genommen recht. Wir

So wollte die SPD wissen, ob sich das Auswärtige Amt überhaupt darüber im klaren gewesen sei, daß Gespräche mit der spanischen Regierung „ein hohes politisches Risiko für das Ansehen der Bundesrepublik enthalten"[261] könnten; und ob nach wie vor die Absicht bestehe, Nachschub- und Übungseinrichtungen für die Bundeswehr in Spanien zu realisieren. Schließlich wurden gleiche Maßstäbe für den Umgang mit der „SBZ" und Franco-Spanien angemahnt: Man könne nicht „die Herstellung der Menschen- und Bürgerrechte und freie Wahlen in der sowjetisch besetzten Zone Deutschlands verlangen" und gleichzeitig – wie von CDU/CSU-Politikern gefordert – einen Staat in die NATO aufnehmen wollen, „in dem fortgesetzt die Menschen- und Bürgerrechte mit Füßen getreten werden".

Die sozialdemokratische Opposition war allerdings bereit, in der bevorstehenden Aussprache ihren Beitrag zur Beruhigung der Situation zu leisten. Im Vorfeld hatten sich SPD-Verteidigungsexperte Erler und Staatssekretär van Scherpenberg vom Auswärtigen Amt auf eine „möglichst unpolemisch[e]"[262] Auseinandersetzung verständigt, „damit nicht weiterer Schaden entstehe". Erschwert wurde diese Annäherung zwischen Regierung und Opposition jedoch durch eine von Franz Josef Strauß formulierte Alternative zum Redeentwurf von Außenminister Brentano. Der Leiter des NATO-Referats im Auswärtigen Amt, Sahm, wies einen Tag vor der Entscheidung im Bundeskabinett eindringlich darauf hin, daß der Text zum Teil „erhebliche Schärfen und eine Sachdarstellung" enthalte, die die SPD zu einer „scharfen Entgegnung" herausfordern müsse. Darüber hinaus werde das „politische Problem Spanien" in einer Form dargestellt, „die in keinster Weise auf die Gefühle der überwiegenden Mehrheit der Bevölkerung, jedenfalls in Skandinavien, Großbritannien und Kanada Rücksicht nimmt". Sahm befürchtete daher eine erneute „Diffamierungskampagne" gegen die Bundesregierung. Vor diesem Hintergrund setzte er sich nachdrücklich für die zurückhaltendere Antwort seines Hauses bzw. für Korrekturen im Strauß-Entwurf ein. Letztlich gab das Kabinett am 5. April der Vorlage von Strauß den Vorzug, berücksichtigte aber größtenteils die von Sahm vorgeschlagenen Änderungen[263].

Deutschen haben uns da zuviel herausgenommen, wir hätten da nicht so eigenmächtig handeln dürfen." Dagegen waren 38% der Ansicht: „Ich glaube, die Vorwürfe wegen der Spanien-Stützpunkte waren ganz unberechtigt. Die Fachleute sind sich einig, daß wir Deutschen auch ausländische Stützpunkte brauchen. Da die anderen Länder nicht wollten, mußten wir es von uns aus auch in Spanien versuchen." Signifikant für die jeweilige Einstellung war die parteipolitische Orientierung. So sprachen sich 50% der CDU/CSU-Anhänger für die Spanien-Pläne aus, während dies nur 31% der SPD-Anhänger befürworteten. Vgl. Jahrbuch der öffentlichen Meinung 1958-1964, Allensbach 1965, S. 475.

[261] Große Anfrage betr. deutsch-spanische Beziehungen, 8. 3. 1960, 3. Wahlperiode, Drucksache 1663. Hier auch das Folgende.

[262] Aufzeichnung Sahm zu dem Entwurf des Herrn Bundesverteidigungsministers, 4. 4. 1960, PA/AA, Büro Staatssekretär, Bd. 292. Dort auch das Folgende.

[263] Dies ergibt jedenfalls ein Vergleich der beiden Kabinettsvorlagen mit dem im Bundestag vorgetragenen Redetext. Brentano wollte offenbar eine Konsenslösung. Nachdem Strauß mitgeteilt hatte, daß Brentano seinem Vorschlag grundsätzlich zugestimmt habe, war der Diskussion die Spitze genommen. Kabinettsvorlagen des Bundesministers des Auswärtigen und des Bundesministers für Verteidigung, 4. 4. 1960, BA, B 134, Bd. 4107. Sahm macht in seinen Memoiren keinen Hehl aus der schwierigen Zusammenarbeit mit Verteidigungsminister Strauß und seinem kritischen Urteil über die „erratische Natur" des Politikers: „Ich fand, daß bei Strauß das Verhältnis zwischen seiner großen Klugheit, politischen Vitalität und Willenskraft einerseits, und seinem Machtstreben und der übersteigerten Selbsteinschätzung tief gestört war. Er war zu unbeherrscht, um Augenmaß walten zu lassen, zu hochmütig, um der Meinung anderer, vielleicht nicht so bedeutender Menschen zumindest Achtung entgegenzubringen, und zu triebhaft, um Recht und Anstand den angemessenen Platz einzuräumen." Vgl. Sahm, „Diplomaten taugen nichts", S. 165, 169.

So trug also Außenminister Brentano am 6. April im Bundestag die Argumente seines Kollegen Strauß vor[264]. In der Sache gab es nichts Neues. Politisch rechtfertigte er die Suche nach logistischen Einrichtungen in Spanien damit, daß auch andere westliche Länder, allen voran die Vereinigten Staaten, militärisch eng mit Madrid zusammenarbeiteten. Insofern sei die Frage nach dem politischen Risiko solcher Gespräche „nicht zu verstehen"[265]. Angesichts der „gewaltige[n] Rüstung der Sowjetunion" könne man Politik eben „nicht ohne Risiko" betreiben. Dagegen hielt der SPD-Abgeordnete Helmut Schmidt im Namen seiner Fraktion der Bundesregierung vor, sie habe in dieser „Affäre" ohne Fingerspitzengefühl gehandelt und die „politische Bedeutung ihrer spanischen Absichten nicht rechtzeitig und nicht klar erkannt".

Im Hinblick auf die amerikanischen Stützpunkte in Spanien erklärte Schmidt süffisant, wenn zwei das gleiche täten, sei es nicht immer das gleiche. Hier gelte wirklich der Satz: „Quod licet Iovi, non licet bovi"[266]. Ein solches „Abenteuer"[267] war für die SPD die Folge fehlender historischer Sensibilität. Fritz Erler nannte es ein Beispiel dafür, wohin es führe, „wenn [...] rein militärische Überlegungen ohne die Berücksichtigung der politischen Imponderabilien angestellt werden, die es auch heute in den Beziehungen zwischen uns und unseren westlichen Verbündeten gibt und in denen immer wieder bestimmte Teile unserer eigenen Geschichte uns selbst anklagend gegenüberstehen"[268].

Der aktuelle Konflikt um deutsche Militärbasen wurde im Bundestag zur Folie für eine grundsätzliche Auseinandersetzung um die Bündnisfähigkeit des Regimes in Spanien[269]. Während Erler dafür warb, Freiheit als unteilbares Gut zu betrachten und Diktaturen wie die von Franco und Tito gleichermaßen als NATO-Bündnispartner abzulehnen[270], warf der CSU-Abgeordnete Richard Jaeger der SPD vor, sie stelle politische Ressentiments über

---

[264] Deutscher Bundestag, 108. Sitzung, 6. 4. 1960, 3. Wahlperiode, Stenographische Berichte, Bd. 45, S. 5890–5915, hier S. 5896–5899. Das Auswärtige Amt hatte in seinem Entwurf noch eingeräumt, die öffentliche Reaktion vorher falsch eingeschätzt zu haben. Es sei nicht voraussehbar gewesen, „daß es in befreundeten Staaten Presseorgane gibt, die innerhalb weniger Tage ein Strohfeuer der Verleumdung und des Hasses entfachen würden; daß man bereit sein könnte, in den Deutschen, die nun seit Jahren ihre Treue zur NATO, ihre Zugehörigkeit zum Westen und ihren Willen, die Demokratie nicht nur einzuführen, sondern auch zu leben, daß man diesen Deutschen" – hieß es entgeistert – „die schlimmsten Absichten" unterstellt. Kabinettsvorlage des Bundesministers des Auswärtigen, 4. 4. 1960, BA, B 134, Bd. 4107.
[265] Deutscher Bundestag, 108. Sitzung, 6. 4. 1960, Stenographische Berichte, Bd. 45, S. 5897. Gleichzeitig klagte Brentano, daß „allen internationalen Gepflogenheiten" zuwider „einer aus dem begrenzten Kreis der von den deutschen Erwägungen vorab unterrichteten Personen seine Kenntnisse der Presse" mitgeteilt habe. Ebenda, S. 5898. Die Süddeutsche Zeitung war da schon konkreter. Sie verwies auf nicht dementierte Berichte, wonach es sich bei dem Informanten um NATO-Oberbefehlshaber Norstad handeln solle. Vgl. SZ, 7. 4. 1960.
[266] Deutscher Bundestag, 108. Sitzung, 6. 4. 1960, S. 5895.
[267] Ebenda, S. 5900. Hier auch das Folgende.
[268] Die SPD-Opposition hielt sich an ihre Absprache mit dem Auswärtigen Amt. So wurde der Streit zwischen der Bundesregierung und ihren Hautptverbündeten allenfalls, wie an dieser Stelle, nur angedeutet.
[269] Dabei ging es auch um den Spanischen Bürgerkrieg: „Manche Deutsche", so Helmut Schmidt, „glauben offenbar immer noch, daß Franco im Spanischen Bürgerkrieg einer kommunistischen Diktatur das Ende bereitet habe." Ebenda, S. 5892. Der Vorsitzende des Verteidigungsausschusses, Richard Jaeger (CSU), wollte zwar das Urteil der Geschichte überlassen, wies aber darauf hin, wie es heute aussähe, wenn Spanien „ein großer Flugzeugträger des Ostblocks wäre". Ebenda, S. 5908.
[270] Allerdings sollten seiner Meinung nach zu beiden Regierungen „anständige und normale Beziehungen" unterhalten werden. Ebenda, S. 5900.

militärische Notwendigkeiten[271]. Schließlich frage man, wenn man bedroht sei, den, der helfen wolle, „nicht nach seinem polizeilichen Leumundszeugnis"[272]. Spanien war in Jaegers Augen kein totalitärer, sondern ein autoritärer Staat, an den er ohnehin andere Maßstäbe anlegte. Dabei bemühte Jaeger verharmlosend das Klischee der „Diktatur in einem romanischen Volk", die „also weder mit preußischer Exaktheit noch mit deutscher Perfektion durchgeführt" werde, „sondern eben in der etwas leichteren Lebensart dieser Völker, die die Dinge gar nicht so schlimm erscheinen läßt"[273]. Der CSU-Politiker hatte denn auch ein sehr eigenes Bild von Franco: Der spanische „Herrscher" sei kein Ideologe und kein Prinzipienreiter, sondern ein Mann, der „pragmatisch, beinahe nach britischer Art, Außen- und Innenpolitik behandelt"[274].

Offengeblieben war im Parlament, ob die Bundesregierung weiterhin an einer militärischen Zusammenarbeit mit Spanien festhalten wollte[275]. Tatsächlich war zu diesem Zeitpunkt die Frage aber wohl bereits entschieden. So hatte schon die Konferenz der NATO-Verteidigungsminister Ende März durch den Entschluß, eine Lösung innerhalb der Allianz zu finden, allen weiteren Überlegungen ein Ende bereitet. Das endgültige Aus war dann am 2. April mit der ernüchternden Antwort der spanischen Regierung gekommen[276]. Unter dem Eindruck der harschen westlichen Kritik hatte sich Madrid gegen eine weitreichende Kooperation entschieden, die politisch ohnehin nicht durchzusetzen war. Enttäuscht mußte das franquistische Spanien zur Kenntnis nehmen, resümierte Botschafter von Welck, daß „die Bundesrepublik politisch nicht so stark ist, wie man es hierzulande vielfach geglaubt hatte"[277].

So wurden der deutschen Seite letztlich, von der „Aufforderung" zum Kauf von spanischem Rüstungsmaterial einmal abgesehen, allenfalls Verhandlungen über Nachschub-Depots und Hafenumschlagsplätze in Aussicht gestellt[278]. General Schnez zeigte sich am Ende über das „magere Ergebnis"[279] seiner Mission auch mehr als enttäuscht: „Daß Spanien Munition an uns verkaufen will, war schon immer klar, dazu hätte ich nicht nach Madrid fahren brauchen. Depots für Lebensmittel, Treibstoff usw. haben wir nicht gewünscht." Daher könnten, „unter den gegebenen Verhältnissen", schrieb Schnez an Militärattaché

---

[271] Ebenda, S. 5907.
[272] Ebenda, S. 5909.
[273] Ebenda, S. 5910.
[274] Ebenda, S. 5910. Angesichts derartiger Beiträge mutet es seltsam an, gerade Richard Jaeger als Kronzeugen für die politische Urteilsfähigkeit der Bundesregierung zu benennen. Denn diese, so Aschmann, habe das Franco-Regime doch zutreffend als autoritäres System eingestuft. Zugleich wird diese Bundestagsdebatte aber – in der ausführlich über Grundlagen der unterschiedlichen Spanienbilder und Voraussetzungen von Spanienpolitik diskutiert wurde – von der Autorin vollkommen vernachlässigt. Vgl. Aschmann, „Treue Freunde..."?, S. 444.
[275] Deutscher Bundestag, 108. Sitzung, 6. 4. 1960, Stenographische Berichte, Bd. 45, S. 5898.
[276] Bericht Oster 32/60 betr. spanische Antwort auf Depot-Anfrage, 4. 4. 1960, BA-MA, BW 4, Bd. 746.
[277] Jahresbericht Botschaft Madrid 1960, 6. 2. 1961, PA/AA, Ref. 206, Bd. 86.
[278] Bericht Oster 32/60 betr. spanische Antwort auf Depot-Anfrage, 4. 4. 1960, BA-MA, BW 4, Bd. 746.
[279] Schnez an Oster, April 1960, BA-MA, BW 4, Bd. 750. Dort auch das Folgende. Schnez war bemüht, Oster aufzumuntern: „Es wird Sie trösten, zu wissen, daß trotz allem Kummer, den wir mit der spanischen Angelegenheit hatten, der Herr Minister diesen Schritt aus den verschiedensten Erwägungen heraus [...] wieder tun würde." Die Einschätzung von Collado Seidel, Madrid habe „grundsätzlich positiv" reagiert und mit seinem Entschluß weitere Verhandlungen ermöglicht, ist zumindest aus deutscher Sicht, in Frage zu stellen. Vgl. Collado Seidel, Die deutsch-spanischen Beziehungen in der Nachkriegszeit, S. 72.

III. Militärpolitische Beziehungen

Oster, auch im Hinblick auf die laufenden Gespräche mit den NATO-Partnern, „die Verhandlungen mit der spanischen Regierung über logistische Einrichtungen und Ausbildungsmöglichkeiten der Luftwaffe nicht fortgeführt werden". Nun wurden Alternativen verwirklicht. Bonn ging im Oktober 1960 schließlich doch auf das ungeliebte Angebot aus Frankreich ein[280]; im Jahr 1963 folgte ein entsprechendes Abkommen mit Portugal[281].

Die Bundesregierung hatte es in dieser spanischen Episode an außenpolitischem Augenmaß fehlen lassen. Auch am Ende der fünfziger Jahre wurde die junge Bundesrepublik zu ihrem Leidwesen von ihren Verbündeten nicht als ein Staat wie jeder andere betrachtet. Bonn stand nach wie vor unter Beobachtung. Um so mehr galt dies für eine militärische Verbindung mit dem Spanien Francos. Der Widerstand der engsten Bündnispartner traf die Regierung Adenauer offenbar vollkommen unerwartet und machte deutlich, von welch unterschiedlichen Voraussetzungen aus Spanienpolitik betrieben wurde. Trotz der Aufwertung durch den Besuch Präsident Eisenhowers in Madrid 1959 blieb das Franco-Regime – auch wegen der Erinnerung an sein Bündnis mit dem nationalsozialistischen Deutschland – ein allenfalls geduldeter militärischer Partner des Westens. Mit diesen Rahmenbedingungen hatte sich die deutsche Politik nur ungenügend auseinandergesetzt[282]. Wie sagte doch Bundeskanzler Adenauer auf die Frage eines wohlmeinenden amerikanischen Journalisten, ob nicht einige Partnerländer mit ihrer Kritik in der Depotfrage die Einigkeit des Westens „unterminiert"[283] hätten: „Wissen Sie, die spanische Sache ist ja eine etwas komische Angelegenheit, wir wollen lieber nicht davon sprechen."[284]

---

[280] Vgl. zum deutsch-französischen Abkommen über Ausbildung und Logistik vom 25. Oktober 1960: AdG, 25.10.1960.
[281] Vgl. AAPD 1963, S. 309.
[282] Aus dem Spanien-Fauxpas hatte zumindest das Auswärtige Amt seine Schlüsse gezogen. So sprach sich das NATO-Referat im September 1963 vor allem „aus politischen Gründen" gegen Überlegungen des Bundesverteidigungsministeriums aus, Rüstungsaufträge vermehrt nach Spanien zu vergeben. Die Erfahrung aus der Diskussion um deutsche Stützpunkte zeige, „daß bilaterale militärische Beziehungen zu Spanien zu einer verhängnisvollen Mißdeutung der Ziele der deutschen Politik führen und die Beziehungen der Bundesrepublik zu ihren NATO-Partnern gefährden würden". Vermerk Scheske an Büro Staatssekretär, 25.9.1963, in: AAPD 1963, S. 1230 f. Die Kommentierung der Aktenedition zu den „Spannungen" zwischen der Bundesrepublik und ihren NATO-Verbündeten geht allerdings am Kern des Konflikts vorbei. Die Bundesregierung handelte damals nicht nur ohne Zustimmung des NATO-Rats, sondern vor allem auch gegen den Widerstand der USA, Großbritannien und Frankreich. Vgl. ebenda, S. 1231.
[283] Vgl. Adenauer, Kanzlertee (Wortprotokoll) vom 7.3.1960, in: Teegespräche 1959–1961, S. 215–224, hier S. 219.
[284] Vgl. ebenda, S. 220.

IV. Die jüngste deutsch-spanische Vergangenheit als Gegenstand der westdeutschen Politik

Durch die vehemente Kritik des Auslands an den Plänen für eine militärische Zusammenarbeit mit dem franquistischen Spanien war auch das bislang in der Bundesrepublik weitgehend verdrängte bzw. einseitig wahrgenommene Thema der Verbindung Hitler-Franco in das öffentliche Bewußtsein gerückt worden. Es mag an der „geistig-politische[n] Autarkie"[1] im „Dritten Reich" und dem antikommunistischen Klima der 50er Jahre gelegen haben, daß den Deutschen in der Nachkriegszeit eine differenzierte Sicht auf den Spanischen Bürgerkrieg und die nationalsozialistische Parteinahme für die Putschisten um Franco schwerfiel. Denn das antisowjetisch ausgerichtete Spanienbild der NS-Propaganda[2], die die legitime republikanische Regierung in Madrid seit dem Aufstand der Militärs im Juli 1936 immer wieder als „Rotspanien" und „bolschewistisches Regime" bezeichnet hatte[3], sollte die publizistische Wahrnehmung noch lange prägen[4]. Doch welche Auswirkungen hatte dies auf den „vergangenheitspolitischen" Umgang mit der Hinterlassenschaft der deutschen Intervention in Spanien und dem zeitweiligen Bündnis von Hitler und Franco im Zweiten Weltkrieg, deren Symbol die „Legion Condor"[5] und die „Blaue Division"[6] waren? Und wie verhielten sich Politik und Behörden gegenüber den Verlierern des Bürgerkriegs, die Opfer des NS-Regimes wurden?

---

[1] So anläßlich der Debatte um die deutschen Stützpunkt-Pläne; NZZ, 6. 3. 1960.
[2] Der Spanische Bürgerkrieg brachte „einen Höhepunkt in der propagandistischen antisowjetischen Strategie des Dritten Reiches". Messerschmidt, Außenpolitik und Kriegsvorbereitung, S. 609.
[3] Vgl. Bernecker, Das nationalsozialistische Spanienbild und Hitlers Eingreifen in den Spanischen Bürgerkrieg, S. 31.
[4] Vgl. Wohlfeil, Der Spanische Bürgerkrieg 1936-1939, S. 101-119. Anhand einer Analyse von Artikeln zum 30. Jahrestag des Beginns des Bürgerkrieges stellt Wohlfeil fest, daß „Voreingenommenheit oder ideologische Bindung" noch immer für das veröffentlichte Spanienbild bestimmend seien. Vgl. ebenda, S. 119. Eine umfassende Studie zur Nachwirkung der NS-Propaganda auf das Bild Spaniens in der Bundesrepublik ist nach wie vor ein Desiderat.
[5] Was als Transporthilfe für die Aufständischen begonnen hatte, wuchs sich seit Oktober 1936 zu einer massiven militärischen Intervention, vor allem der Luftwaffe, an der Seite Italiens aus. Insgesamt waren 600-700 deutsche Flugzeuge und bis zu 5000 Soldaten gleichzeitig im Einsatz. Da die „Freiwilligen" fortwährend ausgetauscht wurden, um möglichst vielen zu Kriegserfahrungen zu verhelfen, kämpften bis zum Frühjahr 1939 etwa 19000 Mann gegen die Republik. Vgl. Bernecker, Krieg in Spanien, S. 55; zum militärischen Einsatz: Whealey, Hitler and Spain, S. 101-128. Von der Anwesenheit der Legion Condor in Spanien erfuhr die deutsche Öffentlichkeit offiziell erst bei ihrer Rückkehr im Frühjahr 1939. Das Deutsche Reich wollte seine Teilnahme am Bürgerkrieg lange Zeit nicht eingestehen, verfolgte es doch - wie auch andere Staaten - nach außen hin eine Politik der Nichteinmischung. Vgl. dazu Viñas, Der internationale Kontext, S. 187-295.
[6] Franco-Spanien stellte nach dem deutschen Angriff gegen die Sowjetunion im Juni 1941 eine Freiwilligen-Formation aus Falangisten und aktiven Soldaten auf, die sich seit Oktober am sogenannten Kreuzzug Europas gegen den Bolschewismus beteiligte. Die Division, offiziell División Español de Voluntarios, wurde bald wegen der blauen Hemden der Falangisten als Blaue Division (División Azul) bezeichnet. Der Verband mit seinen rund 18000 Mann wurde als Folge der nationalsozialistischen Rassenideologie - wie die anderen „nichtgermanischen" Freiwilligen (Franzosen, Kroaten und Wallonen) - in die Wehrmacht eingeordnet, während die „germanischen" Freiwilligen (Flamen, Finnen, Norweger und Schweden) zur Waffen-SS kamen. Die Blaue Division war nicht nur eine Art Gegenleistung für die Legion Con-

1. Doppelte Anrechnung der Dienstzeit für die „Freiwilligen" der Legion Condor?

So umstritten die jüngste deutsch-spanische Vergangenheit und die Ursachen des Bürgerkriegs in Spanien zwischen Regierung und SPD-Opposition waren, im Hinblick auf den Einsatz des Sonderverbands der Wehrmacht, die „Legion Condor", hatte es bisweilen auch Einigkeit gegeben. Im Juli 1954 wurde das deutsche Eingreifen im Bundestag zwar einhellig als „völkerrechtswidrig" verurteilt, die Soldaten der Legion Condor wurden aber entlastet[7].

Ausgelöst worden war die Parlamentsdebatte durch die Frage, ob und inwieweit bei den Versorgungs- und Pensionsansprüchen der ehemaligen Berufssoldaten nach Art. 131 GG[8] ihre in Spanien verbrachte Zeit als Dienstzeit angerechnet werden sollte. Die ungeklärte rechtliche Situation hatte zunächst zu ablehnenden Bescheiden geführt. Daraufhin bat der Verband deutscher Soldaten (VdS) das Bundesinnenministerium im Oktober 1952 um eine Prüfung[9]. Auch das Bundesministerium für Arbeit und Soziales, das für Ansprüche nach dem Bundesversorgungsgesetz (BVG) verantwortlich war, drängte nun auf eine einheitliche Beurteilung gegenüber den ehemaligen Angehörigen der Legion Condor[10]. Bisher habe er entsprechende Anträge abgewiesen, teilte der zuständige Referent mit, da seiner Auffassung nach der „Dienst der Angehörigen dieser Freiwilligenverbände nicht als Dienst nach deutschem Wehrrecht" anerkannt werden könne. Denn das Deutsche Reich sei „an diesem Kriege nicht beteiligt" gewesen. Die endgültige rechtliche Klärung erwies sich als schwierig.

Erst neun Monate später, im Juli 1953, teilte das Innenministerium in einem Zwischenbescheid mit, es könne noch keine endgültige Stellungnahme abgeben. So seien die ent-

---

dor, sondern entsprang auch innenpolitischen Motiven, da hiermit die Kräfte in Spanien, die auf einen Kriegseintritt drängten, beruhigt werden konnten. Mit der sich abzeichnenden deutschen Niederlage schwand auch die offene Unterstützung Francos. Ab Herbst 1943 begann der Rückzug des Verbandes. Bis Januar 1944 wurden – durch einen stetigen Wechsel nach einigen Monaten – insgesamt etwa 47 000 Mann in der 250. Infanterie-Division eingesetzt. Vgl. Förster, Freiwillige für den „Kreuzzug Europas gegen den Bolschewismus", S. 908–915. Vgl. zur Gründung und dem Ende der Blauen Division: Ruhl, Spanien im Zweiten Weltkrieg, S. 27–34 und S. 233–245. Ebenso Kleinfeld/Tambs, Hitler's Spanish Legion; zur generellen Einordnung: Bowen, Spaniards and Nazi Germany, S. 105–123 und S. 166–174. Siehe umfassend Moreno, La División Azul.

[7] Der Vorsitzende des Beamtenrechts-Ausschusses Josef Kleindinst demonstrierte der SPD im Namen der CDU/CSU-Fraktion Gemeinsamkeit: „Sie werden überzeugt sein, daß wir bezüglich der völkerrechtlichen Beurteilung des Eingreifens in Spanien einer Meinung sind, aber auch einer Meinung darüber, daß die Leute der Legion Condor tatsächlich kommandiert worden sind und es bei den Fragen keinen Widerspruch geben konnte." Deutscher Bundestag, 37. Sitzung, 8.7.1954, Stenographische Berichte, Bd. 20, S. 1752–1758, hier S. 1757.

[8] Vgl. zu dem im April 1951 vom Bundestag einstimmig verabschiedeten „131er"-Gesetz, durch das im Verlauf der Entnazifizierung entlassene Beamte und Berufssoldaten in ihre früheren Positionen zurückkehren bzw. Versorgungsansprüche geltend machen konnten, ausführlich Frei, Vergangenheitspolitik, S. 69–99, sowie Garner, Der öffentliche Dienst in den 50er Jahren, S. 759–790.

[9] Schreiben Generalmajor a. D. Kurt Linde an das Bundesministerium des Innern, 16.10.1952, BA, B 106, Bd. 32535. Zu den allenthalben entstehenden Soldatenverbänden in der Frühzeit der Bundesrepublik und der im September 1951 erfolgten Gründung des VdS als Dachverband vgl. Meyer, Soldaten ohne Armee, S. 683–750.

[10] Schreiben Schönleiter an das Bundesministerium des Innern, 16.10.1952, BA, B 106, Bd. 32535. Hier auch das Folgende.

sprechenden Erlasse und Schriftwechsel als geheim behandelt und 1945 überdies größtenteils vernichtet worden[11]. Inzwischen hatte sich der Regelungsbedarf erhöht; bereits seit Februar war der Dienst in der Legion Condor als „anrechnungsfähige Dienstzeit in Bayern anerkannt". Jetzt drängte auch das Ministerium für den Marshallplan auf eine baldige bundeseinheitliche Entscheidung[12]. Am 11. Februar 1954 wurden schließlich die obersten Bundes- und Landesbehörden in einem Rundschreiben[13] darüber informiert, daß das Bonner Innenministerium keine rechtlichen Einwände habe, die Zeit der Zugehörigkeit zur Legion Condor als „berufsmäßige Wehrdienstzeit" und als „Kriegsjahr" auf die ruhegehaltsfähige Dienstzeit nach Art. 131 GG anzurechnen. Die im Rahmen des „Sondereinsatzes" verwendeten Berufssoldaten seien nach den vorliegenden Quellen nicht aus dem „berufsmäßigen Wehrdienst" ausgeschieden und hätten weiterhin der Wehrmacht angehört.

Im Bundestagsausschuß zum Schutze der Verfassung[14] stieß dieser Erlaß bei Abgeordneten der SPD wie auch zwei Vertretern der CDU allerdings auf „politische Bedenken"[15]. Es gehe nicht an, hieß es, Personen, die sich „freiwillig an den völkerrechtswidrigen Kampfhandlungen beteiligt hätten, Rechte einzuräumen". Damit, so die Kritiker, werde das „Eingreifen der nationalsozialistischen Machthaber in Spanien als legal anerkannt". Demgegenüber wiesen andere Mitglieder der Koalitionsparteien darauf hin, daß der „politische Streit" darum, ob der Einsatz der Legion Condor „unter dem Gesichtspunkt der Bekämpfung des Kommunismus" zu rechtfertigen sei, „nicht zu Lasten der beteiligten Soldaten" gehen dürfe. Der Berichterstatter des Innenministeriums, Ministerialdirigent Anders, betonte, das Schreiben seines Hauses habe „ohne jeden politischen Akzent" ausschließlich das Ziel verfolgt, eine Zweifelsfrage rechtlich zu klären. Anspruchsberechtigt seien allein frühere Berufssoldaten der Wehrmacht: „Um ‚Freiwillige' habe es sich nur der äußeren Form nach gehandelt, da es nach dem Nichteinmischungsabkommen der Großmächte verboten gewesen sei, in Spanien militärisch einzugreifen." Seiner Ansicht nach bestehe juristisch „keine Möglichkeit, den Betroffenen die Anrechnung zu versagen"[16]. Er empfahl daher Innenminister Gerhard Schröder, trotz der Bitte des Verfassungsschutzausschusses[17], das beanstandete Rundschreiben nicht aufzuheben. Schröder folgte dem Rat

---

[11] Antwortentwurf für den Bundesminister für Arbeit und den Verband deutscher Soldaten, Juli 1953, betr. Versorgung ehem. Angehöriger der Legion Condor, BA, B 106, Bd. 32535.
[12] Bundesministerium für den Marshallplan an Innenministerium, 1.8.1953, BA, B 106, Bd. 32535.
[13] Bundesinnenministerium an die obersten Bundesbehörden und Landesbehörden, 11.2.1954, BA, B 106, Bd. 32535. Hier auch das Folgende.
[14] Der Verfassungsschutzausschuß hatte seit September 1950 die alleinige Zuständigkeit für das Thema Entnazifizierung. Vgl. Frei, Vergangenheitspolitik, S. 58.
[15] Vermerk Anders für den Minister, 5.5.1954, BA, B 106, Bd. 32535. Hier auch das Folgende. Ministerialdirigent Georg Anders, Leiter der Abteilung für Beamtenrecht – bis 1945 Ministerialrat im Reichsjustizministerium und NSDAP-Mitglied – kam selbst aus dem Kreis der „131er". Vgl. Garner, Der öffentliche Dienst in den 50er Jahren, S. 774.
[16] Anders hatte darauf hingewiesen, daß bei der Anerkennung von Kriegsjahren als Rechtsgrundlage – die vom Bundestag eingefügte – Vorschrift des § 181 Abs. 5 Nr. 1 Bundesbeamtengesetz (BBG) gelte, die vorsehe, die Kriegsjahre „nach bisherigem Recht" anzurechnen. Als bisheriges Recht müsse die Verordnung vom 7.7.1939 angesehen werden.
[17] Der Ausschußvorsitzende Menzel (SPD) hatte darum gebeten, das Innenministerium möge seine Position angesichts der bestehenden Einwände noch einmal überprüfen und den Erlaß aufheben. Allerdings nahmen an der Sitzung (4.5.1954) – die ohne Abstimmung zu Ende gegangen war – nur 6, zeitweise 7 von 16 Abgeordneten der Koalitionsparteien teil, während die SPD mit 7 Mitgliedern vollzählig vertreten war.

und teilte dem Vorsitzenden des Ausschusses, Menzel, wenig später mit, er „sehe keinen Grund"[18] in diesem Fall etwas zu ändern. Es gehe dabei allein um Rechtsansprüche, die „anerkannt werden müssen", nicht um die Frage der „völkerrechtlichen Legalität" des Einsatzes der Legion Condor in Spanien.

Die Sozialdemokraten wollten es bei dieser Entscheidung nicht bewenden lassen. Ende Mai brachten sie im Bundestag den Antrag ein, den Erlaß des Bundesministers des Innern aufzuheben[19]. Gleichzeitig geriet das Thema, sehr zum Verdruß von Minister Schröder[20], in die Schlagzeilen: „Skandal um Schröder-Erlaß – Zulage für Legion Condor" lautete die Überschrift der „Neue[n] Rhein Zeitung"[21] am 25. Mai. Der Artikel griff die von der SPD vorgebrachte Kritik an der Dienstzeiten-Regelung auf und wies darauf hin, daß dadurch unter Umständen „das Ansehen der Bundesrepublik im Ausland geschädigt werden könne". Das Innenministerium in Bonn reagierte prompt: Noch am selben Tag setzte es sich mit einer Pressemitteilung[22] zur Wehr. So wurde insbesondere der von der „Neue[n] Rhein Zeitung" unterstellte Vorwurf, mit dem Rundschreiben sei die völkerrechtliche Legalität des Einsatzes der Legion Condor „bejaht" worden, vehement zurückgewiesen. Allein die „Tatsache", daß die nach Spanien entsandten Soldaten auch dort „Berufssoldaten der Deutschen Wehrmacht geblieben sind" und deshalb ein „klarer Rechtsanspruch" bestehe, habe zu dieser Entscheidung geführt. Das Innenministerium rückte außerdem die soziale Dimension in den Vordergrund. Die Angehörigen der Legion Condor galten nun als pflichtgetreue Soldaten, die einer Diktatur dienen mußten. So wäre es „höchst unbillig", den in Frage kommenden Berufssoldaten und „ihren Witwen und Waisen die ihnen zustehende Versorgung lediglich deswegen zu verweigern, weil sie von den Machthabern des Dritten Reiches zu einem derartigen Einsatz befohlen worden sind". Denn die sogenannte Freiwilligkeit habe nur der „Tarnung dieses Hitlerschen Unternehmens" gegolten. Damit wurde das bis 1945 bestehende öffentliche Bild der Legion Condor grundlegend revidiert. Waren es noch zuvor die von der NS-Propaganda bejubelten „Freiwilligen" im Kampf gegen den Bolschewismus, bei deren Rückkehr im Frühjahr 1939 der „Aufbau einer Heldenlegende"[23] begonnen hatte, ging es der Bundesregierung in der

---

[18] Schröder an Menzel, 19.5.1954, BA, B 106, Bd. 32535. Hier auch das Folgende.
[19] Antrag der SPD-Fraktion betr. Legion Condor, 26.5.1954, Deutscher Bundestag, Drucksache 553, Bd. 29.
[20] Schröder an Brentano, 25.6.1954, BA, B 106, Bd. 32535. Er warf dem SPD-Abgeordneten Menzel vor, Informationen an die Presse weitergegeben zu haben. Dadurch sei es zu einer „Aufbauschung" und „entstellenden Behandlung der Angelegenheit" gekommen.
[21] Neue Rhein Zeitung, 25.5.1954. Zudem griffen die FR und die SZ das Thema auf. Vgl. „Dienst in ‚Legion Condor' zählt doppelt", 26.5.1954, und: „Legion Condor – als Dienstzeit angerechnet".
[22] Mitteilung an die Presse, 25.5.1954, BA, B 106, Bd. 32535. Hier auch das Folgende.
[23] Vgl. Bernecker, Das nationalsozialistische Spanienbild und Hitlers Eingreifen in den Spanischen Bürgerkrieg, S. 28. Allein 1939 wurden 17 Publikationen veröffentlicht, die sich propagandistisch mit dem Bürgerkrieg in Spanien und der Legion Condor beschäftigten. Insbesondere die in hohen Auflagen erschienenen Erlebnisberichte der Militärs prägten das zeitgenössische Bild des Krieges. Die als Angehörige der Wehrmacht abgeordneten Soldaten stilisierten sich dabei stets als „Freiwillige", die ihrer Überzeugung folgend, in den Kampf gegen den „Weltfeind Bolschewismus" nach Spanien gegangen seien. Manche berichten ausführlich, „wie es ihnen nur durch gute persönliche Beziehungen gelang, aus der großen Zahl von Bewerbern für den Einsatz in Spanien ausgewählt zu werden". Vgl. Schmigalle, Deutsche schreiben für Hitler und Franco, S. 203. Die Darstellungen der Militärs lassen aber auch andere Motive wie Abenteuerlust, Fernweh und Elitenbewußtsein erkennen. Überdies gab es handfeste finanzielle Anreize. Die Mitglieder der Legion Condor erhielten zusätzlich zu ihrem weiterlaufenden Verdienst eine

Dienstzeiten-Frage um eine möglichst politikfreie, sozialrechtliche Bewertung eines Einsatzes der Wehrmacht.

Dagegen empörte sich die SPD nun auch öffentlich. Die vom Innenministerium vorgesehene Versorgungslösung bedeute, hieß es im „SPD-Pressedienst", in der Konsequenz „nichts anderes als eine kalte Rehabilitierung des Dritten Reiches und eine politische Rechtfertigung des blutigen Abenteuers, das Hitler und sein Freund Mussolini in Spanien unternahmen, um ganz Europa der faschistischen Diktatur zu unterwerfen"[24]. Schwerer als solche Vorwürfe der Opposition wog für Innenminister Schröder sicherlich die interne Kritik des CDU/CSU-Fraktionsvorsitzenden Brentano[25], der Ende Juni, aufgeschreckt durch einen Artikel in der „Frankfurter Rundschau", wissen wollte, wie es zu der Anordnung gekommen sei, die „Dienstzeit in der sogenannten Legion Condor als Kriegsdienstzeit anzurechnen". Er halte „persönlich", schrieb Brentano dem Innenminister, diese „Auffassung auch nicht für richtig". Außerdem werde man wohl „im Ausland eine solche Praxis nicht sehr wohlwollend" beurteilen.

Brentano hatte mögliche außenpolitische Weiterungen, Schröder mögliche Klagen der Betroffenen vor Augen. In seiner Antwort bemühte sich der Innenminister, kurz vor der Debatte im Bundestag, vor allem um rechtliche Aufklärung. Für ihn war die Rechtslage „eindeutig"[26]. Die in Spanien eingesetzten Berufssoldaten seien damals Angehörige der Wehrmacht geblieben und hätten deshalb einen Anspruch auf Versorgung nach Art. 131 GG. Daß zusätzlich „Kriegsjahre" berücksichtigt werden müßten, beruhe auf einer Verordnung vom 7. Juli 1939, an deren Gültigkeit das Bundesbeamtengesetz nichts geändert habe. Dieses sehe ausdrücklich vor, daß sich die ruhegehaltfähige Dienstzeit um die „nach bisherigem Recht anrechenbaren Kriegsjahre erhöht". Der Minister unterstrich, er wolle damit den Einsatz der Legion Condor politisch nicht legitimieren. Schließlich hänge die „Rechtsstellung" der Berufssoldaten nicht „von der Legitimität dieses Hitler'schen Unternehmens ab". Im übrigen stellte sich Schröder vor die Angehörigen der Legion Condor und entlastete sie, indem er ihren Einsatz im Bürgerkrieg als unpolitische Pflichterfüllung deutete[27]. So sei es falsch, anzunehmen, daß „diese Soldaten ‚freiwillig' nach Spanien ge-

---

nicht unbeträchtliche Aufwandsentschädigung. Vgl. ebenda, S. 204. Vgl. zur Legion Condor und ihrer Rolle in den nationalsozialistischen Massenmedien: Peter, Das Spanienbild in den Massenmedien des Dritten Reiches 1933–1945, S. 124–135. Zum Nachhall des Bürgerkriegs in der deutschen Literatur siehe: Pichler, Der Spanische Bürgerkrieg (1936–1939) im deutschsprachigen Roman.

[24] SPD-Pressedienst: Legion Condor – eine kalte Rehabilitierung, 31. 5. 1954.
[25] Brentano an Schröder, 22. 6. 1954, BA, B 106, Bd. 32535. Hier auch das Folgende. Brentano bezog sich dabei auf eine am selben Tag in der FR veröffentlichte Notiz mit der Überschrift „Innenministerium gegen Innenministerium".
[26] Schröder an Brentano, 25. 6, 1954, BA, B 106, Bd. 32535. Dort das Folgende.
[27] Überhaupt wurde in der gesamten Auseinandersetzung nicht ein klärendes Wort über den militärischen Einsatz der Truppe verloren. Dagegen wird in der Darstellung von Birgit Aschmann ein ideologisiertes Bild gezeichnet, wenn sie davon spricht, daß „neben Kampferfahrung [...] dieser Einsatz einen ungewöhnlich hohen Identifikationseffekt bewirkt und ein starkes ‚Wir-Gefühl' erzeugt" habe. An anderer Stelle sind es gar die „durch Kriegspropaganda tatendurstigen Soldaten", die „verstärkt durch den Nimbus des Geheimnisvollen einer verdeckten Operation, einer relativen Gefahrlosigkeit und der ideellen Indoktrination" davon ausgingen, „als elitäre Vorkämpfer an vorderster Front den Erzfeind Kommunismus bekämpfen zu können". Vgl. Aschmann, „Treue Freunde..."?, S. 27 f. Zudem hält Aschmann fälschlicherweise dem Nationalsozialismus nahestehende Publizisten wie Werner Beumelburg und Karl Georg von Stackelberg, die Propagandaliteratur über den Einsatz verfaßt hatten, für Angehörige der Legion Condor. Vgl. ebenda, S. 377.

gangen sind". Die Freiwilligkeit habe nur als „Tarnung" gedient, „um den Schein aufrechtzuerhalten, daß sich Deutschland nicht am Kriege beteilige". Die Sorge vor einem negativen Echo im Ausland hielt er überdies für unbegründet, da bisher eine nennenswerte Reaktion – abgesehen von einem „sachlichen" Artikel in der „Times"[28] – ausgeblieben sei.

Am 8. Juli 1954 war die Pensions- und Versorgungsfrage schließlich Thema im Deutschen Bundestag. Hermann Schmitt-Vockenhausen erinnerte im Namen der SPD-Fraktion die Bundesregierung daran, daß bislang die deutsche Hilfe für die Aufständischen um Franco übereinstimmend als einer jener Fälle angesehen wurde, „in denen der Nationalsozialismus in völkerrechtswidriger Weise in die inneren Verhältnisse eines anderen Landes eingegriffen hat"[29]. Angesichts der großen sozialen Probleme, unter denen vor allem die „Opfer des Krieges"[30] in der Bundesrepublik zu leiden hätten, hielt er es auch nicht für angemessen, diesen militärischen Einsatz besonders zu honorieren. Der SPD gehe es mit ihrem Antrag allein darum, warb Schmitt-Vockenhausen, daß die Dienstzeit in der Legion Condor „normal wie jede andere behandelt"[31] wird. Ob dies in erster Linie ein taktisches Argument war, um die Mehrheitsverhältnisse zu beeinflussen, bleibe dahingestellt. In jedem Fall sprach sich die SPD jetzt nur noch gegen einen erhöhten Rentenanspruch aus. Die Sozialdemokraten empfanden die von der Bundesregierung vorgesehene Regelung als „verspätete Solidaritätserklärung für das nationalsozialistische Regime und für sein Eingreifen im spanischen Bürgerkrieg". Diesen Vorwurf wies Innenminister Schröder weit von sich. Er pochte darauf, daß es sich hier nicht um eine politische Frage, sondern um eine „Rechtsfrage" handele. Schließlich seien gesetzlich geregelte Versorgungsansprüche von Berufssoldaten zu erfüllen. Daß dabei zusätzlich „Kriegsjahre" angerechnet werden müßten, beruhe auf einer Änderung am Regierungsentwurf zum Bundesbeamtengesetz, die damals von allen Fraktionen aus sozialen Gründen gewünscht worden sei[32]. Damit gelte für die Legion Condor nichts anderes als für andere Kriegsteilnehmer. Insofern sei ihr Antrag falsch gestellt, belehrte Josef Kleindinst, der Vorsitzende des Beamtenrechtsausschusses, die sozialdemokratische Opposition und befand, er sehe „ein Mißverhältnis von Aufwand, Ziel und Zweck", das Gesetz „wegen dieser wenigen Leute"[33] zu ändern. Das sahen die meisten Abgeordneten wohl ähnlich; der Antrag der SPD wurde mit Stimmenmehrheit abgelehnt.

Der Verlauf der Debatte hatte gezeigt, wie schonend die Angehörigen der Legion Condor von allen Parteien behandelt wurden. Auch die Sozialdemokraten scheuten vor Kritik

---

[28] Vgl. The Times, 28. 5. 1954, „The German Pensions Controversy".
[29] Deutscher Bundestag, 37. Sitzung, 8. 7. 1954, 2. Wahlperiode, Stenographische Berichte, Bd. 20, S. 1752-1758, hier S. 1752. Schmitt-Vockenhausen verwies dabei auf die gemeinsame Haltung der vergangenen Jahre in den Beratungen über das Bundesversorgungsgesetz.
[30] Ebenda.
[31] Ebenda, S. 1754. Hier auch das Folgende.
[32] Vor allem aus den Reihen der SPD sei bei den Beratungen im Beamtenrechtsausschuß, wie sich dessen Vorsitzender Kleindinst (CSU) erinnerte, argumentiert worden: „Man kann doch den Kriegsteilnehmern, die bisher die doppelte Anrechnung haben, sie nun nicht wieder nehmen." Ebenda, S. 1757. Im übrigen, bedeute, so der Innenminister, die Anrechnung von Kriegsjahren nicht, daß die Pensionen verdoppelt würden. Als Folge könne es lediglich zu einer Erhöhung um ein bis zwei Prozentpunkte auf der „Pensionsskala" kommen. Ebenda, S. 1755.
[33] Ebenda, S. 1757. Wie groß letztlich der Kreis der Anspruchsberechtigten war, konnte nicht geklärt werden, da die Umsetzung der Versorgungsansprüche den Bundesländern vorbehalten blieb.
[34] Die SPD-Opposition sah in den Soldaten ebenso wie die Regierung Adenauer unschuldige Opfer des NS-Regimes. So wollte Helmut Schmidt – selbst Wehrmachtoffizier – später auch keinen Zweifel aufkom-

gegenüber den ehemaligen Soldaten zurück[34]. Ihr argumentativer Spielraum war angesichts der großen öffentlichen Solidarität mit verurteilten und inhaftierten deutschen Militärs[35] ohnehin gering, zumal sie sich im Bundestag gegen den Verdacht verteidigen mußten, „künstlich Ressentiments"[36] schüren zu wollen. Der Einsatz der Legion Condor blieb in seinem tatsächlichen Verlauf und in seinen Einzelheiten – wohl auch als Folge des fehlenden historischen Wissens – im Dunkeln. Selbst der Bombenangriff auf die baskische Stadt Guernica im April 1937, der vor allem durch Pablo Picassos Gemälde zu einem Symbol des Kriegsterrors gegen die Zivilbevölkerung wurde, spielte im Bewußtsein der westdeutschen Öffentlichkeit und Politik in den 50er Jahren noch keine Rolle[37].

Zu einer grundsätzlichen Auseinandersetzung über das Wirken der Deutschen im spanischen Bürgerkrieg war es im Parlament nicht gekommen. Zwar hatte der SPD-Abgeordnete Hauffe darauf gedrängt, künftig ebenso „nationalsozialistische Verfolgungszeiten"[38]

---

men lassen „an der Gutgläubigkeit jener jungen deutschen Soldaten, die damals der Legion Condor angehört haben. Die konnten das ganze Spiel selbstverständlich nicht durchschauen und nicht überschauen." Deutscher Bundestag, 108. Sitzung, 6. 4. 1960, 3. Wahlperiode, Stenographische Berichte, Bd. 45, S. 5894.

[35] Vgl. Frei, Verwandlungspolitik, S. 266–306.

[36] So Innenminister Schröder. Die SPD habe die Versorgung der Legion Condor zu einer „politischen Affäre" machen wollen. Deutscher Bundestag, 37. Sitzung, 8. 7. 1954, Stenographische Berichte, Bd. 20, S. 1755.

[37] Es herrschte Unwissenheit. Als das deutsche Konsulat in Bilbao im Sommer 1958 erstmals mit dem Fall Guernica konfrontiert wurde, stützte es sich bei seinen Recherchen allein auf Aussagen ehemaliger Condor-Legionäre. Nach Zeitungsberichten über den Angriff und seine Folgen hatte ein früheres Mitglied der Einheit aus Trier um Auskunft gebeten, ob dabei tatsächlich nahezu tausend Zivilisten ums Leben gekommen seien. Nach „schwierig[en]" Nachforschungen berichtete die deutsche Vertretung an das Auswärtige Amt: Guernica ist „von Flugzeugen der Legion Condor im Auftrag nationalspanischer Militärstellen, denen sie unterstand, bombardiert und durch das dabei entstandene Großfeuer fast völlig zerstört worden". Die Augenzeugen – darunter pikanterweise ein in Guernica lebender Ex-Legionär – hätten die Zahl von 1000 Toten bestätigt und sogar eingeräumt, daß flüchtende Personen aus Flugzeugen gezielt mit Maschinengewehren beschossen worden seien. Das Konsulat fürchtete wegen der politischen Brisanz des Themas offenbar unliebsame Enthüllungen. So schlug es vor, zunächst Erkundigungen über den Fragesteller einzuholen. Denn es könnte sich hierbei, so wurde vermutet, möglicherweise um einen „Agent provocateur" einer „östlichen Macht" handeln. Konsulat Bilbao an Auswärtiges Amt, 12. 9. 1958, PA/AA, Ref. 205, Bd. 7604. Im Spanien Francos war das Thema tabu. Das verordnete Schweigen sollte 40 Jahre andauern. Erst im April 1977, nach dem Tod des Diktators, konnten die Bewohner Guernicas (baskisch: Gernika) öffentlich der Toten gedenken. Ihre genaue Zahl ist auch heute noch heftig umstritten; fest steht jedoch, daß Hunderte ums Leben kamen. Vgl. zum Stand der Forschung Bernecker, Gernika 1937 – Kontroversen und deutsche „Vergangenheitsbewältigung", S. 39; Maier, Guernica, 26. April 1937. Die deutsche Intervention und der Fall Guernica. Die Bundesrepublik fand jahrzehntelang offiziell kein Wort des Bedauerns. Wie schwer eine angemessene Geste fiel, zeigte sich, als Bundespräsident Roman Herzog im Jahr 1997 erstmals eine Botschaft „des Gedenkens, des Mitgefühls und der Trauer" an die Überlebenden des Bombardements richtete. Darin sprach er lediglich von der „schuldhaften Verstrickung deutscher Flieger" und bot seine Hand „mit der Bitte um Versöhnung". Vgl. SZ, 28. 4. 1997.

[38] Deutscher Bundestag, 37. Sitzung, 8. 7. 1954, Stenographische Berichte, Bd. 20, S. 1757. Hauffe hatte sich bereits Anfang Juni empört über die „doppelte" Anrechnung der Dienstzeit in der Legion Condor mit diesem Vorschlag an den SPD-Fraktionsvorstand gewandt. Der sozialdemokratische Politiker hielt es „für unerträglich, daß der Dienst im spanischen Bürgerkrieg ehrenhafter sein soll als die Leiden in einem nationalsozialistischen KZ". Allerdings konnte er sich damit selbst in der eigenen Partei nicht durchsetzen. In der im Januar 1955 eingebrachten Novelle der SPD-Fraktion zum Bundesergänzungsgesetz war davon keine Rede mehr. Vgl. Bracher u. a. (Hrsg.), Die SPD-Fraktion im Deutschen Bundestag. Sitzungsprotokolle 1949–1957, S. 62.

doppelt anzurechnen. Über die etwa 3000 antifaschistischen Deutschen, die freiwillig auf republikanischer Seite in den „Internationalen Brigaden"[39] gekämpft hatten, war aber kein Wort verloren worden. In der frühen Bundesrepublik mochte man, anders als etwa in Italien und Frankreich, wo die Kommunistischen Parteien akzeptiert waren, die linken Spanienkämpfer nicht. Sie erhielten keine mit der Legion Condor vergleichbaren staatlichen Versorgungsleistungen.

Ihr Einsatz in Spanien, den sie auch als Widerstand gegen Hitler verstanden, wurde von der Gesellschaft ignoriert bzw. pauschal unter Kommunismusverdacht gestellt. Kaum einer der sogenannten Rotspanienkämpfer, die das KZ Dachau – Sammelpunkt der ehemaligen Interbrigadisten – überlebt hatten, erhielt daher eine Entschädigung[40]. Erst unter anderen politischen Vorzeichen wurden 1972 durch eine Novelle im Bundesversorgungsgesetz die Voraussetzungen für Leistungsansprüche geschaffen, um damit, wie das Bundesverfassungsgericht später befand, „dem Unwerturteil deutlich entgegenzutreten", das „ursprünglich" gegenüber den republikanischen Spanien-Freiwilligen geherrscht habe[41].

2. Heikle Traditionspflege: Die Treffen der Veteranenverbände der Legion Condor und der Blauen Division

In den ersten Jahren der Bundesrepublik war es still um die Legion Condor. Doch mit dem massenhaften Erscheinen militärischer Erinnerungsschriften über den Zweiten Welt-

---

[39] Zu der im Oktober 1936 begonnenen Bildung der Internationalen Brigaden, ihrer Zusammensetzung und Geschichte vgl. von zur Mühlen, Spanien war ihre Hoffnung, S. 205–238; der Anteil der deutschen Freiwilligen wird hier mit 5000 angegeben; ebenda, S. 239–285; zusammenfassend: ders., Deutsche Emigranten im Spanischen Bürgerkrieg, in: Mythen des Spanischen Bürgerkriegs, S. 48–58. Neuere Forschungen lassen vermuten, daß die Zahl auf etwa 3000 korrigiert werden muß. Vgl. Uhl, Mythos Spanien, S. 55. Eine Statistik der „Kommission der ausländischen Kader beim ZK der KP Spaniens" verzeichnet insgesamt 2318 deutsche Interbrigadisten, unter ihnen 1440 Kommunisten – ein Anteil von 62,1%. Vgl. Mallmann, „Kreuzritter des antifaschistischen Mysteriums", S. 35. Zu den deutschen Kämpfern auf republikanischer Seite gehörten neben Kommunisten auch Sozialdemokraten und Anarchisten. Insofern zeichnet Aschmann ein einseitiges Bild, wenn sie davon spricht, daß viele der „deutschen Kommunisten" nach der Auflösung der Brigaden in Frankreich interniert und später an die Gestapo ausgeliefert worden seien. Vgl. Aschmann, „Treue Freunde..."?, S. 37.

[40] Vgl. Mallmann, „Kreuzritter des antifaschistischen Mysteriums", S. 36; von zur Mühlen, Spanien war ihre Hoffnung, S. 306–314. Zur restriktiven Entschädigungspraxis gegenüber Kommunisten: Jasper, Die disqualifizierten Opfer, S. 361–384. Im östlichen Teil Deutschlands sah dies ganz anders aus. In der DDR galten die Spanien-Veteranen als antifaschistische Widerstandskämpfer, deren Einsatz in vielfältiger Weise öffentlich gewürdigt wurde. Die Staatspropaganda heroisierte die Internationalen Brigaden als ein Vorbild des kommunistischen „besseren Deutschland". Vgl. umfassend Uhl, Mythos Spanien. Ferner: von zur Mühlen, Spanien war ihre Hoffnung, S. 307–311; Mallmann, „Kreuzritter des antifaschistischen Mysterium", S. 50 ff.; Kessler/Peter, Antifaschisten in der SBZ, S. 611–633. Damit gerieten die Freiwilligen zum Objekt der vergangenheitspolitischen Konkurrenz beider deutscher Staaten im Kalten Krieg. Vgl. weiterführend: Danyel, Die geteilte Vergangenheit.

[41] Vgl. Beschluß des Ersten Senats (1 BVL 26/76), 30. 5. 1978, in: Entscheidungen des Bundesverfassungsgerichts, 48. Band, S. 281–291, hier S. 289. Allerdings setzte sich die Ungleichbehandlung fort. Die Verfassungsrichter urteilten, es sei mit dem Grundgesetz vereinbar, die im Ausland lebenden ehemaligen Brigadisten, im Gegensatz zu den früheren Angehörigen der Legion Condor, von Versorgungsleistungen auszuschließen. So hätten die Soldaten der Legion Condor ihren Wehrdienst nach geltendem Recht leisten müssen, während es sich beim Einsatz der Deutschen auf republikanischer Seite um ein „Sonderopfer für ein anderes Staatswesen" gehandelt habe. Vgl. auch SZ, 16. 6. 1978.

krieg, etwa den populären „Tatsachenberichten" der Soldaten in Zeitschriften wie „Quick" und „Stern", sogenannten Landserheften und der weitverbreiteten Memoiren von deutschen Generälen[42], schritt die gesellschaftliche Rehabilitation der Wehrmacht voran[43].

Im Gefolge dieses Booms geriet auch die Teilnahme der Legion Condor am Bürgerkrieg in Spanien in den Blickpunkt der westdeutschen Öffentlichkeit. So wurden die 1953 unter dem Titel „Die Ersten und die Letzten" erstmals erschienenen Erinnerungen von Adolf Galland, einem der militärisch erfolgreichsten deutschen Jagdflieger und Spanien-Kämpfer, zu einem Bestseller mit einer Auflage von etwa zwei Millionen[44].

Mitte der 50er Jahre – parallel zum Aufbau der Bundeswehr – entdeckte dann das Kino den Krieg in Spanien als Unterhaltungsstoff[45]. Unter dem neuen Titel „Der Kampf um Alkazar" kam 1955 eine italienische Produktion von 1939/40 in die westdeutschen Filmtheater, die sich bereits im „Dritten Reich" als „Kassenschlager"[46] erwiesen hatte. Die „heroische" Darstellung der franquistischen Verteidigung des Alcázar von Toledo war für das westdeutsche Publikum umgearbeitet worden. Die jetzige „entnazifizierte" Version enthielt eine 1941 fehlende „zentrale" achtminütige Szene einer Meßfeier, die den Katholizismus der Belagerten aus der Sicht des NS-Regimes allzusehr betont hätte.

Der Ende 1955 in den Kinos anlaufende deutsche Spielfilm „Solange du lebst"[47] nutzte den Bürgerkrieg als Kulisse für eine Liebesgeschichte. Eine junge Lehrerin, Braut eines nationalspanischen Offiziers, entdeckt auf der Flucht vor den „Roten" ein abgeschossenes deutsches Flugzeug und rettet unter Lebensgefahr den einzigen Überlebenden, einen deutschen Flieger. Auf die Legion Condor wird nicht weiter eingegangen; ja ihr Name

---

[42] Vgl. Danyel, Die Erinnerung an die Wehrmacht in beiden deutschen Staaaten, S. 1140–1142. „Quick" und „Stern" hatten zusammen genommen regelmäßig 20 Mio. Leser. Vgl. Berghoff, Zwischen Verdrängung und Aufarbeitung, S. 107; Schornstheimer, Die leuchtenden Augen der Frontsoldaten. Vgl. ferner Gerstenberger, Strategische Erinnerungen, S. 620–629; Naumann, Nachkrieg, S. 11–25.

[43] So äußerten im August 1953 in einer repräsentativen Umfrage mehr als die Hälfte der Befragten (55%) die Ansicht, den deutschen Soldaten könne kein Vorwurf wegen ihres Verhaltens im Zweiten Weltkrieg gemacht werden. Vgl. Brochhagen, Nach Nürnberg, S. 198. Die allenthalben aufblühende Veteranenkultur tat ein übriges. Vgl. dazu Kühne, Zwischen Vernichtungskrieg und Freizeitgesellschaft, S. 90–113; allerdings konnten die Veteranenorganisationen mit ihren etwa 500 000 Mitgliedern nur eine Minderheit der über 10 Mio. ehemaligen Wehrmachtsoldaten erreichen. Echternkamp, Arbeit am Mythos, S. 431. Zur öffentlichen Rehabilitierung der einstigen Berufssoldaten in der frühen Bundesrepublik siehe Manig, Die Politik der Ehre.

[44] Vgl. Schmigalle, Deutsche schreiben für Hitler und Franco. S. 216 f. Galland beriet seit seiner Rückkehr aus Argentinien 1955 Firmen der Luftfahrtindustrie.

[45] Kriegs- und Militärfilme waren insgesamt beim westdeutschen Publikum gefragt. Zwischen 1949 und 1960 fanden 470 Kriegsfilme den Weg in die Kinos. Vgl. Schmidt, „Wehrzersetzung" oder „Förderung der Wehrbereitschaft"?, S. 387 f. Zur Erinnerung, Wahrnehmung und Deutung von Krieg im Film siehe: Chiari/Rogg/Schmidt (Hrsg.), Krieg und Militär im Film des 20. Jahrhunderts.

[46] Regel, Han pasado – Sie sind durchgekommen, S. 546. Nach dem Überfall auf die Sowjetunion im Juni 1941 benötigte das NS-Regime wieder antibolschewistische Filmpropaganda, die zu Zeiten des Hitler-Stalin-Pakts weniger erwünscht gewesen war. Deshalb gelangte der schon 1939/40 gedrehte Film erst im September 1941 unter dem Titel „Alkazar" in die deutschen Kinos. Hier auch das Folgende.

[47] Vgl. FAZ, 17. 11. 1955. Der Film, besetzt mit populären Darstellern wie Adrian Hoven und Marianne Koch, mußte nach einer Rüge der Freiwilligen Selbstkontrolle – einer Institution der Filmwirtschaft, der Vertreter des Bundes, der Länder und Kirchen angehörten – wegen „militaristischer Tendenzen" vor seiner Uraufführung gekürzt werden. Die Filmbewertungsstelle der Länder wiederum gab dem Melodram das Prädikat „Wertvoll". Siehe weitere Kritiken in: Frankfurter Neue Presse, 17. 11. 1955, SZ, 24. 11. 1955, Der Tagesspiegel, 21. 6. 1956.

wird nicht einmal erwähnt. Ansonsten fehlt es nicht an ehedem bekannten Schwarz-Weiß-Mustern: Hier die Disziplin und Sauberkeit der Franco-Truppen, dort die Zügellosigkeit und Brutalität der „Roten". Der Zuschauer, so merkte der „FAZ"-Kritiker sarkastisch an, bekomme den Trost, „wenigstens waren wir einmal auf der richtigen Seite", hier „unausgesprochen" mitgeliefert.

In dieser filmischen Darstellung fanden sich wohl auch ehemalige Soldaten der Legion Condor wieder. Während sie zur Diskussion um die Anrechnung ihrer Dienstzeiten noch geschwiegen hatten, meldeten sie sich im Sommer 1956 – 20 Jahre nach dem Beginn ihres Einsatzes – aber zu Wort und beklagten die fehlende öffentliche Aufmerksamkeit der Nachkriegsgesellschaft. So wisse die deutsche Jugend „kaum noch etwas von ihren Taten"[48], hieß es bei der Gründung der „Kameradschaft Legion Condor" am 9. August[49] in Bingen. Schließlich sei es doch ihnen zu verdanken, meinten die rund 50 Anwesenden geschichtsklitternd, „daß heute weder in Frankreich noch in Spanien der Kommunismus herrsche"[50]. Deshalb müsse an den erfolgreichen Kampf der Legion Condor und die deutsch-spanische Waffenbrüderschaft erinnert werden. Die Kameradschaft, die alsbald Verbindungen zu Angehörigen der ehemaligen Blauen Division und zur deutschen Kolonie in Spanien herstellen wollte, war vor allem eine Vereinigung der sogenannten kleinen Leute mit einem früheren Unteroffizier als Vorsitzenden[51]. Prominente Vertreter der Legion wie Galland, Trautloft[52] oder Trettner[53] hielten sich fern; offenbar wollten sie sich in der Nachkriegsgesellschaft nicht mit den rückwärts orientierten Kameraden öffentlich identifizieren lassen und Trautloft und Trettner ihre Karriere in der Bundeswehr nicht gefährden.

---

[48] Vgl. Kraushaar, Die Protest-Chronik 1953–1956, S. 1423.
[49] Ebenda. Die Deutsche Soldaten-Zeitung nennt im November 1956 allerdings den 30. Juni bis 1. Juli als Zeitpunkt des Gründungstreffens, an dem etwa 160 Personen teilgenommen hätten.
[50] Vgl. Kraushaar, Die Protest-Chronik, S. 1423. Hier auch das Folgende.
[51] Bundesverteidigungsministerium an Auswärtiges Amt, 7. 1. 1958, PA/AA, Ref. 206, Bd. 76. Der Führungsstab der Bundeswehr berichtete hier erstmals über den Traditionsverband, dessen Gründung hier irrtümlich auf Anfang Juni 1957 datiert wurde. Der Vorsitzende der Kameradschaft, Storz, war außerdem Vorsitzender des Verbands der SBZ-Flüchtlinge in Rheinland-Pfalz.
[52] Hannes Trautloft gehörte zu den ersten Fliegern, die in Spanien eingesetzt wurden. 1939 veröffentlichte er seine Kriegserinnerungen „Als Jagdflieger in Spanien". Vgl. weiterführend Schmigalle, Deutsche schreiben für Hitler und Franco, S. 238 f. Im Oktober 1957 wurde Trautloft als Brigade-General und Kommandeur der Schulen der Luftwaffe in die Bundeswehr übernommen und später zum Stellvertreter des Inspekteurs der Luftwaffe befördert.
[53] Heinz Trettner war zwischen November 1936 bis Januar 1938 als Adjutant und Staffelkapitän bei der Legion Condor. Im November 1956 trat Trettner in die Bundeswehr ein. Bei SHAPE, dem Hauptquartier der NATO, war er für die Abteilung Logistik verantwortlich. Anfang 1964 wurde er zum Generalinspekteur der Bundeswehr berufen. Vgl. Munzinger-Archiv. Im Februar 1964 legte die DDR eine Dokumentation vor, die dem neuernannten Generalinspekteur unterstellte, seine „Blitzkarriere" in der Wehrmacht habe er einer pronounciert „nazistische[n] Einstellung" zu verdanken. Der Führungsstab im Bundesverteidigungsministerium stellte nach einer ersten Analyse der Kampagne erleichtert fest, daß diese „wesentlich schlechter geplant und belegt" sei als die früheren Aktionen gegen die Generale Speidel, Heusinger und Foertsch. „Mangels Material" seien die „Kommunisten gezwungen" gewesen, die Vorwürfe gegen Trettner in eine allgemeine Kampagne gegen die „Bonner Generale" einzubauen. Die von Ost-Berlin insinuierte Teilnahme Trettners an der Bombardierung Guernicas sei haltlos, so das Bundesverteidigungsministerium. Der damalige Hauptmann Trettner sei im April 1937 Kommandant des Stabsquartiers der Kampfgruppe 88 gewesen. Erst seit Oktober 1937 habe er in Spanien als Staffelkapitän an „fliegerischen Einsätzen" teilgenommen. Dokumentation Trettner, 5. 3. 1964, BA-MA, Pers 1 (12627). Den Hinweis verdankt der Verfasser Dr. Stefanie Schüler-Springorum (Hamburg).

Bundesverteidigungsministerium und Auswärtiges Amt hatten von dem neu gegründeten Traditionsverband zunächst anscheinend keine Notiz genommen. Als das Generalkonsulat in Barcelona aber ankündigte, daß Ende September 1956 ein Deutschland-Besuch von Mitgliedern der sogenannten Bruderschaft der Blauen Division bevorstehe[54], schreckte dies die Verantwortlichen in den Ministerien auf. Eine offizielle Unterstützung der „privaten" Reise zu den früheren Garnisonen in Süddeutschland, wie sie vom Generalkonsulat vorgeschlagen wurde, kam für das Auswärtige Amt aus politischen Gründen nicht in Betracht. Zwar gebe es keinen Anlaß, einer solchen Erinnerungsfahrt „Hindernisse in den Weg zu legen"[55], befördern wollte man das Ganze aber nicht.

Der Zeitpunkt war für Bonn denkbar ungeeignet, hatte doch im Sommer 1956 die Einstellung ehemaliger SS-Soldaten in die Bundeswehr für erhebliches Aufsehen im In- und Ausland gesorgt[56]. Zugleich sei die Bundesregierung, so hieß es in einer Aufzeichnung für Staatssekretär Hallstein, „einer Propaganda-Welle des Ostblocks" wegen des gerade erfolgten Verbots der KPD[57] „ausgesetzt". Deshalb verfolge die „Weltöffentlichkeit mit großem Mißtrauen" alle Vorgänge, die den Anschein erweckten, daß die Bundesrepublik „auf dem Wege sei, angeblichen neo-nazistischen Strömungen nachzugeben". Wenn eine amtliche Hilfe für die Blaue Division bekannt würde, bräche erneut ein „Entrüstungssturm" im Osten, aber auch in den „meisten Ländern des freien Westens" los, „die das Franco-Regime auch heute noch ablehnen". Im übrigen wolle sich die spanische Regierung augenscheinlich auch nicht für den Deutschland-Besuch einsetzen. Unter diesen Umständen erschien dem Auswärtigen Amt eine mögliche Verstimmung im Kreis der Blauen Division als das „kleinere Übel". Obwohl der Ausflug in die Vergangenheit am Ende nicht zustande kam[58], hätte er Anlaß für eine Klärung über die offizielle Haltung gegenüber den deutsch-spanischen Veteranenverbänden und dem Problem der militärischen Traditionspflege sein können.

Ein tiefergehendes Nachdenken setzte jedoch erst Ende 1957 mit einer Anfrage von Botschafter Knappstein zum bevorstehenden Volkstrauertag ein. Das bisherige „Beiseitestehen der Vertreter der Bundesrepublik"[59] bei der Ehrung gefallener deutscher Soldaten

---

[54] Generalkonsulat Barcelona an Auswärtiges Amt, 4. 9. 1956, PA/AA, Ref. 206, Bd. 41. Wie ernst man im Auswärtigen Amt das Vorhaben nahm, zeigte die Reaktion von Außenminister Brentano auf einen ersten Hinweis der Botschaft Madrid Ende August. Er ließ nachforschen, ob andere Stellen in der Bundesrepublik über weitergehende Informationen verfügten. Das Bundesverteidigungsministerium, die beiden Soldatenverbände VdS und Kyffhäuser-Bund sowie der vom Innenministerium eingeschaltete Verfassungsschutz hatten jedoch keinerlei Mitteilung erhalten. Aufzeichnung Carstens an Brentano, 31. 8. 1956, PA/AA, Ref. 206, Bd. 41. Veteranen der División Azul hatten im Mai 1952 in Madrid die Bruderschaft gegründet. Vgl. Aschmann, „Treue Freunde...?", S. 376.
[55] Aufzeichnung Ministerialdirigent von Marchtaler an Staatssekretär, 13. 9. 1956, PA/AA, Ref. 206, Bd. 41. Hier auch das Folgende.
[56] Vgl. weiterführend Brochhagen, Nach Nürnberg, S. 202–210.
[57] Die KPD war am 17. 8. 1956 als verfassungswidrig verboten worden.
[58] Jedenfalls ist in den einschlägigen Archivalien und Pressebeständen kein Nachweis über einen Deutschland-Aufenthalt von Mitgliedern des Traditionsverbands der Blauen Division im Jahr 1956 enthalten. Vermutlich kam der Besuch aufgrund fehlender finanzieller Mittel nicht zustande. So hatte das Generalkonsulat in Barcelona schon auf entsprechende Probleme aufmerksam gemacht und für Einladungen deutscher Städte geworben. Generalkonsulat Barcelona an Auswärtiges Amt, 4. 9. 1956, PA/AA, Ref. 206, Bd. 41.
[59] Aufzeichnung von Trützschler, 4. 11. 1957, betr. Volkstrauertag, hier: Kranzniederlegung am Denkmal der Gefallenen der Legion Condor in Madrid, PA/AA, Ref. 206, Bd. 76. Hier auch das Folgende. Knappstein hatte diese Frage schon kurz nach seinem Amtsantritt – im Jahr zuvor – offenbar ohne Resonanz aus Bonn aufgeworfen.

am Denkmal der Legion Condor in Madrid erschien ihm nicht mehr zeitgemäß und sollte überprüft werden. Ohnehin habe dies „weder in der spanischen Öffentlichkeit noch in der hiesigen [deutschen] Kolonie Verständnis gefunden". Das Auswärtige Amt wies jedoch den Gedanken an eine Kranzniederlegung in diesem Jahr entschieden zurück, insbesondere weil das Denkmal nach wie vor mit nationalsozialistischen Symbolen versehen war. Damit in Zukunft „alle"[60] in Spanien gefallenen Deutschen am Volkstrauertag geehrt werden könnten, empfahl der Leiter der Länderabteilung, von Welck, die Hakenkreuze zu entfernen und eine Kranzaufschrift zu finden, welche die „Gefühle aller in Spanien lebenden Deutschen und Spanier berücksichtigt" und „durch die eine Identifizierung mit dem gegenwärtigen Regime vermieden wird"[61].

Nun fand auch die Kameradschaft der Legion Condor in Bonn Aufmerksamkeit. Die Frage nach ihrer politischen Haltung gegenüber der Bundesrepublik und dem Franco-Regime wurde gestellt[62]. Das Bundesverteidigungsministerium erklärte im Januar 1958 beruhigend[63], es handele sich um eine „lose Verbindung", deren Einstellung zu den innenpolitischen Verhältnissen als „positiv" bezeichnet werden könne und deren Haltung gegenüber der Bundeswehr „sehr aufgeschlossen" sei. Über eine Teilnahme von Soldaten der Bundeswehr sei nichts bekannt. Der Traditionsverband wolle in erster Linie die Kameradschaft pflegen sowie für die Versorgungsansprüche der Mitglieder eintreten. Zum Verlauf des 2. Bundestreffens im Juni 1957 wurde mitgeteilt, daß die „anfangs starke[n] Einwände" des Verfassungsschutzes[64], der hier die „Gefahr der Förderung neonazistischer Bestrebungen" gesehen hatte, durch das Treffen selbst „zerstreut" worden seien. Ob dieser Eindruck allerdings ganz zutreffend war, muß bezweifelt werden.

So lehnte der Vorstand eine Aufnahme in den wahrlich nicht linksorientierten Verband deutscher Soldaten (VdS) mit der Begründung ab, daß dort „eine kommunistische Unterwanderung"[65] festzustellen sei. Möglicherweise war die Wahrnehmung der Verfassungsschützer aber auch bestimmt durch die sehr geringe Zahl der Teilnehmer: Anstatt der erwarteten 500 Personen hatten nur knapp 50 den Weg in die Stadthalle von Bingen gefun-

---

[60] Aufzeichnung von Welck an Staatssekretär, 9. 11. 1957, PA/AA, Ref. 206, Bd. 76.
[61] Die Botschaft ließ daraufhin im Frühjahr 1958 zumindest das Fries von Hakenkreuzemblemen entfernen. Das Denkmal mache jetzt, wie Militärattaché Oster befand, einen „gepflegten, würdigen Eindruck", das sich auch als „Gedenkstätte" für die Legion Condor insgesamt eigne. Bericht Oster an Auswärtiges Amt, 6. 8. 1958, BA-MA, BW 4, Bd. 744. Am Volkstrauertag 1958 kam es am deutschen Kriegerdenkmal in San Sebastián zu einer offiziellen Kranzniederlegung durch Militärattaché Oster; am 20. November, dem Gedenktag für die Gefallenen Spaniens, wurde die Ehrung am instandgesetzten Denkmal auf dem Madrider Ostfriedhof im Beisein von ehemaligen Angehörigen der Legion Condor und der Blauen Division wiederholt. Der Text der Kranzschleife galt, wie von Welck vorgeschlagen hatte, allen in Spanien gefallenen Deutschen. Botschaft Madrid an Auswärtiges Amt, 25. 11. 1958, PA/AA, Ref. 602, Bd. 65.
[62] Aufzeichnung von Welck an Staatssekretär, 9. 11. 1957, PA/AA, Ref. 206, Bd. 76. Auch das Bundeskanzleramt wollte jetzt vom Innenministerium wissen, ob Erkenntnisse vorlägen. Das Innenministerium konnte aber nur mitteilen, daß beim Bundesamt für Verfassungsschutz kein Material vorhanden sei, das für die „politische Beurteilung" verwendet werden könnte. BA, B 106, Bd. 15455.
[63] Bundesverteidigungsministerium (Führungsstab der Bundeswehr) an Auswärtiges Amt, 7. 1. 1958, PA/AA, Ref. 206, Bd. 76. Hier auch das Folgende.
[64] Das Bundesamt für Verfassungsschutz war wohl erst durch einen offenen Brief der „Interessengemeinschaft der republikanischen Spanienkämpfer" an die Presse auf die Veranstaltung aufmerksam geworden. Darin hatte man gefordert, die Versammlung der Condor-Legionäre zu verbieten. Vgl. Schreiben Karl Sauer (Esslingen), 24. 5. 1957, Spiegel-Archiv.
[65] Vgl. FR, 4. 6. 1957. Hier auch das Folgende.

den. Es war ein „Reinfall", berichtete die „Frankfurter Rundschau". Mangels Interesse wurde die vorgesehene Reise zu den „Kampfstätten der Legion" in Spanien abgesagt. Statt dessen wollte man nun 1959 mit einer größeren Gruppe an den Feiern zum 20. „Siegestag"[66], wie das Bürgerkriegsende vom Bundesministerium der Verteidigung bezeichnet wurde, teilnehmen.

Eigentlich Anlaß genug für das Auswärtige Amt, eine Position gegenüber den Veteranenverbänden und ihrer Traditionspflege zu entwickeln, zumal seit Frühjahr 1958 die deutsche Botschaft in Madrid auf eine Weisung zur Blauen Division drängte[67]. Die in Spanien bestehenden Traditionsvereine bildeten ein „Reservoir an Sympathie für Deutschland – und zwar nicht nur für das Deutschland Hitlers", befand Botschafter Knappstein, das politisch genutzt werden sollte.

Denn die einstigen Soldaten des Freiwilligen-Verbands, zu denen auch Außenminister Castiella und Generalstabschef Muñoz Grandes gehörten, nähmen inzwischen vielfach führende Positionen in Politik, Wirtschaft, Verwaltung und Militär ein. Außerdem, so rechtfertigte Knappstein die Teilnahme der Blauen Division am Krieg gegen die Sowjetunion, habe sie sich für die „Idee der Eindämmung des Kommunismus" eingesetzt, ähnlich wie dies die westliche Politik heute tue. Das Auswärtige Amt war jedoch mit dem Thema zunächst überfordert, da es ihm vor allem an grundlegenden Informationen fehlte. Eine Sprachregelung, in die auch die SPD-Opposition eingebunden werden sollte[68], erforderte Zeit. Bei einer ersten Besprechung wurde überlegt, das „Institut für Zeitgeschichte" in München mit einer Untersuchung über die Blaue Division zu beauftragen. Vorläufig zog man das gerade ins Deutsche übersetzte Buch des letzten Kommandeurs der Blauen Division, General Esteban Infantes, zu Rate[69]. So recht helfen konnte auch die Stellungnahme des Bundesverteidigungsministeriums[70] nicht: Die ehemalige Blaue Division bestand aus Freiwilligen, hieß es, „die sich zum Kampf mit der Waffe gegen den Bolschewismus verpflichtet fühlten". Im Hinblick auf die damalige „Waffenbrüderschaft" solle sich „die deutsche Bevölkerung" dieser „Traditionsgemeinschaft" gegenüber „kameradschaftlich verhalten". Das Verteidigungsressort empfahl, „amtlicherseits" der Blauen Division „eine wohlwollende Haltung" entgegenzubringen. In ihrer Hilflosigkeit kamen die mit dem Traditionsproblem befaßten Referate im Auswärtigen Amt überein, diese Frage dilatorisch zu behandeln[71].

Gegen ein weiteres Zuwarten wandte sich allerdings im August 1958 der Nachfolger Knappsteins in Madrid, Botschafter von Welck, der zuvor die Länderabteilung im Bonner Außenamt geleitet hatte[72]. Er machte deutlich, daß das Thema der sogenannten Waffen-

---

[66] Bundesverteidigungsministerium an Auswärtiges Amt, 7. 1. 1958, PA/AA, Ref. 206, Bd. 76.
[67] Botschaft Madrid an Auswärtiges Amt, 29. 3. 1958, PA/AA, Ref. 206, Bd. 76. Hier auch das Folgende. Die Frage nach dem „offiziellen deutschen Standpunkt" gegenüber der ehemaligen Blauen Division war durch ein Schreiben eines in Valencia lebenden Deutschen an das Generalkonsulat Barcelona ausgelöst worden.
[68] Aufzeichnung betr. Besprechungen über die Legion Condor und die Blaue Division, 23. 5. 1958, PA/AA, Ref. 206, Bd. 76.
[69] Ebenda. Vgl. Esteban Infantes, Blaue Division. Über die Legion Condor wurde in der Sitzung nur am Rande gesprochen.
[70] Bundesverteidigungsministerium an Auswärtiges Amt, 31. 7. 1958, PA/AA, Ref. 206, Bd. 76. Hier auch das Folgende.
[71] Schmidt-Schlegel an Botschafter von Welck, 4. 8. 1958, PA/AA, Bestand Botschaft Madrid, Bd. 7656.
[72] Welck an Auswärtiges Amt, Fragen betreffend die Legion Condor und die Blaue Division, 22. 8. 1958, PA/AA, Bestand Botschaft Madrid, Bd. 7656. Hier auch das Folgende.

brüderschaft an den Nerv der deutsch-spanischen Beziehungen rührte. Die Legion Condor wie auch die Blaue Division genössen in Spanien große Wertschätzung, zumindest „bei allen Spaniern, die das gegenwärtige Regime bejahen", erläuterte Welck. Dies sei auch eine Generationsfrage, schließlich stünden die meisten führenden Politiker und Militärs „jetzt in den besten Jahren" und hätten den Bürgerkrieg „aktiv mitgemacht". Im Zweiten Weltkrieg habe Deutschland in Spanien, so der Botschafter, durch „seine militärischen Leistungen die Bewunderung weiter Kreise erworben". Das Ausmaß des deutschen Zusammenbruchs 1945 und seine Folgen seien hier nicht „in vollem Umfang" ins „Bewußtsein gelangt".

Deshalb neigten die Spanier dazu, die Bundesrepublik, „viel mehr mit dem alten Deutschen Reich zu identifizieren", als dies andere Länder in Europa täten. Aus der Perspektive Welcks erschien die Bundesrepublik quasi als politische Geisel des Franco-Regimes: Die Spanier hätten „einfach kein Verständnis dafür, wenn wir es ablehnen, uns mit der Beteiligung des Dritten Reiches am spanischen Bürgerkrieg und mit der Legion Condor ohne weiteres zu identifizieren"[73]. Noch weniger würden sie es verstehen, wenn wir uns der im Krieg gegen die Sowjetunion geleisteten Waffenhilfe nicht mit Dankbarkeit erinnerten. Es würde sie nur verletzen, wenn wir versuchen, ihnen zu erklären, warum wir die damaligen Ereignisse heute mit anderen Augen betrachten als sie". Andererseits sorgte sich der Botschafter um die möglichen Konsequenzen eines Spanien-Besuchs der Kameradschaft der Legion Condor, der „mit großer Wahrscheinlichkeit" im kommenden Jahr erfolgen werde[74]. Da die Kameradschaft hieran kaum zu hindern sei, forderte er die zuständigen Stellen in Bonn, in erster Linie das Bundesverteidigungsministerium dazu auf, Einfluß zu nehmen. Es müsse erreicht werden, daß die Delegation „richtig zusammengestellt" sei, „richtig" auftrete und vor allem keine „unvernünftigen Reden" halte. Dabei sprach Welck von „nichtberufenen Persönlichkeiten", die nicht nur in Spanien sondern auch bei unseren Verbündeten „Schaden anrichten" könnten.

Insgesamt war seine Stellungnahme ein beredtes Beispiel für die Schwierigkeiten mancher Diplomaten und Beamter sich von NS-geprägten Vorstellungen zu lösen und ein Beleg für das deutsch-spanische Sonderverhältnis in den 50er Jahren. Während ansonsten der Verweis auf den Bruch mit dem Nationalsozialismus zum Grundkanon westdeutscher Außenpolitik gehörte, war dies im Falle Spaniens anders.

Ähnlich argumentierte Militärattaché Oster, der sich der Traditionspflege naturgemäß mit besonderer Aufmerksamkeit annahm. Schon vor seiner Entsendung nach Madrid unterstrich er, sicherlich nicht ganz uneigennützig: „Bei den wachsenden politischen und demnächst auch militärischen Beziehungen"[75] zwischen Bonn und Madrid werde „an der

---

[73] Die nationalsozialistische Intervention in den Spanischen Bürgerkrieg beurteilte Welck kritisch. Sie sei ein „Teil der Hitlerschen Politik" gewesen, „die letzten Endes auf die Unterwerfung Europas abzielte". Die Freiwilligen der Legion wurden von ihm aber in Schutz genommen. Diese Soldaten seien – und damit folgte er einem weitverbreiteten Entlastungsmuster – genau wie die Millionen von Soldaten im Zweiten Weltkrieg vom NS-Regime „mißbraucht worden". Ebenda.
[74] Bereits an der diesjährigen „Siegesparade" im Mai habe eine Gruppe teilnehmen wollen. Die Absage sei, so Welck, mit dem damals noch mit Hakenkreuzen versehenen Ehrenmal der Legion Condor begründet worden, dessen Zustand eine Kranzniederlegung unmöglich mache. Ebenda. Was unter Umständen an politischen Problemen auf die Bundesregierung zugekommen wäre, zeigt die ursprüngliche Absicht der Kameraden, „in Uniform bei der Siegesparade mitzumarschieren". Davon seien sie erst nach spanischen Bedenken abgerückt. Botschaft Madrid an Auswärtiges Amt, 18. 4. 1958, PA/AA, Ref. 206, Bd. 76.
[75] Aufzeichnung Oster 1a/58, Aufstellungsstab Bonn, 5. 5. 1958, PA/AA, Ref. 206, Bd. 76. Hier auch das Folgende.

Erinnerung an gemeinsame Feldzugserlebnisse nicht vorbeizusehen sein". Aus seiner dezidiert antikommunistischen Einstellung machte Oster keinen Hehl. Den NS-Eroberungs- und Vernichtungskrieg gegen die Sowjetunion funktionierte er ganz im Zeichen des Kalten Krieges in einen antibolschewistischen Verteidigungskampf um. So habe die Blaue Division „teilgehabt an dem Abwehrkampf der deutschen Wehrmacht gegen Sowjet-Rußland". Daher hätten die spanischen Freiwilligen, wie der Militärattaché betonte, „ein Anrecht auf kameradschaftliche Achtung" von amtlicher deutscher Seite. Nach seiner Ansicht sollten die Verbindungen zur Bruderschaft der Blauen Division „ausschließlich Sache" offizieller Stellen sein, um zu verhindern, daß der „Ausbau der Traditionspflege einen eigenständigen und nicht zu steuernden Charakter annimmt". Der Einsatz der Legion Condor im Bürgerkrieg hatte für ihn nichts Anstößiges. Es war eine Erinnerung an „gemeinsame Kämpfe gegen den Bolschewismus"[76]. Denn die „Sowjets" hätten „damals auf spanischem Boden", so Oster, „den offenen Versuch gemacht, bereits im Jahre 1936 ein Sowjetregime im westlichen Europa zu etablieren". Dies sei „mit" durch die italienischen Freiwilligen und die Legion Condor „verhindert" worden.

Eine derartige Deutung erlaubte eine positive Bezugnahme auf die Spanienpolitik des „Dritten Reiches", die gleichsam von ihrem nationalsozialistischen Gehalt befreit wurde. Das Feindbild Sowjetunion bildete so im Hinblick auf Spanien die ideologische und politische Klammer zwischen NS- und Nachkriegszeit. Oster hielt die „junge deutsche Demokratie" für so „gefestigt", daß sie „zur ‚moderaten' Traditionspflege der Legion Condor und der Blauen Division Ja [...] sagen" könne[77]. Soweit mochte das Auswärtige Amt indes nicht gehen. Die Diplomaten in Bonn scheuten eine inhaltliche Auseinandersetzung und verhielten sich weiterhin abwartend. Unterstützt wurden sie dabei auch von der sozialdemokratischen Opposition, die das unliebsame Thema gleichfalls zu vermeiden suchte. Bundestags-Vizepräsident Carlo Schmid (SPD) empfahl, „nach Möglichkeit nicht an diesem Fragenkomplex zu rühren"[78]. Allzu nahe wollte die offizielle Politik den Veteranenverbänden nicht kommen.

Andererseits war man an Informationen über Geist und Stimmung in diesen Vereinigungen durchaus interessiert. Auswärtiges Amt und Verteidigungsministerium vertrauten hier auf den umtriebigen Kapuziner-Pater Konrad Simonsen, der in Bonn als „treibende

---

[76] Bericht Oster 2/58, 17. 7. 1958, BA-MA, BW 4, Bd. 752. Dort auch das Folgende.

[77] Der Militärattaché plädierte beispielsweise dafür, Kontakte zwischen ehemaligen Angehörigen der Legion Condor, die heute in der Bundeswehr aktiv seien, und ihren spanischen Kameraden herzustellen. Ihm „schwebte" ein Austausch von Luftwaffenangehörigen vor, die „entweder im Bürgerkrieg oder im Rußlandfeldzug [...] mit unseren Fliegern zusammen geflogen sind". So genieße eine Persönlichkeit wie General Trautloft, der Kommandeur der Schulen der Luftwaffe, hier „einen hervorragenden Ruf" und sei „jederzeit aufrichtig willkommen". Bericht Oster 29/59. 27. 7. 1959, BA-MA, BW 4, Bd. 745. Derart rückwärts gewandte Verbindungen stießen aber in der Bundeswehr auch auf Widerstand. Oberst Roedel, selbst einst Mitglied der Legion Condor und inzwischen im NATO-Hauptquartier (SHAPE) tätig, sprach sich gegenüber Oster für eine klare Grenzziehung zur NS-Zeit aus: „Er habe kein Verständnis dafür, wenn aktive BW-Offiziere an Veranstaltungen teilnähmen, wo auch nur in irgendeiner Weise der nationalsozialistischen Vergangenheit in Wort und Gruß gedacht werde." Solche Treffen schadeten „alle[n] europäischen Zukunftsabsichten", schließlich, so Roedel, sähe er es auch nicht gerne, „wenn seine amerikanischen und englischen Kameraden bei SHAPE plötzlich eine Dresden-Zerstörungs-Erinnerungsfeier" machten. Bericht Oster 5/59, 27. 7. 1959, BA-MA, BW 4, Bd. 752. Vgl. zu den britischen und amerikanischen Luftangriffen auf Dresden im Februar 1945: Ueberschaer, Dresden 1945 – Symbol für Luftkriegsverbrechen, S. 382–396.

[78] Aufzeichnung betr. ehemalige Legion Condor und Blaue Division, 11. 2. 1959, PA/AA, Ref. 206, Bd. 76.

Kraft"⁷⁹ bei der Gründung der Kameradschaft der Legion Condor⁸⁰ galt. Der einstige Feldgeistliche der Blauen Division⁸¹, in Hamburg geboren, hatte rund 30 Jahre in Lateinamerika und Spanien gelebt, bevor er 1955 zu seinem Leidwesen nach Deutschland zurückberufen wurde⁸². „Conrado de Hamburgo", so sein Ordensname, schien in Madrid eine beträchtliche Aktionsfreiheit besessen zu haben. Denn der Mönch mit Drang zur Politik⁸³ blieb auch nach der Rückkehr der Blauen Division 1943 als Mitarbeiter des deutschen Militärattachés, bis zu dem für ihn „traurigen Kriegsende"⁸⁴, Angehöriger der Wehrmacht. Zu Beginn der 50er Jahre suchte er den Kontakt zur Dienststelle Blank, um Erfahrungen über das „gleiche Schicksal" der deutschen und spanischen Kriegsgefangenen in der Sowjetunion auszutauschen. Mehr als eine kurze „Fühlungnahme"⁸⁵ entstand daraus aber nicht. Simonsen, dem es „weder an Selbstbewußtsein noch an Eitelkeit mangelte"⁸⁶, berief sich in Gesprächen mit der bundesrepublikanischen Botschaft gern auf seine guten Beziehungen zu hochrangigen spanischen Militärs, die auf seine Zeit im Hauptquartier der Blauen Division zurückgingen. In der deutschen Kolonie spielte Pater Konrad in der Nachkriegszeit, abgesehen von „einigen NS-Restbeständen", keine „besondere Rolle". Er

---

[79] Fernschreiben Auswärtiges Amt an Botschaft Madrid, 23. 4. 1958, PA/AA, Ref. 206, Bd. 76.
[80] Der Traditionsverband stieß im Auswärtigen Amt auf Wohlwollen. Nach Ansicht des Parlamentsreferenten handele es sich „hierbei keineswegs um eine in überholten weltanschaulichen Begriffen denkende Gruppe". Zudem gebe es „weitere Beweise" für ihre „demokratische antinationalsozialistische Grundhaltung". Vermerk Junges, 14. 1. 1959, PA/AA, Ref. 206, Bd. 76.
[81] Vgl. zu seiner Biographie die Aufzeichnung von Asmus Christian Simonsen, wie Pater Konrad mit bürgerlichem Namen hieß, über „Die Geschichte eines Friedensfühlers", Nl. Simonsen, Provinz der Rheinisch-Westfälischen Kapuziner, Koblenz. Das Auswärtige Amt unterstellte ihm irrtümlich, gleichfalls für die Legion Condor im geistlichen Einsatz gewesen zu sein. Fernschreiben Federer an Botschaft Madrid, 23. 4. 1958, PA/AA, Ref. 206, Bd. 76. Von antibolschewistischem Eifer erfüllt, bedauerte Pater Simonsen in der Nachkriegszeit, daß es ihm als katholischen Priester nicht vergönnt gewesen sei, während des spanischen Bürgerkrieges „als Märtyrer zur Ehre der Altäre" berufen worden zu sein. Vgl. schriftliche Mitteilung Botschafter a. D. Rupprecht von Keller an den Verfasser, 25. 3. 1992.
[82] Simonsen empfand diese Weisung der Kapuziner offenbar sogar als „unfreundlichen Akt". Vgl. schriftliche Mitteilung Botschafter a. D. Rupprecht von Keller an den Verfasser, 25. 3. 1992.
[83] Simonsen beschreibt in seiner Geschichte eines „Friedensfühlers" seine Mitwirkung an einer Friedensinitiative des spanischen Außenministeriums im Jahre 1943. Ziel war es demnach, durch einen „Putsch" oder „Regimewechsel" in Deutschland nicht nur zu einem Waffenstillstand mit den Westalliierten, sondern zu einem sofortigen Bündnis mit den Amerikanern zu gelangen, um „den Sowjets die Stirn zu bieten und das Vordringen der Russen nach Mitteleuropa zu verhindern, und am besten gleich gemeinsam den Kommunismus zu zerschlagen". Dazu sollte Generalfeldmarschall Wilhelm Ritter von Leeb, der ehemalige Oberkommandierende der Heeresgruppe Nord, dem auch die Blaue Division mit ihren insgesamt 21 Feldgeistlichen unterstanden hatte, von Simonsen gewonnen werden. Allerdings verliefen die Gespräche mit Leeb und dem amerikanischen Botschafter in Madrid im Sande. Vgl. Nl. Simonsen. Zumindest der Kontakt mit Botschafter Hayes wird von diesem bestätigt. Vgl. Foreign Relations of the United States. Diplomatic Papers, 1944, Bd. I, S. 546 f. Vgl. zu den spanischen Versuchen zur Friedensvermittlung weiterführend: Ruhl, Spanien im Zweiten Weltkrieg, S. 211–217. Zur Vita Leeb siehe Weiß (Hrsg.), Biographisches Lexikon zum Dritten Reich, S. 293.
[84] Vgl. Die Geschichte eines Friedensfühlers, Nl. Simonsen, S. 9. In einem Beitrag für die Deutsche Soldaten-Zeitung schrieb er im April 1955 gar bedauernd, daß vor fast zehn Jahren „die tapfere, ruhmbedeckte deutsche Armee die Waffen" niedergelegt habe, „von Ihrer politischen Führung verlassen". Vgl. ebenda, Heft 4.
[85] Aufzeichnung Oster 1a/58, Aufstellungsstab Bonn, 5. 5. 1958, PA/AA, Ref. 206, Bd. 76. Oster erinnerte sich an eine erste Verbindung, die „ungefähr 1951" aufgenommen worden sei.
[86] Schriftliche Mitteilung Botschafter a. D. Rupprecht von Keller an den Verfasser, 25. 3. 1992. Hier auch das Folgende.

gehörte zu „jenen Leuten", so der damalige Botschaftsrat von Keller, „deren ‚große' Vergangenheit in der Zeit des Dritten Reiches lag". Als katholischem Ordensgeistlichen, politisch unverdächtig, fiel es ihm jedoch nicht schwer, in Bonn als Ansprechpartner akzeptiert zu werden. Simonsen war im Sommer 1957 an das Auswärtige Amt herangetreten[87]. Dabei präsentierte er sich gegenüber dem Spanienreferenten als Verbindungsmann zu den Traditionsverbänden der Legion Condor und der Blauen Division. Pater Konrad gab an, über „langjährige Beziehungen" zu Staatschef Franco zu verfügen. Eine deutsche Regierung, die die „Verdienste und das Ansehen" der Legion Condor in Spanien „ignorieren oder mißachten würde", stieße nach seiner Meinung in Madrid auf „Befremden und Unwillen". Gleiches gelte für die Blaue Division.

In den folgenden Jahren kam es wiederholt zu einem Informationsaustausch mit dem Spanienreferat. Simonsen, der sich ebenso wie die Kameradschaft der Condor-Legionäre dazu bekannte, ein „fanatischer Gegner des Weltbolschewismus"[88] zu sein, unterrichtete das Auswärtige Amt offenbar schon im Februar 1959[89] über die bevorstehende Spanienfahrt der deutschen Veteranen. Davon wurde die Botschaft allerdings nicht informiert. Ob es sich dabei um ein bloßes Versehen handelte oder das Spanienreferat die Nachricht auf die leichte Schulter nahm, bleibt ungeklärt. Diese Nachlässigkeit sollte jedoch unangenehme Folgen haben. Konsterniert berichtete Militärattaché Oster später, daß er erst durch die Bruderschaft der Blauen Division zehn Tage vor Ankunft der etwa 100 Kameraden überhaupt von der Reise erfahren habe[90]. Daher konnte die deutsche Vertretung in Madrid sich nur noch in Schadensbegrenzung üben. Bruderschaft und spanische Regierung waren ebenso von dem „Massenanmarsch"[91] überrascht. Auch sie stellte der Programmvorschlag der Legion Condor vor Probleme. Denn neben Kranzniederlegungen und der Teilnahme an der Siegesparade am 3. Mai wurde auch eine Audienz bei Staatschef Franco erwartet[92]. Entgegen früherer Vermutungen der westdeutschen Diplomatie erschienen derartige Demonstrationen einstiger Waffenbrüderschaft dem Regime, das hoffte, in die NATO aufgenommen zu werden, inzwischen als nicht mehr zeitgemäß[93]. Dies machte Falangeminister Solís Ruíz, der von der Blauen Division um finanzielle Hilfe gebeten worden war, Botschaftsrat Werz deutlich: Es sei ärgerlich, daß die deutsche Seite ohne Absprache „eine Unternehmung starte, die unter Umständen doch erhebliche poli-

---

[87] Simonsen an Legationsrat Schmidt-Schlegel, 26. 8. 1957, PA/AA, Ministerbüro, Bd. 60. In seinem Schreiben bedankte sich Simonsen für die „lange Unterhaltung" über die deutsch-spanischen Beziehungen. Hier auch das Folgende.
[88] Kameradschaft Legion Condor (Simonsen, Storz) an Bundeskanzler Adenauer, 31. 8. 1957, PA/AA, Ministerbüro, Bd. 60. Der Traditionsverband versicherte Adenauer, ihn bei den anstehenden Bundestagswahlen unterstützen zu wollen.
[89] Vgl. Aschmann, „Treue Freunde..."?, S. 380.
[90] Bericht Oster 12/59, 11. 5. 1959, BA-MA, BW 4, Bd. 745.
[91] Aufzeichnung Welck betr. Spanienreise der Kameradschaft Legion Condor, 13. 5. 1959, PA/AA, Bestand Botschaft Madrid, Bd. 7656.
[92] Bericht Oster 12/59, 11. 5. 1959, BA-MA, BW 4, Bd. 745.
[93] So registrierten die deutschen Diplomaten in Madrid, daß der Caudillo bei offiziellen Anlässen „jede Reminiszenz an deutsche oder italienische Waffenhilfe im Bürgerkrieg zu vermeiden pflegt". Aufzeichnung Welck betr. Spanienreise der Kameradschaft Legion Condor, 13. 5. 1959, Bestand Botschaft Madrid, Bd. 7656. Womöglich war diese Zurückhaltung auch innenpolitisch begründet. Schließlich dürfte das Regime kein allzu großes Interesse daran gehabt haben, bei seiner Selbstinszenierung an die Hilfe von außen erinnert zu werden.

tische Auswirkungen, insbesondere außenpolitischer Art"[94] haben könne. Da Spanien sich aber „auf keinen Fall Undankbarkeit" gegenüber der deutschen Hilfe im Bürgerkrieg „nachsagen lassen" wolle, werde es eine „freundschaftliche Aufnahme" der Gäste geben, jedoch müßte dies alles „im privaten Rahmen" bleiben. In jedem Fall wolle seine Regierung dafür sorgen, daß „keinerlei Pressepublizität" entstehe. Der Verlauf des Besuchs bestätigte bestehende Befürchtungen. Sowohl in Barcelona wie in Madrid kam es während der Totenehrungen zu nationalsozialistischen Sympathiebekundungen[95]: In der katalanischen Metropole wurde bei dem Lied „Ich hatt einen Kameraden" von deutschen Teilnehmern die Hand zum Hitler-Gruß erhoben. Gegen Ende ließen überdies einige spanische Veteranen es sich nicht nehmen, „Hochrufe auf das nationalsozialistische Deutschland" und „Heil-Hitler-Rufe" anzubringen. Der Vorsitzende der Kameradschaft, Storz, konnte es nicht unterlassen, auch während der Erinnerungsfeier auf dem Madrider Friedhof, „die Hand zum deutschen Gruß zu erheben".

Angesichts solcher Demonstrationen „alter" Gesinnung galt das besondere Augenmerk der Botschaft der Audienz bei Franco[96]. Hier versuchte sie Einfluß zu nehmen[97]. Es entspann sich nun eine Posse um die Teilnahme von Bundeswehr-Offizieren. Oberst Bothe[98], der im Gegensatz zu den übrigen Mitgliedern der Condor-Gruppe sich nicht scheute, die deutsche Vertretung aufzusuchen, wurde bei dieser Gelegenheit auf die politische Dimension dieser Erinnerungsreise aufmerksam gemacht. „Mit großem Nachdruck" sei, so Oster, von ihm und Botschaftsrat Werz darauf hingewiesen worden, daß ein etwaiger Empfang durch Staatschef Franco „für aktive Angehörige der Bundeswehr Folgerungen" haben könnten. Als kurz darauf die Blaue Division auf der Suche nach präsentablen Persönlichkeiten für die Audienz um Vorschläge bat, fiel die Wahl unter anderem auf die drei anwesenden Offiziere der Bundeswehr. Nun herrschte Konfusion. Militärattaché Oster riet ihnen telefonisch nochmals eindringlich ab. Werz, dagegen, der erst nach diesem Anruf von der namentlichen Einladung erfahren hatte, wollte „einen Affront des Staatschefs"[99] ver-

---

[94] Aufzeichnung Werz betr. spanischer Besuch der Legion Condor, 29.4.1959, PA/AA, Bestand Botschaft Madrid, Bd. 7656. Gegenüber dem spanischen Außenministerium versuchte der Diplomat dem Eindruck entgegenzuwirken, daß die Gruppe „sich selbst und ohne vorherige Rückfrage eingeladen habe". Unter Umständen sei die Blaue Division auf die Reiseankündigung mit der in Spanien „üblichen höflichen Form" eingegangen. Dies habe die Legion Condor wohl als Einladung gedeutet. Ebenda. Dort auch das Folgende.
[95] Aufzeichnung Oster 5/59, 6.5.1959, PA/AA, Bestand Botschaft Madrid, Bd. 7656. Hier auch das Folgende.
[96] Das Thema war anscheinend selbst in der spanischen Regierung kontrovers diskutiert worden. Nach Informationen von Oster hatten sich das Heeres- und Außenministerium wie auch Franco selbst gegen einen Empfang ausgesprochen. Erst nach einem Einspruch von Solís Ruíz, der aus einer Unkenntnis der innenpolitischen Verhältnisse in der Bundesrepublik fürchtete, „eine Verstimmung der alten Spanien-Kämpfer" könne sich negativ auf seinen bevorstehenden Deutschlandbesuch auswirken, wurde dem Wunsch der Kameradschaft nachgegeben. Bericht Oster 19/59, 3.7.1959, BA-MA, BW 4, Bd. 745.
[97] Die Vertretung hatte sich beispielsweise beim Außenministerium gegen einen Empfang ausgesprochen. Aufzeichnung Welck betr. Legion-Condor-Treffen in Madrid, 6.8.1959, PA/AA, Bestand Botschaft Madrid, Bd. 7656.
[98] Aufzeichnung Oster 5/59, 6.5.1959, PA/AA, Bestand Botschaft Madrid, Bd. 7656. Hier auch das Folgende.
[99] Aufzeichnung Welck betr. Legion-Condor-Treffen in Madrid, 6.8.1959, PA/AA, Bestand Botschaft Madrid, Bd. 7656. Der Botschafter spricht in seiner detaillierten Schilderung von drei Offizieren, die im übrigen ihre Vorgesetzten nicht über die Exkursion unterrichtet hätten. Bei Oster wird hingegen neben Bothe nur Oberstleutnant Reuter erwähnt. Aufzeichnung Oster 5/59, ebenda.

meiden und empfahl deshalb die Teilnahme. Am Ende stand der vergebliche Versuch, die Gäste Francos über den Meinungswandel der deutschen Vertretung zu informieren. Oster bilanzierte lakonisch: „Es mußte bei der Absicht bleiben."[100] Die Herren waren bereits abgereist. So vertrat die deutschen Veteranen bei Franco als „Wortführer"[101] ein in Madrid lebender Angehöriger der Legion Condor, der allerdings nicht der Kameradschaft angehörte. Augenzeugen betonten die herzliche Atmosphäre; der Generalissimus habe unterstrichen, daß ungeachtet der sich verändernden politischen Verhältnisse die „Waffenbrüderschaft aus den Jahren 1936–39 in Spanien immer unvergessen bleiben werde". Auch der Abschied gestaltete sich emotional: Franco habe dabei seine „Rührung" nicht „verbergen können".

Der Öffentlichkeit sollte diese freundschaftliche Inszenierung aber vorenthalten bleiben. Die franquistische Zensur funktionierte. Zeitungen und Zeitschriften in Spanien nahmen wie gewünscht keine Notiz von der Einladung[102]. Dies lag jedoch nicht allein im Interesse des Franco-Regimes, auch der westdeutschen Regierung war sehr daran gelegen, jede Nachricht tunlichst zu vermeiden. Hier zogen Bonn und Madrid an einem Strang. Denn das peinliche Auftreten der Kameraden hätte wohl international für großes Aufsehen gesorgt. Schlagzeilen wie: „Condor-Legionäre bei Franco" wären insbesondere für die Bundesrepublik höchst unangenehm gewesen. So konnte die Regierung Adenauer nicht nur erleichtert[103] über das von Franco verordnete Schweigen sein; auch die Vertretung in Madrid hatte bei den deutschen Korrespondenten das Ihre zur Ruhe beigetragen: „Nur mit Mühe"[104], berichtete Botschafter Welck, sei es „gelungen, die deutschen Journalisten von einer Berichterstattung über die ganze Angelegenheit abzuhalten". Durch Gespräche mit „dpa- und einzelnen anderen Pressevertretern" habe man „darauf hingewirkt, daß jede Publizität in Deutschland vermieden werde". Der befürchtete Skandal blieb aus.

Vorwürfe kamen lediglich aus dem Umfeld der Legion Condor. Die offenbar beleidigten Bundeswehr-Offiziere beschwerten sich gar über Militärattaché Oster, der sie gemeinsam mit Werz daran gehindert habe, an der Franco-Audienz teilzunehmen[105]. In mehreren Artikeln der „Deutsche[n] Soldatenzeitung" wurde unter anderem von Pater Simonsen das Verhalten der Botschaft heftig kritisiert. Verärgert wies Welck derlei Angriffe zurück und machte zugleich seinen Unmut über die bisherige Tatenlosigkeit der mit der

---

[100] Aufzeichnung Oster 5/59, 6. 5. 1959, PA/AA, Bestand Botschaft Madrid, Bd. 7656.
[101] Aufzeichnung Oster 12/59, 11. 5. 1959, BA-MA, BW 4, Bd. 745. Hier auch das Folgende. Wer ansonsten noch am 6. 5. den spanischen Staatschef aufsuchen durfte, ließ sich nicht klären.
[102] So fehlten in der veröffentlichten Liste der Audienzteilnehmer die Namen der deutschen Veteranen. Aufzeichnung Welck betr. Spanienreise der Kameradschaft Legion Condor, 13. 5. 1959, PA/AA, Bestand Botschaft Madrid, Bd. 7656.
[103] Vgl. Aschmann, „Treue Freunde..."?, S. 384. Die Autorin übersieht dabei ganz und gar den Eingriff der deutschen Diplomaten in die Pressefreiheit und das Wohlverhalten der Journalisten, die anderenfalls wohl Sanktionen durch das franquistische Regime hätten befürchten müssen. Auch Korrespondenten aus anderen Ländern hielten sich an das Schweigegebot. Dazu mag auch die Überzeugungsarbeit der Botschaft beigetragen haben.
[104] Aufzeichnung Welck betr. Legion-Condor-Treffen in Madrid, 6. 8. 1959, PA/AA, Bestand Botschaft Madrid, Bd. 7656; Welck betr. Spanienreise der Kameradschaft Legion Condor, 13. 5. 1959, PA/AA, Bestand Botschaft Madrid, Bd. 7656.
[105] Aufzeichnung Welck betr. Legion-Condor-Treffen in Madrid, 6. 8. 1959, PA/AA, Bestand Botschaft Madrid, Bd. 7656. Hier auch das Folgende. Zu den Attacken gegen Oster ebenso Bericht Oster 18/59, 30. 6. 1959, BA-MA, BW 4, Bd. 745.

Traditionspflege befaßten Stellen im Bundesverteidigungsministerium und Auswärtigen Amt deutlich. Trotz der Warnungen der Botschaft sei es versäumt worden, „über den Verband deutscher Soldaten" auf die Kameradschaft einzuwirken, „um ihr die politische Bedeutung dieser Fahrt klarzumachen". Außerdem hätte das Auswärtige Amt vermutlich die Arbeit der Vertretung „durch eine rechtzeitige Unterrichtung", bemängelte Welck, um einiges „erleichtern können".

In Bonn wurden nach dem Besuchsdebakel Konsequenzen gezogen. Die Veteranen hatten mit ihrer offen zur Schau getragenen Nähe zum Nationalsozialismus eine Grenze überschritten, die die Verantwortlichen zum Handeln nötigte. Das Vertrauen in Pater Simonsen, der die Reise nicht mitgemacht hatte, war nachhaltig erschüttert. Seine wiederholten Beteuerungen, daß die Kameradschaft „auf dem Boden der Demokratie stehe"[106] und der Veteranenverband „Rücksicht auf die innen- und außenpolitischen Belange der Bundesrepublik und Spaniens" nehmen wolle, hatten sich als unglaubwürdig erwiesen. Allerdings stellten Auswärtiges Amt und Verteidigungsministerium sich auch selbst mit der zwei Jahre andauernden Zusammenarbeit kein gutes Zeugnis aus. Wes Geistes Kind Simonsen war, hätten die Beteiligten wissen können. Erst jetzt nahmen die mit der Traditionspflege befaßten Ressorts Abschied von ihrer bisherigen passiven Haltung. Pater Simonsen sollte als „Verbindungsmann"[107] in Zukunft „soweit wie möglich" ausgeschaltet werden. Stattdessen hoffte man über den Verband deutscher Soldaten und die Bundeswehr-Angehörigen in der Kameradschaft mäßigend einwirken zu können.

Darüber hinaus rang sich das Auswärtige Amt nunmehr zu einer Richtlinie durch[108]. Darin wurden deutliche Unterschiede zwischen der Blauen Division und der Legion Condor gemacht[109]. In der Beurteilung der beiden Verbände gab es einen grundlegenden Wandel zum Bild der NS-Zeit. Während die Kriegsbeteiligung der Blauen Division im nationalsozialistischen Deutschland nur geringe Aufmerksamkeit fand[110] und Vorurteile gegenüber der militärischen Leistungsfähigkeit der spanischen Verbündeten an der Tagesordnung waren[111], ließ sich ihr Einsatz gegen die Sowjetunion in der Nachkriegszeit hingegen als positives Moment der bilateralen Beziehungen beschreiben. Die „ausgesprochene Sympathie" der früheren Angehörigen der Blauen Division „gegenüber Deutsch-

---

[106] Aufzeichnung Carstens betr. Legion Condor und Blaue Division, 27. 7. 1959, PA/AA, Ref. 206, Bd. 76. Hier auch das Folgende.
[107] Aufzeichnung betr. Fragenkomplex Legion Condor/Blaue Division, 31. 8. 1959, PA/AA, Ref. 206, Bd. 76. Dort auch das Folgende.
[108] Aufzeichnung Carstens betr. Legion Condor und Blaue Division, 27. 7. 1959, PA/AA, Ref. 206, Bd. 76. Hier auch das Folgende.
[109] Diesem Aspekt wie auch der Differenzierung zwischen beiden militärischen Formationen durch das Auswärtige Amt schenkt Aschmann keine Beachtung. Die Schlußfolgerungen der westdeutschen Politik nach der Reise der Kameradschaft werden von ihr nur zum Teil wahrgenommen. So zeichnet sie ein unvollständiges Bild, wenn sie über das Verhalten des Auswärtigen Amts abschließend urteilt: „Die Einsätze von Legion Condor und Blauer Division wurden [...] als Engagement eines antikommunistischen Abwehrkampfes gutgeheißen." Vgl. Aschmann, „Treue Freunde..."?, S. 452.
[110] Vgl. Peter, Das Spanienbild in den Massenmedien des Dritten Reiches 1933–1945, S. 181–186. Dort auch Beispiele, die das damalige Klischee von den „schlampigen und tapferen Spaniern" belegen. Vgl. hier, S. 183.
[111] Vgl. Förster, Freiwillige für den „Kreuzzug Europas gegen den Bolschewismus", S. 908–915. So lehnte es Generalfeldmarschall von Kluge ab, „die Spanier in seinem Bereich einzusetzen", da er offensichtlich der Auffassung war, „es handle sich mehr um Zigeuner als um Soldaten". Die 250. Infanteriedivision wurde auch anderenorts zunächst als nicht „angriffsfähig" eingestuft. Vgl. hier, S. 914.

land" stelle „grundsätzlich ein Aktivum dar", urteilte Ministerialdirektor Carstens, zumal viele „heute in Spanien einflußreiche Stellungen, u. a. im Außenministerium und im Generalstab innehaben". Daher bestünden gegen eine „unauffällige und zurückhaltende" Traditionspflege „keine Bedenken".

Das Gegenteil galt jedoch für die Legion Condor, deren Beteiligung am Bürgerkrieg von den NS-Medien in besonderer Weise gefeiert worden war. Ungeachtet der Tatsache, daß einige ihrer früheren Angehörigen in der Bundeswehr hohe Ränge bekleideten, ging die Bundesregierung auf Distanz: „Zurückhaltung" sei „bei offiziellen Kontakten" geboten. Neben innenpolitischen Problemen, die ansonsten auf die Bundesrepublik zukämen, könnte es für beide Länder, so Carstens, „außenpolitisch ungünstige Auswirkungen im Verhältnis zu unseren westlichen Alliierten" geben. Wie unsicher das Auswärtige Amt aber nach wie vor über den politischen Wert der Vergangenheit im Verhältnis zu Spanien trotz der anderslautenden Berichterstattung der Botschaft war, zeigte die Reaktion auf den Franco-Empfang: Die Audienz beweise, „daß die deutsch-spanische Waffenbrüderschaft aus der Zeit des Bürgerkriegs dort heute noch in hohem Ansehen steht".

Nach den Entgleisungen der deutschen und spanischen Veteranen ging es Bonn und Madrid bei dem für Herbst angekündigten Gegenbesuch der Blauen Division vor allem darum, keinen politischen Schaden entstehen zu lassen. Die beiden Regierungen sorgten deshalb vor. Sie stimmten darin überein, die Reise „möglichst unauffällig"[112] zu gestalten. Der in Bonn zunächst aufgekommene Gedanke an einen Empfang durch Bundeskanzler Adenauer wurde verworfen. Der deutsche Botschafter hatte dringend abgeraten: Die Blaue Division werde durch die „teilweise ziemlich rechtsradikale Kameradschaft"[113] betreut und daher unter Umständen „in falschem Fahrwasser segeln". Eine Massenreise der spanischen Veteranen in die Bundesrepublik wurde, wohl unter sanftem Druck des Franco-Regimes, verhindert. So fiel der für Ende September geplante Besuch aus „Mangel an Beteiligung"[114] ins Wasser. Lediglich eine kleine Gruppe von vier Personen sollte nach Rücksprache mit dem Außenministerium in Madrid am Bundestreffen der Kameradschaft in Bingen teilnehmen. Der Aufenthalt verlief harmonisch und in aller Stille[115].

Dazu beigetragen hatte sicherlich auch, daß es zuvor erstmals zu direkten Gesprächen zwischen der Kameradschaft der Legion Condor und amtlichen Stellen gekommen war. Der Vorstand mit seinem Vorsitzenden Storz, dessen Ausfälle in Spanien noch für Unruhe gesorgt hatten, machte auf die Beamten von Verteidigungsministerium und Auswärtigem Amt einen „durchaus für vernünftige Argumente zugänglichen Eindruck". Die Veteranen seien, so die Reaktion nach dem ersten Treffen, „nicht als Vertreter eines neuen Rechtsradikalismus" anzusehen, hieß es milde aus dem Auswärtigen Amt. Da das Besuchsprogramm keine politischen Termine vorsah, blieb es bei Begegnungen unter Soldaten, die „Schulter an Schulter gegen einen gemeinsamen Feind gekämpft hätten", wie General a. D.

---

[112] Aufzeichnung Knappstein betr. Gespräch mit dem spanischen Botschafter Marqués de Bolarque, 24. 8. 1959, PA/AA, Ref. 206, Bd. 76.
[113] Telegramm Welck an Auswärtiges Amt, 29. 8. 1959, PA/AA, Bestand Botschaft Madrid, Bd. 7656.
[114] Bericht Oster 41/59, 17. 9. 1959, BA-MA, BW 4, Bd. 745.
[115] Aufzeichnung Schmidt-Schlegel betr. Besuch einer Delegation der Blauen Division in der Bundesrepublik, 14. 10. 1959, PA/AA, Ref. 206, Bd. 76. „Selbst der SPD", vermerkte der Spanien-Referent erleichtert, „bot der Besuch keine Angriffsmöglichkeiten". Hier auch das Folgende. Allerdings hatte es offenbar Proteste der rheinhessischen SPD gegen das 4. Bundestreffen der Kameradschaft in Bingen gegeben. Vgl. Kraushaar, Die Protest-Chronik, Bd. 3 (1957–1959), S. 2279.

Linde vom Verband deutscher Soldaten pathetisch betonte. Ansonsten kam es – nachdem ein zunächst vom Auswärtigen Amt vorgesehener Besuch in Berlin als zu brisant gestrichen worden war – zu einer Exkursion an die niedersächsische Zonengrenze. Dort sollte den spanischen Gästen ein Einblick „in die Infiltrationsarbeit des Bolschewismus"[116] gegeben und ihnen der „Abwehrwille der westdeutschen Bevölkerung" vermittelt werden.

Nach der Affäre um die geplanten Bundeswehr-Depots war die Sorge vor einer erneuten Spanienfahrt der Legion Condor im Frühjahr 1960 besonders groß. Militärattaché Oster zweifelte vor allem daran, daß es in diesem Jahr wiederum gelingen werde, die Korrespondenten in Madrid „dahin zu bringen"[117] über einen solchen Besuch „Schweigen zu bewahren". Daher schlug er vor, die Kameradschaft, unter Umständen durch die Vermittlung von General a. D. Galland, zu einem „Verzicht" zu bewegen. Um so erleichterter registrierte das Auswärtige Amt, daß fehlende finanzielle Mittel und ein interner Streit um die zukünftige politische Linie des Traditionsverbandes eine Reise verhinderten[118]. Der Ausflug im Jahr 1959 sollte eine Ausnahme bleiben. Die ohnehin kleine Kameradschaft der Legion Condor versank in den folgenden Jahren in der Bedeutungslosigkeit und geriet aus dem Blickfeld der Politik[119].

Daß aber bei der Traditionspflege der Bundeswehr im Hinblick auf die Legion Condor noch heute manches im argen liegt, zeigte Anfang der neunziger Jahre eine Anzeigenkampagne, in der die Bundeswehr ausgerechnet mit Picassos „Guernica" für sich warb[120]. Unter der Abbildung war der pazifistische Slogan „Feindbilder sind die Väter des Krieges" zu lesen. Im Text erfuhr man, daß die Bundeswehr kein Feindbild habe. Was man nicht erfuhr, war der Anlaß für „Guernica". Schließlich gab das Gemälde dem Entsetzen angesichts der spanischen Opfer der Legion Condor Ausdruck. Auch im Militärhistorischen Museum der Bundeswehr in Dresden wird die Bombardierung von Guernica nicht erwähnt[121]. Die Beteiligung von deutschen Soldaten am Bürgerkrieg in Spanien findet unter der Überschrift „Schnelle Siege" statt. Der Krieg habe die Möglichkeit geboten, heißt es dort, „Waffen und Truppe im scharfen Schuß zu erproben".

3. Bundesdeutsche Kriegsopferversorgung für die Blaue Division

Eines der Themen bei den Begegnungen der Veteranen waren die zwischen beiden Ländern umstrittenen Versorgungsansprüche der spanischen Kriegsgeschädigten. Die Kameradschaft der Legion Condor bemühte sich um Hilfe. Durch die im Januar 1960 von ihr erreichte korporative Mitgliedschaft der Bruderschaft der Blauen Division im Verband

---

[116] Auswärtiges Amt an Botschaft Madrid betr. Deutschland-Besuch einer Delegation von Vertretern der Kameradschaft der ehemaligen Blauen Division und der Legion Condor, 23. 10. 1959, Bestand Botschaft Madrid, Bd. 7656.
[117] Bericht Oster 31/60, 29. 3. 1960, BA-MA, BW 4, Bd. 746. Hier auch das Folgende.
[118] Vermerk Schmidt-Schlegel, 4. 5. 1960, PA/AA, Ref. 301, Bd. 117.
[119] Pater Simonsen erfuhr im Januar 1960 noch einmal öffentliche Aufmerksamkeit. In einer Sendereihe des SFB „Die schönsten Jahre meines Lebens" kam auch der Kapuziner-Pater zu Wort. Simonsen verteidigte in dem Interview die Legion Condor gegen kritische Anwürfe und erwähnte dabei ganz freimütig den Empfang bei Franco. Eine Bemerkung, die aber offenbar unbeachtet blieb. Vgl. Interviewauszug, 15. 1. 1960, PA/AA, Ref. 206, Bd. 85.
[120] Vgl.: art, Heft 11 (1990), S. 3. Ebenso: Die Zeit, 22. 3. 1991.
[121] Vgl.: Die Zeit, 10. 2. 2000.

deutscher Soldaten[122] sollte diesem Anliegen größerer Nachdruck verliehen werden. Bonn und Madrid hatten sich schon seit längerem in einen stillen Streit um die Kriegsopferversorgung verwickelt. Beide Regierungen waren an einer öffentlichen Auseinandersetzung nicht interessiert. Sie stimmten darin überein, daß dieses Thema ihnen und nicht den Soldatenverbänden vorbehalten sein sollte[123]. Anlaß war die Forderung nach Wiederaufnahme der Versorgung von 2420 ehemaligen Angehörigen der Blauen Division bzw. ihrer Hinterbliebenen[124], die nach einem Erlaß des Oberkommandos der Wehrmacht (OKW) vom September 1941 von Deutschland übernommen und noch bis zum Kriegsende 1945 geleistet wurde. Die spanischen Freiwilligen seien damals, hieß es 1953 aus dem zuständigen Bonner Arbeits- und Sozialministerium, in den OKW-Erlaß einbezogen worden, weil der „Eindruck"[125] vorhanden gewesen sei, die von der Franco-Regierung zugesagte Versorgung habe nur „mehr oder weniger auf dem Papier" gestanden.

Ausgelöst hatte die erneute Beschäftigung mit dieser Frage der sozialdemokratische Bundestagsabgeordnete Pfarrer Hans Merten[126]. Der Experte für Kriegsgefangenenfragen machte das Ministerium im Sommer 1952 auf die Situation dieser Geschädigten aufmerksam, die nach seinen Erkenntnissen mitunter in „bitterste Not geraten"[127] seien, und bat um eine Klärung. Nach neun Monaten erhielt Merten eine Antwort[128]. Das Arbeitsministerium wies darauf hin, daß der spanische Staat für die Kriegsopfer und ihre Hinterbliebenen selbst aufkomme und das Bundesversorgungsgesetz (BVG) bei Ausländern im Ausland auch „keine Anwendung" finde. Daher bestehe „keine Veranlassung", entsprechende Anträge „entgegenzunehmen" und sie zur Prüfung weiterzuleiten. Den fraglichen OKW-Erlaß sahen die Fachleute im Ministerium durch das BVG ohnehin als „überholt"[129] an. Zwar kam man bei einer ressortübergreifenden Zusammenkunft im November 1953 überein, prüfen zu lassen, „welche Leistungen"[130] die Betroffenen von der Regierung in Madrid „tatsächlich" erhielten.

Eine gewisse Klarheit brachte aber erst ein Bericht der deutschen Botschaft im Oktober 1955. Dieser stützte sich vor allem auf eine mündliche Auskunft eines Madrider Mini-

---

[122] Mitteilung VdS an den Verfasser, 4. 3. 1991. Militärattaché Oster ging irrtümlich im Mai 1959 davon aus, daß die Aufnahme in den VdS bereits „vor einigen Wochen" erfolgt sei. Bericht Oster 12/59, 11. 5. 1959, BA-MA, BW 4, Bd. 745.
[123] Aufzeichnung Botschaftsrat Werz über Gespräch mit dem Leiter der politischen Abteilung im spanischen Außenministerium, 29. 4. 1959, PA/AA, Bestand Botschaft Madrid, Bd. 7656.
[124] Nach Angaben der Botschaft in Madrid wurden bis zum 8. 5. 1945 in 2200 Fällen eine Beschädigtenrente und in 220 Fällen eine Witwenrente von deutscher Seite gezahlt. Zu diesem Zeitpunkt waren überdies noch 500 bzw. 20 Anträge nicht abschließend entschieden worden. Botschaft Madrid betr. Kriegsopferversorgung an Auswärtiges Amt, 5. 10. 1954, BA, B 149, Bd. 11878.
[125] Aufzeichnung über Fragen der Kriegsopferversorgung im Ausland, 4. 11. 1953, BA, B 149, Bd. 11878.
[126] Zu Merten vgl. Frei, Vergangenheitspolitik, S. 279.
[127] Merten an Bundesministerium für Arbeit, 14. 7. 1952, BA, B 149, Bd. 11878. Bei dem Abgeordneten waren Anfragen von in Spanien lebenden Deutschen eingegangen, die von den Veteranen der Blauen Division um Hilfe gebeten worden waren.
[128] Bundesministerium für Arbeit an Merten, 29. 4. 1953, BA, B 149, Bd. 11878.
[129] Bundesministerium für Arbeit an Auswärtiges Amt, 13. 4. 1953, BA, B 149, Bd. 11878. Außerdem ließe sich heute kein Rechtsanspruch mehr aus dem Erlaß des OKW vom 30. 9. 1941 ableiten, urteilte das Arbeitsministerium Anfang 1957. Schließlich sei dieser bereits durch das Kontrollratsgesetz Nr. 34 (Auflösung der Wehrmacht) vom 20. August 1946 außer Kraft gesetzt worden. Aufzeichnung Hoffmann betr. Versorgung der Blauen Division, 11. 1. 1957, PA/AA, Ref. 506, Bd. 717.
[130] Aufzeichnung über Fragen der Kriegsopferversorgung im Ausland, 4. 11. 1953, BA, B 149, Bd. 11878.

sterialbeamten, der versichert habe, daß die Freiwilligen der Blauen Division „in jeder Hinsicht allen übrigen versorgungsberechtigten Soldaten der spanischen Armee und deren Hinterbliebenen gleichgestellt"[131] seien. Bonn sah also keinen Anlaß, von seiner Rechtsposition abzurücken. Gelegentliche Vorstöße der Franco-Regierung wie bei den Handelsvertragsgesprächen im November 1953[132] oder den Vorverhandlungen über das enteignete deutsche Vermögen Ende 1956[133] sorgten zumindest dafür, daß das Thema auf der Tagesordnung blieb. All diese eher beiläufigen Versuche[134] sollten jedoch ohne Erfolg bleiben. Noch im Frühjahr 1958 betonte die Rechtsabteilung im Auswärtigen Amt: „Angesichts der Rechtslage"[135] gebe es auch „keine Möglichkeit, diesen Standpunkt zu revidieren". Außerdem warnte sie davor, einen „Präzedenzfall zu schaffen", der im Hinblick auf andere Länder „untragbare finanzielle Verpflichtungen" nach sich ziehen würde.

Die ganze Situation änderte sich dann mit dem Amtsantritt von Militärattaché Oster im Sommer 1958. In Oster fanden die spanischen Veteranen einen überaus engagierten Fürsprecher, der sich seit seinem Wechsel nach Madrid bemühte, einen Sinneswandel in der westdeutschen Politik herbeizuführen. Schon bei seinem Antrittsbesuch bei Generalstabschef Muñoz Grandes[136] hatte Oster keinen Hehl aus seiner Verbundenheit mit der Blauen Division gemacht. Das von der Erinnerung an den gemeinsamen Kampf im Osten bestimmte Gespräch zeigte, daß Spanien für deutsche Militärs in der Nachkriegszeit in gewisser Hinsicht ein Refugium darstellte. Wohl in keinem anderen Land gab es von offizieller Seite so viel Verständnis und Respekt für die sogenannten soldatischen Leistungen der

---

[131] Botschaft Madrid betr. Versorgung von Angehörigen der ehemaligen Blauen Division, 4. 10. 1955, BA, B 149, Bd. 11878.

[132] Aufzeichnung über Fragen der Kriegsopferversorgung im Ausland, 4. 11. 1953, BA, B 149, Bd. 11878.

[133] Am 31. Oktober 1956 hatte Spanien in einer Note zahlreiche Gegenforderungen präsentiert. Dabei wurden auch die Versorgungsansprüche der Blauen Division geltend gemacht. Das Auswärtige Amt lehnte dies damals jedoch unter Verweis auf die rechtliche Situation ab. Vgl. Schreiben Ministerialdirektor Berger (Rechtsabteilung) an Bundesminister Lübke, 29. 11. 1956, PA/AA, Ref. 206, Bd. 76. Im Februar 1956 war das Außenministerium in Madrid bereits an die deutsche Botschaft mit der Anfrage herangetreten, welche „Maßnahmen" die Bundesrepublik im Hinblick auf die spanischen Invaliden „ergreifen" wolle. Die Botschaft hatte zuvor in spanischen Zeitungen eine Bekanntmachung über gesetzliche Änderungen in der Kriegsopferversorgung für deutsche Staatsangehörige veröffentlicht. Botschaft Madrid betr. spanische Forderung auf Übernahme der Versorgung, 26. 3. 1956, PA/AA, Ref. 506, Bd. 57; hier auch Verbalnote des spanischen Außenministeriums, 16. 2. 1956.

[134] Dazu gehörte auch ein Leitartikel der Abendzeitung La Prensa vom 7. März 1957. Der Kampf der Blauen Division, diese „direkte Hilfeleistung an Deutschland", wie das Generalkonsulat Barcelona urteilte, sei bisher in der spanischen Presse „verschwiegen" oder in Berichten zumindest „stark abgedämpft" worden. Nunmehr, schrieb das Blatt aus Barcelona, sei aber die „schwierige Nachkriegslage des deutschen Volkes" überwunden. Die deutsche Wirtschaft sei „die blühendste in Europa". Deutschland werde es deshalb „verstehen, einer heiligen Verpflichtung würdig nachzukommen". Vgl. auszugsweise Übersetzung in: Generalkonsulat Barcelona an Auswärtiges Amt, 12. 3. 1957, BA, B 149, Bd. 11878.

[135] Aufzeichnung Kothy, 14. 3. 1958, PA/AA, Ref. 206, Bd. 163. Hier auch das Folgende. Die in diesem Zusammenhang von Militärattaché Oster aufgestellte Behauptung, die Blaue Division sei doch der einzige ausländische Heeresverband in der Wehrmacht gewesen, trifft nicht zu. Aschmann dagegen übernimmt Osters Behauptung offenbar ungeprüft. Tatsächlich waren außer den Spaniern nämlich ebenso andere „nichtgermanische" Freiwillige wie Franzosen und Kroaten mit eigenen Verbänden in die Wehrmacht eingegliedert worden. Vgl. Förster, Freiwillige für den „Kreuzzug Europas gegen den Bolschewismus", S. 908-915; vgl. Aschmann, „Treue Freunde..."?, S. 387.

[136] Bericht Oster 17/58, 16. 7. 1958, BA-MA, BW 4, Bd. 744. Hier auch das Folgende.

Wehrmacht. Oster verwies darauf, daß er Muñoz Grandes als Kommandeur der Blauen Division im Gefechtsstand am Wolchow persönlich kennengelernt und ihn sein damaliger Korpschef, der jetzige Bundeswehr-General Siewert, beauftragt habe, „in Erinnerung an gemeinsame Rußlandkämpfe Grüße zu überbringen". Als Zeichen seiner Wertschätzung hatte der Militärattaché, wie er stolz betonte, „entgegen den jetzt in der deutschen Armee geltenden Bestimmungen heute das Eiserne Kreuz I. Klasse angelegt"[137]. Damit wolle er „den Kommandeur der Blauen Division und all die tapferen spanischen Soldaten" würdigen, die „in Rußland geblieben seien".

Die Hilfe für die kriegsgeschädigten spanischen Veteranen, um die er nun bei der Bundesregierung unentwegt warb, war für Oster (Jahrgang 1914) offenbar ein Gebot einer tief empfundenen soldatischen Kameradschaft. Dabei argumentierte er immer wieder mit dem Hinweis, die Blaue Division sei schließlich ein deutscher Heeresverband zur „Bekämpfung des Bolschewismus"[138] an der Ostfront und nicht Teil der verbrecherischen Waffen-SS gewesen. Den Gedanken an mögliche kriminelle Handlungen der Blauen Division wollte Oster erst gar nicht aufkommen lassen: Nach seiner Ansicht war der Einsatz der Spanier „nicht belastet" mit „irgendwelchen Kriegsverbrechen oder sonstigen Greueltaten"[139]. Daher gebe es auch keinen Grund, „sich als Deutscher" nicht dankbar dieser „Waffenhilfe" zu erinnern. Dies gelte insbesondere für die Hinterbliebenen und Kriegsgeschädigten, deren Versorgungsanträge teilweise ein „erschütterndes Bild" ihrer Lebensumstände vermittelten. Die nach dem Zweiten Weltkrieg entstandene rechtliche Situation, die er als eine Folge der „allgemeinen Ächtung des spanischen Regimes" in den ersten Nachkriegsjahren wahrnahm, könne doch angesichts einer veränderten Haltung der meisten westlichen Alliierten gegenüber Spanien nun von der Bundesregierung berichtigt werden.

Zu Hilfe kam Oster bei seinem Anliegen ausgerechnet der im Bundesentschädigungsgesetz (BEG) 1956 geregelte finanzielle Anspruch für die spanischen Opfer des National-

---

[137] Die Frage der militärischen Ehrenzeichen hatte im Sommer 1957 den Bundestag beschäftigt. Im Vorfeld war es zu einer Auseinandersetzung über das öffentliche Tragen der in manchen Orden enthaltenen Hakenkreuze gekommen. Dabei wurde das Plädoyer einiger Soldatenverbände für die Auszeichnungen in alter Form erst nach einem Protest aus Washington fallen gelassen. Im Parlament ging es dann nur noch um das schwarz-weiß-rote Ordensband. Vgl. Dubiel, Niemand ist frei von der Geschichte, S. 56–59. Das Gesetz über Titel, Orden und Ehrenzeichen vom 26. 7. 1957 schuf eine neue Rechtsgrundlage für die seit 1945 verbotenen Kriegsauszeichnungen. Demnach durften Auszeichnungen ohne Hakenkreuz-Emblem getragen werden. Vgl. Deutsche Orden und Ehrenzeichen, S. 10. Der in diesem Zusammenhang der Blauen Division von der Bundesregierung angebotene Ordensumtausch kam indes nicht zustande. Die Bruderschaft der Blauen Division lehnte dies unter Hinweis auf ein nach wie vor gültiges Gesetz Karls III. aus dem Jahr 1792 ab. Änderungen bei ausländischen Orden könnten danach nur vom stiftenden Souverän selbst angeordnet werden. Dies habe nichts mit „Freundschaft für den Nationalsozialismus" zu tun, versicherten die Veteranen. Bericht Oster 41/59, 17. 9. 1959, BA-MA, BW 4, Bd. 745.
[138] Bericht Oster 2/58, 17. 7. 1958, BA-MA, BW 4, Bd. 752. Hier auch das Folgende.
[139] Ein Hinweis der FR, die Blaue Division habe sich 1943 in Weißrußland an Aktionen zur sogenannten Partisanenbekämpfung beteiligt, konnte nicht bestätigt werden. Der Artikel hatte diese Behauptung unter Bezug auf die Untersuchung von Christian Gerlach über die deutsche Vernichtungspolitik in Weißrußland aufgestellt. Vgl. FR, 28. 11. 2001; Gerlach, Kalkulierte Morde. Dort fehlen jedoch entsprechende Aussagen. Auch der Katalog zur überarbeiteten „Wehrmachtsausstellung" enthält keine Angaben zu etwaigen Kriegsverbrechen der Blauen Division. Vgl. Verbrechen der Wehrmacht. Allerdings liegen bislang erst vereinzelte Forschungsergebnisse über das Verhalten der über 100 Divisionen an der Ostfront vor. Vgl.: Der Spiegel Nr. 48, 2001, S. 89.

sozialismus[140]. Hier sah er einen Ansatzpunkt, um Bewegung in die starre Bonner Position zu bringen. Bei Gesprächen im Auswärtigen Amt wies der Militärattaché im Januar 1959 darauf hin, daß bereits in mehreren Fällen „deutsche Wiedergutmachungsleistungen"[141] an „solche Spanier" gelangt seien, „deren Angehörige im Bürgerkrieg auf der Seite der Roten gekämpft hätten". Politisch sei dies um so gravierender, weil „einflußreiche Kreise" in Spanien darüber klagten, daß die Divisionäre dagegen aus Deutschland keinerlei Versorgungszahlungen erhielten. Ein Entgegenkommen Bonns könne deshalb, so Oster, „propagandistisch"[142] gegenüber Madrid „besonders bedeutungsvoll" sein. Sein Einsatz zeigte Wirkung:

Das Auswärtige Amt rückte daraufhin von seinem bisherigen Nein in der Versorgungsfrage ab, machte aber den Vorbehalt, daß eine Regelung erst nach dem Abschluß der laufenden Entschädigungsverhandlungen mit elf westlichen Staaten[143] in etwa ein bis zwei Jahren in Angriff genommen werden könnte.

Der Militärattaché ließ es dabei aber nicht bewenden. In seinen Berichten rechnete er immer wieder Leid gegeneinander auf: Dabei benutzte er häufig das Bild eines kleinen spanischen Dorfes in Kastilien oder der Extremadura, in dem eine alte Frau, die Witwe eines „Rotspaniers", 26000 DM Wiedergutmachung[144] und eine Rente von 250 DM bis an ihr Lebensende bekomme, der „einarmige Angehörige der Blauen Division" hin-

---

[140] Bundesgesetz zur Entschädigung für Opfer der nationalsozialistischen Verfolgung vom 29. Juni 1956, in: BGBl. 1956 I, S. 559. Zur Problematik der Entschädigung spanischer NS-Opfer siehe S. 205 ff. Das Gesetz löste das bis dahin gültige Bundesergänzungsgesetz für Opfer nationalsozialistischer Verfolgung ab.
[141] Vermerk Carstens betr. Gespräch mit Oster, 10. 2. 1959, PA/AA, Ref. 206, Bd. 76. Hier auch das Folgende.
[142] Vermerk Junges, 14. 1. 1959, PA/AA, Ref. 206, Bd. 76.
[143] Aufzeichnung betr. ehemalige „Legion Condor" und „Blaue Division", 11. 2. 1959, PA/AA, Ref. 206, Bd. 76. Im Bundesentschädigungsgesetz waren die Ansprüche der ausländischen NS-Verfolgten – abgesehen von den Staatenlosen und den Flüchtlingen, die keinen Staat hatten, an den sie sich wenden konnten – nicht berücksichtigt worden. Daher hatten acht westeuropäische Staaten (Frankreich, die Benelux-Staaten, Griechenland, Großbritannien, Dänemark und Norwegen) die Bundesregierung 1956 zu Entschädigungsleistungen von Staat zu Staat aufgefordert, über die seit Ende 1958 multilateral, später bilateral verhandelt wurde. Zwischen 1959 und 1964 vereinbarte die Bundesrepublik mit elf Staaten (hinzu kamen noch Italien, die Schweiz und Schweden) sogenannte Globalabkommen, mit denen insgesamt 876 Mio. DM für die „Westverfolgten" bereitgestellt wurden. Vgl. Hockerts, Wiedergutmachung in Deutschland, S. 192 f. Die Geschichte dieser Abkommen ist Gegenstand eines laufenden Forschungsprojekts: „Integration-Exklusion. Die deutsche Entschädigung für NS-Opfer in West- und Osteuropa" an der Ludwig-Maximilians-Universität München. Ferner: Herbert, Nicht entschädigungsfähig?, S. 286; Goschler, Wiedergutmachung. Westdeutschland und die Verfolgten des Nationalsozialismus 1945–1954, S. 304 f.
[144] Undatierter Bericht Oster zur Versorgung der ehemaligen Blauen Division, BA-MA, BW 4, Bd. 745. Ebenso Bericht 21/59, 4. 7. 1959, BA-MA, BW 4, Bd. 745. Die genannten Zahlen stimmten nicht ganz mit den Angaben des nordrhein-westfälischen Innenministeriums überein. Demnach beliefen sich die Bezüge der Witwen auf 27000 bzw. 220 DM, während Eltern eine einmalige Zahlung von 12000 DM und eine laufende Rente von 110 DM erhielten. Im November 1959 lagen 421 Anträge auf Witwen- und Waisenrente vor, von denen bis dahin 189 positiv beschieden waren. Von den 165 Anträgen auf Elternrente hatte das Innenministerium bis dahin 80 bewilligt. Außerdem lagen Anträge von 899 spanischen Flüchtlingen vor, die gesundheitliche Dauerschäden geltend machten, von denen erst 49 bereits Entschädigung erhielten. Schreiben Loos, Innenministerium Nordrhein-Westfalen an Bundesministerium für Arbeit, 20. 11. 1959, BA, B 149, Bd. 11878. Die Durchführung des BEG oblag den Bundesländern. Nach § 185 Abs. 5 BEG war Nordrhein-Westfalen für die ausländischen NS-Verfolgten zuständig, deren Wohnsitz am 1. 10. 1953 in Europa lag. Vgl.: Die Wiedergutmachung nationalsozialistischen Unrechts durch die Bundesrepublik Deutschland, Bd. V, hrsg. vom Bundesminister der Finanzen, S. 406.

gegen nichts erhalte. Dessen Versorgung durch den spanischen Staat erwähnte er allerdings nicht. Oster warnte die Bundesregierung zudem vor möglichen politischen Folgen der Entschädigung. Sollte die „Zahlung an die Rotspanischen Hinterbliebenen"[145] in Spanien bekannt werden, könnte dies die bilateralen Beziehungen absehbar belasten.

Im Juli 1959 mobilisierte der Militärattaché Arbeits- und Sozialminister Theodor Blank: In einem persönlichen Schreiben warb er bei seinem langjährigen Vorgesetzten aus der früheren Dienststelle Blank und dem Verteidigungsministerium für eine Versorgung der Beschädigten und Hinterbliebenen der ehemaligen Blauen Division, die „auf dem Wege der Gesetzesparagraphen allein"[146] nicht gelöst werden könne. Dies sei eine Frage, deren „Bedeutung", so Oster, „in erster Linie im Politischen" liege. Erneut führte er aus, daß die Angehörigen der „Rotspanier", die in „deutschen Lagern" umgekommen seien, als Folge des Bundesentschädigungsgesetzes „für spanische Verhältnisse sehr hohe Abfindungssummen" erhielten. Das deutsch-spanische Verhältnis, so fürchtete er, könnte Schaden nehmen, wenn sich die „durch die Wiedergutmachung an Rotspaniern aufgebrachten Mitglieder der ehem. Blauen Division" in dieser Angelegenheit vor allem auf die Kameradschaft der Legion Condor und weniger auf die offizielle westdeutsche Politik stützen müßten. Hinzu komme noch, daß viele der ehemaligen Divisionäre inzwischen einflußreiche Positionen in der spanischen Regierung innehätten. Dieser Hinweis löste im Arbeitsministerium allerdings die naheliegende Frage aus, warum die von Oster ins Feld geführten Persönlichkeiten wie Außenminister Castiella oder Generalstabschef Muñoz Grandes sich nicht selbst für „eine bessere Versorgung"[147] einsetzten bzw. nicht bereit waren, die Lage ihrer früheren Soldaten zu verbessern.

Dennoch verlief die Kampagne Osters für seine früheren Frontkameraden überaus erfolgreich. Nachdem bereits das Auswärtige Amt „aus moralischen Gründen"[148] eine Übernahme der Versorgung durch eine Vereinbarung mit Spanien grundsätzlich befürwortet hatte, signalisierte im September auch das in dieser Frage federführende Arbeits- und Sozialministerium Entgegenkommen. Ausschlaggebend für den Sinneswandel war der Verweis Osters auf die Entschädigungsansprüche der sogenannten Rotspanier. In Bonn hatte er es leicht, mit diesem Argument durchzudringen. So wurde der abwertende Begriff „Rotspanier", der aus dem Fundus der nationalsozialistischen Propaganda stammte, von der offiziellen Politik in der Nachkriegszeit weiter verwendet. Im Gegensatz zur Anteilnahme, mit der die Versehrten und Hinterbliebenen der Blauen Division bedacht wurden, standen Politik und Behörden in der Bundesrepublik dem Schicksal der spanischen NS-Verfolgten – abgesehen von ihrer Rolle als finanzielle Nutznießer der Entschädigung – weitgehend unbeteiligt gegenüber.

---

[145] Bericht Oster 21/59, 4. 7. 1959, BA-MA, BW 4, Bd. 745.
[146] Oster an Bundesminister Blank, 20. 7. 1959, BA, B 149, Bd. 11878. Er hob hervor, daß die Angehörigen der Blauen Division überwiegend „Berufssoldaten waren, die zum Kampf gegen den Bolschewismus eingesetzt wurden und als überzeugte Katholiken z. T. eine recht kritische Einstellung zum Nationalsozialismus einnahmen". Hier auch das Folgende. Daß sich viele Falangisten mit einer großen ideologischen Nähe zum Nationalsozialismus gerade in der Blauen Division gesammelt hatten, sagte der Militärattaché indes nicht.
[147] Ebenda, handschriftliche Anmerkung.
[148] Schreiben Rechtsabteilung (Ref. 505) an Länderabteilung, 3. 3. 1959, PA/AA, Ref. 206, Bd. 76.

Wie ungebrochen die im Nationalsozialismus geprägten Vorurteilsstrukturen in der Zeit des Kalten Krieges fortwirkten, zeigte die Argumentation des Arbeitsministeriums: Regierung und Öffentlichkeit in Spanien würden es „kaum verstehen, daß die Bundesrepublik Deutschland den kommunistischen Gegnern Spaniens hohe Entschädigungen zahlt und denjenigen Spaniern, die auf deutscher Seite gegen den Bolschewismus gekämpft haben, nicht einmal eine Teilversorgung gewährt"[149]. Dies sollte sich ändern. Bonn erwartete allerdings, daß Madrid den ersten Schritt zu Verhandlungen tat. Außerdem brachte das Auswärtige Amt jetzt Gegenleistungen ins Spiel: Eine mögliche „Beteiligung"[150] an der Versorgung der Blauen Division sollte von der Rückgabe enteigneter kultureller Einrichtungen sowie einer spanischen Versorgung der wenigen „dort ansässigen"[151], ehemaligen Angehörigen der Legion Condor abhängig gemacht werden.

Eine Gesprächsinitiative Spaniens blieb jedoch zunächst aus. Selbst Außenminister Castiella war nicht bereit, dieses Thema auf die Agenda seines Deutschlandbesuchs im November 1959 zu setzen. Das Franco-Regime betrieb damals verstärkt eine außenpolitische Annäherung an den Westen und wollte sich deshalb wohl in einer Frage, die den Zweiten Weltkrieg und den Einsatz spanischer Soldaten an der Seite des „Dritten Reiches" betraf, nicht öffentlich engagieren. Offenbar fürchtete es, daß das westliche Ausland an die faschistische Vergangenheit erinnert werden könnte. So wurde die Kriegsopferversorgung von spanischer Seite in Bonn nur eher beiläufig angesprochen. Lediglich dem Leiter der politischen Abteilung im Madrider Außenministerium, Sedó, auch er einst Angehöriger der Blauen Division, blieb es vorbehalten, politischen Druck zu entfalten: Bis jetzt habe sich die Bruderschaft der Blauen Division „verhältnismäßig ruhig verhalten"[152], hieß es gegenüber dem Auswärtigen Amt, doch könne bei einer „weiteren Verzögerung" damit gerechnet werden, daß der Traditionsverband durch die Presse oder „auf anderen Wegen energisch eine Kriegsopferversorgung aus deutschen Mitteln fordern werde". Sedó hatte eine Drohkulisse aufgebaut, die zu diesem Zeitpunkt bereits überflüssig geworden war. Denn die Bundesregierung wartete eigentlich nur noch auf ein Zeichen aus Madrid. So ergab sich die paradoxe Situation, daß die beteiligten Ministerien in Bonn enttäuscht feststellten, auch nach dem Besuch des spanischen Außenministers habe sich „in der Angelegenheit bisher nichts Entscheidendes getan"[153]. Zu guter Letzt mußte das Franco-Regime

---

[149] Schreiben Oberregierungsrat Ruh, Bundesarbeitsministerium, an Auswärtiges Amt, 28.9.1959, BA, B 149, Bd. 11878. Die Entscheidung für eine Versorgung der Blauen Division war eine politische Entscheidung, die auch anders hätte ausfallen können. Es kann keine Rede davon sein, daß die Bundesregierung sich den Argumenten Osters nicht verschließen „konnte", wie dies Aschmann unterstellt. Vgl. Aschmann, „Treue Freunde..."?, S. 450.
[150] Auswärtiges Amt an Bundesarbeitsminister, 31.10.1959, PA/AA, Ref. 206, Bd. 76.
[151] Vermerk über Fragen der Kriegsopferversorgung. 2.11.1959, PA/AA, Ref. 206, Bd. 76. Aschmann irrt, wenn sie davon spricht, daß das Bundesfinanzministerium im Gegenzug „eine spanische Versorgung der Legion Condor-Angehörigen" gefordert habe. Bei diesen Überlegungen ging es allenfalls um die wenigen Personen, die in Spanien lebten. Das Auswärtige Amt selbst ging nur von etwa 10 früheren Angehörigen der Legion Condor aus. Schreiben Rechtsabteilung (Ref. 505) an Länderabteilung, 3.4.1959, PA/AA, Ref. 206, Bd. 76. Vgl. Aschmann, „Treue Freunde..."?, S. 389.
[152] Aufzeichnung Schmidt-Schlegel betr. Kriegsopferversorgung der ehemaligen Angehörigen der Blauen Division, 24.11.1959, PA/AA, Ref. 206, Bd. 76. Hier auch das Folgende.
[153] Aufzeichnung betr. Versorgung der Angehörigen der ehemaligen Blauen Division, 10.12.1959, BA, B 149, Bd. 11878.

sogar gedrängt werden, selbst aktiv zu werden. Botschafter von Welck sollte auf die spanische Regierung einwirken, um sie „dann doch noch"[154] zu dem in Bonn „als Vorbedingung" angesehenen „offiziellen Schritt" zu bewegen.

Im Juli 1960 war es soweit: Die spanische Regierung bekundete in einer Verbalnote[155], daß sie zu Verhandlungen bereit sei. Das Auswärtige Amt betonte zwar, die Bundesrepublik habe „eine moralische Verpflichtung"[156], die kriegsgeschädigten ehemaligen spanischen Angehörigen der Wehrmacht zu versorgen. Für das federführende Bundesarbeitsministerium und das Finanzministerium kam aber nur eine „deutsche Beteiligung"[157] und nicht eine „völlige Übernahme" in Betracht. Außerdem setzten die noch laufenden Wiedergutmachungsverhandlungen mit elf westlichen Ländern dem geplanten deutschspanischen Abkommen nach wie vor zeitliche Grenzen: Dieses könne, wurde die Botschaft in Madrid instruiert, erst nach dem Ende der Entschädigungsgespräche abgeschlossen werden.

Von etwaigen Pauschalleistungen an Spanien riet Botschafter von Welck dringend ab. Ansonsten bestehe nämlich die Gefahr, daß „eine an die spanische Regierung gezahlte Globalsumme nicht vollständig an die Anspruchsberechtigten ausgezahlt"[158] werde und die Versorgungsleistung für den einzelnen „nicht über" die im Land „sehr niedrigen Versorgungssätze hinausgehen" könnte. Zudem hätten, so Welck, direkte Unterhaltsbeiträge aus deutschen Kassen ohnehin einen größeren politischen Effekt. Mit einer gewissen Chuzpe meldete Madrid nun auch Wiedergutmachungsansprüche für griechische Sepharden spanischer Staatsangehörigkeit an[159], denen es groteskerweise aber erst auf Drängen des NS-Regimes seit 1943 die Durchreise in Drittländer gestattet hatte[160].

---

[154] Nostitz an Welck, 30.12.1959, PA/AA, Ref. 206, Bd. 76.
[155] Auswärtiges Amt an Bundesarbeitsministerium, 5.11.1960, PA/AA, Ref. 501, Bd. 929 (Anlage: Verbalnote, 9.7.1960).
[156] Aufzeichnung betr. Versorgung der ehemaligen Angehörigen der sogenannten Blauen Division, 5.11.1960, PA/AA, Ref. 501, Bd. 929.
[157] Auswärtiges Amt an Botschaft Madrid, 26.1.1960, BA, B 149, Bd. 11878. Hier auch das Folgende.
[158] Botschaft Madrid an Auswärtiges Amt betr. Versorgung der Blauen Division, 30.7.1960, BA, B 149, Bd. 11878. Hier auch das Folgende.
[159] Memorandum über schwebende Fragen, an deren Lösung die spanische Regierung interessiert ist, 17.10.1960, PA/AA, Ref. 501, Bd. 929. Schon bereits bei den Gesprächen über das enteignete deutsche Auslandsvermögen war das Thema Ende 1956 von Spanien angesprochen worden.
[160] Von den etwa 700 spanischen Juden in Griechenland wurden im August 1943 367 Juden aus Saloniki nach Bergen-Belsen deportiert. Das Franco-Regime hatte wiederholt Fristen der deutschen Regierung verstreichen lassen. Erst im Frühjahr 1944 – auf Druck der Alliierten – erklärte sich Spanien zur Aufnahme bereit. In einer sogenannten Heimschaffungsaktion hatte das „Dritte Reich" zehn verbündeten oder neutralen Staaten seit Ende 1942 die Möglichkeit eingeräumt, ihre jüdischen Bürger zu repatriieren. 1939 lebten im später nationalsozialistisch besetzten Europa rund 17 000 Sepharden, Nachkommen der 1492 aus Spanien vertriebenen Juden. Abgesehen von einer kleinen Gruppe spanischer Staatsbürger (rund 4500), denen sich das Regime verpflichtet fühlte, ermöglichte Franco-Spanien etwa 20 000 bis 35 000 Juden den Transit nach Portugal. Im Gegensatz zur überzogenen franquistischen Selbstdarstellung nach 1945, mit der Franco sein Regime in der Nachkriegsordnung hoffähig machen wollte, hätte die spanische Diplomatie noch sehr viel mehr Verfolgte vor Deportation und Vernichtung retten können. Vgl. entsprechend Rother, Spanien und der Holocaust, S. 339 ff. Ders., Franco als Retter der Juden?, S. 122–146. Vgl. zur Deportation nach Bergen-Belsen: ebenda, S. 230 ff. und S. 280 ff. Ebenso von zur Mühlen, Fluchtweg Spanien-Portugal, S. 108 f. Zu antisemitischen Ressentiments im katholischen Spanien der dreißiger Jahre siehe Böcker, Antisemitismus ohne Juden.

Nach einem längeren Geplänkel über Forderungen und Gegenforderungen kamen beide Seiten überein, allein die Frage der Kriegsopferversorgung zu verhandeln[161]. Am 29. Mai 1962 lag schließlich eine Einigung vor: Der in Madrid unterzeichnete Vertrag sicherte 2315[162] kriegsgeschädigten Angehörigen der Blauen Division, deren Erwerbsfähigkeit um mindestens 25 Prozent gemindert war, und ihren Hinterbliebenen eine bundesdeutsche Teilversorgung zu (Art. 1). Spanien verpflichtete sich hingegen, seine Pensionsregelungen auch weiterhin anzuwenden (Art. 2)[163].

Doch auf eine rasche finanzielle Unterstützung aus Bonn mußten die Veteranen noch warten. Dort bestimmten außenpolitische Überlegungen den Beginn des parlamentarischen Ratifikationsverfahrens. Der Bundesregierung erschien es offensichtlich nicht opportun, Versorgungsleistungen für die Blaue Division vor dem Abschluß aller Entschädigungsabkommen mit elf westeuropäischen Staaten öffentlich werden zu lassen. Der deutsch-spanische Vertrag wurde deshalb erst im März 1964[164] – nachdem die Globalabkommen unter Dach und Fach waren – in den Bundestag eingebracht[165]. Karl Carstens, Staatssekretär im Auswärtigen Amt, tat sich bei der abschließenden Beratung am 2. Dezember[166] schwer, die deutsche Hilfe inhaltlich zu begründen. Die Bundesregierung habe „geglaubt", sich der spanischen Bitte „nicht entziehen zu sollen", hieß es seltsam verquält bei Carstens. Er rechtfertigte diese „freundliche Geste"[167] ausschließlich mit der von Madrid „stets rückhaltlos" gewährten deutschlandpolitischen Unterstützung für den Bonner Alleinvertretungsanspruch: „Spanien ist eines derjenigen Länder, das in den für uns lebenswichtigen Fragen auf unserer Seite steht." Die dürre deutschlandpolitische Begründung wirkte vorgeschoben. Ausschlaggebend war die gemeinsame antikommunistische Frontstellung, in der Franco-Spanien als wichtiger und zuverlässiger Bündnispartner gesehen wurde. Die von Oster ins Feld geführte Aufrechnung des Leids von spani-

---

[161] In der Frage einer Entschädigung für die sephardischen Juden zeigte sich das Auswärtige Amt zunächst durchaus gesprächsbereit. Die Rechtsabteilung trieb die Sorge um, daß ein Nein der Bundesregierung zur Wiedergutmachung Kritik in der spanischen Öffentlichkeit nach sich ziehen werde. Vermerk betr. deutsch-spanische Verhandlungen über eine Versorgung der sogenannten Blauen Division durch die Bundesrepublik, 26. 1. 1961, PA/AA, Ref. 501, Bd. 929. Noch im Juli 1961 waren für das Auswärtige Amt gleichzeitige Verhandlungen vorstellbar. Vermerk Ref. 505, 24. 7. 1961, PA/AA, Ref. 501, Bd. 929. Auf die Forderung nach einer spanischen Versorgung für die in Spanien verbliebenen ehemaligen Angehörigen der Legion Condor verzichtete die Bundesrepublik erst kurz vor Vertragsabschluß. Vgl. Aschmann, „Treue Freunde...?", S. 390.
[162] Diese Zahl nannte der Berichterstatter der SPD-Fraktion, Höhmann, bei der abschließenden Beratung im Bundestag, für die jährlich 1,7 Mio. DM veranschlagt wurden. Deutscher Bundestag, 4. Wahlperiode, 148. Sitzung, 2. 12. 1964, Stenographische Berichte, Bd. 56, S. 7323; Deutscher Bundestag, 4. Wahlperiode, Drucksache 1433, S. 2.
[163] Der Umfang der deutschen Hilfe orientierte sich an den Vorschriften des Bundesversorgungsgesetzes. Beschädigte, Witwen und Waisen erhielten eine Grundrente in der gesetzlichen Höhe (Art. 7); Eltern eine Beihilfe in Höhe von 50% der gesetzlichen Elternrente (Art. 8). Vgl. Vertrag zwischen der Bundesrepublik Deutschland und dem Spanischen Staat über Kriegsopferversorgung, in: BGBl. 1965, Teil II, 8. 4. 1965, S. 273–280, hier S. 274 f.
[164] Deutscher Bundestag, 4. Wahlperiode, Drucksache 2719.
[165] Bei Aschmann bleibt dieser außenpolitische Zusammenhang völlig unberücksichtigt. Die von ihr als Motiv genannte innenpolitische „Stimmungslage" gegenüber der franquistischen Diktatur war in diesem Fall zweitrangig. Vgl. Aschmann, „Treue Freunde...?", S. 390.
[166] Deutscher Bundestag, 4. Wahlperiode, 148. Sitzung, 2. 12. 1964, Stenographische Berichte, Bd. 56, S. 7323–7327, hier S. 7324. Dort auch das Folgende.
[167] So der CDU-Abgeordnete Majonica, ebenda, S. 7324.

schen NS-Opfern mit dem spanischer Kriegsfreiwilliger blieb dem Parlament ebenfalls vorenthalten.

Die sozialdemokratische Opposition lehnte es dagegen ab, „dem spanischen Staat Versorgungsaufgaben abzunehmen". Nach ihrer Ansicht trage das Franco-Regime allein die Verantwortung für die sozialen Nöte der Kriegsbeschädigten und ihrer Hinterbliebenen. Denn der Einsatz der Freiwilligen war für Fraktionsgeschäftsführer Mommer die Folge der Politik Francos, nämlich „seine[r] eigene[n] Verfilzung mit dem nationalsozialistisch-faschistischen Regime in diesem Lande"[168]. Die Regierungsparteien CDU/CSU und FDP stimmten dem Vertragswerk aus „sozialen und menschlichen Gesichtspunkten"[169] zu. Sie bekundeten, Verantwortung tragen zu wollen, „für die Erbmasse des Dritten Reiches", so der christdemokratische Abgeordnete Majonica, „im Guten und im Bösen" und auch in diesem Fall könne man diese „nicht einfach vom Tisch wischen". Der Freidemokrat Krümmer sah darin ein Gebot der Menschlichkeit, auch wenn die Verpflichtung „aus einer Zeit stammt, die rückwärts betrachtet sehr unerfreulich gewesen ist"[170].

4. Die ausgegrenzten Opfer – Humanitäre Hilfe und Wiedergutmachung für „Rotspanier"?

Im Gegensatz zu den Veteranen der Blauen Division hatten die Verlierer des Spanischen Bürgerkriegs, von denen Zehntausende nicht nur zu Emigranten sondern auch zu Verfolgten des NS-Regimes[171] wurden, keine politisch einflußreiche Lobby, kaum einen

---

[168] Ebenda, S. 7326.
[169] Ebenda, S. 7324. Hier auch das Folgende.
[170] Ebenda, S. 7325. Das Gesetz zu dem „Vertrag zwischen der Bundesrepublik Deutschland und dem Spanischen Staat über Kriegsopferversorgung und zu dem Notenwechsel vom 16. Mai 1963" wurde mit 168 gegen 120 Stimmen angenommen, S. 7327. Die Bundesregierung hatte sich durch den Notenwechsel bestätigen lassen, daß es sich bei den vertraglichen Leistungen um Höchstsätze handele, die in bestimmten Fällen gemindert werden könnten. Vgl. Deutscher Bundestag, 4. Wahlperiode, Drucksache 2719. Rechtskräftig wurde das Abkommen erst am 1. 6. 1965. Vgl. BGBl. 1965, II. Teil, S. 852. Nachdem der Bundesrat im Dezember 1964 zunächst seine Zustimmung verweigert hatte, sanktionierte der Vermittlungsausschuß im Februar 1965 schließlich das Vertragswerk. Vgl. Schreiben von Georg August Zinn, Präsident des Bundesrates, an den Bundeskanzler, 18. 12. 1964, in: Deutscher Bundestag, 4. Wahlperiode, Drucksache 2859. Ebenso Vermittlungsausschuß an den Präsidenten des Bundestages, 11. 2. 1965, Drucksache 3061.
[171] Die Gesamtzahl der dauerhaft im Exil lebenden Spanier wird auf 162000 bis 300000 geschätzt. Vgl. Bernecker, Krieg in Spanien, S. 212. Mindestens 7200 republikanische Spanier waren von 1940 bis 1945 im Konzentrationslager Mauthausen bei Linz inhaftiert. Nur etwa 2000 überlebten das Lager. Daß die große Mehrheit der in die KZs verschleppten „Rotspanier" nach Mauthausen kam, mag damit zusammenhängen, daß das KZ zu Beginn der Deportationen im August 1940 im Aufbau begriffen war und deshalb entsprechende Kapazitäten bereitstanden. Hier sollten politische Gegner durch „Arbeit vernichtet" werden. Auch spanische Jugendliche im Alter ab 14 Jahren mußten im dortigen Steinbruch arbeiten. Weitere Spanier waren u. a. in Dachau und Buchenwald, in Sachsenhausen, Neuengamme, Auschwitz und im Frauenkonzentrationslager Ravensbrück interniert. Insgesamt kamen nach Schätzungen etwa 10000 Spanier in den KZs ums Leben. Vgl. Tuñón de Lara u. a., Der Spanische Bürgerkrieg, S. 643. Zu Mauthausen vgl. Schröck, Die republikanischen Spanier im Konzentrationslager Mauthausen, S. 181-215; Pike, Spaniards in the Holocaust. Vgl. auch den von Dorothee von Keitz und Andreas Ruppert verantworteten Themenschwerpunkt: Spanier in den Konzentrationslagern der Nationalsozialisten, in: Tranvia. Revue der Iberischen Halbinsel, 28. März 1993. Im besetzten Frankreich waren um die Jah-

Staat, der sich für sie und ihre Interessen einsetzte[172]. Schon allein der Versuch, Bundespräsident Heuss im Februar 1959 für einen Spendenaufruf zur Unterstützung von notleidenden spanischen Republikanern im französischen Exil zu gewinnen[173], stieß in Bonn auf Vorbehalte. Das Bundespräsidialamt sah sich außerstande, allein über die ungewöhnliche Bitte der „Interessengemeinschaft ehemaliger deutscher republikanischer Spanienkämpfer" zu entscheiden, und bat deshalb das Auswärtige Amt um eine Stellungnahme[174].

Die auf den ersten Blick politisch unverfänglich erscheinenden Bemühungen um eine humanitäre Hilfsaktion lösten dort aber Abwehr aus. So wies das Spanien-Referat vorsorglich darauf hin, daß „außenpolitische Gesichtspunkte"[175] hierbei „erheblich" hineinspielten. „Nach außen hin", insbesondere gegenüber der Interessengemeinschaft, sollte dies jedoch möglichst nicht „in den Vordergrund" gerückt werden. Bonn wollte Madrid offenbar nicht brüskieren. Denn ein Aufruf des Bundespräsidenten zu Spenden für spanische Emigranten wäre in den Augen des Franco-Regimes wohl einer Parteinahme für seine Gegner gleichgekommen.

Die Beamten der Rechtsabteilung trieb bei der Anfrage des Bundespräsidialamts die Sorge vor möglichen Wiedergutmachungsforderungen um. Eiligst bestritt das für Entschädigungsfragen zuständige Referat jegliche Ansprüche der Spanienflüchtlinge: Sie „gehören nicht zu dem Kreis" der durch das Bundesentschädigungsgesetz (BEG) „erfaßten Berechtigten"[176], hieß es lapidar. Wider besseres Wissen oder in Unkenntnis der rechtlichen Lage wurde spanischen NS-Opfern hier pauschal abgesprochen, die Voraussetzungen im Sinne des § 1 BEG zu erfüllen. Nach Ansicht der Rechtsabteilung zählten die Rotspanier nicht zu den Opfergruppen, die wegen ihrer politischen Überzeugung, aus Gründen der Rasse, des Glaubens oder der Weltanschauung verfolgt worden waren. Ein Recht auf Wiedergutmachung sei „daher nicht gegeben". Besonders gründlich konnten die Nachforschungen nicht verlaufen sein. Zu diesem Zeitpunkt hatten nämlich bereits Mili-

---

reswende 1943/44 überdies knapp 27 000 „Rotspanier" von der Organisation Todt zur Zwangsarbeit herangezogen worden. Vgl. Alff, Die republikanischen spanischen Flüchtlinge („Rotspanier"), S. 285. Darüber hinaus wird die Zahl der spanischen Zwangsarbeiter in Deutschland auf rund 40 000 geschätzt. Vgl. Tosstorf, Spanische Flüchtlinge nach dem Ende des Bürgerkrieges, S. 199. Zum spanischen Exil nach 1939 vgl. u. a. Rafaneau-Boj, Odyssée pour la liberté; Pike, In the Service of Stalin. Zur Verfolgung der spanischen Flüchtlinge durch das NS-Regime in Frankreich siehe als grundlegende, allerdings nur kursorische deutsche Darstellung: Alff, Die republikanischen spanischen Flüchtlinge („Rotspanier").

[172] Allerdings gewährte Frankreich durch ein Dekret am 15. 3. 1945 den rund 105 000 im Land lebenden spanischen Flüchtlingen politisches Asyl. Vgl. ebenda, S. 204.

[173] Interessengemeinschaft ehemaliger deutscher republikanischer Spanienkämpfer an Bundespräsident Theodor Heuss, 11. 2. 1959, PA/AA, Ref. 206, Bd. 85. Auch nach 20 Jahren, so bilanzierte Karl Sauer, der Vorsitzende der Interessengemeinschaft, lebten noch 115 000 Spanier, darunter 3000 chronisch Erkrankte, 5000 Schwerbeschädigte des Zweiten Weltkriegs und 3500 Überlebende deutscher Konzentrationslager in südfranzösischen „Massenlagern". Die früheren republikanischen Spanienkämpfer erinnerten Bundespräsident Heuss daher an seine Spendenappelle für holländische und italienische Opfer von Naturkatastrophen. Ein ähnlicher Aufruf für die „durch deutsche Schuld in Not geratenen Spanier" könnte nach ihren Vorstellungen „neben der materiellen auch eine moralische Wiedergutmachung einleiten". Ebenda.

[174] Bundespräsidialamt an Auswärtiges Amt, 20. 2. 1959, PA/AA, Ref. 206, Bd. 85.

[175] Schmidt-Schlegel (handschriftliche Anmerkung) an Ref. 501, 28. 2. 1959, PA/AA, Ref. 206, Bd. 85. Hier auch das Folgende.

[176] Born (Ref. 501) an Ref. 206, 13. 3. 1959, PA/AA, Ref. 206, Bd. 85. Hier auch das Folgende.

4. Die ausgegrenzten Opfer 207

tärattaché Oster und die Botschaft in Madrid über Entschädigungszahlungen der Bundesrepublik an „Rotspanier" und ihre Hinterbliebenen berichtet[177].

Entscheidend für die Meinungsbildung im Auswärtigen Amt war außerdem die Stellungnahme des Bundesinnenministeriums zum Hintergrund der Interessengemeinschaft der ehemaligen republikanischen Spanienkämpfer[178]. Dieser komme mit ihren höchstens 200 Mitgliedern, „im wesentlichen Kommunisten", wie das Bonner Innenministerium urteilte, „praktisch keinerlei Bedeutung zu". Angesichts einer solch politisch einflußlosen Organisation fiel es leicht, dem Bundespräsidenten zu empfehlen, von einer Antwort ganz abzusehen[179]. Das Auswärtige Amt ging sogar noch einen Schritt weiter: Es sprach sich mit Rücksicht auf das Franco-Regime gegen eine in Hamburg geplante Spendensammlung zu Gunsten spanischer Flüchtlinge aus. Ministerialdirektor Carstens verwies vorauseilend darauf, daß die Genehmigung durch die Behörden der Hansestadt bei der spanischen Regierung „Verstimmung hervorrufen"[180] würde. Seine Sorge galt einem Antrag des „Deutschen Komitees zur Hilfe für demokratische spanische Flüchtlinge", das der sozialdemokratische Bundestagsabgeordnete Peter Blachstein[181] 1958 in Hamburg gegründet hatte.

Die Hilfsorganisation, für die nicht nur ihr Ehrenvorsitzender, der im Exil lebende spanische Cellist Pablo Casals, sondern neben Gewerkschaftern und SPD-Politikern auch die Philosophin Hannah Arendt warben, orientierte sich am Vorbild der 1953 in den USA gegründeten „Spanish Refugee Aid"[182]. Das deutsche Komitee, das „mittellose und demokratisch gesinnte Spanier"[183] unterstützte, bemühte sich auf sozialdemokratischen Parteitagen und bei den Gewerkschaften um Patenschaften bzw. direkte finanzielle Hilfen. Es war ein Unternehmen, das, wie der SPD-Politiker Heinz Ruhnau 1975 – dem Todesjahr Francos – bilanzierte, „unter Ausschluß der Öffentlichkeit"[184] stattfand. Dennoch seien „in jedem Jahr fast 50 000 DM" an Spenden gesammelt worden.

Doch wie war es nun um die Wiedergutmachung der spanischen NS-Verfolgten bestellt? Mit dem Bundesentschädigungsgesetz war 1956 eine allgemeine Rechtsgrundlage für die Behandlung von Wiedergutmachungsansprüchen für Verfolgte des Nationalsozialismus

---

[177] Vermerk Junges betr. Unterhaltung mit Oberstleutnant Oster, 14.1.1959, PA/AA, Ref. 206, Bd. 76. Das für Entschädigungsfragen verantwortliche Referat 501 war ebenfalls im Januar durch die Botschaft über entsprechende materielle Leistungen nach dem BEG informiert worden; Botschaft Madrid an Auswärtiges Amt, 21.1.1959, PA/AA, Ref. 501, Bd. 929.
[178] Bundesministerium des Innern (Mosheim) an Auswärtiges Amt, 4.5.1959, PA/AA, Ref. 206, Bd. 85. Hier auch das Folgende.
[179] Auswärtiges Amt an Bundespräsidialamt, 19.5.1959, PA/AA, Ref. 206, Bd. 85.
[180] Auswärtiges Amt an Bundesministerium des Innern, 22.7.1959, PA/AA, Ref. 206, Bd. 85. Allerdings riet Carstens, bei der Begründung eines etwaigen ablehnenden Bescheides, außenpolitische Gründe nicht in den Vordergrund zu rücken. Er schlug stattdessen vor, darauf zu verweisen, daß die Unterstützung hilfsbedürftiger Personen Aufgabe der allgemeinen Wohlfahrt sei.
[181] Der Journalist Blachstein war im November 1936 nach Barcelona gekommen und hatte sich – ähnlich wie Willy Brandt und andere – politisch und publizistisch für die Belange der spanischen Republik eingesetzt. Vgl. von zur Mühlen, Spanien war ihre Hoffnung, S. 311.
[182] Vgl. zu deren Aktivitäten: McDonald, Homage to the Spanish Exiles.
[183] Vgl. Werbeschrift des Deutschen Komitees zur Hilfe für demokratische spanische Flüchtlinge 1964; zu danken ist Prof. Wilhelm Alff (Bremen) für den Einblick in Materialien der Hamburger Hilfsorganisation.
[184] So Ruhnau, langjähriger Schriftführer des Komitees auf dem Bundesparteitag der SPD in Mannheim 1975, Parteitagsprotokoll S. 119. Hier auch das Folgende.

geschaffen worden[185]. Dies galt auch für die republikanischen Flüchtlinge, die gegen Ende des spanischen Bürgerkrieges 1939 ins Exil nach Frankreich gegangen waren und dort nach der deutschen Besetzung im Sommer 1940 zu Opfern der nationalsozialistischen Verfolgungs- und Vernichtungspolitik wurden. Die Frage, wie und inwieweit die Bestimmungen des Gesetzes auch auf Spanier, die in irgendeiner Weise in die Mühlen des „Dritten Reiches" geraten waren, bzw. auf ihre Hinterbliebenen Anwendung finden mußten, war in den folgenden Jahren Gegenstand langwieriger Auseinandersetzungen.

Dabei handelte es sich vor allem um drei Gruppen: 1) Angehörige von verstorbenen spanischen KZ-Opfern; 2) Überlebende der Konzentrationslager; 3) Im „Dritten Reich" als Zwangsarbeiter eingesetzte Spanier. Die deutsche Botschaft in Madrid und das Generalkonsulat in Barcelona wurden nun erstmals direkt mit diesem Thema konfrontiert. Mancher Diplomat reagierte auf die Anfragen früherer KZ-Häftlinge oder ihrer Hinterbliebenen äußerst unwillig: Offenbar verärgert über die „ständig"[186] wachsende Zahl von Wiedergutmachungsanträgen schlug Generalkonsul Schaffarczyk im Oktober 1957 sogar vor, „spanischen Staatsangehörigen Entschädigungen zu versagen [...], solange deutsche Staatsangehörige von spanischer Seite keine Entschädigung erhalten". Schließlich, so argumentierte er, seien gegen Ende des Zweiten Weltkrieges auch zahlreiche Deutsche in spanischen Lagern interniert gewesen[187], ohne je eine Entschädigung „auf Grund dieses Freiheitsentzugs" erhalten zu haben.

---

[185] Bundesgesetz zur Entschädigung für Opfer der nationalsozialistischen Verfolgung vom 29. Juni 1956, in: BGBl. 1956 I, S. 559. Es trat rückwirkend zum 1. Oktober 1953 in Kraft. „Auf Druck der Westmächte" waren auch Staatenlose und Flüchtlinge im Sinne der Genfer Konvention – und damit auch die sogenannten Rotspanier – in den Kreis der Anspruchsberechtigten aufgenommen worden. Vgl. Hockerts, Wiedergutmachung in Deutschland, S. 190.

[186] Generalkonsulat Barcelona an Auswärtiges Amt, 11. 10. 1957, PA/AA, Ref. 501, Bd. 929. Das Konsulat führte das gestiegene Interesse an der Wiedergutmachung vor allem auf die Aktivitäten einer Interessengemeinschaft früherer Deportierter in Paris zurück. Die „Federación Española de Deportados é Internados Políticos" fordere die früheren Insassen von Konzentrationslagern bzw. deren Angehörige dazu auf, ihre Ansprüche gegenüber der Bundesrepublik geltend zu machen. Generalkonsulat Barcelona an Auswärtiges Amt, 15. 7. 1957, PA/AA, Ref. 501, Bd. 929.

[187] In der Tat saßen sogar noch Ende 1949 etliche Deutsche in spanischen Gefängnissen und dem Internierungslager Nanclares de la Oca ein. Während einer Urlaubsreise hatte der Bremer Senator Wolters zufällig von dem Lager in Nordspanien sowie den dort inhaftierten Deutschen erfahren und daraufhin das Lager aufgesucht. Nach seiner Rückkehr machte Wolters durch spektakuläre Erlebnisberichte wie „Deutsche in spanischem KZ" auf das Schicksal der deutschen Staatsangehörigen aufmerksam. Vgl. Weser Kurier, 29. 11. 1949, Die Welt, 7. 12. 1949. Nahezu zeitgleich war das Bundeskanzleramt durch den im Sommer 1948 nach Spanien zurückgekehrten früheren deutschen Militärattaché, Hans Doerr, eingehend über die Lage der Internierten informiert worden. Doerr handelte aus eigenem Antrieb, da es, wie er an Bundeskanzler Adenauer schrieb, „Berufene" für diese Frage noch nicht gebe. Doerr an Adenauer, 28. 11. 1949, PA/AA, Abt. 2, Bd. 1970. Die Bundesregierung reagierte rasch. Allerdings waren ihr – nur wenige Monate nach Gründung der Bundesrepublik – noch weitgehend die Hände gebunden. Sie war auf das Entgegenkommen der Alliierten Hohen Kommission (AHK) und der spanischen Regierung angewiesen. Mitte Dezember bat Bundeskanzler Adenauer die AHK, im Fall der „400 noch in Spanien befindlichen deutschen Kriegsgefangenen" auf die zeitraubenden Einzeleinreisegenehmigungen zu verzichten und einem Sammeltransport für die Rückkehrwilligen zuzustimmen. Vgl. Kabinettssitzung am 13. 12. 1949, in: Die Kabinettsprotokolle der Bundesregierung, Bd. 1, S. 266. Zu diesem Zeitpunkt handelte es sich jedoch in den allermeisten Fällen nicht mehr um ehemalige Soldaten, sondern um illegale Grenzgänger, die aus „Auswanderungsdrang" oder „Abenteuerlust" den Weg über Spanien genommen hatten: also Deutsche, die nach dem Eindruck des Deutschen Hilfsvereins in Madrid nicht zu Märtyrern gemacht werden sollten. Bericht aus Madrid vom Januar 1950 (vermutlich Doerr), PA/AA 205-00/70,

Botschafter Knappstein wandte sich ganz entschieden gegen ein derartiges Junktim. Er verwies darauf, daß bei Kriegsende in vielen Staaten – auch in anderen neutral gebliebenen Ländern – Deutsche inhaftiert worden waren. Dies habe zu den „allgemeinen Folgen des vom Dritten Reich verlorenen Krieges"[188] gehört, stellte Knappstein lapidar fest. Spanien sei also kein Einzelfall. Im übrigen richteten sich die Wiedergutmachungsansprüche ausschließlich nach den „einschlägigen deutschen Wiedergutmachungs- und Entschädigungsgesetzen". Bislang hätte die Bundesregierung seines Wissens außerdem noch mit keinem anderen Staat eine solche Diskussion geführt. Für ihn kam daher eine „spezielle Diskriminierung spanischer Staatsangehöriger" nicht in Betracht. Dies schien ihm „mit dem Sinn und dem Geist der deutschen Wiedergutmachungsgesetzgebung" auch „nicht vereinbar zu sein".

Die Aufklärungsarbeit der in Paris beheimateten Interessenvertretung spanischer Emigranten, der „Federación Española de Deportados e Internados Políticos"[189], die schon Generalkonsul Schaffarczyk zu seinem Vorstoß veranlaßt hatte, trug offenbar Früchte: Im März 1958 berichtete die Botschaft, daß die Zahl der Spanier, die sich nach den bestehenden Wiedergutmachungsmöglichkeiten erkundigt hätten, „in letzter Zeit beträchtlich zugenommen" habe. Dadurch, so Botschafter Knappstein, scheine nun auch das Außenministerium in Madrid aufmerksam geworden zu sein. „Anscheinend" hätten die spanischen Vertretungen in der Bundesrepublik es „jahrelang versäumt" hierüber zu berichten. Denn ansonsten sei die „auffällige Eile" nicht recht zu erklären, mit der das Außenministerium sich jetzt veranlaßt gesehen habe, in der spanischen Presse „erstmalig" eine allerdings nur „sehr allgemein" gehaltene Bekanntmachung über die Wiedergutmachungsmöglichkeiten zu veröffentlichen. Darin wurden alle Interessierten – ohne den Kreis der Anspruchsberechtigten jedoch näher zu definieren – auf die am 31. März 1958 ablaufende Antragsfrist[190] hingewiesen und dazu aufgefordert, ihre Ansprüche rechtzeitig bei der zuständigen Entschädigungsbehörde beim Regierungspräsidenten in Köln anzumelden. Die deutsche Botschaft war auch angesichts der steigenden Zahl von Anfragen und Anträgen darauf bedacht, bei diesem sensiblen Thema weiterhin sehr vorsichtig zu agieren. Sie sehe es nicht als ihre Aufgabe an, teilte Knappstein dem Auswärtigen Amt mit, „dem spani-

---

Bd. 1; Bericht über das Lager Nanclares de la Oca, 7.12.1949, PA/AA, Abt. 2, Bd. 1970. Trotz der grundsätzlichen Zustimmung zu einem Sammeltransport bestand die AHK aber nach wie vor auf einer individuellen Zuzugsgenehmigung. Nicht nur bürokratische Hemmnisse verzögerten die Repatriierung. Es mangelte auch an Transportmöglichkeiten. Mitunter mußten die Heimkehrer in Bilbao monatelang auf einen Schiffsplatz warten. Im wesentlichen war die komplizierte Heimschaffungsaktion Mitte 1951 abgeschlossen. Botschaft Madrid an Auswärtiges Amt, 22.6.1953, PA/AA, Ref. 206, Bd. 31. Vgl. auch Weber, Spanische Deutschlandpolitik 1945-1958, S. 106-111, sowie Aschmann, „Treue Freunde..."?, S. 129-137. Zur Situation von Flüchtlingen und Transit-Emigranten im Zweiten Weltkrieg und der Entstehung der sogenannten Konzentrationslager („campos de concentración") vgl. von zur Mühlen, Fluchtweg Spanien-Portugal, S. 95-105.

[188] Knappstein betr. Wiedergutmachung an Auswärtiges Amt, 29.10.1957, PA/AA, Ref. 501, Bd. 929. Hier auch das Folgende.

[189] Knappstein betr. Wiedergutmachung an Auswärtiges Amt, 12.3.1958, PA/AA, Ref. 501, Bd. 929. Hier auch das Folgende.

[190] Zugleich hatte der spanische Botschafter in Bonn bereits am 3. März Außenminister Brentano gebeten, sich für eine Fristverlängerung einzusetzen. Ob die Bundesregierung diesem Wunsch tatsächlich nachkam, konnte nicht geklärt werden. Schreiben Loos (Rechtsabteilung) an Botschaft Madrid, 19.3.1958, PA/AA, Ref. 501, Bd. 929.

schen Publikum nähere Auskünfte darüber zu geben, ob im Einzelfall ein Wiedergutmachungsanspruch besteht oder nicht". Schließlich entschieden hierüber „ausschließlich" Entschädigungsbehörden und Gerichte. Diese Zurückhaltung hatte aber vor allem politische Gründe: Denn die spanischen NS-Opfer und ihre Angehörigen galten zugleich auch als Gegner des Franco-Regimes, zu dem die Bundesregierung gute Beziehungen unterhielt. Eine allzu große Nähe gegenüber den sogenannten Rotspaniern wollten die deutschen Diplomaten daher tunlichst vermeiden. Die spanische Regierung beobachte, so Knappstein, „diesen Personenkreis auch heute noch mit Argwohn". Deshalb müsse es die Botschaft vermeiden, die „Rolle einer Beratungsstelle" zu übernehmen.

Andererseits wollte Knappstein aber für eventuelle Anfragen amtlicher Stellen in Madrid gewappnet sein. Er bat deshalb darum, grundsätzlich klären zu lassen, unter welchen Voraussetzungen in Spanien lebende Hinterbliebene von Spaniern, die bis zum 8. Mai 1945 in einem Konzentrationslager verstorben waren, Wiedergutmachungsanträge „mit Aussicht auf Erfolg" stellen können. Die Rechtslage war zu diesem Zeitpunkt in der Tat nicht ganz eindeutig: Nach dem maßgeblichen Kommentar zu den Bundesentschädigungsgesetzen[191], auf den sich auch der Botschafter bezog, besaßen die Angehörigen in einem solchen Fall kaum einen Rechtsanspruch auf Entschädigung. Entscheidend für die Kommentatoren war nämlich allein der Stichtag 1. Oktober 1953, der Tag, an dem das BEG in Kraft trat. Demnach, so ihre absurde Logik, müsse der „getötete Verfolgte [...] entweder am 1.10.1953 staatenlos oder Flüchtling gewesen sein [...] also noch gelebt haben;"[192] oder der verfolgte Staatenlose oder Flüchtling müsse nach dem Ende der Verfolgung „eine neue Staatsangehörigkeit erworben, also ebenfalls noch gelebt haben". Denkbar sei der Wiedergutmachungsanspruch also nur dann, wenn die Hinterbliebenen selbst am 1. Oktober 1953 Staatenlose oder Flüchtlinge im Sinne der Genfer Konvention gewesen wären. Nach Ansicht von Knappstein hätte dies bedeutet, daß die „große Mehrzahl"[193] der besonders „wiedergutmachungswürdigen" Anträge „gegenstandslos" sein würde. Das Auswärtige Amt bestätigte nur lakonisch, daß sich die zuständigen Entschädigungsbehörden derzeit an dieser „engeren"[194] Rechtsauffassung orientierten und die meisten Anträge daher unbegründet sein dürften. Es sei jedoch demnächst mit einer höchstrichterlichen Entscheidung zu rechnen, in der „möglicherweise eine für die Verfolgten günstigere Auffassung"[195] vertreten werde.

Bis dahin konnte aber noch viel Zeit vergehen. Eine Anfrage der Botschaft beim Regierungspräsidenten in Köln hatte im Oktober 1958 ergeben, daß in der „bisherigen Praxis keine Änderung eingetreten sei"[196], die Hinterbliebenen der sogenannten Rotspanier also „bislang keine Entschädigungsansprüche nach dem BEG haben". Gleichzeitig sprächen bei der deutschen Vertretung in Madrid „immer häufiger Spanier vor", berichtete Botschafts-

---

[191] Vgl. Blessin/Wilden, Bundesentschädigungsgesetze, § 160, Abs. 13, S. 742 ff.
[192] Vgl. ebenda, S. 742 f. Vor diesem Hintergrund entfaltet das Vorwort zur ersten Auflage aus heutiger Sicht tragikomische Wirkung: „Der Geist", heißt es dort, mit dem „Behörden und Gerichte an die Wiedergutmachung herangehen", werde für den „Erfolg oder Mißerfolg in der Bewältigung dieser einmaligen staatlichen Aufgabe von ausschlaggebender Bedeutung sein". Die Verfasser „haben sich bemüht, diesen Geist in der Auslegung der gesetzlichen Vorschriften lebendig zu machen".
[193] Knappstein betr. Wiedergutmachung an Auswärtiges Amt, 12. 3. 1958, PA/AA, Ref. 501, Bd. 929.
[194] Schreiben Loos (Rechtsabteilung) an Botschaft Madrid, 19. 3. 1959, PA/AA, Ref. 501, Bd. 929.
[195] Ebenda.
[196] Botschaft Madrid an Auswärtiges Amt, 12. 12. 1958, PA/AA, Ref. 501, Bd. 929. Hier auch das Folgende.

rat Werz, die sich zum Teil darüber beklagten, daß sie von den zuständigen Behörden in der Bundesrepublik „angeblich bis heute noch nicht einmal eine Bestätigung" über den Eingang ihres Antrages erhalten hätten. Diese wiederholten Beschwerden lösten bei Werz Unmut aus, da er die Angehörigen der KZ-Opfer offenbar vor allem als lästige Bittsteller empfand, die ohnehin nur über „vermeintliche Ansprüche" verfügten. Neben voreiligen Informationen in der spanischen Presse – gemeint war die in seinen Augen wohl unzureichende offizielle Bekanntmachung im Jahr zuvor – machte er in erster Linie die Opfer-Anwälte Rodes und Herzfelder in Paris für die entstandene Situation verantwortlich. So forderten die Rechtsanwälte die spanischen Antragsteller unter anderem dazu auf, „Bedürftigkeitsbescheinigungen beizubringen", die sie bei der zuständigen deutschen Auslandsvertretung erhalten könnten. Der Botschaft, so Werz, erscheine das Vorgehen der Herren Rodes und Herzfelder als „unstatthaft", da „sie wissen müßten", daß ihre Auftraggeber „gar keine Ansprüche nach dem BEG" haben. Er ließ es nicht bei seiner Empörung bewenden und regte an, die Botschaft in Paris anzuweisen, die Anwälte „in geeigneter Form zu bitten, von ihrer bisherigen Praxis", die wegen der augenblicklichen Gesetzeslage „zu keinem Erfolg führen kann" und die ihre Klienten „nur zu Geldaufwendungen" veranlasse, „Abstand zu nehmen". Darüber hinaus bat Werz darum, prüfen zu lassen, ob den Antragstellern nicht ein Zwischen- oder sogar ein endgültiger Bescheid erteilt werden könne.

Die deutsche Vertretung in Paris zeigte sich indes äußerst verwundert: Sie teilte im April 1959 mit, zwar sei ihr Rechtsanwalt Rodes nicht bekannt, man wisse nur, daß sich seine Kanzlei im gleichen Haus wie die von Dr. Herzfelder befinde. Herzfelder war den Diplomaten aber wohlbekannt. Er gelte als „befähigter Anwalt"[197] und arbeite seit Jahren eng mit der Botschaft zusammen und habe sich dabei „stets korrekt" verhalten. Die Zweifel an der Seriosität der Opferanwälte wurden in Paris folglich nicht geteilt. Die Botschaft nehme an, daß sich beide Herren „doch wohl nur mit solchen Wiedergutmachungsfällen" von sogenannten Rotspaniern befaßten, die „tatsächlich berechtigte Ansprüche" hätten.

Inzwischen schien sich die Rechtspraxis zu ändern: Erstaunt registrierten die deutschen Vertreter in Madrid Anfang 1959, daß in letzter Zeit nunmehr auch die Hinterbliebenen der sogenannten Rotspanier, die in deutschen Konzentrationslagern verstorben waren, Entschädigungsleistungen nach dem BEG erhielten[198]. Zugleich mußte die Botschaft sich angesichts dieser neuen Entwicklung nun eingehender mit einem heiklen Thema beschäftigen, das Rechtsanwalt Herzfelder aufgeworfen hatte. Der Anwalt, der nach eigenen Angaben die Entschädigungsangelegenheiten „einer beträchtlichen Zahl"[199] von in Spanien lebenden Angehörigen vertrat, wollte grundsätzlich geklärt wissen, ob und in welchem Ausmaß die Eltern, Witwen oder Waisen „wegen des Todes der Verfolgten" vom spanischen Staat eine „Betreuung" erhalten bzw. erhalten hätten. Da die fehlende Betreuung durch einen Staat nach § 160 BEG[200] eine der rechtlichen Voraussetzungen für Leistungen war, könnte eine offizielle Bestätigung, so Herzfelder, „allen Beteiligten einen erheblichen Aufwand an Zeit, Mühe und Kosten ersparen".

---

[197] Botschaft Paris an Auswärtiges Amt, 3. 4. 1959, PA/AA, Ref. 501, Bd. 929.
[198] Die Landesrentenbehörde in Düsseldorf hatte der Botschaft einige Durchschriften von Wiedergutmachungsbescheiden zur Kenntnisnahme übermittelt. Botschaft Madrid an Auswärtiges Amt, 21. 1. 1959, PA/AA, Ref. 501, Bd. 929.
[199] Ebenda. Auszüge aus einem Schreiben Herzfelders an die Botschaft vom 2. 1. 1959.
[200] Vgl. Blessin/Wilden, Bundesentschädigungsgesetze, S. 743.

Dazu war die Botschaft aber ohne weiteres nicht bereit. Den Betroffenen wurde aus politischem Kalkül zunächst die Hilfe verweigert. Die Diplomaten räumten zwar ein, daß nach ihrer Kenntnis die „Hinterbliebenen von sog. Rotspaniern vom spanischen Staat keine Betreuung"[201] erhielten; sie hatten aber gleichzeitig „Bedenken", dies öffentlich zu machen. Nun entspann sich ein groteskes Hin und Her, da auch im Auswärtigen Amt niemand die Verantwortung für dieses delikate Problem übernehmen wollte. Das für Entschädigungsfragen zuständige Referat erklärte lediglich[202], es teile die – allerdings nicht näher erläuterten – Bedenken der Botschaft und empfahl deshalb, Rechtsanwalt Herzfelder an die zuständigen spanischen Behörden zu verweisen. Dies wiederum lehnte die Botschaft ab: Sie spielte auf Zeit. Solange nicht grundsätzlich geklärt sei, ob bzw. weshalb die Hinterbliebenen überhaupt Entschädigungsleistungen bekämen, wollte man dem Rat aus Bonn nicht ohne weiteres nachkommen[203]. Außerdem, so die paradoxe Argumentation, „dürfte den von den spanischen Behörden ausgestellten Bescheinigungen mit einem solchen Inhalt [...] kein großer Wahrheitswert beizumessen sein". Die deutschen Diplomaten wollten offenbar unbedingt vermeiden, das Franco-Regime direkt mit diesem Tabu-Thema zu konfrontieren oder selbst eine offizielle Erklärung abzugeben, die von der spanischen Regierung als Affront hätte verstanden werden können. So wurde Herzfelder erst einmal mit einem unverbindlichen Zwischenbescheid vertröstet[204].

Im Juni 1959 beendete das für die Spanier zuständige nordrhein-westfälische Innenministerium schließlich die rechtliche Ungewißheit[205]. Allerdings war dort die veränderte Rechtslage offenbar lange Zeit gar nicht zur Kenntnis genommen worden. Es hatte erst mehrerer Anfragen aus Bonn bedurft, bis das Innenministerium das Auswärtige Amt über eine entschädigungsfreundliche Grundsatzentscheidung informierte, die vom Bundesgerichtshof bereits im Juli 1958 – also elf Monate zuvor – getroffen worden war. Demnach konnten Hinterbliebene nun unabhängig von ihrer Staatsangehörigkeit Wiedergutmachungsansprüche nach § 160, Abs. 3 BEG geltend machen. Voraussetzung dafür war, daß ein durch „Verfolgungsmaßnahmen getöteter Verfolgter [...] im Zeitpunkt seines Todes staatenlos oder Flüchtling gewesen ist".

Während die Gruppe der Angehörigen damit – unabhängig vom Stichtag 1. Oktober 1953 – ihren Rechtsanspruch auf eine materielle Wiedergutmachung bestätigt fand, konnten die Überlebenden deutscher Konzentrationslager, die vor dem 1. Oktober 1953 nach Spanien zurückgekehrt waren, nach wie vor nur auf ein großzügiges Entgegenkommen der westdeutschen Entschädigungsbehörden hoffen. Für diese kleine Gruppe von bis zu 1000

---

[201] Botschaft Madrid an Auswärtiges Amt, 21.1.1959, PA/AA, Ref. 501, Bd. 929.
[202] Auswärtiges Amt an Botschaft Madrid, 6.3.1959, PA/AA, Ref. 501, Bd. 929.
[203] Botschaft Madrid an Auswärtiges Amt, 7.4.1959, PA/AA, Ref. 501, B. 929. Hier auch das Folgende.
[204] Ebenda. In dem Schreiben hatte die Botschaft mitgeteilt, daß sie noch mit der Prüfung beschäftigt sei und sich „vorbehalte, ihm zu gegebener Zeit eine Antwort zukommen zu lassen". Ob die erbetenen Bescheinigungen zu einem späteren Zeitpunkt ausgestellt wurden, erscheint fraglich. Zumindest findet sich in den einschlägigen Akten der Rechtsabteilung kein Hinweis.
[205] Innenministerium des Landes Nordrhein-Westfalen an Auswärtiges Amt, 15.6.1959, PA/AA, Ref. 501, Bd. 929. Hier auch das Folgende. Das Urteil des Bundesgerichtshofs – Az.: IV ZR 85/58 – war am 11.7.1958 ergangen. Das Auswärtige Amt hatte im Januar und im April 1959 in Düsseldorf nachgefragt. Auswärtiges Amt an Innenministerium, 30.4.1959, PA/AA, Ref. 501, Bd. 929.

Personen[206] engagierte sich Richard Haendel, der Vertrauensanwalt des deutschen Generalkonsulats in Barcelona, in besonderer Weise. Haendel trat gegenüber dem Regierungspräsidenten in Köln im Oktober 1959 für eine wohlwollende Gesetzesauslegung ein, die nicht nur den Gleichheitsgrundsatz, sondern auch die besonderen Verhältnisse im Spanien Francos berücksichtige. Er verwies darauf, daß die einstigen NS-Verfolgten ganz und gar auf sich allein gestellt seien. Das Regime habe die Rückkehrer „wie Staatenlose behandelt" und entschädige sie auch „nicht für die im deutschen Konzentrationslager erlittenen Schäden". Unter diesen Umständen könne niemand der Betroffenen verstehen, warum ein Flüchtling, der „trotz der furchtbaren Folterungen, die er im deutschen Konzentrationslager erlitten" habe, im Gegensatz zu den Hinterbliebenen nicht entschädigt werden solle.

Eindringlich schilderte Haendel auch dem Generalkonsulat die materiellen und psychischen Nöte der Heimkehrer[207], die zu Recht anführten: „Wir haben mit unserer Arbeit Deutschland in Kriegszeiten Nutzen gebracht, keinen Lohn dafür bekommen, nur unzureichende Ernährung und schwere Mißhandlungen, die es als Wunder erscheinen lassen, daß wir überhaupt noch leben, die uns aber für unser ganzes Leben krank und arbeitsunfähig gemacht haben. Es wäre für uns und unsere Familien besser gewesen, wenn auch wir wie die Mehrzahl unserer Kameraden im Konzentrationslager gestorben wären. Wir hätten weniger zu leiden brauchen", so die bittere Klage, „und unsere Familien hätten wenigstens jetzt keine Not, und wir fielen der Familie nicht durch Gebrechlichkeit oder Arbeitsunfähigkeit zur Last". Haendel erinnerte daran, daß das Bundesentschädigungsgesetz trotz all seiner „Härten"[208] und „Lücken" einen Härteausgleich oder einen Vergleich zu Gunsten der Opfer ausdrücklich vorsehe. Die Entschädigung der „unschuldigen Opfer des Nationalsozialismus" sei eine „nationale moralische Verpflichtung". Käme man dieser nicht nach, wäre das auch in Spanien nach seiner Überzeugung dem „deutschen Ansehen" nicht förderlich. Ohnehin stellten die Ansprüche der wenigen Überlebenden auch keine finanzielle Belastung für die Bundesrepublik dar. Vermutlich blieb Haendels Appell aber vergeblich[209].

Ähnlich schwierig gestaltete sich die materielle Wiedergutmachung für Tausende früherer spanischer Zwangsarbeiter. Exemplarisch dafür war der Fall von Luis Posse Rales, der zehn Jahre um eine Entschädigung gekämpft hatte[210]. Seine Klage vor dem Oberlan-

---

[206] Diese Zahl nannte jedenfalls Rechtsanwalt Haendel im Oktober 1959 gegenüber dem Regierungspräsidenten in Köln. Zwar stehe ihm keine Statistik zur Verfügung, aber nach glaubhaften Angaben der aus den Konzentrationslagern Zurückgekehrten seien es „allerhöchstens 1000 Lebende", die noch Ansprüche stellen könnten, „wahrscheinlich aber weniger als 1000". Haendel an Regierungspräsident Köln (Entschädigungsbehörde) 8. 10. 1959, PA/AA, Ref. 501, Bd. 929. Hier auch das Folgende.
[207] Haendel an Generalkonsulat Barcelona, 18. 11. 1959, PA/AA, Ref. 501, Bd. 929. Hier auch das Folgende.
[208] Haendel an Regierungspräsident Köln, 8. 10. 1959, PA/AA, Ref. 501, Bd. 929.
[209] Zumindest ließ sich in den Akten der Rechtsabteilung im Auswärtigen Amt kein Hinweis auf eine veränderte Haltung der Entschädigungsbehörden finden. Die deutsche Botschaft hatte die beiden Schreiben von Haendel im Januar 1960 kommentarlos an das Auswärtige Amt weitergeleitet. Botschaft Madrid an Auswärtiges Amt, 13. 1. 1960, PA/AA, Ref. 501, Bd. 929. Die von Haendel erhoffte Unterstützung durch das Generalkonsulat war ausgeblieben. Haendel an Generalkonsulat, 18. 11. 1959, PA/AA, Ref. 501, Bd. 929.
[210] Viele spanische NS-Opfer waren finanziell gar nicht in der Lage, vor bundesdeutschen Gerichten eine Klage einzureichen. Im Fall von Luis Posse Rales halfen Kölner Anwälte aus dem sozialdemokratischen Umfeld. Gespräch Prof. Wilhelm Alff (Bremen) mit dem Verfasser, 4. 10. 1990.

desgericht Köln[211] leitete 1968 eine Wende in der Rechtsprechung ein. Posse gehörte zu jenen fast 27 000 republikanischen spanischen Flüchtlingen, die seit 1940 in Frankreich von der deutschen Besatzungsmacht für militärische Bauvorhaben der „Organisation Todt" (OT)[212] zwangsrekrutiert worden waren[213]. Zwar hatte der 11. Zivilsenat des Oberlandesgerichts (OLG) in Köln in einem vergleichbaren Verfahren 1962 bereits bestätigt, daß das NS-Regime die sogenannten Rotspanier „durchweg als potentielle politische Gegner"[214] ansah; entschädigungsrechtliche Konsequenzen hatte dies für das Gericht aber nicht. Mit einer aus heutiger Sicht haarsträubenden Rabulistik befand der Zivilsenat, es handele sich hierbei jedoch nicht um die in § 1 BEG gemeinte Gegnerschaft: Diese setze nämlich voraus, daß „sich jemand eine Vorstellung von der Innenpolitik der Nationalsozialisten gemacht und sie abgelehnt hat". Mindestens müsse die „verfolgende Stelle geglaubt haben, gegen einen innenpolitischen Gegner des Nationalsozialismus vorgehen zu müssen". Ausländern fehle, so argumentierten die Richter, – von seltenen Ausnahmen einmal abgesehen – eine „innere Einstellung zur deutschen Innenpolitik, selbst wenn sie jeder Form des ‚Faschismus' feindlich gegenüberstanden". Damit wurde den NS-Machthabern noch im nachhinein eine Definitionsmacht zugestanden: Denn hätten die deutschen Behörden, hieß es in dem Urteil, in dem Kläger einen „ernst zu nehmenden politischen Gegner gesehen, so hätten sie ihn – wie so manchen anderen ‚Rotspanier' in ein Konzentrationslager gebracht" und nicht auf eine Baustelle am sogenannten Atlantikwall. Daher spreche nichts dafür, daß man den Kläger als „innenpolitischen Gegner" habe treffen wollen, wie dies § 1 BEG voraussetze. Den Betroffenen wurde somit von der bundesdeutschen Justiz ihr Schicksal als Verfolgte rundweg abgesprochen. Für sie wird es hingegen keinerlei Bedeutung gehabt haben, aus welchem Grund sie verfolgt worden waren.

Sechs Jahre später – in einem anderen politischen Klima – revidierte der gleiche Zivilsenat, gestützt auf neue Ermittlungen und erweiterte historische Kenntnisse, seinen Standpunkt. Der Präsident des Senats, Franz-Josef Wilhelmy, hatte nach eigener Aussage

---

[211] Oberlandesgericht Köln, Zivilsenat 11a (Entsch.) 58/67, Teilurteil, 10.5.1968, Entschädigungsrechtsstreit Luis Posse Rales gegen das Land Nordrhein-Westfalen, vertreten durch den Regierungspräsidenten in Köln (künftig: OLG Köln, Zivilsenat 11a (Entsch.) 10.5.1968). Der Kläger war im Juni 1941 in Frankreich von deutschen Behörden verhaftet und in ein Zwangsarbeitslager bei Bordeaux gebracht worden. Von dort habe er im U-Boot-Stützpunkt Bordeaux bis zu seiner Befreiung im August 1944 Zwangsarbeit unter haftähnlichen Bedingungen leisten müssen. Vgl. ebenda, S. 3. Posse hatte bereits 1958 einen Antrag auf Wiedergutmachung gestellt, den der Regierungspräsident in Köln erst nach über vier Jahren ablehnte, weil die Behauptung von Posse, er sei aus Gründen politischer Gegnerschaft gegen den Nationalsozialismus verfolgt worden, nicht näher dargelegt und begründet worden sei. Die daraufhin im November 1962 eingereichte Klage wurde 1967 vom Landgericht Köln verworfen, ehe das Oberlandesgericht schließlich die Berufung zuließ. Den Hinweis auf diesen Musterprozeß verdankt der Verfasser Prof. Wilhelm Alff (Bremen), der an diesem Verfahren als Gutachter des Instituts für Zeitgeschichte beteiligt war.
[212] Die nach dem Generalinspekteur für das deutsche Straßenwesen und Generalbevollmächtigten für die Regelung der Bauwirtschaft, Fritz Todt, benannte Organisation, war seit 1938 für den Bau militärischer Anlagen – wie den sogenannten Atlantikwall in Frankreich – eingerichtet worden. Auf den Baustellen wurden Hunderttausende von Kriegsgefangenen, KZ-Häftlingen, ausländischen Zivilarbeitern und Zwangsarbeitern eingesetzt. Vgl. Benz (Hrsg.), Enzyklopädie des Nationalsozialismus, S. 629.
[213] Vgl. Alff, Die republikanischen spanischen Flüchtlinge „Rotspanier", Stuttgart 1966, S. 285.
[214] OLG Köln 11 U (Entsch) 41/62, 23.11.1962; Abschrift des Urteils in: PA/AA, Ref. 501, Bd. 929. Hier auch das Folgende.

"regelrecht Geschichtsforschung"[215] betreiben müssen, um die Verhältnisse in den südfranzösischen OT-Lagern rekonstruieren zu können. Die 108 Seiten lange Urteilsbegründung[216] vermittelt eine neue Sicht der Zwangsarbeit, die von der westdeutschen Justiz – zumindest im Fall der sogenannten Rotspanier – bisher allein als Folge des kriegsbedingten Mangels von Arbeitskräften gesehen wurde. Ausgangspunkt einer zutreffenden Würdigung könne, so die Kölner Richter, nur die Einschätzung sein, welche die spanischen Flüchtlinge „unter der nationalsozialistischen Gewaltherrschaft erfahren haben".

Dabei stellte das Oberlandesgericht im Gegensatz zur Vorinstanz zunächst fest, daß die Verfolgung der „Rotspanier" in Frankreich nicht allein auf die Einweisung von Tausenden in Konzentrationslager[217] beschränkt blieb. Während das Landgericht in dem zwangsweisen Arbeitseinsatz keine Verfolgung gesehen hatte, wurde dieses Vorurteil nun massiv kritisiert: „Verfehlt und ohne Erkenntniswert", erscheine es, den „Willen zur Arbeitskraftausbeutung in einen Gegensatz zum Verfolgungswillen zu bringen". Vielfach sei übersehen worden, daß die nationalsozialistischen Dienststellen bei der „Frage der Verfolgung und der Ausbeutung der Arbeitskraft nicht vor einem Entweder-Oder standen, sondern beides in sehr unterschiedlichen Schattierungen zu verbinden wußten". Zu einer entschädigungsrechtlichen Bewertung gehörten daher auch die jeweiligen Umstände des Arbeitseinsatzes und die Lebensbedingungen in den Zwangsarbeitslagern. Angesichts des vitalen Interesses der Nationalsozialisten, den Arbeitskräftemangel durch billige bewachte Arbeitskräfte zu verringern, ergebe sich der Schluß, daß die sogenannten Rotspanier „nicht wegen ihrer politischen Unzuverlässigkeit", sondern trotz dieser Einschätzung am Atlantikwall eingesetzt wurden.

Die Haltung der OT zeige, wie zuverlässig die „Sicherungsvorkehrungen" eingeschätzt worden seien, die es sogar erlaubt hätten, „selbst als gefährliche politische Gegner betrachtete Opfer bis zur physischen und psychischen Erschöpfung auszubeuten, ohne nennenswerte Reaktionen befürchten zu müssen". Denn Schikanen und Mißhandlungen waren in den OT-Lagern an der Tagesordnung. Dem verharmlosenden Tenor der bisherigen Urteile mochte sich das OLG nicht anschließen: Der Zivilsenat bemängelte, daß die Vorinstanzen Übergriffe mitunter nur „dürftig" als „Willkür" einzelner Personen oder gelegentliche persönliche „Schindereien abgetan" hatten. So sei bislang auch nicht versucht worden, „solche Mißhandlungen als geschehen zu unterstellen". Bei nachgewiesenen Tätlichkeiten habe das Landgericht angenommen, diese seien auf den „allgemein rauhen Ton auf Baustellen", sprachliche Mißverständnisse oder „echte Disziplinverstöße" zurückzuführen gewesen: „Das überzeugt keineswegs", rügte das OLG. Derartige Grausamkeiten gegenüber „Rotspaniern", die neben „Juden, Russen und Konzentrationslager- und Straf-

---

[215] „Ein Anwalt im Wettlauf mit dem Tod", in: Kölnische Rundschau, 19.10.1969. Die Geschichte von Luis Posse Rales wurde hier, ein Jahr, nachdem das OLG das Teilurteil wegen seiner grundsätzlichen Bedeutung zur Revision zugelassen hatte, noch einmal erzählt. Zu diesem Zeitpunkt erschien es nämlich überaus fraglich, ob Posse angesichts seines Gesundheitszustandes das Ende des langwierigen Rechtsstreits überhaupt noch erleben würde.
[216] OLG Köln, Zivilsenat 11a (Entsch.) 58/67, 10.5.1968. Das Gericht hatte zu seiner Urteilsfindung „sämtliche Rotspanier-Sachen" herangezogen und verwertet. Vgl. ebenda, S. 11.
[217] Das Gericht hielt fest, daß die „nationalsozialistische Gewaltherrschaft die ersten republikanisch-spanischen Flüchtlinge, die ihr in die Hände fielen, in einer Weise verfolgt hat, die alle Zeichen einer Gruppenverfolgung an sich trug und zu den schlimmsten Verfolgungsmaßnahmen gehört". Ausschlaggebend hierfür waren „Gründe der Rache und damit Gründe politischer Gegnerschaft". Ebenda, S. 14.

häftlingen" die „einzigen streng bewachten Arbeitskräfte" in Frankreich waren, erklärten sich für das Gericht „überzeugend" allein aus der politischen Gegnerschaft der Nationalsozialisten.

Insgesamt liest sich das Urteil über weite Strecken wie eine Generalkritik an den vorangegangenen Entscheidungen. Zeugenaussagen seien einseitig bewertet worden: Es gebe „gewichtige Bedenken" gegen die „festgestellte grundsätzliche Verläßlichkeit deutscher Zeugen und die ebenso prinzipiell angezweifelte Glaubwürdigkeit der spanischen Betroffenen". Zumal auch die Vorstellung, daß die OT eine „völlig unpolitische Bauorganisation" gewesen sei, der Wirklichkeit nicht gerecht werde. Ihre Führung, insbesondere die sogenannte Frontführung, habe nämlich meist aus bewährten Parteigenossen oder SS-Mitgliedern bestanden, die neben ihrer eigentlichen Aufgabe zugleich „Verfolgungsabsichten" realisiert hätten. Am Ende sprach das Oberlandesgericht Luis Posse Rales eine Entschädigung von 4200 DM zu. Einer Revision wurde zugestimmt, weil mit dem „Arbeitseinsatz als Verfolgungsmaßnahme" eine Rechtsfrage von grundsätzlicher Bedeutung entschieden werden müsse. Die Entscheidung hatte aber Bestand. In den siebziger Jahren kamen die hier getroffenen Bewertungen mehr und mehr zum Tragen[218] und führten zu entschädigungsfreundlicheren Urteilen.

Dennoch gingen viele Spanier lange Zeit leer aus. Viele hatten Antragsfristen versäumt oder sich außerstande gesehen, Stichtags- und Wohnsitzvoraussetzungen zu erfüllen. Andere wußten nichts von ihren Wiedergutmachungsansprüchen und nur wenige hatten sich zu einer Klage vor deutschen Gerichten durchringen können. Nachdem das BEG bereits 1969 ausgelaufen war, richteten sich die Hoffnungen zuletzt auf einen neuen, 1981 gegründeten Sonderfonds der Bundesregierung für nichtjüdische Verfolgte. Dieser „zur Abgeltung von Härten in Einzelfällen"[219] vorgesehene Fonds über maximal 100 Millionen DM kam vor allem notleidenden republikanischen Spaniern zugute, die glaubhaft angeben konnten, „über die Möglichkeiten der Wiedergutmachung nicht oder nur unzureichend informiert gewesen zu sein". Bis zum 31. August 1986 waren von den spanischen NS-Opfern 13 080 Anträge[220] eingegangen; damit bildeten die Spanier sogar noch vor den

---

[218] Kennzeichnend hierfür war ein Artikel in der Zeitschrift „Rechtsprechung zum Wiedergutmachungsrecht" (RzW), die von 1949 bis 1981 als Beilage zur „Neuen Juristischen Wochenschrift" erschien. Dort hieß es 1973 im Hinblick auf die bei der „Organisation Todt" eingesetzten spanischen Flüchtlinge: Es lasse sich – von Ausnahmen abgesehen – „nicht rechtfertigen, es als Willkür einzelner Lagerkommandanten oder von der Führung nicht gebilligte Ausschreitung von Unterführern zu werten und abzutun, wenn ,Rotspanier' ebenso unmenschlich wie Konzentrationslagerhäftlinge behandelt wurden. Diese Art des Vorgehens [...] entsprach vielmehr mindestens dem Willen Himmlers, soweit nicht überhaupt ausdrückliche Anweisungen des SD vorlagen, und ist daher als nat.-soz. Gewaltmaßnahme i. S. des § 2 BEG zu betrachten." Vgl. RzW 24. Jg. (1973), H. 2, S. 53 f., hier S. 53.
[219] Bericht der Bundesregierung über Wiedergutmachung und Entschädigung für nationalsozialistisches Unrecht sowie über die Lage der Sinti, Roma und verwandter Gruppen, Deutscher Bundestag, Drucksache 10/6287, 31. 10. 1986. Hier auch das Folgende. Zur rechtlichen Genese dieses Härtefonds vgl. Brodesser, Wiedergutmachung und Kriegsfolgenliquidation, S. 120–123.
[220] Im Februar 2001 hatte sich nach Angaben des zuständigen Regierungspräsidenten in Köln die Zahl der Anträge auf 15 366 erhöht. 9679 Betroffene bekamen eine einmalige Beihilfe von 5000 DM; 5687 Anträge wurden wegen unvollständiger Unterlagen oder fehlender Bedürftigkeit abgelehnt. Die Antragsteller wurden bis 1985 nicht nach ihrer Nationalität erfaßt. Mitteilung Regierungspräsident Köln an den Verfasser, 9. 3. 2001. Die von Aschmann genannte Zahl von etwa 2000 Entschädigungsberechtigten, bei der sie sich allein auf Angaben der spanischen Botschaft in Paris stützt, ist insofern viel zu niedrig angesetzt; vgl. Aschmann, „Treue Freunde...?, S. 388.

Sinti und Roma die größte Gruppe. Diese hohe Zahl belegt einmal mehr die jahrzehntelang ausgebliebene Unterstützung der Regierung in Madrid. So verzichtete Franco-Spanien im Gegensatz zu anderen europäischen Staaten auf ein Entschädigungsabkommen mit der Bundesrepublik. Überdies ließ das Regime der vollmundigen Ankündigung, es werde „jede mögliche Unterstützung"[221] bei Entschädigungsanträgen leisten, da nicht der Anschein erweckt werden sollte, „als ob die Gewährung derartiger Entschädigungen den Bemühungen rotspanischer Elemente zu danken sei", keine Taten folgen. Die spanischen NS-Verfolgten, die immer auch Franco-Gegner waren, blieben auf sich gestellt.

---

[221] Memorandum betr. schwebender Fragen, an deren Lösung die spanische Regierung interessiert ist, 17. 10. 1960, PA/AA, Ref. 501, Bd. 929.

Schlußbetrachtung

Die westdeutsche Spanienpolitik war in den 50er Jahren eine Gratwanderung zwischen der antikommunistisch motivierten Partnerschaft mit Madrid, in der sich die Bundesrepublik im Hinblick auf die NS-Vergangenheit gewissermaßen in einem geschützten Raum bewegen konnte, und einer Umwelt, die eine durch das Bündnis zwischen Hitler und Franco belastete deutsch-spanische Verbindung überwiegend mit Skepsis begleitete. Beide Staaten mußten nach 1945 ihr Verhältnis zueinander grundlegend neu ordnen. An die Stelle des nationalsozialistischen Deutschland, das zur Entstehung des Franco-Regimes entscheidend beigetragen hatte, war der westdeutsche Teilstaat getreten, der erst 1955 seine – eingeschränkte – Souveränität erlangte.

Die schwierigste und langwierigste Kontroverse innerhalb der bilateralen Beziehungen entzündete sich an der Frage des enteigneten deutschen Eigentums in Spanien. Die drei westlichen Siegermächte hatten 1948 im Rahmen ihrer Feindvermögenspolitik ein Abkommen mit Madrid vereinbart, das der spanischen Seite bis zu einem Drittel der Liquidationserlöse garantierte. Von finanziellen Motiven einmal abgesehen, bot diese Vereinbarung dem politisch geächteten Franco-Regime insbesondere die Chance, sich gegenüber den Westmächten durch Wohlverhalten profilieren zu können. Die noch nahezu einfluß- und machtlose Bundesrepublik konnte zunächst nur an die „traditionelle deutsch-spanische Freundschaft" appellieren. Doch Madrid setzte andere Prioritäten: Empört registrierte Bonn, daß Spanien sich sogar öffentlich brüstete, die deutschen Vermögenswerte besonders rasch liquidiert zu haben. Auch in den bis 1958 andauernden Verhandlungen um eine wenigstens teilweise Rückgabe des Eigentums war die Regierung in Madrid – auch aus Furcht vor Entschädigungsforderungen der Bundesrepublik – nicht bereit, materielle Vorteile aus „Freundschaft" aufzugeben. Die Gespräche erstarrten rasch in ritualisierter Routine. Spanien begegnete dem unablässigen deutschen Drängen immer wieder mit dem Hinweis auf seine Notsituation nach 1945 und erinnerte an die eigentliche Verantwortung der Alliierten. Am Ende stand eine Einigung, die weitgehend die geschaffenen Tatsachen akzeptierte, auch weil Bonn das leidige Problem aus der Welt schaffen wollte. Das jahrelange Tauziehen lähmte insgesamt die Beziehungen und verhinderte beispielsweise die Ausgestaltung und Belebung des Kulturabkommens von 1954.

Ähnlich konfliktreich gestalteten sich auch die deutsch-spanischen Wirtschaftsbeziehungen. Die sich rasch vergrößernde Kluft zwischen dem exportorientierten Industriestaat Bundesrepublik und dem damaligen – bis 1959 autarkistisch ausgerichteten – Agrarland Spanien führte über weite Strecken zu einem gespannten Verhältnis der beiden ungleichen Partner. Dabei bestimmten die begrenzten finanziellen Möglichkeiten Madrids maßgeblich die Entwicklung. Angesichts hoher Zuwachsraten im Warenaustausch geriet der bilaterale Verrechnungsverkehr mehr und mehr in eine Schieflage. Die spanische Verschuldung wurde zum Dauerproblem.

Bei den Handelsvertragsverhandlungen trat das franquistische Regime zunehmend als Bittsteller auf, der seine Hoffnungen auf weitere Kredite und Absatzmöglichkeiten für seine Erzeugnisse auf die „historische Freundschaft" zwischen Deutschland und Spanien gründete. Mitunter stilisierte sich Madrid gar zum Opfer seiner Freundschaft und appellierte an die besondere Verpflichtung der Deutschen, das wirtschaftlich notleidende Land zu unterstützen. Denn schließlich, so die spanische Logik, hätte erst die Deutschland gewährte politische Unterstützung vor und während des Zweiten Weltkriegs Spanien jahrelang isoliert. Auch hier fruchtete die Freundschaftsrhetorik wenig. Das Auswärtige Amt wie auch das Bundeswirtschaftsministerium wollten dem franquistischen Regime aus politischen Gründen entgegenkommen, konnten sich aber bei der Bank deutscher Länder, die eine grundsätzlich restriktive Kreditpolitik verfolgte, nicht durchsetzen. Statt der von Madrid erhofften staatlichen Finanzhilfe verwies die Bundesregierung am Ende der 50er Jahre auf die Möglichkeit privater Kapitalinvestitionen, für die Spanien durch sein wirtschaftliches Liberalisierungsprogramm seit 1959 erst die Voraussetzungen schaffen mußte.

Ungeachtet solcher Spannungen überwog im Auswärtigen Amt insgesamt ein wohlwollendes Bild des franquistischen Spanien – grundsätzliche Kritik oder differenziertere Urteile fanden sich hier eher selten. Ausnahmen bildeten bezeichnenderweise Diplomaten wie Knappstein oder Sahm, die in den 50er Jahren bereits durch ihre Auslandserfahrungen mit anderen Vorstellungen über dieses Spanien konfrontiert worden waren. In den Zeiten des Kalten Krieges konzentrierte sich die Aufmerksamkeit in der Bundesrepublik häufig allein auf die gegenwärtige Form totalitärer Herrschaft, nämlich den Kommunismus östlicher Prägung. Der Wandel des Franco-Regimes vom Paria zum Partner der westlichen Vormacht USA wirkte für die Bonner Republik angesichts der nationalsozialistischen Hypothek geradezu entlastend. Die Regierung Adenauer betrachtete das diktatorische Regime in Madrid spätestens seit den amerikanisch-spanischen Stützpunktverträgen von 1953 als Verbündeten des „freien Westens".

Die Wahrnehmung war weitgehend geprägt durch das einseitige Bild, welches die NS-Propaganda vom Spanischen Bürgerkrieg gezeichnet und das auch bei weiten Teilen des bürgerlich-konservativen Spektrums Anklang gefunden hatte. Anders die sozialdemokratische Opposition: Sie sah das Franco-Regime und die deutsch-spanische Zusammenarbeit der 30er und 40er Jahre auch vor dem Hintergrund ihres Widerstands gegen den Nationalsozialismus. In der Vorstellung der Regierungsparteien in Bonn galt der Krieg in Spanien dagegen weiterhin als erfolgreiche Abwehrschlacht gegen den Bolschewismus. Dies erlaubte eine positive Bezugnahme auf die Spanienpolitik des „Dritten Reiches", die gleichsam von ihrem nationalsozialistischen Gehalt befreit wurde. Das Feindbild Sowjetunion bildete so im Hinblick auf Spanien die ideologische und politische Klammer zwischen NS- und Nachkriegszeit. Im westlichen Ausland wurde die Zusammenarbeit zwischen Hitler und Franco allerdings meist sehr viel kritischer beurteilt. Eine deutsch-spanische Wiederannäherung – insbesondere im militärischen Bereich – weckte dort unliebsame Assoziationen an die noch nahe NS-Zeit. Das Auswärtige Amt wußte zwar um diese Vorbehalte, ignorierte sie aber weitgehend, weil die schärfste Kritik am Regime Francos – abgesehen von den Staaten des Ostblocks – von linken, sozialistisch bzw. sozialdemokratisch geführten Regierungen geäußert wurde.

Die wirtschaftlich und politisch erstarkte Bundesrepublik trat am Ende der 50er Jahre zunehmend selbstbewußter auf. Bonn wurde zum Anwalt spanischer Integrationsinteressen: So unterstützte die Regierung Adenauer nicht nur nachhaltig den 1959 erreichten OEEC-Beitritt, sondern warb bei den wichtigsten Verbündeten sogar unverblümt für eine Aufnahme des franquistischen Spanien in die nordatlantische Allianz. Während ein derartiges Plädoyer im Bulletin der Bundesregierung 1957 angesichts kritischer Nachfragen etlicher

Bündnispartner noch eilig als Panne abgetan wurde, bekundete Bundeskanzler Adenauer im Frühjahr 1959 sein Interesse nun auch öffentlich. Entscheidend dafür war die Unterstützung aus Paris. Mit der Rückkehr General de Gaulles 1958 an die Macht erweiterten sich die Möglichkeiten der Bonner Spanienpolitik. Die bis dahin weitgehend kritische Haltung Frankreichs gegenüber dem franquistischen Regime wich nun einer wohlwollenderen Einstellung. Das deutsch-französische Werben stieß jedoch bei den NATO-Partnern nicht auf Zustimmung; selbst die amerikanische Administration verhielt sich abwartend. Die konservative Regierung in London zeigte schon gar keine Neigung, einen solchen Schritt zu unterstützen. Ausschlaggebend dafür waren weniger moralische als vielmehr politisch-pragmatische Erwägungen: Abgesehen davon, daß das Foreign Office befürchtete, ein Beitritt Madrids könnte den eigenen Einfluß im Bündnis schwächen und den „Catholic continental bloc" unter Führung von de Gaulle stärken, erschienen London die politischen Kosten einer Aufnahme eines nicht demokratischen Landes zu hoch. Großbritannien sah in der NATO nicht allein das militärische Bündnis, sondern eine Gemeinschaft von Staaten, die sich an den von ihr postulierten demokratischen Werten auch messen lassen müsse.

Die Bundesregierung betrachtete Spanien dagegen in erster Linie als zuverlässigen antikommunistischen Verbündeten, der angesichts seiner geografischen Lage helfen konnte, die logistischen Probleme der Bundeswehr zu lösen. Schließlich sahen die Vereinbarungen in der NATO vor, daß jedes Mitglied in eigener Verantwortung Vorsorge für den Verteidigungsfall treffen sollte. Verteidigungsminister Strauß, der Spanien ohnehin in zwei oder drei Jahren im Nordatlantikpakt erwartete, wähnte sich im Einklang mit den wichtigsten Bündnispartnern, als er – nach dem Vorbild der USA – Ende 1959 eine bilaterale militärische Zusammenarbeit mit Madrid anstrebte.

Bonn setzte das Einverständnis der westlichen Führungsmacht offenbar voraus: So wurde die amerikanische Administration erst unterrichtet, nachdem Außenminister Brentano mit seinem Amtskollegen Castiella bereits den Spanienbesuch deutscher Experten vereinbart hatte. Es bleibt unklar, inwieweit Washington dabei das Vorhaben Bonns lediglich zur Kenntnis nahm oder es sogar ausdrücklich billigte. Die Erinnerungen der Beteiligten wichen jedenfalls stark voneinander ab. Die Bundesregierung war der Ansicht, gewissermaßen grünes Licht bekommen zu haben. Unmittelbar vor Beginn der Sondierungsgespräche in Madrid informierte sie zunächst die Regierungen in Washington, London und Paris über ihre Absichten. Das deutsche Interesse an militärischen Einrichtungen in Spanien galt neben einer Lazarettbasis Stützpunkten für Heer, Luftwaffe und Marine. Gesucht wurden unter anderem Übungsschießplätze für Flugabwehr-Raketen, Nachschubdepots sowie vor allem Ausbildungs- und Trainingsmöglichkeiten für die Luftwaffe. Bonn rechnete wohl nicht mit grundsätzlichen Widerständen der NATO-Partner. Denn zeitgleich mit den bilateralen Besprechungen in der spanischen Hauptstadt sollte der gesamte NATO-Rat informiert werden. Die Reaktion der „Großen Drei" war unterschiedlich: Während Paris, das der Bundesrepublik selbst Stützpunkte angeboten hatte, sich abwartend verhielt, lehnten die Briten und Amerikaner eine derartige deutsch-spanische Verbindung ab. Soldaten der Bundeswehr außerhalb des NATO-Bereichs – dies war eine Vorstellung, die selbst den engsten Verbündeten damals undenkbar schien. Allerdings hielt sich London zunächst zurück und ließ Washington bei der Auseinandersetzung mit Bonn den Vortritt. Die Vereinigten Staaten machten schließlich keinen Hehl aus ihren Bedenken und kündigten an, die deutschen Absichten bei einer möglichen Diskussion im NATO-Rat nicht unterstützen zu wollen. Daraufhin wurden die Gespräche mit Madrid vorerst vertagt.

Mit ihrer unzureichend vorbereiteten Spanien-Initiative war die Bundesregierung an ihre politischen Grenzen gestoßen. Die Bonner Absicht offenbarte gleich eine doppelte Fehleinschätzung: erstens verkannte man – bedingt durch das vom NS-Kontext weitgehend entlastete Spanienbild – völlig die geschichtspolitische Brisanz, die gerade in einer militärischen Verbindung zu Franco-Spanien lag. Zweitens überschätzte der westdeutsche Staat seine eigene Position in der Nordatlantischen Allianz. Eine Kooperation mit einem Land, das außerhalb der Bündnis- und damit auch Kontrollstrukturen stand, war für den Neuankömmling Bundesrepublik, der angesichts seiner Vorgeschichte erst Vertrauen erwerben mußte, ein gewagtes Unterfangen. Denn in der NATO galt noch immer das Prinzip: Sicherheit für und vor Deutschland. Hinzu kam, daß die USA aus eigener Erfahrung wußten, welches Konfliktpotential allein in der Frage einer möglichen NATO-Mitgliedschaft Spaniens lag. Gegen den Widerstand der meisten Partnerländer hatte selbst die westliche Führungsmacht einen Beitritt nicht durchsetzen können. Um so mehr mußte eine mögliche militärische Zusammenarbeit der Bundesrepublik mit dem Franco-Regime im Bündnis für größte Unruhe sorgen. Trotz der fehlenden Unterstützung aus Washington hielt Bonn unbeirrt an seinen Spanien-Plänen fest. Trotzig beharrte die Bundesregierung, ungeachtet eindeutiger Warnungen des NATO-Oberbefehlshabers in Europa, auf den mit Madrid vereinbarten Gesprächen und ließ sich auch nicht mehr von den immer eindringlicheren Protesten aus London und Washington von ihrem Vorhaben abbringen. Diese ungewöhnliche Konfliktbereitschaft hatte weniger mit dem Interesse an dem Wunschpartner Spanien zu tun. Es ging der Regierung Adenauer darum, den Anspruch auf eine eigenständige Politik unbedingt durchsetzen zu wollen. Insbesondere Verteidigungsminister Strauß fühlte sich angesichts der amerikanischen Basen in Spanien von den Westmächten politisch bevormundet. Bonn wollte offensichtlich nicht verstehen. Washington mobilisierte schließlich die Presse, um das Projekt zu Fall zu bringen. Am Ende stand die Bundesrepublik wie ein ertappter Sünder da. Diese Episode macht deutlich, von welch unterschiedlichen Voraussetzungen aus Spanienpolitik betrieben wurde. Das Franco-Regime blieb – auch wegen der Erinnerung an sein Bündnis mit dem nationalsozialistischen Deutschland – ein allenfalls geduldeter militärischer Partner des Westens. Mit diesen Rahmenbedingungen hatte sich die westdeutsche Politik nur ungenügend auseinandergesetzt. An diesem Punkt stellt sich, auch wenn er gewiß nicht im Zentrum der deutschen Außenpolitik stand, die Frage, ob man der Bundesrepublik schon für die 50er Jahre bescheinigen sollte, „mit bemerkenswerter außenpolitischer Reife" (Hans-Peter Schwarz) agiert zu haben.

Durch die vehemente Kritik des Auslands an einer militärischen Zusammenarbeit mit dem franquistischen Spanien war am Ende der 50er Jahre auch das bislang in der Bundesrepublik weitgehend verdrängte bzw. einseitig wahrgenommene Thema der Verbindung Hitler-Franco in das öffentliche Bewußtsein gerückt worden. In der westdeutschen NS-Erinnerung war der Spanische Bürgerkrieg ohnehin nur ein Thema am Rande. Es mag an der geistig-politischen Autarkie im „Dritten Reich" und dem antikommunistischen Klima der 50er Jahre gelegen haben, daß den Deutschen in der Nachkriegszeit eine differenzierte Sicht auf den Bürgerkrieg und die nationalsozialistische Parteinahme für die Putschisten um Franco schwer fiel. Denn das antisowjetische Spanienbild der NS-Propaganda sollte auch den vergangenheitspolitischen Umgang mit der Hinterlassenschaft der deutschen Intervention und dem zeitweiligen Bündnis beider Länder im Zweiten Weltkrieg, deren Symbole die Legion Condor und die Blaue Division waren, noch lange prägen.

Im Hinblick auf den Einsatz des Sonderverbands der Wehrmacht, der Legion Condor, gab es bisweilen sogar Einigkeit zwischen Regierung und SPD-Opposition. Das deutsche Eingreifen wurde vom Bundestag im Sommer 1954 zwar einhellig als völkerrechtswidrig verurteilt, die Soldaten der Legion Condor wurden aber zugleich entlastet. Sie galten als Verführte bzw. unschuldige Opfer des NS-Regimes. Auch die Sozialdemokraten scheuten vor Kritik zurück, wobei ihr argumentativer Spielraum angesichts der großen öffentlichen Solidarität mit verurteilten und inhaftierten deutschen Militärs ohnehin gering war. Ausgelöst worden war die Debatte durch die Frage, inwieweit bei den Versorgungs- und Pensionsansprüchen der ehemaligen Berufssoldaten nach Art. 131 GG ihr Kampfeinsatz in Spanien als Dienstzeit und zusätzlich als „Kriegsjahr" angerechnet werden sollte. Während die SPD es politisch nicht für angemessen hielt, diese militärische Intervention besonders honoriert zu sehen, verwiesen Innenminister Schröder wie auch die Regierungsmehrheit im Bundestag auf den Rechtsanspruch der früheren Wehrmachtsangehörigen. Die ihnen zustehende Versorgung könne ihnen nicht verweigert werden, so die Argumentation, weil sie von den nationalsozialistischen Machthabern nach Spanien befohlen worden seien. Die sogenannte Freiwilligkeit habe nur der Tarnung dieses Hitlerschen Unternehmens gegolten. Damit wurde das bis 1945 gezeichnete öffentliche Bild der Legion Condor grundlegend revidiert. Waren es zuvor die von der NS-Propaganda bejubelten „Freiwilligen" im Kampf gegen den Bolschewismus, so galten die Angehörigen der Legion Condor nun als Soldaten, die in der Diktatur ihrer Pflicht nachkommen mußten.

Ansonsten war es in den ersten Jahren der Bundesrepublik still um die Legion Condor geworden. Nachdem die ehemaligen Soldaten zur Diskussion um die Anrechnung ihrer Dienstzeiten noch geschwiegen hatten, meldeten sie sich im Sommer 1956 – 20 Jahre nach Beginn ihres Einsatzes – aber zu Wort und beklagten die fehlende öffentliche Aufmerksamkeit der Nachkriegsgesellschaft. So wisse die deutsche Jugend kaum noch etwas von ihren Taten, hieß es bei der Gründung der Kameradschaft Legion Condor. Diese war vor allem eine Vereinigung der sogenannten kleinen Leute. Prominente Vertreter der Legion wie Galland, Trautloft oder Trettner hielten sich fern. Vermutlich wollten sie sich mit den rückwärts orientierten Kameraden öffentlich nicht identifizieren. Bundesverteidigungsministerium und Auswärtiges Amt hatten Mühe, überhaupt eine Position gegenüber dem Veteranenverband und seinem spanischen Pendant, der Bruderschaft der Blauen Division, zu entwickeln. Denn die einstigen Soldaten des spanischen Freiwilligen-Verbands, zu denen auch Außenminister Castiella und Generalstabschef Muñoz Grandes gehörten, nahmen inzwischen vielfach führende Positionen in Politik, Wirtschaft, Verwaltung und Militär ein. Hinzu kam die fehlende Bereitschaft, sich von NS-geprägten Vorstellungen zu lösen.

Dies begründete in den 50er Jahren ein deutsch-spanisches Sonderverhältnis: Während ansonsten der Verweis auf den Bruch mit dem Nationalsozialismus zum Grundkanon westdeutscher Außenpolitik gehörte, war das im Fall Spanien anders. Wie sehr die sogenannte Waffenbrüderschaft an den Nerv der bilateralen Beziehungen rührte, zeigte der Spanien-Besuch der Kameradschaft der Legion Condor 1959. Eine derartige Demonstration erschien dem Franco-Regime, das hoffte, in die NATO aufgenommen zu werden, mittlerweile als nicht mehr zeitgemäß. Gleichwohl kam es zu der von den Veteranen erhofften Audienz bei Staatschef Franco. Der Öffentlichkeit sollte diese freundschaftliche Inszenierung aber vorenthalten bleiben. Bonn und Madrid zogen hier an einem Strang. Beiden Regierungen war sehr daran gelegen, jede Nachricht darüber tunlichst zu vermeiden. So konnte die Regierung Adenauer nicht nur erleichtert über das von Franco verordnete Schweigen sein, die deutsche Botschaft in Madrid hatte bei den Pressekorrespondenten auch das Ihre zur Ruhe beigetragen.

Erst nachdem die Veteranen der Legion Condor mit ihrer in Madrid offen zur Schau getragenen Nähe zum Nationalsozialismus eine Grenze überschritten hatten, rang sich das Auswärtige Amt zu einer Richtlinie durch. Darin wurden deutliche Unterschiede zwischen der Blauen Division und der Legion Condor gemacht. In der Wahrnehmung der beiden Verbände gab es einen grundlegenden Wandel zum Bild der NS-Zeit. Während die Kriegsbeteiligung der Blauen Division im nationalsozialistischen Deutschland nur geringe Aufmerksamkeit gefunden hatte und Vorurteile gegenüber der militärischen Leistungsfähigkeit der spanischen Verbündeten an der Tagesordnung gewesen waren, ließ sich in der Nachkriegszeit ihr Einsatz gegen die Sowjetunion als positives Moment der bilateralen Beziehungen beschreiben. Das Gegenteil galt jedoch für die Legion Condor, deren Beteiligung am Bürgerkrieg noch von den NS-Medien in besonderer Weise gefeiert worden war. Hier ging die Bundesregierung auf Distanz: Zurückhaltung sei bei offiziellen Kontakten geboten. Neben innenpolitischen Problemen könnte es ansonsten außenpolitisch für beide Länder ungünstige Folgen für das Verhältnis zu den westlichen Alliierten geben.

Eines der Themen bei den Begegnungen der Veteranen waren die Versorgungsansprüche der spanischen Kriegsgeschädigten. Bonn und Madrid stritten schon seit längerem um die Kriegsopferversorgung. Anlaß war die Forderung nach Wiederaufnahme der Versorgung von Angehörigen der ehemaligen Blauen Division bzw. ihrer Hinterbliebenen, die nach einem Erlaß des Oberkommandos der Wehrmacht vom September 1941 noch bis Kriegsende von Deutschland übernommen worden war. Gelegentliche Vorstöße der spanischen Regierung blieben erfolglos. Noch im Frühjahr 1958 betonte die Rechtsabteilung im Auswärtigen Amt, daß es angesichts der Rechtslage keine Möglichkeit gebe, Madrid entgegenzukommen. Zudem warnte sie davor, einen Präzedenzfall zu schaffen, der im Hinblick auf andere Länder untragbare finanzielle Verpflichtungen nach sich ziehen würde. Allerdings fanden die spanischen Veteranen in Militärattaché Oster einen überaus engagierten Fürsprecher, der sich seit seinem Wechsel nach Madrid im Sommer 1958 darum bemühte, einen Sinneswandel in der westdeutschen Politik herbeizuführen. Schon bei seinem Antrittsbesuch bei Generalstabschef Muñoz Grandes hatte Oster keinen Hehl aus seiner Verbundenheit mit der Blauen Division gemacht. Das von der Erinnerung an den gemeinsamen Kampf im Osten bestimmte Gespräch zeigt, daß Spanien für deutsche Militärs in der Nachkriegszeit in gewisser Hinsicht ein Refugium darstellte.

Wohl in keinem anderen Land gab es von offizieller Seite so viel Verständnis und Respekt für die sogenannten soldatischen Leistungen der deutschen Wehrmacht. Die Hilfe für die kriegsgeschädigten spanischen Veteranen, um die er nun bei der Bundesregierung unentwegt warb, war für Oster (Jahrgang 1914) offenbar ein Gebot einer tief empfundenen soldatischen Kameradschaft. Dabei argumentierte er immer wieder mit dem Hinweis, die Blaue Division sei schließlich ein deutscher Heeresverband zur Bekämpfung des Bolschewismus an der Ostfront und nicht Teil der verbrecherischen Waffen-SS gewesen. Zu Hilfe kam Oster bei seinem Anliegen ausgerechnet der im Bundesentschädigungsgesetz 1956 geregelte finanzielle Anspruch für die spanischen Opfer des Nationalsozialismus. Bei Gesprächen im Auswärtigen Amt wies der Militärattaché Anfang 1959 darauf hin, daß bereits in mehreren Fällen deutsche Wiedergutmachungsleistungen an Spanier gelangt seien, deren Angehörige im Bürgerkrieg auf der Seite der „Roten" gekämpft hätten. Politisch sei dies um so gravierender, weil einflußreiche Kreise in Spanien darüber klagten, daß die Divisionäre dagegen aus Deutschland keinerlei Versorgungszahlungen erhielten. Sein Einsatz zeigte Wirkung: Das Auswärtige Amt rückte nun von seinem bisherigen Nein in der Versorgungsfrage ab, machte aber den Vorbehalt, daß eine Regelung erst nach dem Abschluß der laufenden Entschädigungsverhandlungen für NS-Opfer mit elf westlichen Staaten in Angriff genommen werden könnte. Die Kampagne Osters für seine früheren Frontkameraden verlief überaus erfolgreich. Im Herbst 1959 signalisierte auch das in dieser Frage federführende Arbeits- und Sozialministerium Entgegenkommen.

Ausschlaggebend für den Sinneswandel war der Verweis von Oster auf die Entschädigungsansprüche der sogenannten Rotspanier. Wie ungebrochen die in der NS-Zeit geprägten Vorurteilsstrukturen fortwirkten, zeigte die Argumentation des Arbeitsministeriums: Regierung und Öffentlichkeit in Spanien würden es kaum verstehen, daß die Bundesrepublik Deutschland den kommunistischen Gegnern Spaniens hohe Entschädigungen zahle und denjenigen Spaniern, die auf deutscher Seite gegen den Bolschewismus gekämpft hätten, nicht einmal eine Teilversorgung gewähre. Dies sollte sich ändern. Im Mai 1962 lag schließlich ein Vertrag zwischen beiden Ländern vor. Doch auf eine rasche finanzielle Unterstützung aus Bonn konnten die Veteranen auch jetzt noch nicht hoffen. Der Bundesregierung erschien es offensichtlich nicht opportun, Versorgungsleistungen für die Blaue Division vor dem Abschluß aller Entschädigungsabkommen mit elf westeuropäischen Staaten öffentlich werden zu lassen. So wurde der deutsch-spanische Vertrag erst im Frühjahr 1964 – nachdem die Globalabkommen unter Dach und Fach waren – in den Bundestag eingebracht.

Im Gegensatz zu den Veteranen der Blauen Division hatten die Verlierer des Spanischen Bürgerkriegs, von denen Zehntausende nicht nur zu Emigranten, sondern auch zu Verfolgten des NS-Regimes wurden, keine politisch einflußreiche Lobby, kaum einen Staat, der sich für sie und ihre Interessen einsetzte. Im Gefolge des Bundesentschädigungsgesetzes wurden auch die deutsche Botschaft in Madrid und das Generalkonsulat in Barcelona mit dem Thema Wiedergutmachung konfrontiert. Einige Diplomaten reagierten auf die Anfragen äußerst unwillig. Die Botschaft war aber auch angesichts der steigenden Zahl von Anfragen und Anträgen darauf bedacht, bei dieser sensiblen Materie streng neutral zu bleiben. Die Rolle einer Beratungsstelle wollte sie nicht übernehmen. Diese Zurückhaltung hatte vor allem politische Gründe: Denn die spanischen NS-Opfer und ihre Angehörigen galten zugleich auch als Gegner des Franco-Regimes, zu dem die Bundesregierung gute Beziehungen unterhielt. Eine allzu große Nähe gegenüber den sogenannten Rotspaniern sollte daher tunlichst vermieden werden. Ignoranz und Abwehr waren vorherrschend. So wurde den Betroffenen bzw. ihren Anwälten aus politischem Kalkül sogar eine Auskunft über die Betreuung der Hinterbliebenen durch den spanischen Staat verweigert. Die deutschen Diplomaten wollten offenbar unbedingt vermeiden, das franquistische Regime direkt mit diesem Tabu-Thema zu konfrontieren oder selbst eine offizielle Erklärung abzugeben, die als Affront hätte verstanden werden können.

Die einstigen NS-Verfolgten blieben ganz und gar auf sich allein gestellt. Die westdeutsche Justiz sprach Tausenden früherer spanischer Zwangsarbeiter ihr Schicksal als Verfolgte lange rundweg ab. Erst Ende der 60er Jahre – in einem veränderten gesellschaftspolitischen Klima und gestützt auf erweiterte historische Kenntnisse – wandelte sich die entschädigungsrechtliche Bewertung. Dennoch gingen viele Spanier über Jahrzehnte hinweg leer aus. Viele hatten Antragsfristen versäumt oder sich außerstande gesehen, Stichtags- und Wohnsitzvoraussetzungen zu erfüllen. Andere wußten nichts von ihren Wiedergutmachungsansprüchen, und nur wenige hatten sich aus materiellen Gründen zu einer Klage vor deutschen Gerichten durchringen können. Nachdem das Bundesentschädigungsgesetz bereits 1969 ausgelaufen war, richteten sich die Hoffnungen zuletzt auf einen neuen, 1981 gegründeten Härtefonds der Bundesregierung für nichtjüdische Verfolgte. Noch vor den Sinti und Roma bildeten die Spanier die größte Gruppe der Antragsteller. Auch dies belegt die jahrzehntelang ausgebliebene Unterstützung der spanischen NS-Opfer durch die Franco-Regierung in Madrid. So verzichtete Spanien im Gegensatz zu anderen Staaten auf ein Entschädigungsabkommen mit der Bundesrepublik.

Die Geschichte der deutsch-spanischen Beziehungen in den 50er Jahren zeigt einmal mehr, wie wichtig der Druck von außen für die Auseinandersetzung mit der NS-Zeit war. Nur durch die stetige Einflußnahme der westlichen Demokratien konnte der „lange Weg nach Westen" trotz aller Belastungen zu einer bundesdeutschen Erfolgsgeschichte werden.

Abkürzungsverzeichnis

AA	Auswärtiges Amt
AAPD	Akten zur Auswärtigen Politik der Bundesrepublik Deutschland
AAW	Außenamt Wien
Abt.	Abteilung
ACDP	Archiv für Christliche Demokratische Politik
AdG	Keesing's Archiv der Gegenwart
ADL	Archiv des Deutschen Liberalismus
AdSD	Archiv der Sozialen Demokratie
AHK	Alliierte Hohe Kommission für Deutschland
APuZ	Aus Politik und Zeitgeschichte
BA	Bundesarchiv Koblenz
BA-MA	Bundesarchiv-Militärarchiv (Freiburg)
BBG	Bundesbeamtengesetz
BDA	Bundesvereinigung der Deutschen Arbeitgeberverbände
BDI	Bundesverband der Deutschen Industrie
BdL	Bank deutscher Länder
BEG	Bundesentschädigungsgesetz
Beko	Beschränkt konvertierbar
BGBl.	Bundesgesetzblatt
BGS	Bundesgrenzschutz
BT	Bundestag
BVG	Bundesversorgungsgesetz
CDU	Christlich-Demokratische Union Deutschlands
CEDI	Centro Europea de Documentación e Información
CETME	Centro de Estudios Técnicos de Materiales Especiales
CSU	Christlich-Soziale Union Deutschlands
DGB	Deutscher Gewerkschaftsbund
DP	Deutsche Partei
DDR	Deutsche Demokratische Republik
EG	Europäische Gemeinschaft
EGKS	Europäische Gemeinschaft für Kohle und Stahl
EU	Europäische Union
Euratom	Europäische Atomgemeinschaft
EVG	Europäische Verteidigungsgemeinschaft
EWG	Europäische Wirtschaftsgemeinschaft
EZU	Europäische Zahlungsunion

FAO	Food and Agriculture Organization
FAZ	Frankfurter Allgemeine Zeitung
FN	Fabrique Nationale d'Armes de Guerre, Herstal/Belgien
FO	Foreign Office
FR	Frankfurter Rundschau
FRUS	Foreign Relations of the United States
HA	Historisches Archiv der Deutschen Bundesbank
HISMA	Compañía Hispano-Marroquí de Transportes Ltda.
IARA	Inter-Allied Reparations Agency
IBFG	Internationaler Bund Freier Gewerkschaften
INI	Instituto Nacional de Industria
IWF	Internationaler Währungsfonds
JEIA	Joint Export and Import Agency
Kap.	Kapitel
KLA	Konferenz landwirtschaftlicher Absatzmärkte
KMK	Kultusministerkonferenz
NATO	North Atlantic Treaty Organization
NL	Nachlaß
NSDAP	Nationalsozialistische Deutsche Arbeiterpartei
NYT	The New York Times
NZZ	Neue Zürcher Zeitung
OECD	Organization for Economic Cooperation and Development
OEEC	Organization for European Economic Cooperation
OKH	Oberkommando des Heeres
OKW	Oberkommando der Wehrmacht
OLG	Oberlandesgericht
OT	Organisation Todt
PA/AA	Politisches Archiv des Auswärtigen Amtes
PRO	Public Record Office
PSOE	Partido Socialista Obrero Español
Ref.	Referat
RM	Reichsmark
ROWAK	Rohstoff- und Wareneinkaufsgesellschaft m.b.H.
RzW	Rechtsprechung zum Wiedergutmachungsrecht
SACEUR	Supreme Allied Commander Europe
SBZ	Sowjetische Besatzungszone

SD	Sicherheitsdienst
SOFINDUS	Sociedad Financiera Industrial Limitada
SPD	Sozialdemokratische Partei Deutschlands
SS	Schutzstaffel
StBkAH	Stiftung Bundeskanzler Adenauer Haus
Sten. Ber.	Stenographische Berichte
SZ	Süddeutsche Zeitung
UdSSR	Union der Sozialistischen Sowjetrepubliken
UNO	United Nations Organization
VdS	Verband deutscher Soldaten
Verhandlg. d. dt. BT	Verhandlungen des Deutschen Bundestages
VfZ	Vierteljahrshefte für Zeitgeschichte
VVN	Vereinigung der Verfolgten des Naziregimes
WEU	Westeuropäische Union

Quellen- und Literaturverzeichnis

1. Unveröffentlichte Quellen

Archiv für Christliche Demokratische Politik (ACDP)

Nl. Heinrich Krone, Bd. 005/6
Nl. Hans-Joachim von Merkatz, Bd. 009/1, 083/1
VII-001, Bd. 008/1

Archiv des Deutschen Liberalismus (ADL)

Nl. Thomas Dehler, DA 0252

Archiv der Sozialen Demokratie (AdSD)

Bestand Helmut Schmidt, Bd. 1866
Nl. Fritz Erler, Bd. 185
SPD-Pressedienst

Bundesarchiv Koblenz (BA)

B 102	Bundesministerium für Wirtschaft	
	Bd. 1150, 2060, 18446, 24873, 58146, 58147, 58148, 110887, 110888	
B 106	Bundesministerium des Inneren	
	Bd. 13883, 13885, 32535	
B 126	Bundesministerium für Finanzen	
	Bd. 12460	
B 134	Bundesministerium für Wohnungsbau (Kabinettsvorlagen)	
	Bd. 4107, 4177	
B 136	Bundeskanzleramt	
	Bd. 2071, 3652, 6282, 6385, 6897	
B 138	Bundesministerium für Bildung und Wissenschaft	
	Bd. 679	
B 146	Bundesministerium für den Marshallplan/Wirtschaftliche Zusammenarbeit/Bd. 734	
B 149	Bundesministerium für Arbeit und Sozialordnung	
	Bd. 6231, 11878, 22331, 22387	
B 184	Studiengesellschaft für privatrechtliche Auslandsinteressen	

Nl. Herbert Blankenhorn, Bd. 7a, 13, 33a
Nl. Heinrich von Brentano, Bd. 165, 181
Nl. Walter Hallstein, Bd. 121
Nl. Heinrich Lübke

Bundesarchiv-Militärarchiv (BA-MA)

BW 4	Berichte des Militärattachés
	Bd. 744, 745, 746, 750, 752

BW 9 Deutsche Dienststellen zur Vorbereitung der Europäischen Verteidigungsgemeinschaft
Bd. 2122, 2123
Nl. Erich Schneider, Bd. 150

Historisches Archiv der Deutschen Bundesbank (HA)

HA, Bd. 4638, 7526

Nachlaß Asmus Christian Simonsen, Koblenz

Politisches Archiv des Auswärtigen Amtes (PA/AA)

Abteilung 2, Bd. 31, 157, 158, 1970, 1971
AZ 205-00/70, Bd. 1
AZ 210-01/70, Bd. 1
AZ 210-02/70, Bd. 1
AZ 210-03/70, Bd. 1
AZ 215-06/70, Bd. 2
AZ 245-03/70, Bd. 1
AZ 304-06/70, Bd. 2
AZ 752-05/70, Bd. 1, Bd. 2
Bestand Botschaft Madrid, Bd. 7606, 7656, 7667
Büro Staatssekretär, Bd. 272, 292
L 1 (Kabinettsvorlagen), Bd. 178, 181, 185
Ministerbüro, Bd. 17, 60, 62, 155, 156
Ref. 40, Bd. 236
Ref. 110, Bd. 12, 120
Ref. 203, Bd. 473
Ref. 205, Bd. 7604
Ref. 206, Bd. 20, 31, 33, 36, 38, 39, 40, 41, 42, 43, 76, 85, 86, 88, 163, 164, 166
Ref. 211, Bd. 8, 49
Ref. 301, Bd. 85, 117, 136, 137
Ref. 304, Bd. 28
Ref. 401, Bd. 346
Ref. 412, Bd. 87, 88, 91, 92, 93, 94, 235, 236, 241, 243, 244, 245, 246, 248, 276, 486
Ref. 501, Bd. 929
Ref. 505, Bd. 791, 997
Ref. 506, Bd. 55, 56, 57, 711, 712, 713, 714, 717, 774
Ref. 600, Bd. 34, 59, 60, 111, 112, 113, 135, 158, 159, 160, 197
Ref. 602, Bd. 65
Nl. Wilhelm Haas, Bd. 22, 36

Privatarchiv Rupprecht von Keller, Tutzing

Privatarchiv Walter Schmid, Oberndorf

Public Record Office London (PRO)

FO 371, Bd. 137370, 144944, 154154, 154155, 154156, 154157, 154159, 154160, 154162
PREM 11, Bd. 3007

Stiftung Bundeskanzler Adenauer Haus (StBkAH)

Nl. Adenauer, III 54, III 57, III 58

2. Gedruckte Quellen

Dokumentensammlungen

Adenauer, Konrad, Teegespräche 1950–1954, hrsg. von Rudolf Morsey/Hans-Peter Schwarz, bearb. von Hanns Jürgen Küsters, Berlin 1986.
Adenauer, Konrad, Teegespräche 1959–1961, hrsg. von Rudolf Morsey/Hans-Peter Schwarz, bearb. von Hanns Jürgen Küsters, Berlin 1988.
Adenauer, Konrad, Theodor Heuss. Unter vier Augen – Gespräche aus den Gründerjahren 1949–1959, hrsg. von Rudolf Morsey/Hans-Peter Schwarz, bearb. von Hans Peter Mensing, Berlin 1997.
Akten zur Auswärtigen Politik der Bundesrepublik Deutschland, Bd. 1 u. 2: Adenauer und die Hohen Kommissare, 1949–1951 u. 1952, München 1989 u. 1990.
Akten zur Auswärtigen Politik der Bundesrepublik Deutschland 1963, hrsg. im Auftrag des Auswärtigen Amtes vom Institut für Zeitgeschichte, München 1994.
Baring, Arnulf, unter Mitarbeit von Bolko von Oetinger und Klaus Mayer, Sehr verehrter Herr Bundeskanzler! Heinrich von Brentano im Briefwechsel mit Konrad Adenauer 1949–1964, Hamburg 1974.
Blessin, Georg/Hans Wilden, Bundesentschädigungsgesetze. Kommentar, 2. neubearbeitete Auflage, München und Berlin 1957.
Bulletin des Presse- und Informationsamtes der Bundesregierung, Bonn 1951 ff.
Deutsche Orden und Ehrenzeichen, bearbeitet von Heinz Kirchner und Birgit Laitenberger, Köln 1997.
DIVO-Institut, Erhebungen, Auslandsreisen, 1957 ff. (Archiv für empirische Sozialforschung, Köln).
Festschrift 70 Jahre im Dienste des Deutsch-Spanischen Handels, hrsg. von der Deutschen Handelskammer, Madrid 1987.
Foreign Relations of the United States. Diplomatic Papers, 1944, Bd. I, Washington 1966.
Foreign Relations of the United States. Diplomatic Papers, 1945, Bd. II: The Conference of Berlin, Washington 1960.
Jahrbuch der öffentlichen Meinung 1947–1955, Allensbach 1956.
Jahrbuch der öffentlichen Meinung 1958–1964, Allensbach 1965.
Jahresbericht der Bundesvereinigung der Deutschen Arbeitgeberverbände (BDA), Köln 1960.
Jahresbericht der Deutschen Handelskammer für Spanien, Madrid 1950–1961.
Die Kabinettsprotokolle der Bundesregierung, hrsg. für das Bundesarchiv, Bd. 1–9; 1949–1956, Boppard 1982–1998; Bd. 10–12; 1957–1959, München 2000; Bd. 13; 1960, München 2003.
Keesing's Archiv der Gegenwart, Jahrgänge 15–30, 1945–1960, Bonn.
Lademacher, Horst/Mühlhausen, Walter (Hrsg.), Das Petersberger Abkommen vom 22. November 1949. Sicherheit, Kontrolle, Souveränität. Eine Dokumentation, Melsungen 1985.
Die SPD-Fraktion im Deutschen Bundestag. Sitzungsprotokolle 1949–1957, hrsg. von Karl Dietrich Bracher, Bd. 8/I, Düsseldorf 1993.
Statistisches Bundesamt (Hrsg.), Der Außenhandel des Auslandes, Wiesbaden 1957.
Verhandlungen des Deutschen Bundestages, Stenographische Berichte und Drucksachen (1.–4. Wahlperiode).
Die Wiedergutmachung nationalsozialistischen Unrechts durch die Bundesrepublik Deutschland, hrsg. vom Bundesminister der Finanzen in Zusammenarbeit mit Walter Schwarz, Bd. V: Hans Giessler u. a., Das Bundesentschädigungsgesetz. Zweiter Teil (§§ 51 bis 171 BEG), München 1983.

Zeitungen und Zeitschriften

Hamburgisches Welt-Wirtschafts-Archiv (Zeitungsausschnittssammlung)
Spiegel-Archiv

Memoiren

Adenauer, Konrad, Erinnerungen 1945-1963, 4 Bde., Stuttgart 1965-1968.
Bayern, Adalbert Prinz von, Erinnerungen 1900-1956, München 1991.
Diehl, Günter, Zwischen Presse und Politik. Bonner Erinnerungen 1949-1969, Frankfurt a. M. 1994.
Eisenhower, Dwight D., Wagnis für den Frieden 1956-1961, Düsseldorf 1966.
Haas, Wilhelm, Lebenserinnerungen, o. O., 1974.
Hausenstein, Wilhelm, Pariser Erinnerungen. Aus fünf Jahren diplomatischen Dienstes 1950-1955, München 1961.
Herwarth, Hans von, Von Adenauer zu Brandt. Erinnerungen, Berlin 1990.
Lahn, Lothar, Jedermann auf der Weltbühne: Fazit eines Botschafters, Erlangen 1990.
Macmillan, Harold, Pointing the Way, 1959-1961, London 1972.
Sahm, Ulrich, „Diplomaten taugen nichts". Aus dem Leben eines Staatsdieners, Düsseldorf 1994.
Spaak, Paul-Henri, Memoiren eines Europäers, Hamburg 1969.
Strauß, Franz Josef, Die Erinnerungen, Berlin 1989.
Sulzberger, Cyrus L., The Last of the Giants, New York 1970.
Walters, Vernon A., In vertraulicher Mission, Esslingen und München 1990.

3. Literatur

Abelshauser, Werner, Wirtschaftsgeschichte der Bundesrepublik Deutschland 1945-1980, Frankfurt a. M. 1983.
Abelshauser, Werner, Die langen Fünfziger Jahre. Wirtschaft und Gesellschaft der Bundesrepublik Deutschland 1949-1966, Düsseldorf 1987.
Abelshauser, Werner, Wirtschaft und Rüstung in den fünfziger Jahren, in: Militärgeschichtliches Forschungsamt (Hrsg.), Anfänge westdeutscher Sicherheitspolitik 1945-1956, Bd. 4. Wirtschaft und Rüstung, Souveränität und Sicherheit, München 1997, S. 1-185.
Abendroth, Hans-Henning, Hitler in der spanischen Arena. Die deutsch-spanischen Beziehungen im Spannungsfeld der europäischen Interessenpolitik vom Ausbruch des Bürgerkrieges bis zum Ausbruch des Weltkrieges 1936-1939, Paderborn 1973.
Albert, Reiner/Niedhart, Gottfried, Vom System- zum Machtkonflikt: Die Sowjetunion in der westdeutschen Bedrohungswahrnehmung, in: Arnold Sywottek (Hrsg.), Der Kalte Krieg – Vorspiel zum Frieden?, Münster 1994, S. 69-88.
Alff, Wilhelm, Die republikanischen spanischen Flüchtlinge („Rotspanier"), in: Gutachten des Instituts für Zeitgeschichte, Bd. II, Stuttgart 1966, S. 264-292.
Altmann, Norman, Konrad Adenauer im Kalten Krieg: Wahrnehmungen und Politik 1945-1956, Mannheim 1993.
Andres, Christopher Magnus, Die bundesdeutsche Luft- und Raumfahrtindustrie 1945-1970: ein Industriebereich im Spannungsfeld von Politik, Wirtschaft und Militär, Frankfurt a. M. 1996.
Anic de Osona, Marija, Die erste Anerkennung der DDR. Der Bruch der deutsch-jugoslawischen Beziehungen 1957, Baden-Baden 1990.
Aschmann, Birgit, „Treue Freunde..."? Westdeutschland und Spanien 1945-1963, Stuttgart 1999.
Aschmann, Birgit, „Stolz wie ein Spanier" – Spanien im Urteil der westdeutschen Nachkriegszeit, in: dies./Michael Salewski (Hrsg.), Das Bild „des Anderen". Politische Wahrnehmung im 19. und 20. Jahrhundert, Stuttgart 2000, S. 90-108.
Aschmann, Birgit, The Reliable Ally: Germany Supports Spain's European Integration Efforts, 1957-67, in: Journal of European Integration History, Vol. 7, 1 (2001), S. 37-51.
Bade, Klaus J., Fremde Deutsche: ‚Republikflüchtlinge' – Übersiedler – Aussiedler, in: ders. (Hrsg.), Deutsche im Ausland – Fremde in Deutschland: Migration in Geschichte und Gegenwart, München 1992, S. 401-410.
Bald, Detlef, Die Bundeswehr. Eine kritische Geschichte 1955-2005, München 2005.
Bardolet, Esteban, Der Tourismus auf den Balearen: Bilanz eines Pionierziels des populären europäischen Tourismus im Mittelmeerraum, in: Wolfgang Isenberg, (Hrsg.), Tourismus auf Mallorca: Bilanz, Gefahren, Rettungsversuche, Perspektiven; zu den Grenzen touristischen Wachstums, Bergisch Gladbach 1992, S. 33-62.

Baring, Arnulf, Im Anfang war Adenauer. Die Entstehung der Kanzlerdemokratie, München ²1982.
Bauer, Frank/Le Tissier, Tony, Die Konferenz im Schloß Cecilienhof, in: Stiftung Preußische Schlösser und Gärten Berlin-Brandenburg (Hrsg.), Schloß Cecilienhof und die Potsdamer Konferenz 1945, Berlin 1995, S. 104–196.
Bausinger, Hermann, Wie die Deutschen zu Reiseweltmeistern wurden, in: Endlich Urlaub! Die Deutschen reisen. Begleitbuch zur Ausstellung im Haus der Geschichte der Bundesrepublik Deutschland (6. Juni–13. Oktober 1996), Köln 1996, S. 25–32.
Beaulac, Willard L., Franco. Silent Ally in World War II, Carbondale 1986.
Benter, Hanns, Deutsches Vermögen im neutralen Ausland, Beschlagnahme und Freigabe anläßlich des 2. Weltkrieges, Göttingen 1964.
Benz, Wigbert, Paul Carell. Ribbentrops Pressechef Paul Karl Schmidt vor und nach 1945, Berlin 2005.
Benz, Wolfgang/Graml, Hermann/Weiß Hermann (Hrsg.), Enzyklopädie des Nationalsozialismus, Stuttgart 1997.
Berghoff, Hartmut, Zwischen Verdrängung und Aufarbeitung. Die bundesdeutsche Gesellschaft und ihre nationalsozialistische Vergangenheit in den Fünfziger Jahren, in: Geschichte in Wissenschaft und Unterricht 49 (1998), S. 96–114.
Bernecker, Walther L., Ein Interpretationsversuch: Der Franquismus – ein autoritäres Modernisierungsregime?, in: ders./Peter Waldmann (Hrsg.), Sozialer Wandel und Herrschaft im Spanien Francos, Paderborn 1984, S. 395-423.
Bernecker, Walther L., Spaniens Geschichte seit dem Bürgerkrieg, München 1984.
Bernecker, Walther L., Das nationalsozialistische Spanienbild und Hitlers Eingreifen in den Spanischen Bürgerkrieg, in: Günther Schmigalle (Hrsg.), Der Spanische Bürgerkrieg. Literatur und Geschichte, Frankfurt a. M. 1986, S. 25–54.
Bernecker, Walther L., Gernika 1937 – Kontroversen und deutsche „Vergangenheitsbewältigung", in: Hispanorama 51 (1989), S. 37-46.
Bernecker, Walther L., Neutralität wider Willen. Spaniens verhinderter Kriegseintritt, in: Helmut Altrichter/Josef Becker (Hrsg.), Kriegsausbruch 1939. Beteiligte Betroffene, Neutrale, München 1989, S. 153–177.
Bernecker, Walther L., La Guerra Civil Española – una guerra social, in: Manfred Engelberg/Javier García de María (Hrsg.), La Guerra Civil Española – medio siglo después, Frankfurt a. M. 1990, S. 11-27.
Bernecker, Walther L., Krieg in Spanien, 1936–1939, Darmstadt 1991.
Bernecker, Walther L., Spanien. Zwischen Isolation und Integration, in: Michael Salewski (Hrsg.), Nationale Identität und Europäische Einigung, Göttingen 1991, S. 125–168.
Bernecker, Walther L., Der Streit um das Franco-Regime: Faschismus, Autoritarismus, Modernisierungsdiktatur?, in: Volker Dotterweich (Hrsg.), Kontroversen der Zeitgeschichte. Historisch-politische Themen im Meinungsstreit, München 1998, S. 63–86.
Bernecker, Walther L./Pietschmann, Horst, Geschichte Portugals. Vom Spätmittelalter bis zur Gegenwart, München 2001.
Blasius, Rainer (Hrsg.), Hasso von Etzdorf. Ein deutscher Diplomat im 20. Jahrhundert, Zürich 1994.
Böcker, Manfred, Antisemitismus ohne Juden. Die Zweite Republik, die antirepublikanische Rechte und die Juden, Frankfurt a. M. 2000.
Bodemer, Klaus, Die entwicklungspolitische Konzeption der BRD im Spannungsfeld konfligierender Interessen, München 1974.
Borchardt, Knut, Die Bundesrepublik in den säkularen Trends der wirtschaftlichen Entwicklung, in: Werner Conze/M. Rainer Lepsius (Hrsg.), Sozialgeschichte der Bundesrepublik Deutschland. Beiträge zum Kontinuitätsproblem, Stuttgart 1983, S. 20–45.
Borchardt, Ulrike, Die politische und ökonomische Krise des Frankismus. Probleme der „Öffnung" des politischen, ökonomischen und sozialen Systems in Spanien, MS Diplomarbeit, Hamburg 1977.
Bosmans, Jac, Das Ringen um Europa. Die Christdemokraten der Niederlande und Deutschlands in den ‚Nouvelles Equipes Internationales' (1947-1965), in: ders. (Hrsg.), Europagedanke, Europabewegung und Europapolitik in den Niederlanden und Deutschland seit dem Ersten Weltkrieg, Münster 1996, S. 123-148.
Bowen, Wayne H., Spaniards and Nazi Germany: Collaboration in the New Order, University of Missouri 2000.
Breuer, Toni, Spanien. Länderprofile – Geographische Strukturen, Daten, Entwicklungen, Stuttgart 1982.

Briesemeister, Dietrich, Die Iberische Halbinsel und Europa. Ein kulturhistorischer Rückblick, in: Aus Politik und Zeitgeschichte 8 (1986), S. 13–27.
Briesemeister, Dietrich, Spanien in der deutschen Essayistik und Zeitungsberichterstattung der Jahre 1945 bis 1968, in: Hispanorama 50 (1988), S. 83–90.
Briesemeister, Dietrich, Spanien aus deutscher Sicht. Deutsch-spanische Kulturbegegnungen gestern und heute, Tübingen 2004.
Brill, Heinz, Spanien und die NATO. Eine geostrategische Studie, in: Beiträge zur Konfliktforschung 13 (1983), S. 41–66.
Brochhagen, Ulrich, Nach Nürnberg. Vergangenheitsbewältigung und Westintegration in der Ära Adenauer, Hamburg 1994.
Brodesser, Hermann-Josef, Wiedergutmachung und Kriegsfolgenliquidation. Geschichte-Regelungen-Zahlungen, München 2000.
Broué, Pierre/Témime, Emile, Revolution und Krieg in Spanien, Frankfurt a. M. 1968.
Buchheim, Christoph, Die Bundesrepublik und die Überwindung der Dollar-Lücke, in: Ludolf Herbst/Werner Bührer/Hanno Sowade (Hrsg.), Vom Marshallplan zur EWG, München 1990, S. 715–758.
Buchheim, Christoph, Die Wiedereingliederung Westdeutschlands in die Weltwirtschaft 1945–1958, München 1990.
Bührer, Werner, Auftakt in Paris. Der Marshallplan und die deutsche Rückkehr auf die internationale Bühne 1948/49, in: VfZ 36 (1988), S. 529–556.
Bührer, Werner, Westdeutschland in der OEEC. Eingliederung, Krise, Bewährung 1947–1961, München 1997.
Buschke, Heiko, Deutsche Presse, Rechtsextremismus und nationalsozialistische Vergangenheit in der Ära Adenauer, Frankfurt a. M. 2003.
Castells, Andreu, Las Brigadas Internacionales de la guerra de España, Barcelona 1974.
Chiari, Bernhard/Rogg, Matthias/Schmidt, Wolfgang (Hrsg.), Krieg und Militär im Film des 20. Jahrhunderts, München 2003.
Collado Seidel, Carlos, Die deutsch-spanischen Beziehungen in der Nachkriegszeit: Das Projekt deutscher Militärstützpunkte in Spanien 1960, Saarbrücken 1991.
Collado Seidel, Carlos, Zufluchtsstätte für Nationalsozialisten? Spanien, die Alliierten und die Behandlung deutscher Agenten 1944–1947, in: VfZ 43 (1995), S. 131–157.
Collado Seidel, Carlos, Angst vor dem „Vierten Reich". Die Alliierten und die Ausschaltung des deutschen Einflusses in Spanien 1944–1958, Paderborn 2001.
Corden, Ron M., Germany policy toward neutral Spain 1914–1918, New York 1987.
Danyel, Jürgen (Hrsg.), Die geteilte Vergangenheit, Zum Umgang mit Nationalsozialismus und Widerstand in beiden deutschen Staaten, Berlin 1995.
Danyel, Jürgen, Die Erinnerung an die Wehrmacht in beiden deutschen Staaten. Vergangenheitspolitik und Gedenkrituale, in: Rolf-Dieter Müller/Hans-Erich Volkmann (Hrsg.), Die Wehrmacht: Mythos und Realität, München 1999, S. 1139–1149.
Dickhaus, Monika, Die Bundesbank im westeuropäischen Wiederaufbau. Die internationale Währungspolitik der Bundesrepublik Deutschland 1948 bis 1958, München 1996.
Doering-Manteuffel, Anselm, Rheinischer Katholik im Kalten Krieg. Das „christliche Europa" in der Weltsicht Konrad Adenauers, in: Martin Greschat/Wilfried Loth (Hrsg.), Die Christen und die Entstehung der Europäischen Gemeinschaft, Stuttgart 1994, S. 237–246.
Dörpinghaus, Bruno, Die Genfer Sitzungen – Erste Zusammenkünfte führender christlich-demokratischer Politiker im Nachkriegseuropa, in: Dieter Blumenwitz/Klaus Gotto (Hrsg.), Konrad Adenauer und seine Zeit. Politik und Persönlichkeit des ersten Bundeskanzlers, Bd. 1, Stuttgart 1976, S. 538–565.
Döscher, Hans-Jürgen, Verschworene Gesellschaft. Das Auswärtige Amt unter Adenauer zwischen Neubeginn und Kontinuität, Berlin 1995.
Dubiel, Helmut, Niemand ist frei von der Geschichte. Die nationalsozialistische Herrschaft in den Debatten des Deutschen Bundestages, München 1999.
Duff, Charles, Spanien. Der Stein des Anstoßes, Hamburg 1949.
Dulphy, Anne, La politique de la France à l'egard de l'Espagne de 1945 à 1955, Paris 2002.
Echternkamp, Jörg, Arbeit am Mythos. Soldatengenerationen der Wehrmacht im Urteil der west- und ostdeutschen Nachkriegsgesellschaft, in: Klaus Naumann (Hrsg.), Nachkrieg in Deutschland, Hamburg 2001, S. 421–443.

Edwards, Jill, Anglo-American Relations and the Franco Question (1945-1955), Oxford 1999.
Elfenbein, Stefan W., The New York Times. Macht und Mythos eines Mediums, Frankfurt a. M. 1996.
Elvert, Jürgen, „Germanen" und „Imperialisten". Zwei Europakonzepte aus nationalsozialistischer Zeit, in: Historische Mitteilungen 5 (1992), S. 161-184.
Endlich Urlaub! Die Deutschen reisen. Begleitbuch zur Ausstellung im Haus der Geschichte der Bundesrepublik Deutschland (6. Juni-13. Oktober 1996), Köln 1996.
Faber, Richard, Abendland. Ein „politischer Kampfbegriff", Hildesheim 1979.
Faulenbach, Bernd, Die doppelte „Vergangenheitsbewältigung", Nationalsozialismus und Stalinismus als Herausforderungen zeithistorischer Forschungen und politischer Kultur, in: Jürgen Danyel (Hrsg.), Die geteilte Vergangenheit. Zum Umgang mit dem Nationalsozialismus und Widerstand in beiden deutschen Staaten, Berlin 1995, S. 107-124.
Fisch, Jörg, Reparationen nach dem Zweiten Weltkrieg, München 1992.
Förster, Jürgen, Freiwillige für den „Kreuzzug Europas gegen den Bolschewismus". Der Aspekt des „Kreuzzuges", in: Militärgeschichtliches Forschungsamt (Hrsg.), Das Deutsche Reich und der Zweite Weltkrieg, Bd. 4: Der Angriff auf die Sowjetunion, Stuttgart 1983, S. 908-915.
Frei, Norbert, Die Presse, in: Wolfgang Benz (Hrsg.), Die Bundesrepublik Deutschland, Frankfurt a. M. 1983, Bd. 3, S. 275-318.
Frei, Norbert, Stunde Null der deutschen Presse?, in: ders./Johannes Schmitz (Hrsg.), Journalismus im Dritten Reich, München 1989, S. 181-196.
Frei, Norbert, Vergangenheitspolitik. Die Anfänge der Bundesrepublik und die NS-Vergangenheit, München 1996.
Frei, Norbert (Hrsg.), Karrieren im Zwielicht. Hitlers Eliten nach 1945, Frankfurt, 2001.
Fusi, Juan Pablo, Franco. Spanien unter der Diktatur 1936-1975, München 1992.
García Pérez, Rafael, Franquismo y Tercer Reich: las relaciones económicas hispano-alemanas durante la segunda guerra mundial, Madrid 1994.
Garner, Curt, Der öffentliche Dienst in den 50er Jahren: Politische Weichenstellungen und ihre sozialgeschichtlichen Folgen, in: Axel Schildt/Arnold Sywottek, Modernisierung im Wiederaufbau. Die westdeutsche Gesellschaft der 50er Jahre, Bonn 1993, S. 759-790.
Gerlach, Christian, Kalkulierte Morde. Die deutsche Wirtschafts- und Vernichtungspolitik in Weißrußland 1941 bis 1944, Hamburg 1999.
Gerstenberger, Friedrich, Strategische Erinnerungen. Die Memoiren deutscher Offiziere, in: Hannes Heer/Klaus Naumann (Hrsg.), Vernichtungskrieg. Die Verbrechen der Wehrmacht 1939-1945, Hamburg 1995, S. 620-633.
Gillessen, Günter, Auf verlorenem Posten. Die Frankfurter Zeitung im Dritten Reich, Berlin 1987.
Gimbel, John, Science, Technology and Reparations. Exploitation and Plunder in Postwar Germany, Stanford 1990.
Glatt, Carl, Reparations and Transfer of Scientific and Industrial Technology from Germany: A Case Study of the Roots of British Industrial Policy and of Aspects of British Occupation Policy in Germany between Post World War II, Reconstruction and the Korean War, 1943-1951, Diss., Europäisches Hochschulinstitut Florenz 1994.
Göckeritz, Heinz, Die Bundesbürger entdecken die Urlaubsreise, in: Endlich Urlaub!. Die Deutschen reisen. Begleitbuch zur Ausstellung im Haus der Geschichte der Bundesrepublik Deutschland (6. Juni-13. Oktober 1996), Köln 1996, S. 43-50.
Gorkin, Julián, Stalins langer Arm. Die Vernichtung der freiheitlichen Linken im Spanischen Bürgerkrieg, Köln 1980.
Goschler, Constantin, Wiedergutmachung. Westdeutschland und die Verfolgten des Nationalsozialismus 1945-1954, München 1992.
Götz, Hans Dieter, Die deutschen Militärgewehre und Maschinenpistolen 1871-1945, Stuttgart 1974.
Graham, Helen, The Spanish Republic at War, 1936-1939, Cambridge 2003.
Graudenz, Karlheinz, Das Buch der Etikette. Unter Mitarbeit von Erica Pappritz, Marbach ⁵1961.
Grebing, Helga, Konservative gegen die Demokratie. Konservative Kritik an der Demokratie in der Bundesrepublik Deutschland nach 1945, Frankfurt a. M. 1971.
Greiner, Christian. Die militärische Eingliederung der Bundesrepublik in die WEU und die NATO 1954 bis 1957, in: Militärgeschichtliches Forschungsamt (Hrsg.), Anfänge westdeutscher Sicherheitspolitik, Bd. 3, München 1993, S. 561-850.
Guirao, Fernando, Spain and the Reconstruction of Western Europe (1945-1957), London/New York 1998.

Haas, Wilhelm, Beitrag zur Geschichte der Entstehung des Auswärtigen Dienstes der Bundesrepublik, Bremen 1969.
Habsburg, Otto von, Spanien und Europa, in: Neues Abendland, H. 12, 1957, S. 291-299.
Hachmeister, Lutz/Siering Friedemann (Hrsg.), Die Herren Journalisten. Die Elite der deutschen Presse nach 1945, München 2002.
Haftendorn, Helga, Deutsche Außenpolitik zwischen Selbstbeschränkung und Selbstbehauptung, Stuttgart 2001.
Hanrieder, Wolfram F., Deutschland, Europa, Amerika. Die Außenpolitik der Bundesrepublik Deutschland 1949-1989, Paderborn 1991.
Hardach, Gerd, Der Marshall-Plan. Auslandshilfe und Wiederaufbau in Westdeutschland 1948-1952, München 1994.
Heinemann, Winfried, Die NATO und westliche Neutrale: Spanien und Irland, in: ders., Vom Zusammenwachsen des Bündnisses. Die Funktionsweise der NATO in ausgewählten Krisenfällen 1951-1956, München 1998, S. 127-164.
Henke, Klaus-Dietmar, Die Trennung vom Nationalsozialismus. Selbstzerstörung, politische Säuberung, „Entnazifizierung", Strafverfolgung, in: ders./Hans Woller (Hrsg.), Politische Säuberung in Europa. Die Abrechnung mit Faschismus und Kollaboration nach dem Zweiten Weltkrieg, München 1991, S. 21-83.
Hentschel, Volker, Die Europäische Zahlungsunion und die deutschen Devisenkrisen 1950/1951, in: VfZ 37 (1989), S. 715-758.
Herbert, Ulrich, Geschichte der Ausländerbeschäftigung in Deutschland 1880 bis 1980: Saisonarbeiter, Zwangsarbeiter, Gastarbeiter, Bonn 1986.
Herbert, Ulrich, Nicht entschädigungsfähig? Die Wiedergutmachungsanträge der Ausländer, in: Ludolf Herbst/Constantin Goschler (Hrsg.), Wiedergutmachung in der Bundesrepublik Deutschland, München 1989, S. 273-302.
Herbst, Ludolf (Hrsg.), Westdeutschland 1945-1955. Unterwerfung, Kontrolle, Integration, München 1986.
Herbst, Ludolf, Option für den Westen. Vom Marshallplan bis zum deutsch-französischen Vertrag, München 1989.
Herbst, Ludolf, Stil und Handlungsspielräume westdeutscher Integrationspolitik, in: ders./Werner Bührer/Hanno Sowade (Hrsg.), Vom Marshallplan zur EWG. Die Eingliederung der Bundesrepublik Deutschland in die westliche Welt, München 1990, S. 3-18.
Herf, Jeffrey, Zweierlei Erinnerung. Die NS-Vergangenheit im geteilten Deutschland, Berlin 1998.
Hergel, Horst H., Industrialisierungspolitik in Spanien seit Ende des Bürgerkrieges, Köln 1963.
Hetzer, Gerhard, Unternehmer und leitende Angestellte zwischen Rüstungseinsatz und politischer Säuberung, in: Martin Broszat/Klaus-Dietmar Henke/Hans Woller (Hrsg.), Von Stalingrad zur Währungsreform. Zur Sozialgeschichte des Umbruchs in Deutschland, München 1988, S. 551-591.
Hobsbawm, Eric, Das Zeitalter der Extreme. Weltgeschichte des 20. Jahrhunderts, München 1995.
Hockerts, Hans Günter, Wiedergutmachung in Deutschland. Eine historische Bilanz 1945-2000, in: VfZ 49 (2001), S. 167-214.
Hockerts, Hans Günter/Kuller, Christiane (Hrsg.), Nach der Verfolgung. Wiedergutmachung nationalsozialistischen Unrechts in Deutschland?, Göttingen 2003.
Hodenberg von, Christina, Die Journalisten und der Aufbruch der kritischen Öffentlichkeit, in: Ulrich Herbert (Hrsg.), Wandlungsprozesse in Westdeutschland. Belastung, Integration, Liberalisierung 1945-1980, Göttingen 2002, S. 278-311.
Hoffmann, Juan, Franz Josef Strauß und seine Beziehungen zu Spanien, in: Kontakt – Deutschsprachige Zeitschrift in Spanien 72 (1988), H. 11, S. 3f.
Hoffmann, Peter, Widerstand. Staatsstreich. Attentat, München 1970.
Höhne, Heinz, Canaris. Patriot im Zwielicht, München 1976.
Hommel, Klaus, Spanien und die Europäische Wirtschaftsgemeinschaft: Geschichte einer Integration, Baden-Baden 1992.
Hürten, Heinz, Der Topos vom christlichen Abendland in Literatur und Publizistik nach den beiden Weltkriegen, in: Albrecht Langner (Hrsg.), Katholizismus, nationaler Gedanke und Europa seit 1800, Paderborn 1985, S. 131-154.
Hurwitz, Harold, Die Stunde Null der deutschen Presse. Die amerikanische Pressepolitik in Deutschland 1945-1949, Köln 1972.
Jackson, Gabriel, The Spanish Republic and the Civil War 1931-1939, Princeton 1965.

Jackson, Gabriel, Annäherung an Spanien 1898-1975, Frankfurt a. M. 1982.
Jacobsen, Hans-Adolf (Hrsg.), Drei Jahrzehnte Außenpolitik der DDR, München 1979.
Jasper, Gotthard, Die disqualifizierten Opfer. Der Kalte Krieg und die Entschädigung für Kommunisten, in: Ludolf Herbst/Constantin Goschler (Hrsg.), Wiedergutmachung in der Bundesrepublik Deutschland, München 1989, S. 361-384.
Jerchow, Friedrich, Deutschland in der Weltwirtschaft 1944-1947, Düsseldorf 1978.
Kaiser, Wolfram, Begegnungen christdemokratischer Politiker in der Nachkriegszeit, in: Martin Greschat/Wilfried Loth (Hrsg.), Die Christen und die Entstehung der Europäischen Gemeinschaft, Stuttgart 1994, S. 139-158.
Kammerer, Peter, Probleme von Entsendeländern im internationalen Vergleich: das Beispiel der Mittelmeerländer, in: Klaus J. Bade (Hrsg.), Auswanderer, Wanderarbeiter, Gastarbeiter, Bevölkerung, Arbeitsmarkt und Wanderung in Deutschland seit der Mitte des 19. Jahrhunderts, 2 Bde., Ostfildern 1984, S. 734-757.
Kantorowicz, Alfred, Spanisches Kriegstagebuch, Hamburg 1979.
Kessler, Ralf/Peter, Hartmut Rüdiger, Antifaschisten in der SBZ. Zwischen elitärem Selbstverständnis und politischer Instrumentalisierung, in: VfZ 43 (1995), S. 611-633.
Kielmansegg, Peter Graf, Nach der Katastrophe. Eine Geschichte des geteilten Deutschland, Berlin 2000.
Kleinfeld, Gerald R./Tambs, Lewis A., Hitler's Spanish Legion. The Blue Division in Russia, Carbondale 1979.
Knapp, Manfred, Die Anfänge westdeutscher Außenwirtschafts- und Außenpolitik im bizonalen Vereinigten Wirtschaftsgebiet (1947-1949), in: ders. (Hrsg.), Von der Bizonengründung zur ökonomisch-politischen Westintegration, Frankfurt a. M. 1984 S. 13-93.
Knebel, Hans-Jürgen, Soziologische Strukturwandlungen im modernen Tourismus, Stuttgart 1960.
Koeppen, Wolfgang, Nach Russland und anderswohin, Frankfurt a. M. 1973.
Köhler, Henning, Adenauer – Eine politische Biographie, Berlin 1994.
Köhler, Oskar, Abendland, in: Theologische Realenzyklopädie Bd. 1, Berlin 1977, S. 17-42.
Köhler, Otto, Wir Schreibmaschinentäter, Köln 1989.
Köhler, Otto, Unheimliche Publizisten. Die verdrängte Vergangenheit der Medienmacher, München 1995.
Kollmer, Dieter H., Rüstungsgüterbeschaffung in der Aufbauphase der Bundeswehr. Der Schützenpanzer HS 30 als Fallbeispiel (1953-1961), Stuttgart 2002.
König, Helmut, Ortega und die Bundesrepublik, in: Die Neue Gesellschaft/Frankfurter Hefte 35, H. 3, 1988, S. 242-247.
Köpf, Peter, Schreiben nach jeder Richtung. Goebbels-Propagandisten in der westdeutschen Nachkriegspresse, Berlin 1995.
Kosthorst, Daniel, Brentano und die deutsche Einheit. Die Deutschland- und Ostpolitik des Außenministers im Kabinett Adenauer 1955-1961, Düsseldorf 1993.
Koszyk, Kurt, Pressepolitik für Deutsche. Geschichte der deutschen Presse, Teil IV, Berlin 1986.
Kraushaar, Elmar, Rote Lippen. Die ganze Welt des deutschen Schlagers, Reinbek 1983.
Kraushaar, Wolfgang, Die Protest-Chronik 1949-1959, Hamburg 1996.
Kreikamp, Hans-Dieter, Deutsches Vermögen in den Vereinigten Staaten. Die Auseinandersetzung um seine Rückführung als Aspekt der deutsch-amerikanischen Beziehungen 1952-1962, Stuttgart 1979.
Kroll, Frank Lothar, Deutschlands Weg nach Europa. Der Wiederaufbau des Auswärtigen Dienstes und die Errichtung deutscher Generalkonsulate in Paris und London 1950, in: Historische Mitteilungen 3 (1990), S. 161-180.
Krone, Heinrich, Tagebücher 1945-1961, bearbeitet von Hans-Otto Kleinmann, Düsseldorf 1995.
Krüger, Dieter, Das Amt Blank. Die schwierige Gründung des Bundesministeriums der Verteidigung, Freiburg i. Br. 1993.
Krüger, Dieter/Ganser, Dorothe, Quellen zur Planung des Verteidigungsbeitrages der Bundesrepublik Deutschland 1950 bis 1955 in westdeutschen Archiven, in: Militärgeschichtliche Mitteilungen, H. 1, 1991, S. 121-146.
Kühne, Thomas, Zwischen Vernichtungskrieg und Freizeitgesellschaft. Die Veteranenkultur der Bundesrepublik (1945-1995) in: Klaus Naumann (Hrsg.), Nachkrieg in Deutschland, Hamburg 2001, S. 90-113.
Kusterer, Hermann, Der Kanzler und der General, Stuttgart 1995.

Küsters, Hanns Jürgen, Adenauers Europapolitik in der Gründungsphase der Europäischen Wirtschaftsgemeinschaft, in: VfZ 31 (1983), S. 646-673.

Küsters, Hanns Jürgen, Konrad Adenauer, die Presse, der Rundfunk und das Fernsehen, in: Karl-Günther von Hase (Hrsg.), Konrad Adenauer und die Presse, Bonn 1988, S. 13–48.

Lappenküper, Ulrich, Wilhelm Hausenstein – Adenauers erster Missionschef in Paris, in: VfZ 43 (1995), S. 635-678.

Leitz, Christian, Economic Relations between Nazi Germany and Franco's Spain 1936-1945, Oxford 1996.

Lorenzen, Ebba, Presse unter Franco. Zur Entwicklung publizistischer Institutionen und Prozesse im politischen Kräftespiel, München 1978.

Maier, Klaus A., Guernica, 26. April 1937. Die deutsche Intervention und der Fall Guernica, Freiburg 1975.

Maier, Klaus A., Die Auseinandersetzung um die EVG als europäisches Unterbündnis der NATO 1950-1954, in: Ludolf Herbst/Werner Bührer/Hanno Sowade (Hrsg.), Vom Marshallplan zur EWG. Die Eingliederung der Bundesrepublik Deutschland in die westliche Welt, München 1990, S. 447-474.

Mallmann, Klaus-Michael, „Kreuzritter des antifaschistischen Mysteriums". Zur Erfahrungsperspektive des Spanischen Bürgerkrieges, in: Helga Grebing/Christl Wickert (Hrsg.), Das „andere Deutschland" im Widerstand gegen den Nationalsozialismus. Beiträge zur politischen Überwindung der nationalsozialistischen Diktatur im Exil und im Dritten Reich, Essen 1994, S. 32-55.

Manig, Bert-Oliver, Die Politik der Ehre. Die Rehabilitierung der Berufssoldaten in der frühen Bundesrepublik, Göttingen 2004.

Marsh, David, Die Bundesbank. Geschäfte mit der Macht, München 1992.

Maxwell, Kenneth, Spain – From Isolation to Influence, in: ders. (Hrsg.), Spanish Foreign and Defense Policy, Boulder 1991, S. 1-17.

Mazower, Mark, Der dunkle Kontinent. Europa im 20. Jahrhundert, Berlin 2000.

McDonald, Nancy, Homage to the Spanish Exiles. Voices from the Spanish Civil War, New York 1987.

McLellan, Josie, Anti-Fascism and Memory in East Germany. Remembering the International Brigades 1945-1989, Oxford 2004.

Meier-Braun/Karl-Heinz, 40 Jahre „Gastarbeiter" und Ausländerpolitik in Deutschland, in: Aus Politik und Zeitgeschichte, B 35 (1995), S. 14-22.

Merian, H. 3, 13. Jg., März 1960.

Merkes, Manfred, Die deutsche Politik im Spanischen Bürgerkrieg 1936-1939, Bonn ²1969.

Messerschmidt, Manfred, Außenpolitik und Kriegsvorbereitung, in: Militärgeschichtliches Forschungsamt (Hrsg.), Das Deutsche Reich und der Zweite Weltkrieg, Bd. 1, Stuttgart 1979, S. 535-701.

Meyer, Georg, Soldaten ohne Armee. Berufssoldaten im Kampf um Standesehre und Versorgung, in: Martin Broszat/Klaus-Dietmar Henke/Hans Woller (Hrsg.), Von Stalingrad zur Währungsreform, München 1990, S. 683-750.

Meyer, Georg, Zur inneren Entwicklung der Bundeswehr bis 1960/61, in: Militärgeschichtliches Forschungsamt, Anfänge westdeutscher Sicherheitspolitik 1945-1956, Bd. 3, München 1993, S. 920-933.

Militärgeschichtliches Forschungsamt (Hrsg.), Anfänge westdeutscher Sicherheitspolitik 1945-1956, 4 Bde., München 1982-1997.

Molinero, Carmen/Sala Margarida/Sobrequés Jaume (Hrsg.), Una inmensa prisión. Los campos de concentración y las prisiones durante la guerra civil y el franquismo, Barcelona 2003.

Morales Lezcano, Victor, Historia de la no-beligerencia española durante la segunda guerra mundial, Las Palmas 1980.

Moreno Juliá, Xavier, La División Azul. Sangre española en Rusia 1941-1945, Barcelona 2004.

Moser, Carsten R., Tourismus und Entwicklungspolitik, Hamburg 1972.

Mühlen, Patrik von zur, Spanien war ihre Hoffnung. Die deutsche Linke im Spanischen Bürgerkrieg 1936 bis 1939, Bonn 1985.

Mühlen, Patrik von zur, Fluchtweg Spanien-Portugal. Die deutsche Emigration und der Exodus aus Europa 1933-1945, Bonn 1992.

Müller Guido/Plichta Vanessa, Zwischen Rhein und Donau. Abendländisches Denken zwischen deutsch-französischen Verständigungsinitiativen und konservativ-katholischen Integrationsmodellen (1923-1957), in: Journal of European Integration History, Vol. 5 (1999), N. 2, S. 17-47.

Müller, Klaus-Jürgen, Die Bundesrepublik Deutschland und der Algerienkrieg, in: VfZ 38 (1990), S. 609-641.

Müller, Klaus-Jürgen, Machtbewußtsein in Deutschland nach dem Zweiten Weltkrieg – einige Gedanken zur Einführung, in: Franz Knipping/Klaus-Jürgen Müller (Hrsg.), Aus der Ohnmacht zur Bündnismacht, Das Machtproblem in der Bundesrepublik Deutschland 1945-1960, Paderborn 1995, S. 11-24.

Naumann, Klaus, Nachkrieg. Vernichtungskrieg, Wehrmacht und Militär in deutscher Wahrnehmung nach 1945, in: Mittelweg 36, 6 (1997), H. 2, S. 11-25.

Naumann, Klaus (Hrsg.), Nachkrieg in Deutschland, Hamburg 2001.

Nebelin, Manfred, Adenauer, Tito und die Hallstein-Doktrin. Die deutsch-jugoslawischen Beziehungen 1949-1957, in: Historische Mitteilungen 3 (1990), S. 219-226.

Neuss, Beate, Geburtshelfer Europas? Die Rolle der Vereinigten Staaten im europäischen Integrationsprozeß 1945-1958, Baden-Baden 2000.

Niedhart, Gottfried, „Damit noch eine neue Macht da ist." Adenauers Verlangen nach deutscher und europäischer Gegenmacht bis zur Suez-Krise, in: Franz Knipping/Klaus-Jürgen Müller (Hrsg.), Aus der Ohnmacht zur Bündnismacht. Das Machtproblem in der Bundesrepublik Deutschland 1945-1960, Paderborn 1995, S. 27-42.

Niedhart, Gottfried, Deutsche Außenpolitik: Vom Teilstaat mit begrenzter Souveränität zum postmodernen Nationalstaat, in: Aus Politik und Zeitgeschichte, B 1-2 (1997), S. 15-23.

Niehus, Gerlinde Freia, Außenpolitik im Wandel. Die Außenpolitik Spaniens von der Diktatur Francos zur parlamentarischen Demokratie, Frankfurt a. M. 1989.

Orb, Heinrich, Nationalsozialismus. Dreizehn Jahre Machtrausch, Olten 1945.

Pape, Matthias, Ungleiche Brüder. Österreich und Deutschland 1945-1965, Köln 2000.

Peter, Antonio, Das Spanienbild in den Massenmedien des Dritten Reiches 1933-1945, Frankfurt a. M. 1992.

Peters, Christian, Reisen in die ‚heile Welt', in: Endlich Urlaub! Die Deutschen reisen. Begleitbuch zur Ausstellung im Haus der Geschichte der Bundesrepublik Deutschland (6. Juni-13. Oktober 1996), Köln 1996, S. 51-58.

Pichler, Georg, Der Spanische Bürgerkrieg (1936-1939) im deutschsprachigen Roman, Frankfurt a. M. 1991.

Pike, David Wingeate, Franco and the Axis Stigma, in: Journal of Contemporary History 17 (1982), H. 3, S. 369-408.

Pike, David Wingeate, In the Service of Stalin. The Spanish Communists in Exile 1939-1945, Oxford 1993.

Pike, David Wingeate, Spaniards in the Holocaust. Mauthausen, the horror on the Danube, London/New York 2000.

Pollock, Benny, The Paradox of Spanish Foreign Policy. Spain's International Relations from Franco to Democracy, London 1987.

Portero, Florentino, Franco aislado. La cuestión española (1945-1950), Madrid 1989.

Preston, Paul, Franco. A Biography, London 1993.

Radosh, Ronald/Habeck Mary R./Sevastianov Grigory (Hrsg.), Spain Betrayed: The Soviet Union in the Spanish Civil War, Yale 2001.

Rafaneau-Boj, Marie-Claude, Odyssée pour la liberté. Les camps des prisonniers espagnols 1939-1945, Paris 1993.

Regel, Helmut, Han pasado – Sie sind durchgekommen. Der Spanische Bürgerkrieg im NS-Kino, in: Friedrich Kahlenberg (Hrsg.), Aus der Arbeit der Archive. Beiträge zu Archivwesen, zu Quellenkunde und zur Geschichte. Festschrift für Hans Booms, Boppard 1989, S. 539-551.

Reichel, Peter, Zwischen Dämonisierung und Verharmlosung: Das NS-Bild und seine politische Funktion in den 50er Jahren. Eine Skizze, in: Axel Schildt/Arnold Sywottek (Hrsg.), Modernisierung im Wiederaufbau. Die westdeutsche Gesellschaft der 50er Jahre, Bonn 1993, S. 679-692.

Reichel, Peter, Vergangenheitsbewältigung in Deutschland. Die Auseinandersetzung mit der NS-Diktatur von 1945 bis heute, München 2001.

Reuss, Peter M., Die Mission Hausenstein (1950-1955). Ein Beitrag zur Geschichte der deutsch-französischen Beziehungen nach dem Zweiten Weltkrieg, Sinzheim 1995.

Rother, Bernd, Franco als Retter der Juden? Zur Entstehung einer Legende, in: Zeitschrift für Geschichtswissenschaft 45 (1997), S. 122-146.

Rother, Bernd, Spanien und der Holocaust, Tübingen 2001.

Ruffmann, Karl-Heinz, Schlüsseljahre im Verhältnis zwischen dem Deutschen Reich und der Sowjetunion, in: Aus Politik und Zeitgeschichte, B 24 (1991), S. 3-10.

Ruhl, Klaus-Jörg, Spanien im Zweiten Weltkrieg. Franco, die Falange und das „Dritte Reich", Hamburg 1975.
Ruiz Holst, Matthias, Neutralität oder Kriegsbeteiligung? Die deutsch-spanischen Verhandlungen im Jahre 1940, Pfaffenweiler 1986.
Rupieper, Hermann-Josef, Der besetzte Verbündete. Die amerikanische Deutschlandpolitik 1949-1955, Opladen 1991.
Rürup, Reinhard, Der Krieg gegen die Sowjetunion 1941-1945, Berlin 1991.
Sänger, Richard, Portugals langer Weg nach „Europa": Die Entwicklung von einem autoritär-korporativen Regime zu einer bürgerlich-parlamentarischen Demokratie, Frankfurt a. M. 1994.
Schauff, Frank, Der verspielte Sieg. Sowjetunion, Kommunistische Internationale und Spanischer Bürgerkrieg 1936-1939, Frankfurt a. M. 2004.
Schildt, Axel, Deutschlands Platz in einem „christlichen Abendland", in: Thomas Koebner (Hrsg.), Deutschland nach Hitler. Zukunftspläne im Exil und aus der Besatzungszeit 1939-1949, Opladen 1987, S. 344-369.
Schildt, Axel, Der Beginn des Fernsehzeitalters: Ein neues Massenmedium setzt sich durch, in: ders./Arnold Sywottek (Hrsg.), Modernisierung im Wiederaufbau. Die westdeutsche Gesellschaft der 50er Jahre, Bonn 1993, S. 170-187.
Schildt, Axel, Moderne Zeiten. Freizeit, Massenmedien und „Zeitgeist" in der Bundesrepublik der 50er Jahre, Hamburg 1995.
Schildt, Axel, Ankunft im Westen. Ein Essay zur Erfolgsgeschichte der Bundesrepublik, Frankfurt a. M. 1999.
Schildt, Axel, Zwischen Abendland und Amerika. Studien zur Ideenlandschaft der 50er Jahre, München 1999.
Schildt, Axel, Vor der Revolte. Die sechziger Jahre, in: Aus Politik und Zeitgeschichte, B 22-23 (2001), S. 7-13.
Schildt, Axel/Sywottek, Arnold, „Wiederaufbau" und „Modernisierung". Zur westdeutschen Gesellschaftsgeschichte in den 50er Jahren, in: Aus Politik und Zeitgeschichte, B 6-7 (1989), S. 18-32.
Schildt, Axel/Sywottek, Arnold (Hrsg.), Modernisierung im Wiederaufbau. Die westdeutsche Gesellschaft der 50er Jahre, Bonn 1993.
Schmidt, Wolfgang, „Wehrzersetzung" oder „Förderung der Wehrbereitschaft"? Die Bundeswehr und der westdeutsche Kriegs- und Militärfilm in den fünfziger und sechziger Jahren, in: Militärgeschichtliche Zeitschrift (2000), H. 2, S. 387-405.
Schmidt, Wolfgang, Krieg und Militär im deutschen Nachkriegsfilm, in: Bernhard Chiari/Matthias Rogg/Wolfgang Schmidt, Krieg und Militär im Film des 20. Jahrhunderts, München 2003, S. 441-452.
Schmigalle, Günther, Deutsche schreiben für Hitler und Franco. Vierzig biobibliographische Porträts, in: ders. (Hrsg.), Literatur und Geschichte. Der Spanische Bürgerkrieg, Frankfurt a. M. 1986, S. 197-243.
Schmoll, Peter, Die Messerschmitt-Werke im Zweiten Weltkrieg. Die Flugzeugproduktion der Messerschmitt GmbH Regensburg von 1938-1945, Regensburg 1998.
Schmückle, Gerd, Ohne Pauken und Trompeten. Erinnerungen an Krieg und Frieden, Stuttgart 1982.
Schornsteimer, Michael, Die leuchtenden Augen der Frontsoldaten. Nationalsozialismus und Krieg in den Illustriertenromanen der 50er Jahre, Berlin 1995.
Schröck, Martina, Die republikanischen Spanier im Konzentrationslager Mauthausen, in: Ostbairische Grenzmarken 41, 1999, S. 181-215.
Schroers, Thomas, Die Außenpolitik der Bundesrepublik Deutschland: Die Entwicklung der Beziehungen der Bundesrepublik Deutschland zur Portugiesischen Republik (1949-1976), Diss. phil., Hamburg 1998.
Schumann, Kerstin, Grenzübertritte – das ‚deutsche' Mittelmeer, in: Endlich Urlaub! Die Deutschen reisen. Begleitbuch zur Ausstellung im Haus der Geschichte der Bundesrepublik Deutschland (6. Juni-13. Oktober 1996) Köln 1996, S. 33-42.
Schwarz, Hans-Peter, Adenauer und Europa, in: VfZ 27 (1979), S. 471-523.
Schwarz, Hans-Peter, Die Ära Adenauer. Gründerjahre der Republik, 1949-1957, Stuttgart 1981.
Schwarz, Hans-Peter, Adenauer. Der Aufstieg, 1876-1952, Stuttgart 1986.
Schwarz, Hans-Peter, Adenauer. Der Staatsmann, 1952-1967, Stuttgart 1991.
Schwarz, Hans-Peter, Auf der Suche nach Legitimität: Francisco Franco, in: ders., Das Gesicht des Jahrhunderts. Monster, Retter und Mediokritäten, Berlin 1998, S. 184-198.

Seidman, Michael, Republic of Egos. A Social History of the Spanish Civil War, Madison/Wisconsin 2002.
Sepasgosarian, Ramin Alexander, Eine ungetrübte Freundschaft? Deutschland und Spanien 1918–1933, Saarbrücken 1993.
Silva, Emilio/Macias Santiago, Las fosas de Franco. Los republicanos que el dictador dejó en las cunetas, Madrid 2003.
Skalweit, Stephan, Karl V. und die Nationen, in: Saeculum 5 (1959), S. 379–392.
Smolinsky, Heribert, Das katholische Rußlandbild in Deutschland nach dem Ersten Weltkrieg und im „Dritten Reich", in: Hans-Erich Volkmann (Hrsg.), Das Rußlandbild im Dritten Reich, Köln 1994, S. 323–355.
Sowade, Hanno, Wegbereiter des Wiederaufstiegs. Die Industrie- und Handelskammern und die Rekonstruktion der Außenbeziehungen der westdeutschen Wirtschaft 1945–1949/50, München 1992.
Steinert, Johannes-Dieter, Arbeit in Westdeutschland: Die Wanderungsvereinbarungen mit Italien, Spanien, Griechenland und der Türkei und der Beginn der organisierten Anwerbung ausländischer Arbeitskräfte, in: Archiv für Sozialgeschichte 1995, S. 220–238.
Steinert, Johannes-Dieter, Migration und Politik. Westdeutschland-Europa-Übersee 1945–1961, Osnabrück 1995.
Steininger, Rolf, Der Mauerbau. Die Westmächte und Adenauer in der Berlinkrise 1958–1963, München 2001.
Strauß, Franz Josef, Logistik im NATO-Rahmen, in: Wehrtechnische Monatshefte 57 (1960), H. 3, S. 93–99.
Südbeck, Thomas, Motorisierung, Verkehrsentwicklung und Verkehrspolitik in der Bundesrepublik Deutschland der 50er Jahre, Hamburg 1992.
Sywottek, Jutta, Mobilmachung für den totalen Krieg: Die propagandistische Vorbereitung der deutschen Bevölkerung auf den Zweiten Weltkrieg, Opladen 1976.
Tamames, Ramón, La república. La era de Franco, Madrid 1977.
Thomas, Hugh, The Spanish Civil War, London 1961.
Tietz, Manfred, „Das alte und das neue Spanien bei Reinhold Schneider und Lion Feuchtwanger", in: Hugo Kubarth/Erna Pfeiffer (Hrsg.), Canticum Ibericum. Neuere spanische, portugiesische und lateinamerikanische Literatur im Spiegel von Interpretation und Übersetzung, Georg Rudolf Lind zum Gedenken, Frankfurt a. M. 1991, S. 68–87.
Tosstorff, Reiner, Spanische Flüchtlinge nach dem Ende des Bürgerkriegs, in: Archiv für die Geschichte des Widerstandes und der Arbeit, Bd. 14, Fernwald 1996, S. 181–208.
Troebst, Stefan (Hrsg.), Diktaturbewältigung, Erinnerungspolitik und Geschichtskultur in Polen und Spanien = Jahrbuch für Europäische Geschichte, Bd. 4, 2003.
Tuñón de Lara, Manuel/Aróstegui Julio/Viñas Angel/Cardona Gabriel/Bricall Josep M. (Hrsg.), Der Spanische Bürgerkrieg. Eine Bestandsaufnahme, Frankfurt a. M. 1987.
Tusell, Javier, Franco y los católicos. La política interior española entre 1945–1957, Madrid 1984.
Ueberschaer, Gerd R., Dresden 1945 – Symbol für Luftkriegsverbrechen, in: Wolfram Wette/Gerd R. Ueberschaer (Hrsg.), Kriegsverbrechen im 20. Jahrhundert, Darmstadt 2001, S. 382–396.
Uhl, Michael, Mythos Spanien. Das Erbe der internationalen Brigaden in der DDR, Bonn 2004.
Verbrechen der Wehrmacht. Dimensionen des Vernichtungskrieges 1941–1944, hrsg. vom Hamburger Institut für Sozialforschung, Hamburg 2002.
Viñas, Angel, Los pactos secretos de Franco con Estados Unidos. Bases, ayuda económica, recortes de soberanía, Barcelona 1981.
Viñas, Angel, El plan Marshall y Franco, in: ders., Guerra, dinero, dictadura. Ayuda fascista y autarquía en la España de Franco, Barcelona 1984, S. 265–287.
Viñas, Angel, Der internationale Kontext, in: Manuel Tuñón de Lara u. a. (Hrsg.), Der Spanische Bürgerkrieg. Eine Bestandsaufnahme, Frankfurt a. M. 1987, S. 187–195.
Viñas, Angel u. a., Política comerciál exterior en España (1931–1975), 2 Bde., Madrid 1979.
Volkmann, Hans-Erich, Politik und ökonomisches Interesse in den Beziehungen der Weimarer Republik zum Königreich Spanien, in: Wolfgang Benz/Hermann Graml (Hrsg.), Aspekte der deutschen Außenpolitik, Stuttgart 1976, S. 41–67.
Volkmann, Hans-Erich, Die NS-Wirtschaft in Vorbereitung des Krieges, in: Militärgeschichtliches Forschungsamt (Hrsg.), Das Deutsche Reich und der Zweite Weltkrieg, Bd. 1, Stuttgart 1979, S. 177–368.
Wachtel, Joachim, Claude Dornier, Ein Leben für die Luftfahrt, Friedrichshafen 1989.

Waffenjournal, H. 1, 1973, S. 40–45, und H. 5, 1973, S. 464–469.
Weber, Petra-Maria, Spanische Deutschlandpolitik 1945–1958. Entsorgung der Vergangenheit, Saarbrücken 1992.
Weidenfeld, Werner, Konrad Adenauer und Europa. Die geistigen Grundlagen der westeuropäischen Integrationspolitik des ersten Bonner Bundeskanzlers, Bonn 1976.
Weiß, Hermann (Hrsg.), Biographisches Lexikon zum Dritten Reich, Frankfurt a. M. 1998.
Weiß, Matthias, Journalisten. Worte als Taten, in: Norbert Frei (Hrsg.), Karrieren im Zwielicht. Hitlers Eliten nach 1945, Frankfurt a. M. 2001, S. 241–299.
Wette, Wolfram, Ideologien, Propaganda und Innenpolitik als Voraussetzungen der Kriegspolitik des Dritten Reiches, in: Militärgeschichtliches Forschungsamt (Hrsg.), Das Deutsche Reich und der Zweite Weltkrieg, Bd. 1, Stuttgart 1979, S. 25–166.
Wette, Wolfram, Die Wehrmacht. Feindbilder, Vernichtungskrieg, Legenden, Frankfurt a. M. 2002.
Whealey, Robert H., Hitler and Spain. The Nazi Role in the Spanish Civil War 1936–1939, Lexington 1989.
Wiggershaus, Norbert, Aspekte westdeutscher Bedrohungsperzeptionen 1946–1959. Wahrnehmungen durch Adenauer und die militärischen Verantwortlichen, in: Franz Knipping/Klaus-Jürgen Müller (Hrsg.), Aus der Ohnmacht zur Bündnismacht. Das Machtproblem in der Bundesrepublik Deutschland 1945–1960, Paderborn 1995, S. 169–200.
Wildt, Michael, Am Beginn der ‚Konsumgesellschaft': Mangelerfahrung, Lebenshaltung, Wohlstandshoffnung in Westdeutschland in den 50er Jahren, Hamburg 1994.
Wippermann, Wolfgang, Europäischer Faschismus im Vergleich 1922–1982, Frankfurt a. M. 1983.
Wohlfeil, Rainer, Der Spanische Bürgerkrieg 1936–1939. Zur Deutung und Nachwirkung, in: VfZ 16 (1968), S. 101–119.
Wolf, Ernst, Abendland, in: Die Religion in Geschichte und Gegenwart Bd. 1, Tübingen ³1957, S. 9–12.
Zelinsky, Ulrich, Spaniens wirtschaftspolitische Wende von 1959. Vorgeschichte, Determinanten, Durchsetzungsstrategie, in: Peter Waldmann/Walther L. Bernecker/Francisco López Casero (Hrsg.), Sozialer Wandel und Herrschaft im Spanien Francos, Paderborn 1984, S. 288–294.

Personenregister

Abs, Hermann Josef 46, 103
Adenauer, Konrad 9, 12f., 14, 18, 21, 23, 25ff., 30ff., 34, 44, 46, 48, 58, 60ff., 70–75, 80, 97f., 102, 106f., 118, 141f., 144ff., 148f., 163ff., 167ff., 174, 180, 191, 193, 195, 208, 220–223.
Aguirre, Antonio 26, 29, 40, 75, 106f., 117, 125
Anders, Georg 177
Arburúa, Manuel 45f.
Arendt, Hannah 207
Artajo, Alberto (siehe Martín Artajo, Alberto)
Augstein, Rudolf 83, 167

Bachem, Franz Carl 74
Bargatzky, Walter 125f.
Barth, Heinz 19, 83–89
Bayern, Kronprinz Rupprecht von 34
Bayern, Prinz Adalbert von 31, 33ff., 37, 45, 48f., 57, 77f., 80ff., 87, 112, 138, 146
Bérard, Armand 28
Berg, Fritz 118
Berger, Norbert 47f., 50–54, 56
Blachstein, Peter 207
Blank, Theodor 131, 134f., 201
Blankenhorn, Herbert 21, 23f., 28ff., 33f., 98, 144, 152
Brandt, Willy 116, 207
Braun, Max 10
Breitscheid, Rudolf 9
Brentano, Heinrich von 21, 45, 48f., 57ff., 69, 72f., 107ff., 121, 143f., 147, 152–155, 161, 163, 168, 171f., 178f., 185, 221
Brunner, Guido 22, 59
Bucz, Victor 29

Calvo Serer, Rafael 74
Carrell, Paul 86
Carstens, Karl 158, 195, 200, 204, 207
Casals, Pablo 207
Castiella, Fernando María 53, 59f., 72f., 109f., 121, 127, 145, 148f., 153ff., 165, 187, 201f., 221, 223
Cavestany, Rafael 46f., 97f., 101f.
Couve de Murville, Maurice 146, 158, 166

Degrelle, Léon 31, 63
Diehl, Günter 84, 88f.
Dieterich, Anton 22, 84f.
Dittmann, Herbert 26

Doerr, Hans 125, 141, 208
Dornier, Claude 133f.
Dowling, Walter 163f.
Dulles, John Foster 141

Eckhardt, Felix von 143
Eisenhower, Dwight D. 154, 174
Erhard, Ludwig 25, 64, 95ff., 99ff., 104ff., 110
Erler, Fritz 9, 171f.
Etzdorf, Hasso von 30, 140, 163

Franco, Francisco 9f., 12ff., 18, 24f., 30, 34, 36f., 41, 45f., 59f., 65, 67, 71, 73f., 83f., 101, 103, 110, 115, 118, 126, 128, 131, 137, 141f., 149f., 158, 167, 171ff., 175f., 180, 185, 191ff., 195–198, 202, 205f., 210, 212, 217, 219f., 222f.
Fugger von Glött, Josef-Ernst Fürst 28, 102

Galland, Adolf 183f., 196, 223
Gaulle, Charles de 145f., 221
Globke, Hans 35, 74f., 107, 163
Goebbels, Joseph 67
Gomulka, Wladyslaw 84
Grewe, Wilhelm 22, 140, 163
Grosdidier, Wilhelm 44, 105ff.
Grosse, Gottfried 84, 87

Haas, Wilhelm 23f., 27f.
Habsburg, Otto von 68f.
Haendel, Richard 213
Hallstein, Walter 21, 30f., 35, 43, 47f., 79ff., 92, 98ff., 102, 105, 107, 112, 185
Hausenstein, Wilhelm 27, 35, 48
Herter, Christian 155f., 161
Heuss, Theodor 152, 206
Heynen, Werner 130
Hitler, Adolf 9, 14, 25, 30, 76, 102, 136, 168, 175, 179, 192, 219f., 222
Hoffmann, Hans (Juan) 22, 102, 152
Holzapfel, Friedrich 28
Hoven, Adrian 183
Hoyer Millar, Sir Frederic 44
Hüffer, Hermann Josef 77f.

Jaeger, Richard 15, 22, 69ff., 172f.

Keller, Rupprecht von 22, 31, 48, 57f., 127, 190f.

Kindt-Kiefer, Jakob 25 f.
Kirkpatrick, Sir Ivone 26
Kleindinst, Josef 176, 180
Knappstein, Karl Heinrich 49, 51, 53, 55 f.,
    58 ff., 82 f., 108 f., 139, 142, 147, 185, 187, 195,
    209 f., 220
Koch, Marianne 183
Könneker, Eduard 99 f.
Kordt, Theodor 26
Krekeler, Heinz 27
Krone, Heinrich 168 f.

Lahn, Lothar 22, 35, 152
Limbourg, Peter 143
Linde, Kurt 176, 196
Lloyd, Selwyn 144, 147, 155, 163, 168, 170
Löns, Josef 140
Lübke, Heinrich 21, 46 f., 51 f., 97, 101, 198

Macmillan, Harold 168 f.
Maizière, Ulrich de 22, 153
Majonica, Ernst 204 f.
Maltzan, Vollrath Freiherr von 30, 42, 93, 97,
    102 f., 104, 113, 140
Mann, Heinrich 9
Martín Artajo, Alberto 12, 26, 48 f., 51, 71, 81
Menzel, Wilhelm 177 f.
Merchant, Livingston T. 147, 155 f.
Merkatz, Hans-Joachim von 30, 69, 72 f., 87
Merten, Hans 197
Messerschmitt, Willy 133-137, 151
Mosler, Hermann 40
Münzenberg, Willi 9
Muñoz Grandes, Agustín 37, 102, 128 f.
    151 f., 164, 187, 198 f., 201, 223 f.
Mussolini, Benito 179

Navasqüés, Emilio 42, 45 f., 49, 52 f.
Niklas, Wilhelm 25
Norstad, Lauris 155-162, 170, 222
Nuñez Iglesias, José 101 f.

Oberländer, Theodor 69
Ortega y Gasset, José 66
Oster, Achim 18, 128, 130, 134, 136 f., 140 f.,
    148, 151, 164, 173 f., 186, 188 f., 191 ff.,
    196-201, 204, 207, 224 f.
Oster, Hans 141

Panitzki, Werner 134 f.
Pappritz, Erica 9
Pfeiffer, Peter 28 f., 32
Picasso, Pablo 181, 196
Pirkham, Otto Georg 45
Plehwe, Friedrich Karl von 22, 169

Quarles, Donald A. 151, 155

Ribbentrop, Joachim von 77, 102
Roberts, Frank 146, 150, 156 f., 159-162, 164,
    166, 169
Robertson, Sir Brian 142
Rodríguez de Lecea, José 119, 136 f., 151
Ruhnau, Heinz 207

Sahm, Ulrich 22, 147 f., 153, 163, 171, 220
Salat, Rudolf 75 ff., 79 f.
Salazar, António de Oliveira 11
Sauer, Karl 186, 206
Schaffarczyk, Herbert 208 f.
Schäffer, Fritz 33
Schellert, Gerhard 39 f.
Scherpenberg, Hilger van 163, 171
Schlange-Schöningen, Hans 27 f., 48
Schlitter, Oskar 37, 48
Schmid, Carlo 189
Schmidt, Helmut 167, 172, 180
Schmidt, Paul Karl 85
Schmitt-Vockenhausen, Hermann 180
Schmückle, Gerd 22, 159, 168
Schneider, Erich 128 f.
Schneider, Reinhold 68
Schnez, Albert 22, 150, 162 f., 164 f., 173
Schröder, Gerhard 177-181, 223
Schulze-Vorberg, Max 22, 33
Seeliger, Günter 97 ff., 103-107, 127
Seelos, Gebhard 58, 139
Segni, Antonio 60 f., 71, 73
Skorzeny, Otto 31
Simonsen, Konrad 189 ff., 193 f., 196
Solís Ruiz, José 191 f.
Sorribes, Luis Enrique 117
Spaak, Paul-Henri 63, 146 f., 156 f., 162, 166
Speidel, Hans 29
Spiecker, Carl 30
Steel, Sir Christopher 150, 162 f., 167
Strauß, Franz Josef 33, 48, 118, 139 f., 150-153,
    155-158, 160-164, 166 ff., 170 ff., 221 f.
Stresemann, Gustav 15
Sulzberger, Cyrus L. 165 f., 170

Tito, Josip Broz 60, 84, 172
Todt, Fritz 214
Trautloft, Hannes 184, 189, 223
Trettner, Heinz 184, 223

Ullastres, Alberto 52, 64, 110

Valera, Fernando 25
Vigón, Juan 128, 131
Vocke, Wilhelm 95 f., 108
Vorgrimler, Ludwig 130 f.

Waldburg zu Zeil und Trauchberg,
    Georg Fürst von 67

Waldheim, Gottfried von 45, 112
Walther, Gebhard von 156, 164, 169
Wehner, Herbert 9
Welck, Wolfgang Freiherr von 52, 54f., 57ff., 69, 83, 110, 116, 118, 136f., 144, 151, 173, 186ff., 193, 203
Werz, Luitpold 56, 83f., 136, 191f., 197, 211
Wildermuth, Eberhard 25
Wilhelmy, Franz-Josef 214f.
Winschuh, Josef 30
Wohleb, Leo 28, 48
Wolff von Amerongen, Otto 29f.
Wolters, Karl 208